WEITERFÜHRENDES UND DIGITALES

Am Rand erhalten Sie Hinweise auf relevante **Fachkonzepte** (Begriffe mit Schlüsselsymbol) und wichtige **Infos**. **Querverweise** verdeutlichen thematische Zusammenhänge. Verweise auf das **Glossar** zeigen Ihnen, welche Begriffe Sie dort nachschlagen können.

BEGRIFF

INFO

QUERVERWEIS

GLOSSAR

INTERNET

Ebenfalls am Rand finden Sie zahlreiche **Webcodes** und **QR-Codes**, unter denen Sie Erklärfilme, Internetlinks oder Podcasts abrufen können. Geben Sie dazu den Webcode unter *www.westermann.de/webcode* in das Suchfeld ein oder scannen Sie den QR-Code.

Unter dem Webcode/QR-Code rechts finden Sie außerdem unterstützende Materialien zu den **jeweiligen Abiturschwerpunkten**.

WES-118496-011
Materialien zur Abiturvorbereitung

Zu einzelnen Themen stehen Ihnen noch **weitere Erklärfilme** zur Verfügung. Geben Sie dazu auf *www.westermann.de/mensch-und-politik-118496* den Onlineschlüssel ein, den Sie auf der hinteren Umschlaginnenseite Ihres Buches finden.

F

Mit dem Webcode/QR-Code zum **Update-Service** auf der nächsten Seite können Sie zudem in regelmäßigen Abständen aktualisierte Versionen einiger der im Buch enthaltenen Grafiken abrufen.

Update-Service

ANWENDEN, ÜBEN UND LERNEN

Auf den **Methodenseiten** erlernen Sie Schritt für Schritt wichtige Methoden für das Fach Politik–Wirtschaft und wenden sie direkt an einem Beispiel an.

METHODE

Auf den **Lernwegseiten** erhalten Sie Anregungen zum praktischen Arbeiten und zur Unterrichtsgestaltung.

LERNWEG

Politische und ökonomische Modelle werden Ihnen auf den **Modellseiten** vorgestellt.

MODELL

Mit dem **Operatorentraining** können Sie einen sicheren Umgang mit den Operatoren in den Aufgabenstellungen einüben. Hinten im Buchdeckel befindet sich zudem eine Übersicht über alle Operatoren im Fach Politik–Wirtschaft und ihre Anforderungsbereiche.

OPERATORENTRAINING

Die zuvor trainierten Operatoren werden auch im **Klausurtraining** aufgegriffen, mit dem Sie überprüfen können, ob Sie das Gelernte anwenden können.

KLAUSURTRAINING

Die jedes Kapitel abschließenden Seiten **Wissen kompakt** fassen das Wichtigste in Kürze zusammen und helfen Ihnen beim Wiederholen für Leistungskontrollen. Sie können und sollen allerdings nicht die Arbeit mit den Materialseiten ersetzen.

WISSEN KOMPAKT

NACHSCHLAGEN

Der Anhang umfasst ein **Glossar** (S. 246–252) mit Begriffserklärungen sowie ein detailliertes **Stichwortverzeichnis** (S. 253–254).

GLOSSAR

STICHWORTVERZEICHNIS

westermann

Mensch & Politik

Sekundarstufe II

Politik–Wirtschaft
Niedersachsen

13

Erarbeitet von
Prof. Dr. Joachim Detjen
Christine Henne
Stefan Lahme
Frank Meske
Thorsten Quest
Frederik Skaide

Mit Beratung von
Annelie Toepel-Braune
Stefan Schneider

Update-Service

Für ausgewählte Diagramme und Schaubilder in diesem Band überprüfen wir regelmäßig, ob es neue Daten gibt, und aktualisieren diese entsprechend. Die aktuellen Grafiken findet man mit dem Webcode **WES-118496-001** unter https://www.westermann.de/webcode.

Mensch & Politik

Sekundarstufe II

Politik–Wirtschaft Niedersachsen

13. Schuljahr

Erarbeitet von
Prof. Dr. Joachim Detjen
Christine Henne
Stefan Lahme
Frank Meske
Thorsten Quest
Frederik Skaide

mit Beratung von
Annelie Toepel-Braune
Stefan Schneider

Druck A[1]/Jahr 2025
Alle Drucke der Serie A sind im Unterricht parallel verwendbar.

Redaktion: Dr. Shida Kiani
Umschlaggestaltung: LIO Design, Braunschweig
Layout: Typo Concept GmbH, Hannover
Druck und Bindung: Westermann Druck GmbH, Georg-Westermann-Allee 66, 38104 Braunschweig

ISBN 978-3-14-**118496**-9

Inhaltsverzeichnis

I Friedenssicherung als nationale und internationale Herausforderung 6

II Chancen und Risiken weltwirtschaftlicher Verflechtungen 174

Anhang

I

Friedenssicherung als nationale und internationale Herausforderung

1 Beschreiben Sie die Bilder.

2 Ordnen Sie beiden oberen Bilder in den Kontext des unteren Bildes ein.

3 Entwickeln Sie zu zweit Assoziationen zu einem von Ihnen herausgesuchten Wort aus dem Begriffsfeld „Friedenssicherung“.

1. Erscheinungsformen und Lösungsmöglichkeiten internationaler Konflikte

1.1 Ist Macht der ausschlaggebende Faktor in der internationalen Politik?

BEGRIFF

Fachkonzepte
Ordnung
Konflikt
Kooperation
Interesse
Macht

GLOSSAR

Hegemonie
Macht
Souveränität
Staat

M1 Drei Modelle internationaler Ordnung

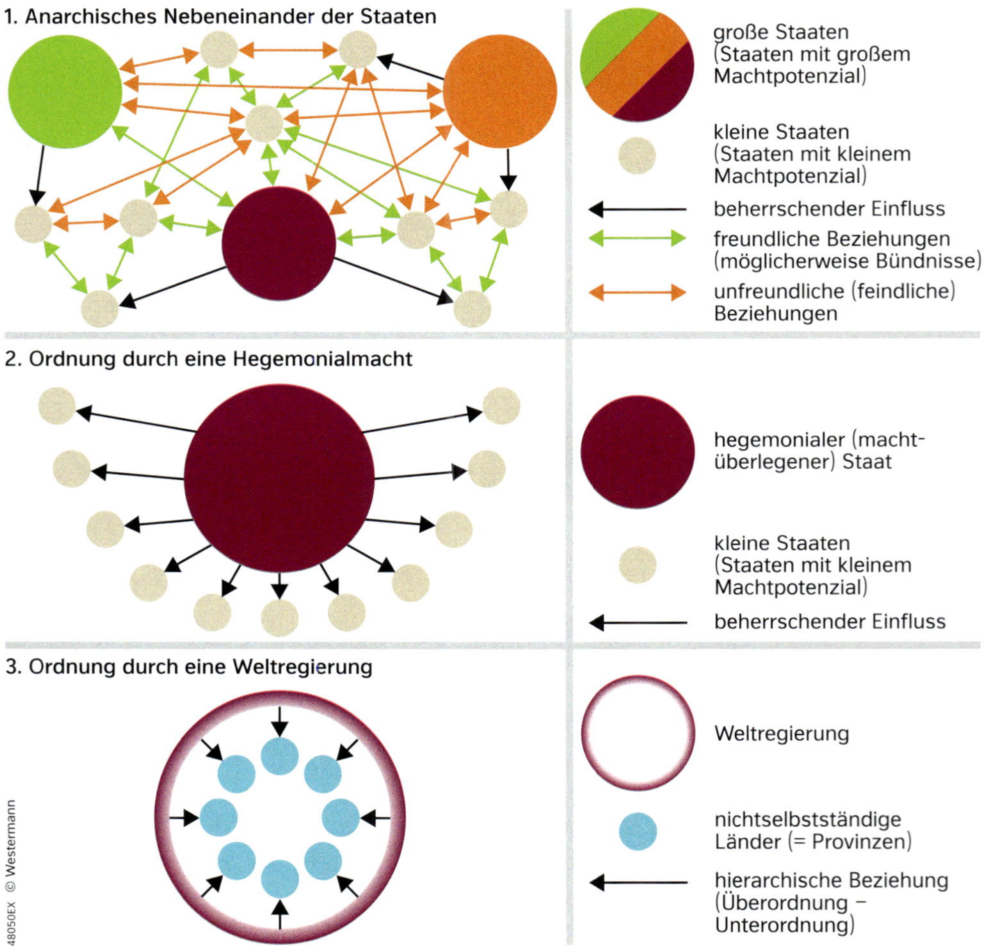

Autorengrafik

1 **Wählen Sie eine Aufgabe aus:** Diskutieren Sie, welches Ordnungsmodell der internationalen Beziehungen
a) aus der Perspektive „kleiner“ Staaten am erstrebenswertesten wäre (M1). HILFE
b) aus Sicht der Bundesrepublik Deutschland am attraktivsten wäre (M1). HILFE

2 Stellen Sie die Rolle der Staaten in der internationalen Politik und die Bedeutung des Souveränitätsprinzips dar (M2).

3 Erklären Sie die Bedeutung von Macht in der internationalen Politik (M3).

M2 Staaten – zentrale Akteure der internationalen Politik

Die Begriffe „Internationale Politik" und „Internationale Beziehungen" setzen die Existenz von Nationalstaaten voraus. Der Staat ist die wichtigste Handlungseinheit der internationalen Politik. [...] Das Außenverhältnis der Staaten wurde zunehmend von der Übereinkunft bestimmt, sich wechselseitig als gleichberechtigt und souverän anzuerkennen und miteinander zu verkehren, d.h. das Selbstbestimmungsrecht der anderen zu achten und sich nicht in deren interne Angelegenheiten einzumischen. Die Anerkennung der prinzipiellen *Rechtsgleichheit zwischen Staaten* bedeutet jedoch nicht, dass Staaten nicht gegeneinander Krieg führen oder sich auf andere Weise bekämpfen. Gerade die ständige Gefahr von Kriegen führte dazu, dass vor allem das europäische Staatensystem Mechanismen zur Koordination und Regulierung entwickelte. Dazu gehören unter anderem die Entstehung einer selbstständigen Diplomatie, die Entwicklung des modernen *Völkerrechts* und die Herausbildung *internationaler Regime*. [...]
Territoriale Integrität und politische Unabhängigkeit eines Staates gelten nach dem Souveränitätsprinzip als unantastbar. Das Souveränitätsprinzip umfasst drei Grundsätze:

1. Das Prinzip der Staatengleichheit bedeutet, dass es im völkerrechtlichen Sinn keine Rangordnung zwischen den Staaten gibt.
2. Das Prinzip der Gegenseitigkeit meint nicht nur gegenseitige Anerkennung unter Gleichen, sondern stellt gleichzeitig eine der Voraussetzungen dafür dar, dass das internationale Zusammenleben auch ohne einen überstaatlichen Sanktions- und Vollzugsapparat möglich ist.
3. Gemäß dem Interventionsverbot oder Nichteinmischungsgebot ist auch die Anwendung nichtmilitärischer Gewalt, etwa in Gestalt diplomatischer, wirtschaftlicher oder propagandistischer Mittel, unzulässig.

Andreas Vierecke/Bernd Mayerhofer/Franz Kohut, dtv-Atlas Politik, 5. Aufl., München: Dt. Taschenbuch-Verl., 2018, S. 168

INFO

Völkerrecht
Gesamtheit der Rechtsnormen, die die internationalen Beziehungen und das Verhältnis der Staaten zueinander regeln

internationale Regime
Regelwerke (Verträge, Konventionen) mit dem Zweck, internationale Probleme möglichst konfliktfrei zu bearbeiten (siehe auch Glossar)

M3 Macht – Instrument der Staaten zur Interessendurchsetzung

Der Begriff der Macht ist für Theorie und Praxis der (internationalen) Politik gleichermaßen zentral: In einem allgemeinen Sinn bezeichnet Macht die Möglichkeit, den eigenen Willen auch gegen Widerstände durchzusetzen. Unter der Macht eines Staates versteht man die Möglichkeit, nach innen wie nach außen Gehorsam bzw. die Berücksichtigung seiner je besonderen Interessen einzufordern, notfalls unter Androhung und/oder Einsatz von Zwangsmitteln. „Gerade wie Geld die Währung des Wirtschaftslebens ist, ist Macht als die Währung der (internationalen) Politik auffassbar." (Karl W. Deutsch)
Macht ist grundsätzlich asymmetrisch, d.h., sie kann nur ausgeübt werden, wenn ein Gegenpart vorhanden ist, der sich dieser Macht beugt oder sie akzeptiert. Sie ist mithin immer relativ zur Macht bzw. Ohnmacht des anderen Staates oder politischen Akteurs.
Der politische Gebrauch von Macht, also Machtpolitik, ist in der Regel nicht Selbstzweck, sondern Mittel zum Erreichen politischer Ziele. Macht in diesem Sinn hat vor allem instrumentellen Charakter: So kann ein Staat zum Beispiel durch den Einsatz oder die Androhung von struktureller oder militärischer Gewalt sein Territorium sichern oder erweitern, einen anderen Staat zu einem bestimmten Verhalten veranlassen oder sich die Ressourcen eines anderen Staates zu niedrigen Preisen aneignen. [...]
Historisch wurde Macht vor allem mit militärischer Macht gleichgesetzt. Tatsächlich aber hängt die Macht eines Staates von einer Vielzahl von Faktoren ab, unter anderem von der Größe des Territoriums, der Bevölkerungsstärke und der Wirtschaftskraft. [...] In der *Kriegsursachenforschung* wird die Veränderung von Machtverhältnissen zwischen den Staaten als eine Hauptursache für Konflikte angesehen. [...] Macht, verstanden als *Beziehungsgefüge zwischen Staaten*, steht in engem Zusammenhang mit [...] strategisch bedeutsamen Faktoren wie der Fähigkeit einzelner Akteure, Allianzen zu schmieden oder andere Staaten an einer Intervention zu hindern.

Andreas Vierecke/Bernd Mayerhofer/Franz Kohut, dtv-Atlas Politik (siehe M2), S. 168

Karl W. Deutsch (1912–1992), amerikanischer Politikwissenschaftler mit den Schwerpunkten Theorie der internationalen Beziehungen und politische Kommunikation

M4 Ausdifferenzierungen von Macht

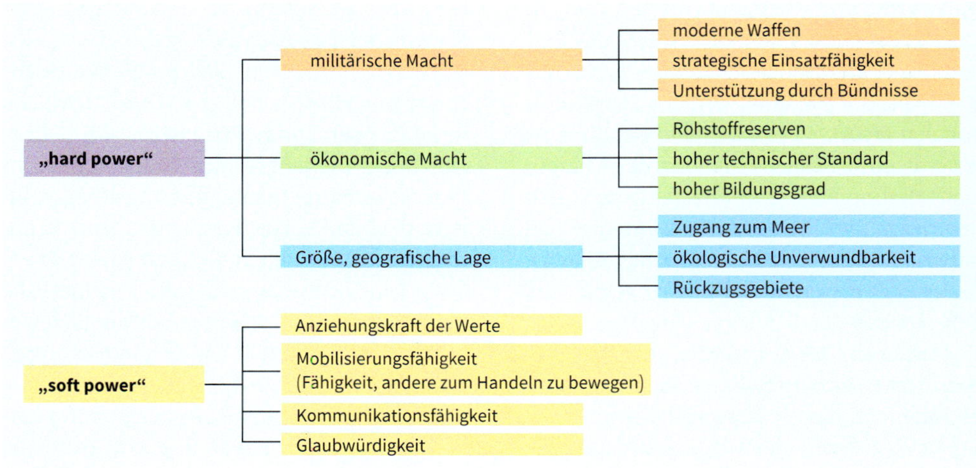

Andreas Vierecke/Bernd Mayerhofer/Franz Kohut, dtv-Atlas Politik (siehe M2), S. 168 (verändert)

Kenneth Waltz (1924–2013), amerikanischer Politikwissenschaftler mit dem Schwerpunkt Theorie der internationalen Beziehungen

M5 Anarchie – Grundmerkmal der internationalen Beziehungen

Das internationale System ist im Kern ein anarchisches System. Anarchie ist ein Ordnungsprinzip sozialer Systeme; sie ist das Gegenteil von Hierarchie. Hierarchie beruht auf einem Verhältnis von Über- und Unterordnung, Befehl und Gehorsam zwischen sozialen Akteuren. In einem anarchischen System stehen die Akteure hingegen in einem formell gleichrangigen Verhältnis zueinander; „keiner von ihnen ist berechtigt zu befehlen; keiner ist verpflichtet zu gehorchen“ (Waltz). [...]

Die Staaten besitzen *interne* und *externe Souveränität*. Zum einen verfügen die Staaten auf ihrem Territorium (also innerhalb ihrer Grenzen) über das Herrschafts- oder Gewaltmonopol: allein der Staat ist befugt, innerhalb des Staatsgebiets verbindliche Entscheidungen zu treffen, Regeln zu setzen und diese – notfalls mit Gewalt – auch durchzusetzen. Zum anderen gibt es im internationalen System keine Herrschaft außerhalb oder oberhalb der Staaten. Keine andere politische Instanz ist den Staaten übergeordnet und befugt, ihnen vorzuschreiben, wie sie die Herrschaft in ihrem Territorium zu ordnen und auszuüben haben. Ebenso wenig unterliegen die Staaten herrschaftlich (durch-)gesetzten Regeln für ihre Beziehungen untereinander. Es liegt allein an den Staaten, zu entscheiden, wie sie sich gegenüber anderen Staaten verhalten und welche internationalen Regeln sie vereinbaren und anerkennen. Ihre anarchische Grundkonstitution unterscheidet die internationale Politik wesentlich von den weitgehend hierarchischen Verhältnissen im Innern der Staaten und bringt besondere politische Herausforderungen und Probleme hervor.

Frank Schimmelfennig, Internationale Politik, in: Hans-Joachim Lauth/Christian Wagner (Hrsg.), Politikwissenschaft. Eine Einführung, 10. Aufl., Paderborn: Schöningh/UTB, 2020, S. 143 f.

M6 Interessen, Kooperationen und Konflikte – Konstanten der internationalen Politik

Interesse im Sinne eines auf die Vermehrung des eigenen Nutzens gerichteten Kalküls gilt als Grundmotiv politischen Handelns – und zwar gleichermaßen auf internationaler, nationaler und kommunaler Ebene. Wo immer die Macht eines einzelnen Staates [...] zur Durchsetzung seines Interesses nicht ausreicht, wird er versuchen, diesem Mangel durch Kooperation mit Dritten abzuhelfen, die ihrerseits zur Durchsetzung eigener Interessen auf Unterstützung angewiesen sind.

Kooperation wird in den internationalen Beziehungen als Gegenbegriff zur *Konfrontation* verstanden: Während ein konfrontativer Konfliktaustrag auf *Interessendurchsetzung* gerichtet ist, zielt Kooperation auf *Interessenausgleich.* Die kooperative Durchsetzung gemeinsamer Interessen ist Zweck jedes internationalen Bündnisses oder Regimes, das mithilfe von Verträgen, Normen und Entscheidungsregeln das Verhalten der teilnehmenden Akteure in einem bestimmten Handlungsfeld um eines gemeinsamen Zieles willen koordiniert. [...]

Konflikte lassen sich unabhängig von der Form ihres (gewaltsamen oder nicht gewaltsamen) Austrags als Interessengegensätze zwischen Personen, gesellschaftlichen Gruppen oder Staaten, die zur Durchsetzung ihrer je eigenen Interessen, gegebenenfalls auch auf Kosten anderer, entschlossen sind, definieren. Während in politischen Systemen mit einem intakten staatlichen Gewaltmonopol die Austragung innergesellschaftlicher Konflikte auf der Grundlage verbindlicher Regeln erfolgt, bergen Konflikte in zerfallenden Staaten (sogenannte *failing states*) ebenso wie zwischenstaatliche Konflikte aufgrund fehlender, nicht allgemein anerkannter bzw. nicht hinreichend mit Zwangsmitteln ausgestatteter Konfliktschlichtungsgremien ein hohes Eskalationspotenzial.

Andreas Vierecke/Bernd Mayerhofer/Franz Kohut, dtv-Atlas Politik (siehe M2), S. 165, 167, 169, 171

QUERVERWEIS
Failing States
S. 50, M8

M 7 Schema der Konfliktintensitäten

Gewaltgrad	Intensitäts-gruppierung	Intensitäts-stufe	Intensitäts-bezeichnung	Definition
nicht gewaltsam	niedrig	1	latenter Konflikt	Ein latenter Konflikt liegt vor, wenn Parteien entgegengesetzte Interessen oder Wahrnehmungen haben und der Gegensatz ihr beidseitiges Verhältnis bestimmt.
		2	manifester Konflikt	Ein manifester Konflikt beinhaltet den Einsatz von Mitteln, welche im Vorfeld gewaltsamer Handlungen liegen. Das umfasst beispielsweise verbalen Druck, die öffentliche Androhung von Gewalt oder das Verhängen von ökonomischen Zwangsmaßnahmen.
gewaltsam	mittel	3	Krise	Eine Krise ist ein Spannungszustand, in dem mindestens eine der Parteien vereinzelt Gewalt anwendet.
	hoch	4	ernste Krise	Als ernste Krise wird ein Konflikt dann bezeichnet, wenn wiederholt und organisiert Gewalt eingesetzt wird.
		5	Krieg	Kriege sind Formen gewaltsamen Konfliktaustrags, in denen mit einer gewissen Kontinuität organisiert und systematisch Gewalt eingesetzt wird. Die Konflikparteien setzen, gemessen an der Situation, Gewaltmittel in großem Umfang ein. Das Ausmaß der Zerstörung ist nachhaltig.

Andreas Vierecke/Bernd Mayerhofer/Franz Kohut, dtv-Atlas Politik (siehe M2), S. 170 (verändert)

INTERNET
WES-118496-111
Film: Einfach erklärt: Kriege und Konflikte

1 Entwickeln Sie unter Bezugnahme auf das Schaubild M4 begründete Hypothesen über Deutschlands „hard" und „soft power". HILFE

2 Arbeiten Sie heraus, inwiefern die anarchische Grundkonstitution der internationalen Politik „besondere politische Herausforderungen und Probleme" (M5, Z. 36 f.) hervorbringt.

3 Erläutern Sie an Beispielen Ihrer Wahl Interessen, Kooperationen und Konflikte als Konstanten der internationalen Politik (M6).

4 **Zusatzaufgabe:** Ordnen Sie einen aktuellen internationalen Konflikt Ihrer Wahl in das Schema der Konfliktintensitäten (M7) ein.

5 Erörtern Sie, ob militärische Macht der ausschlaggebende Faktor zur Durchsetzung von Interessen ist. HILFE

1.2 Geht es in internationalen Konflikten und Kriegen vor allem um Herrschaftsdurchsetzung?

Der Konflikt um die Zukunft Taiwans

BEGRIFF

Fachkonzepte
Konflikt
Macht
Interesse
Sicherheit
Frieden

M 1 Ein gutnachbarschaftliches Verhältnis?

Zeichnung: Harm Bengen, 04.08.2022

Flagge der Volksrepublik China

Flagge der Republik China (Taiwan)

M 2 Die prekäre geopolitische Lage Taiwans

Die strategische Bedeutung Taiwans

Die strategische Bedeutung Taiwans [kann] sowohl für die Vereinigten Staaten als auch für eine zunehmend selbstbewusste VR China gar nicht hoch genug eingeschätzt werden. Die Lage, die Wirtschaft und die Sicherheit der Insel sind für die US-amerikanischen Interessen – und indirekt auch für die Interessen anderer benachbarter Staaten wie Japan, Südkorea, die Philippinen, ja selbst Vietnam und die pazifischen Inselgruppen – von entscheidender Bedeutung. Sollte Taiwan [...] durch militärische Annexion Teil der VR China werden, würde China sofort zu einer pazifischen Macht aufsteigen. [...] Die VR China hätte nach der Übernahme Taiwans realistisch betrachtet dann auch die Kontrolle über einige der modernsten Technologien der Welt und wäre in der Lage, Öllieferungen nach Japan und Südkorea zu unterbinden. Damit könnte Beijing die USA aus Asien verdrängen. [...]

Das Selbstverständnis Taiwans

Bis zur Aufhebung des Kriegsrechts 1987 beharrten sowohl die Nationalpartei in Taiwan (die Kuomintang bzw. Guomindang) wie die Kommunistische Partei auf dem Festland in China darauf, dass es nur ein China gebe. Als sich Taiwan zu Beginn der 1990er-Jahre jedoch von einer autoritären Regierung zu einer Demokratie wandelte, wurde die Regierungsform Teil der nationalen Identität. Die Bürger und Bürgerinnen sehen sich zunehmend als Taiwaner und Taiwanerinnen und betrachten Taiwan als eine Nation – und eben nicht als eine Provinz Chinas. Die meisten Bürgerinnen und Bürger Taiwans sind sich dieses Dilemmas sehr bewusst. Die Geopolitik lässt eine echte unabhängige nationale Identität – also die formale Unabhängigkeitserklärung einer taiwanischen Nation – (noch) nicht zu. [...] [Die vormalige] Präsidentin Tsai Ingwen beschreibt die Position ihres Landes so: „Taiwan strebt keine militärische Konfrontation an. Taiwan hofft auf eine friedliche, stabile, berechenbare und für beide Seiten vorteilhafte Koexistenz mit seinen Nachbarn. Aber Taiwan wird auch alles tun, was nötig ist, um seine Freiheit und demokratische Lebensweise zu verteidigen.“ [...]

Die Volksrepublik China und Taiwan

Für die VR China stellt Taiwan einen essenziellen Teil Chinas dar, wobei sich die Regierung in Beijing als einzige legitime Regierung versteht. Aufbauend auf den Ideen Deng Xiaopings würde Taiwan zum Zeitpunkt der „Wiedervereinigung“ eine vom sozialistischen System der Volksrepublik getrennte Ordnung beibehalten und für einen langen Zeitraum weite Spielräume der Selbstverwaltung in den Bereichen Regulierung, Justiz und Verwaltung bewahren. [...]
Die Rückgabe von Hongkong und Macao im Jahre 1997 an die Volksrepublik China bot die Gelegenheit, das heikle Konzept der Koexistenz zweier kosmopolitischer Enklaven innerhalb eines autoritären und zentralistischen Staates zu erproben. Die Entwicklungen der letzten Jahre haben gezeigt, dass das liberale institutionelle Profil Hongkongs schwer mit den politischen Forderungen Beijings zu vereinbaren war. [...]

Die USA und Taiwan

Die Vereinigten Staaten bestehen offiziell darauf, dass die Zukunft Taiwans durch eine politische Übereinkunft zwischen Beijing und Taipeh [Hauptstadt Taiwans] zu regeln sei und dass der Prozess mit den Mitteln der Diplomatie und nicht durch Zwang realisiert wird. Doch Präsident Xi Jinping behält sich vor, zur Lösung der Taiwanfrage „alle notwendigen Maßnahmen zu ergreifen“. Durch Chinas militärische Aufrüstung und seine verstärkte Präsenz im Indopazifik hat sich die Sicherheitslage rund um Taiwan verschlechtert – für die USA hinreichender Anlass, ihre Unterstützung für Taiwan weiter auszubauen. [...] Zwei Schwerpunkte haben sich in der US-Außenpolitik in Bezug auf Taiwan herausgebildet: Zum einen betonen die Vereinigten Staaten, dass sie und Taiwan ähnliche Werte und tiefe Handels- und Wirtschaftsbeziehungen teilen. Zum anderen sichert [der ehemalige] US-Präsident Joe Biden im Falle eines Angriffskrieges Taiwan entschiedene militärische Unterstützung zu. [...] Dahingegen hat China seine Absichten deutlich gemacht, dass es in den Krieg ziehen würde, sollte Taiwan versuchen, seine Unabhängigkeit zu erklären. [...] 2021 hatte der chinesische Präsident Xi Jinping bereits erklärt: „Die historische Aufgabe der vollständigen Wiedervereinigung des Mutterlandes [China] kann und muss erfüllt werden.“

Jens Damm, Taiwan und die geopolitische Neuordnung in Asien, Bonn: Bundeszentrale für politische Bildung, 16.01.2023, https://www.bpb.de/themen/asien/china/517247/taiwan-und-die-geopolitische-neuordnung-in-asien/ (Zugriff: 16.07.2024) (verändert)

INFO

Deng Xiaoping
(1904–1997) maßgeblicher Politiker der VR China von 1979 bis 1997

kosmopolitisch
weltoffen

Xi Jingping
(*1953) Staatspräsident der VR China seit 2013

M3 Der Schauplatz des Taiwan-Konfliktes

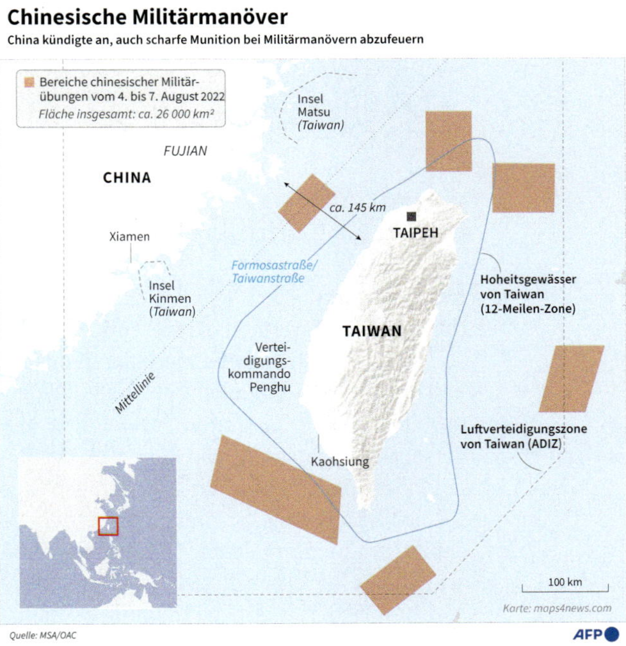

1 Charakterisieren Sie das in der Karikatur M1 ausgedrückte Verhältnis zwischen den beiden Chinas.

2 Analysieren Sie anhand von M2
a) die geopolitische Lage Taiwans, b) das politische Selbstverständnis Taiwans,
c) die Position der Volksrepublik China, d) die Position der Vereinigten Staaten.

3 Beurteilen Sie anhand von M2 und M3 das Eskalationspotenzial des Taiwankonfliktes (S. 11, M7).

4 Setzen Sie sich mit den Herausforderungen des Taiwankonfliktes für die internationale Wirtschaft auseinander.

Die Kriege zwischen Armenien und Aserbeidschan

BEGRIFF

Fachkonzepte
Konflikt
Macht
Interesse
Sicherheit
Frieden

M1 Immer wieder Kriege um wenige Quadratkilometer Land?

M2 Der Konflikt um Bergkarabach

Aktuelle Lage

Nach der militärischen Wiedereingliederung von Bergkarabach in das aserbaidschanische Territorium im September 2023 und der Vertreibung fast der gesamten armenischen Bevölkerung registrierten die Behörden der Republik Armenien innerhalb nur weniger Tage 100.800 Flüchtlinge. [...] Angesichts der als demütigend empfundenen Niederlage ist die armenische Gesellschaft tief gespalten. Mitte Mai 2024 forderten erneut Tausende Demonstranten den Rücktritt von Regierungschef Nikol Paschinjan. Die Generalstaatsanwaltschaft prüft einen Klageantrag wegen Landesverrats. In Aserbaidschan fanden dagegen Siegesparaden statt. Außerdem wurde mit der Wiederansiedlung der im ersten Karabach-Krieg (1991–1994) vertriebenen Aserbaidschaner begonnen. Aserbaidschan hat sich unter Präsident Ilham Alijew, der seit den Erfolgen im zweiten Karabach-Krieg (Herbst 2020) fest im Sattel sitzt, zu einem autoritären Regime entwickelt. Kritiker und Befürworter einer konstruktiven Friedenslösung und Aussöhnung haben es schwer. [...]

INFO

Enklave
Gebiet eines Staates, das vom Territorium eines anderen Staates umschlossen ist

Ursachen und Hintergründe

Im Konflikt um Bergkarabach standen sich Jahrzehnte lang die Positionen der armenischen und der aserbaidschanischen Seite unversöhnlich gegenüber. Während Armenien und die Vertreter Bergkarabachs das Recht der armenischen Mehrheitsbevölkerung in der Enklave Bergkarabach auf nationale Selbstbestimmung im Rahmen der „Republik Arzach“ reklamierten, bestand Aserbaidschan auf der Wiederherstellung seiner territorialen Integrität durch die Eingliederung Bergkarabachs in sein Staatsgebiet. Beide Standpunkte berufen sich auf grundlegende völkerrechtliche Prinzipien. Um ihre Positionen zu untermauern, wurde der Konflikt von beiden Seiten geschichts- und identitätspolitisch aufgeladen. Laut der offiziellen Geschichtsschreibung Aserbaidschans wurden Armenier erst unter russischer Herrschaft (ab 1804) in Karabach angesiedelt. Mit dieser Begründung hat der gegenwärtige Präsident Alijew die armenische Minderheit seit Jahren aufgefordert, das „besetzte“ Bergkarabach zu verlassen. Die armenische Seite beruft sich dagegen auf ihre zweieinhalb Jahrtausende währende Siedlungsgeschichte in der altarmenischen Grenzprovinz Arzach. [...] Nach der Eroberung Bergkarabachs durch Aserbaidschan hat sich der Schwerpunkt des Konflikts verschoben. Im Mittelpunkt stehen jetzt die Streitigkeiten um die Festlegung der armenisch-aserbaidschanischen Grenze [...] sowie um die Schaffung eines Verbindungskorridors zwischen Aserbaidschan und seiner Exklave Nachitschewan. Die Exklave liegt, durch armenisches Territorium getrennt, zwischen Armenien, dem Iran und der Türkei. Baku [= Aserbeidschan] versucht, seine militärische Stärke zu nutzen, um Armenien zu einseitigen Zugeständnissen zu zwingen. Seine Position wird auch dadurch gestärkt, dass es als autokratisches Regime mit der Unterstützung der regionalen Führungsmächte Russland, Türkei und Iran rechnen kann. Dagegen sieht sich das prowestliche Armenien in der Region weitgehend isoliert. [...]

Die Geschichte des Konflikts

Die sowjetische Entscheidung zum Anschluss Bergkarabachs an Sowjetaserbaidschan erfolgte 1921 entgegen früheren Zusagen an Sowjetarmenien und ohne Rücksicht auf die damals zu 94,4 % armenische Bevölkerungsmehrheit. Nur ein Drittel des von Armeniern beanspruchten historischen Karabach erhielt jedoch den Status eines Autonomen Gebiets. Dessen Grenzen wurden 1923 festgelegt.

[...] Im August 1987 sandten Arzach-Armenier ein Memorandum mit 75.000 Unterschriften an die sowjetische Führung in Moskau, in der sie verlangten, das Autonome Gebiet Bergkarabach aus der aserbaidschanischen Verwaltungszuständigkeit zu entlassen. Doch Moskau und die Regierung Sowjetaserbaidschans lehnten dies ab. Als Reaktion entstand eine armenische National- und Protestbewegung, die unter der Parole „Miazum" (Vereinigung) bzw. „ein Volk, eine Republik" 1988 bis zu einer Million Menschen für den Anschluss Bergkarabachs an Sowjetarmenien mobilisierte. [...]

In den bewaffneten Kämpfen und z. T. massiven gewaltsamen Übergriffen gegen die Zivilbevölkerungen im Zeitraum 1988 bis zum Waffenstillstandsabkommen vom 12. Mai 1994 starben auf beiden Seiten zwischen 30.000 bis 50.000 Kämpfer paramilitärischer Verbände, Soldaten und Zivilisten. Mehr als 1,2 Mio. Menschen, davon ca. 724.000 Aserbaidschaner, wurden vertrieben. Die sieben an das einstige sowjetaserbeidschanische Autonome Gebiet Bergkarabach (4.400 km²) angrenzenden Bezirke des historischen Bergkarabach (12.000 km²), wurden von der karabach-armenischen „Selbstverteidigungsarmee" besetzt. Sie wurden von armenischen Streitkräften unterstützt, was jedoch von Jerewan [= Armenien] offiziell bestritten wurde. Jerewan und Baku [= Aserbeidschan] unterhalten bis heute weder diplomatische noch formelle kommerzielle Beziehungen. Nach zahlreichen vergeblichen Verhandlungsversuchen, insbesondere im Rahmen der OSZE, und immer wieder aufflammenden Kämpfen an der Waffenstillstandsline eskalierten die Auseinandersetzungen im September 2020 zu einer großangelegten aserbaidschanischen Offensive gegen Bergkarabach. Dabei konnte Aserbaidschan etwa ein Drittel des Territoriums besetzen. Nach neunmonatiger Belagerung und Aushungerung der noch unbesetzten Teile Bergkarabachs griff die aserbaidschanische Armee am 19. September 2023 erneut an, diesmal unter dem Vorwand der Terrorismusbekämpfung. Nach nur anderthalb Tagen kapitulierte die Führung der karabach-armenischen „Selbstverteidigungsarmee", um weiteres Blutvergießen im Kampf mit dem weit überlegenden Gegner zu vermeiden.

Tessa Hofmann, Bergkarabach, Bonn: Bundeszentrale für politische Bildung, 19.06.2024, https://www.bpb.de/themen/kriege-konflikte/dossier-kriege-konflikte/224129/Bergkarabach/ (Zugriff: 16.07.2024)

GLOSSAR

Autokratie

INFO

Exklave
Gebiet eines Staates, das vom Territorium des Staates räumlich getrennt ist; um eine Exklave zu erreichen, muss ein fremder Staat durchquert werden.

OSZE
Organisation für Sicherheit und Zusammenarbeit in Europa; im Jahr 1975 gegründete, aus 57 Staaten bestehende Sicherheitsorganisation

1 Versuchen Sie anhand der Karte M1 zu rekonstruieren, was zwischen 1994 und 2023 zwischen Armenien und Aserbeidschan geschehen ist. HILFE

2 Stellen Sie in Form eines Zeitstrahls die kriegerischen Auseinandersetzungen zwischen Armenien und Aserbeidschan dar (M2). HILFE

3 Analysieren Sie die armenische sowie die aserbeidschanische Sichtweise auf Bergkarabach (M2).

4 Entwickeln Sie eine Einschätzung über die zukünftige Entwicklung des Verhältnisses zwischen Armenien und Aserbeidschan (M2). HILFE

Der Nahostkonflikt

BEGRIFF

Fachkonzepte
Konflikt
Macht
Interesse
Sicherheit
Frieden

M1 Ein Kreislauf der Gewalt

Zeichnung: Martin Erl, 15.11.2012

INFO

Infolge des verbreiteten Antisemitismus und der Übergriffe auf Jüdinnen und Juden insbesondere in Osteuropa entstand Ende des 19. Jahrhunderts die Bewegung des **Zionismus**, die einen unabhängigen jüdischen Staat in Palästina anstrebte.

Großmufti
höchste religiöse Autorität der sunnitisch-islamischen Gemeinschaft eines Landes

Mandatsgebiet
Gebiet, das im Namen des Völkerbundes treuhänderisch von einem Staat verwaltet wird

David Ben Gurion
(1886–1973) israelischer Ministerpräsident von 1948 bis 1953 sowie von 1955 bis 1963

Präventivschlag
militärischer Angriff, der dem drohenden Angriff eines Gegners zuvorkommen soll

M2 Die Geschichte des Nahostkonfliktes

Vor allem wegen zahlreicher Pogrome in Osteuropa haben sich im 19. Jahrhundert Juden in Palästina angesiedelt. Mit dem Zerfall des Osmanischen Reiches während des Ersten Weltkriegs setzen Großbritannien und Frankreich ihre kolonialen Interessen im Nahen Osten durch. In der Balfour-Deklaration vom 2. November 1917 verspricht Großbritannien den Juden erstmals eine „nationale Heimstätte" in Palästina. Der Großmufti von Jerusalem lehnt jedoch einen weiteren Zuzug von Juden ab. [...] Bis 1948 gibt es keinen Staat Israel. Juden und Araber leben nebeneinander in Palästina, seit 1920 Mandatsgebiet Großbritanniens. 1947 beschließt die UN-Vollversammlung die Teilung Palästinas in einen jüdischen und einen arabischen Staat sowie die Internationalisierung Jerusalems. Am 14. Mai 1948 verliest David Ben-Gurion in Tel Aviv die Unabhängigkeitserklärung des Staates Israel [...].

[...] Die arabischen Staaten, die ein Existenzrecht Israels verneinen, lehnen die UN-Resolution ab. In der Nacht zum 15. Mai 1948 – direkt nach der Unabhängigkeitserklärung – greifen ägyptische, syrische, jordanische und irakische Verbände an. In diesem Unabhängigkeitskrieg, wie er in Israel heißt, behauptet sich der jüdische Staat [...]. Im arabischen Sprachgebrauch heißt der Krieg Nakba („Katastrophe"), Hunderttausende Palästinenser flüchten. Am 24. Februar 1949 schließt Israel einen Waffenstillstand mit Ägypten, danach Abkommen mit weiteren arabischen Staaten.

[...] Als sich im Frühjahr 1967 ein gemeinsamer Angriff Ägyptens, Syriens und Jordaniens abzeichnet, holt Israel zum Präventivschlag aus: Am 5. Juni beginnt der sogenannte Sechstagekrieg. Am Ende erobert Israel von Ägypten den Gazastreifen und die Sinai-Halbinsel, von Jordanien das Westjordanland und von Syrien die Golanhöhen. Außerdem erobert Israel Ost-Jerusalem. Damit haben die Juden wieder Zugang zu einer ihrer wichtigsten religiösen Stätten: der sogenannten Klagemauer. Insgesamt besetzt Israel ein Gebiet von der dreifachen Größe des eigenen Landes. Der Sinai wird 1982 zurückgegeben.

[...] Um die besetzten Gebiete zurückzugewinnen, starten Ägypten und Syrien einen Überraschungsangriff auf Israel am 6. Oktober

1973, an Jom Kippur. Das Versöhnungsfest ist der höchste jüdische Feiertag. Nach äußerst verlustreichen Kämpfen kommt es am 24. Oktober zum Waffenstillstand. Auch aus diesem Krieg geht Israel als Sieger hervor und muss daher keine Gebiete abtreten.

[...] In den frühen [19]80er-Jahren nehmen die Spannungen zwischen Israelis und Palästinensern zu. Die 1964 gegründete Palästinensische Befreiungsorganisation PLO unter der Führung von Jassir Arafat steuert von der libanesischen Hauptstadt Beirut aus Anschläge auf Israel. Dessen Regierungschef Menachem Begin lässt daraufhin am 6. Juni 1982 das nördliche Nachbarland angreifen – der Beginn des ersten Libanonkrieges, der im September endet. Etwa 10.000 Menschen fallen ihm zum Opfer. Die PLO zieht aus Beirut ab, Arafat verlegt sein Hauptquartier nach Tunis. Israel besetzt den Südlibanon bis 1985.

[...] Nach dem Sechstagekrieg 1967 hatte Israel mit dem Bau von jüdischen Siedlungen in den Palästinenser-Gebieten begonnen. Dort nahmen hingegen – auch wegen des rasanten Bevölkerungswachstums – die sozialen Probleme zu, [...] für viele [Menschen wurde] die Lebenssituation prekär. Am 8. Dezember 1987 eskalieren die Spannungen. Es ist der Beginn der sogenannten Intifada (arabisch: „sich erheben“ oder „abschütteln“), des sowohl friedlichen als auch gewalttätigen Aufstandes der Palästinenser gegen die israelische Besatzung im Westjordanland, in Gaza und in Ost-Jerusalem.

[...] Nach Geheimverhandlungen unterzeichnen Israel und die PLO am 13. September 1993 das Abkommen „Oslo I“. Damit erkennen sich beide Seiten gegenseitig an und vereinbaren eine begrenzte palästinensische Selbstverwaltung. 1994 erhalten Israels Premier Jitzchak Rabin, sein Außenminister Schimon Peres und Jassir Arafat den Friedensnobelpreis. Im September 1995 schließen Israel und die PLO „Oslo II“. Das Abkommen legt den Rückzug Israels aus großen Teilen des Westjordanlands fest. Kurz darauf wird Rabin von einem jüdischen Fundamentalisten erschossen, wodurch der Friedensprozess ins Stocken gerät.

[...] Der Oslo-Friedensprozess kommt zum Stillstand, als sich im Juli 2000 der israelische Premier Ehud Barak und PLO-Chef Jassir Arafat in Camp David nicht über die Rückkehr von palästinensischen Flüchtlingen und die Teilung Jerusalems einigen können. Die ohnehin angespannte Lage eskaliert, als am 28. September 2000 der israelische Oppositionsführer Ariel Scharon den Tempelberg besucht – in den Augen der Palästinenser eine Provokation. Es beginnt die zweite Intifada mit wochenlangen blutigen Unruhen und zahlreichen Toten auf beiden Seiten.

[...] Im August und September 2005 lässt Israel die jüdischen Siedlungen im Gazastreifen zwangsräumen und zieht seine Truppen von dort ab. Im Westjordanland geht jedoch der Bau jüdischer Siedlungen – mit Unterbrechungen – weiter.

[...] Zwischen der Hisbollah, einer vom Iran aus gesteuerten militanten Organisation, und der israelischen Armee schwelt schon länger ein Konflikt. Am 12. Juli 2006 startet Israel eine Militäroffensive gegen die im Libanon operierende Hisbollah – der Beginn des zweiten Libanonkrieges. Auslöser ist die Entführung zweier israelischer Soldaten durch die Hisbollah. Der Krieg trifft auch das libanesische Kernland. Auf beiden Seiten gibt es zahlreiche Opfer unter der Zivilbevölkerung. Am 14. August wird ein Waffenstillstand vereinbart.

[...] Nach fast zweijähriger Pause nehmen Israelis und Palästinenser am 2. September 2010 in Washington ihre Friedensverhandlungen wieder auf. Die Palästinenser brechen die Gespräche aber nach wenigen Wochen wieder ab, weil Israel ihrer Forderung, den Baustopp für jüdische Siedlungen im Westjordanland zu verlängern, nicht nachkommt.

Ernst Eisenbichler, Zeitstrahl: Krieg und Frieden im Nahen Osten, in: BR24, München: Bayerischer Rundfunk, 05.08.2014, https://www.br.de/nachricht/spezial/chronologie-nahostkonflikt-100.html (Zugriff: 28.08.2024)

INTERNET

WES-118496-112
Karte: Stationen des Nahostkonfliktes

1 Diskutieren Sie, was geschehen müsste, damit der Kreislauf der Gewalt in Nahost ein Ende findet (M1).

2 Stellen Sie mithilfe eines Zeitstrahls die Geschichte des Nahostkonfliktes dar (M2). **HILFE**

M3 Der Hamas-Angriff und der Gaza-Krieg seit 2023

QUERVERWEIS

Hamas-Angriff am 7. Oktober 2023
S. 82, M3

INFO

Hamas
1987 gegründete palästinensische Organisation mit sunnitisch-islamistischer Ausrichtung und dem Ziel, den Staat Israel zu vernichten; von vielen Ländern als terroristische Vereinigung eingestuft; seit 2007 maßgebliche politische Kraft im Gazastreifen

Hisbollah
1982 gegründete libanesische Organisation mit schiitisch-islamistischer Ausrichtung; enger Verbündeter Irans und unversöhnlicher Gegner Israels; von vielen Ländern als terroristische Vereinigung eingestuft

Huthi
politisch-militärische Bürgerkriegspartei im Jemen mit schiitischer Ausrichtung und enger Anbindung an den Iran; strikte Gegnerschaft zu Israel

Aktuelle Konfliktsituation

Die Gräueltaten der Hamas und anderer bewaffneter Gruppierungen am 7. Oktober 2023, bei denen rund 1.200 Menschen brutal ermordet und etwa 250 als Geiseln in den Gazastreifen verschleppt wurden, erschütterten die israelische Bevölkerung zutiefst. [...] [Sie] rühren [...] an das kollektive Trauma der Judenverfolgung und -vernichtung während des Holocausts. In der Folge war für die israelische Regierung und Bevölkerung klar, dass es ein „Weiter so" nicht geben kann. Vom Gazastreifen sollte nie wieder eine Bedrohung für Israel ausgehen. Deshalb sollen die militärischen Kapazitäten der Hamas und anderer bewaffneter Gruppierungen zerstört und die Geiseln befreit werden. Die Hamas soll das Küstengebiet nicht länger regieren.

Infolge des Krieges kam es bislang auf palästinensischer Seite zu einer großen Zahl an Toten (Ende Mai 2024 rund 36.000) und Verwundeten (über 80.000), mit einem vermutlich sehr hohen Anteil an Zivilistinnen und Zivilisten. Im Mai 2024 waren zudem rund 1,7 Mio. Menschen – und damit rund drei Viertel der Einwohnerinnen und Einwohner des Gazastreifens – Binnenflüchtlinge; viele von ihnen waren bereits mehrfach vor den Bombardierungen geflüchtet. Die humanitäre Lage spitzte sich extrem zu. Die Bombardierungen führten zudem zu großflächigen Zerstörungen und machten weite Teile des Gazastreifens auf absehbare Zeit unbewohnbar.

Auch in der palästinensischen Gesellschaft rührt der Krieg an das kollektive Trauma – das der „Nakba". Das arabische Wort für Katastrophe steht für die Flucht und Vertreibung von Hunderttausenden von Palästinenserinnen und Palästinensern im Zusammenhang mit der israelischen Staatsgründung und dem ersten arabisch-israelischen Krieg im Jahr 1948. [...]

Der 7. Oktober 2023 und der Gaza-Krieg haben gravierende Auswirkungen auf die regionale und internationale Sicherheit. Die von Iran angeführte „Achse des Widerstands" hat mit koordinierten Operationen das israelische Territorium angegriffen. Die Hamas wurde dabei nicht nur (wie schon 2006) von der libanesischen Hisbollah, sondern unter anderem auch von den jemenitischen Huthi unter-

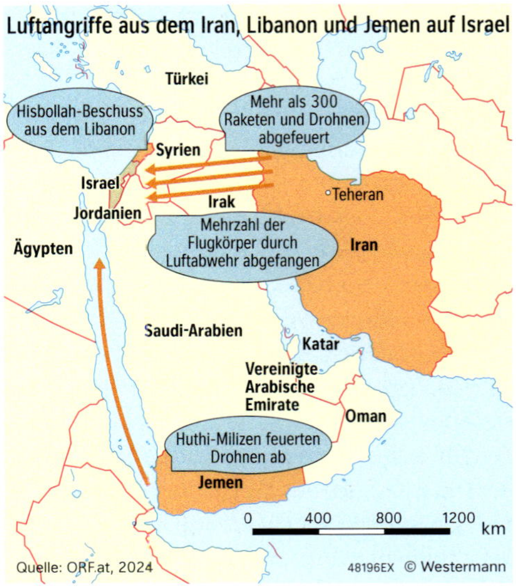

stützt. Die Huthi weiteten im November 2023 ihre Angriffe auf die zivile Schifffahrt in der Meerenge Bab al-Mandab und später auch im Roten Meer aus – mit direkten negativen Auswirkungen auf die internationale Sicherheit und den Welthandel.

Im April 2024 brachten direkte militärische Auseinandersetzungen zwischen Israel und Iran die Region an den Rand eines regionalen Krieges. Der Iran griff Israel erstmals direkt mit Hunderten von Kampfdrohnen und Raketen an. Damit verquickten sich der Palästinakonflikt, der Regionalkonflikt zwischen dem Iran und Israel und die Auswirkungen der internationalisierten Bürgerkriege im Jemen, im Irak und in Syrien zu einer „Krisenlandschaft".

Ursachen und Hintergründe

Im Kern handelt es sich beim Nahostkonflikt um einen Territorialkonflikt. Die Konfliktparteien (Juden vs. Araber, ab 1948 Israelis vs. Palästinenser) erheben grundsätzlich Anspruch auf dasselbe Gebiet, nämlich das Territorium des ehemaligen britischen Mandatsgebiets Palästinas zwischen Jordan und Mittelmeer. Heute erstreckt sich Israels Souveränität auf 78 % dieses Gebietes, über die restlichen 22 % herrscht es seit 1967 als Besatzungsmacht.

Der Nahostkonflikt ist auch ein ethno-nationaler Konflikt. Die beiden ethnischen Gruppen verfolgten bzw. verfolgen mit dem politischen Zionismus und dem palästinensischen Nationalismus miteinander konkurrierende nationale Bestrebungen. Die Juden haben ihr Anliegen bereits 1948 mit der Ausrufung des Staates Israel verwirklicht und diesen seither erfolgreich gegen Angriffe verteidigt. Die nationale Selbstbestimmung der Palästinenser steht hingegen nach wie vor aus. Denn trotz der Proklamation eines palästinensischen Staates mangelt es der palästinensischen Führung an einer effektiven Kontrolle und anerkannter Souveränität über ein Staatsgebiet. [...]

Ansätze zur Konfliktbearbeitung

Von einer Einigung haben sich die Konfliktparteien immer weiter entfernt. Sie sind vielmehr in ein Nullsummendenken und einen existenziellen Konflikt um das ganze Land zurückgefallen. Dies manifestiert sich darin, dass ein immer größerer Anteil der beiden Bevölkerungen Anspruch auf das gesamte Gebiet erhebt und jeweils bestreitet, dass auch die andere Seite legitime Ansprüche und Interessen habe. Entsprechend haben sich auch die Debatten über den Konflikt deutlich zugespitzt.

Vor dem Hintergrund der aktuellen Gewalteskalation setzen sich die USA, die EU und ihre Mitgliedstaaten sowie arabische Länder diplomatisch dafür ein, eine weitere Konflikteskalation zu verhindern, die humanitäre Situation im Gazastreifen zu verbessern, eine Freilassung der Geiseln zu erreichen und den Weg zu einer dauerhaften Stabilisierung nach dem Krieg durch eine Zweistaatenregelung und eine Integration Israels in die Region zu ebnen. [...]

Die regionalen und internationalen Akteure konnten allerdings nur begrenzte Fortschritte bei ihren Vermittlungsbemühungen verzeichnen. [...] Entsprechend ist seit dem 7. Oktober auch die Gewalt im Westjordanland – nicht zuletzt durch gewalttätige Siedler – weiter eskaliert. [...] Auch zeichnet sich eine auf Dauer angelegte militärische Präsenz Israels im Gazastreifen ab.

Muriel Asseburg, Nahost, Bonn: Bundeszentrale für politische Bildung, 02.07.2024, https://www.bpb.de/themen/kriege-konflikte/dossier-kriege-konflikte/54655/nahost/#node-content-title-2 (Zugriff: 17.07.2024)

INFO

Nullsummendenken
Denkansatz, gemäß dem bei einer Handlung der eine nur alles gewinnen und der andere nur alles verlieren kann, die Summe von Gewinn und Verlust also Null ist

Das **Assad-Regime** wurde Anfang Dezember 2024 gestürzt. Die weitere Entwicklung in Syrien ist derzeit noch offen (Febr. 2025).

M4 Die regionale Dimension des Konflikts

a) Die Unterstützung israelfeindlicher Kräfte durch den Iran

Iran
Seit 2012 hat der Iran mehr als 16 Milliarden Dollar ausgegeben, um seine Verbündeten in der Region zu unterstützen.

Libanon
Der Iran stellt der libanesischen Hisbollah jedes Jahr etwa 700 Millionen Dollar zur Verfügung.

Irak
Irans Unterstützung für schiitische Milizen im Irak stellt eine Bedrohung für Israel dar.

Palästina
Der Iran stellte in der Vergangenheit mehr als 100 Mio. Dollar/Jahr für palästinensische Gruppen wie die Hamas bereit.

Syrien
Der Iran hat dem Assad-Regime Kredite in Höhe von mindestens 4,6 Milliarden US-Dollar gewährt.

* offizielle Flagge bis 2024

Jemen
Der Iran hat seit 2021 Hunderte Millionen Dollar ausgegeben, um die Huthi im Jemen zu unterstützen.

Quelle: News.at/© Sebastian Mayer, Waltl & Waltl Werbeagentur

b) Die militärische Stärke Israels und des Iran

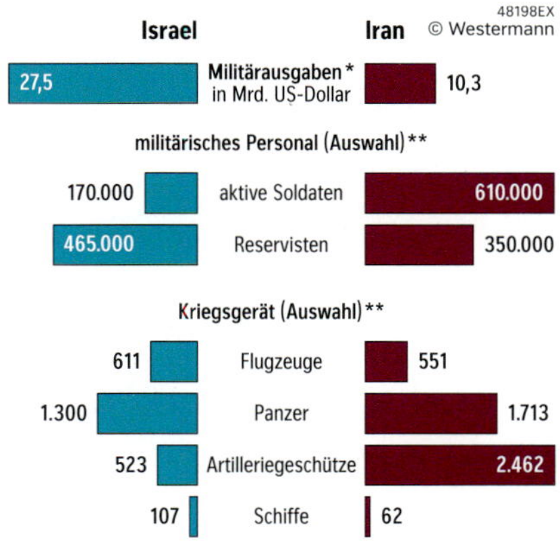

Quellen: *SIPRI, 2023; **Global Firepower Index, 2025
(Hinweis: Die Qualität/Modernität z. B. von Ausbildung und Waffensystemen wird hier nicht berücksichtigt. Auch werden nur konventionelle, d. h. keine chemischen und atomaren Waffen einbezogen.

1 Analysieren Sie die Spirale der Gewalt im Gaza-Krieg (M3).

2 Arbeiten Sie die vom Iran ausgehenden Bedrohungen Israels heraus (M4 a) und b)).

3 Setzen Sie sich mit der Frage auseinander, ob eher die territoriale oder eher die regionale Dimension den Konflikt stärker prägt (M3, Z. 63 und 69, M4).

4 Beurteilen Sie vor dem Hintergrund von M3 und M4 Chancen auf eine friedliche Lösung des Nahostkonfliktes. HILFE

Stationen der Konflikteskalation

Der österreichische Psychologe Friedrich Glasl befasste sich intensiv mit dem Phänomen eskalierender Konflikte. Er entwickelte eine Theorie der Konflikteskalation, die Konfliktzuspitzungen auf allen möglichen Ebenen erfasst: von der Ich-Du-Beziehung über Auseinandersetzungen innerhalb eines Staates bis hin zu Konflikten zwischen Staaten. Unausgesprochen geht die Theorie davon aus, dass die Konfliktparteien in etwa gleich stark sind.
Der Grundmechanismus der Konflikteskalation ist immer derselbe: Aus der Nichtbereitschaft, sofort eine Konfliktbeendigung anzustreben, folgt bei den Beteiligten eine „Korrumpierung" ihres Wahrnehmens, Denkens, Fühlens und Verhaltens: Sie nehmen die Wirklichkeit nur noch selektiv wahr, da ihr Blick primär auf die vom Konfliktgegner kommende Bedrohung gerichtet ist.

Drei Hauptphasen

Das Eskalationsmodell besteht aus neun Stufen, die sich drei Hauptphasen zuordnen lassen.

- In der **Hauptphase I** wissen die Konfliktparteien, dass es Spannungen und Interessengegensätze zwischen ihnen gibt. Sie bemühen sich jedoch um eine möglichst sachgerechte, rational bestimmte Lösung. Sie sprechen miteinander. Wenn strittige Punkte thematisiert werden, beschränken sich die Beteiligten auf eine verbale Auseinandersetzung. Es dominiert der Wille zur Kooperation.
- In der **Hauptphase II** geht es noch um die Regelung der strittigen Sache. Die Beziehungsebene spielt aber eine zunehmend wichtigere Rolle. Die Art und Weise des Umgehens miteinander wird damit zu einem Problem an sich. Sie führt dem eigentlichen Konflikt nämlich neue Energien zu. So kommt es dazu, dass sich verzerrte Wahrnehmungen über den Gegner zwischen die Konfliktparteien schieben. Diese Wahrnehmungen können sich Zug um Zug zu Feindbildern entwickeln.
- In der **Hauptphase III** ist das Sachproblem in den Hintergrund gerückt. Im Denken und Handeln der nunmehr verfeindeten Konfliktparteien dominiert die Beziehungsebene. An einer Lösung des Sachkonfliktes arbeiten beide Seiten nicht mehr, weil sie dies angesichts der Charaktereigenschaften der Gegenseite für aussichtslos halten. Keine Seite kümmert sich mehr darum, was die andere Seite sagt. Mögliche Verständigungssignale werden nicht zur Kenntnis genommen. Die Auseinandersetzung erfolgt mit großer Härte. Sie konzentriert sich auf den Gegner, der geschwächt, im Extremfall gar zerstört werden muss. Es kommt zum blinden, auf die Schädigung der Gegenseite fixierten Vergeltungsdenken. Notfalls wird sogar die beiderseitige Vernichtung in Kauf genommen.

Schwindende Rationalität

Unter einem rationalen Verhalten versteht man das Bemühen, den eigenen Vorteil zu optimieren und Nachteile zu vermeiden. Wenn dies gelingt, dann kann man von einer Win-Situation sprechen. Das Gegenteil ist eine Lose-Situation. Da es in einer Konfliktsituation zwei Parteien gibt, muss das Ergebnis beider Seiten in das Rationalitätskalkül einbezogen werden.

- Ein Vergleich der drei Hauptphasen zeigt, dass beiden Seiten dann am vernünftigsten handeln, wenn sie den Konflikt auf der Hauptphase I belassen. Wenn sich nämlich beide Seiten besinnen und auf beiderseitige Vorteile bedacht sind, was in der Regel auf eine kompromissorientierte Lösung hinausläuft, dann ist eine **Win-win-Situation** möglich.
- In der Hauptphase II hingegen gewinnt nur eine Seite. Es kommt folglich zu einer **Win-lose-Situation**. Der Gewinner kann sich seines Sieges aber nur begrenzt freuen. Denn er muss mit einer Revanche des Kontrahenten bei nächstbester Gelegenheit rechnen.
- Gänzlich negativ unter dem Gesichtspunkt der Rationalität ist die Bilanz eines Konfliktes, der bis zur Hauptphase III ausgefochten wird. Denn hier steht am Ende eine **Lose-lose-Situation**. Bei nüchterner Überlegung kann dies niemand wollen.

1 Überprüfen Sie, inwieweit das Modell der Konflikteskalation auf einen internationalen Konflikt Ihrer Wahl anwendbar ist.

Merkmale der einzelnen Stufen

1. Verhärtung der Gesprächsatmosphäre
Die Kontrahenten sind davon überzeugt, dass ihr Standpunkt der richtige ist und der des Gegners unrichtig. Gleichwohl glauben sie noch, dass sich die Spannungen mittels Vernunft bewältigen lassen. Die Regeln der Fairness werden respektiert.

2. Harte verbale Konfrontation
Die Kontrahenten nehmen rigorosere Haltungen an und scheuen auch die harte verbale Konfrontation nicht, um ihren Standpunkt durchzusetzen. Im Verhältnis zum Gegner entwickelt sich ein Schwarz-Weiß-Denken. Dennoch sehen die Parteien, dass ihnen eine Kooperation mehr Vorteile bringt als eine unversöhnliche Konfrontation.

Win-win

3. Taten statt Worte
Die Kontrahenten glauben, dass Gespräche keine für sie günstigen Ergebnisse mehr bringen werden. Sie lassen jetzt Taten sprechen, um ihre Entschlossenheit zu demonstrieren und die Gegenseite zu beeindrucken. In der Regel nimmt die Gegenseite jedoch diese Taten nicht einfach hin, sie reagiert mit Gegenaktionen. Beide Parteien wissen aber noch, dass sie bei der Konfliktlösung aufeinander zugehen müssen.

4. Sorge um die eigene Reputation und Suche nach Unterstützung
Die Kontrahenten geben sich ein positives Selbstbild, das sie einem negativen Bild des Gegners entgegensetzen. Die Bereitschaft zur Kooperation ist weitgehend geschwunden. Es geht den Parteien um Gewinn oder Verlust, um Sieg oder Niederlage. Um ihre Gewinnchancen zu erhöhen, suchen sie nach Bündnispartnern.

5. Demaskierung des Gegners
Die Kontrahenten starten „Demaskierungsaktionen" in der Absicht, das wahre Gesicht des jeweils anderen zu entlarven. Sie setzen Mythen über die Immoralität des Gegners in die Welt, denen sie die Legende von der eigenen Arglosigkeit und Unschuld gegenüberstellen. Sie drängen die produzierten Feindbilder einander auf und versuchen, ein Verhalten des Gegners zu provozieren, welches das Feindbild dann bestätigt. Der gegenseitig beigefügte Gesichtsverlust bewirkt eine deutliche Verschärfung des Konfliktes.

Win-lose

6. Drohungen mit der Anwendung von Gewalt
Die Kontrahenten drohen einander mit der Anwendung von Gewalt. Zunächst sprechen sie Drohungen in der Absicht aus, ihrer Entschlossenheit Ausdruck zu verleihen, lassen aber noch offen, worin die Sanktionen genau bestehen sollen. Eine Steigerung besteht darin, die Drohungen eindeutiger und entschlossener als zuvor auszusprechen. Das bedeutet zugleich, dass die Parteien sich auf Sanktionen festlegen müssen. Sie müssten einen schmerzlichen Gesichtsverlust in Kauf nehmen, wenn sie sich von der Androhung zurückziehen wollten. Schließlich tragen ihre Drohungen ultimative Züge: Die bedrohte Seite wird vor eine Ja-Nein-Entscheidung gestellt, die keinen dritten Weg mehr offenlässt. Bei alledem kommt es zu Gegendrohungen der anderen Seite.

7. Begrenzte Schläge gegen den Feind
Zwischen den Kontrahenten ist offene Feindschaft ausgebrochen. Sie streben die Zerstörung des gegnerischen Sanktionspotenzials an, um den Feind zu schwächen und sich selbst vor Zerstörung zu bewahren. Es geht also noch nicht um unbegrenzte Vernichtungsschläge. Man ist sogar bereit, schmerzhafte eigene Verluste in Kauf zu nehmen, wenn man nur gewiss sein kann, dass der Schaden für die Gegenseite größer sein wird. Ohne Skrupel werden Taktiken der Irreführung, der Täuschung und der Lüge angewendet.

8. Angriff auf das Zentrum des Feindes
Durch gezielte Angriffe auf das Zentrum des Feindes sollen dessen Kräfte zersplittert und so die Grundlagen für die Vernichtung seiner Macht- und Existenzgrundlage gelegt werden. Der Feind soll sich nicht mehr erholen und regenerieren können. Die Kontrahenten sind bereit, bei den Angriffen erheblichen Schaden für sich selbst in Kauf zu nehmen. Dennoch spekulieren sie in dieser Phase noch auf den Sieg und das eigene Überleben.

Lose-lose

9. Vernichtung des Feindes unter Inkaufnahme des eigenen Unterganges
Es geht jetzt um die Vernichtung des Feindes, selbst wenn dies die eigene Vernichtung bedeuten sollte. Die Losung lautet: „Vorwärts um jeden Preis!"

+ Die Konfliktanalyse

Die internationale Politik wird nicht ausschließlich, aber doch stark von Konflikten bestimmt. Häufig nehmen diese Konflikte kriegerische Gestalt an. Kriegerische Konflikte gibt es zwischen Staaten, aber auch innerhalb von Staaten. Mithilfe der Konfliktanalyse lassen sich Konflikte der internationalen Politik anhand von Leitfragen erschließen. In diesen Leitfragen verbergen sich maßgebliche Kategorien der internationalen Politik.

Für die Analyse eines Konflikts der internationalen Politik, sei dieser nun gewaltsam oder nicht, bietet sich das folgende Analyseschema an. Es lassen sich allerdings nicht alle Leitfragen bei jedem Konflikt sinnvoll anwenden.

1. Konfliktgenese

- Wodurch wurde der Konflikt ausgelöst?
- Welche Ursachen hat der Konflikt?
  (Gebietsstreit, Machtrivalität, Kampf um Ressourcen, ideologischer Konflikt, Unabhängigkeitsstreben, Verletzung von Menschenrechten ...)
- Welche Vorgeschichte hat der Konflikt?

↓

2. Konfliktkonstellation

- Welche Konfliktparteien sind beteiligt?
- Worüber genau streiten die Konfliktparteien?
- Welche Interessen und Ziele verfolgen die Konfliktparteien?
- Welches Durchsetzungspotenzial (Macht) haben die Konfliktparteien?
- Welche Verbündeten haben die Konfliktparteien?
- Wie positionieren sich internationale Organisationen zum Konflikt (UN, EU, NATO ...)

↓

3. Konfliktverlauf

- Lassen sich Phasen der Konfliktentwicklung feststellen?
  (Verschärfung/Abschwächung, Auftreten neuer Konfliktparteien ...)
- Gibt es Versuche zur Konfliktbeendigung?
  (Verhandlungsangebote, Einschaltung Dritter ...)

↓

4. (Gegebenenfalls) Konfliktende

- Wie kam es zur Beendigung des Konflikts?
  (Erschöpfung der Konfliktparteien, Waffenstillstand, Friedensvertrag ...)
- Wie ist das Konfliktende zu bewerten?
  (Unentschieden, Sieger/Verlierer, erlittene Verluste, angerichtete Schäden ...)
- Welche Auswirkungen hat das Konfliktende?
  (Stärkung/Schwächung der Konfliktparteien, Stärkung anderer Staaten ...)

Legitimation (→ 2. Konfliktkonstellation)

- Mit welchen Argumenten rechtfertigen die Konfliktparteien ihre Position?
- Welche Rolle spielen Religion und Ideologie bei der Rechtfertigung?

Rolle des Rechts (→ 2. Konfliktkonstellation)

- Auf welche Rechtsnormen berufen sich die Konfliktparteien? (Verfassung, Verträge, Völkerrecht ...)
- Haben sich internationale Gerichte zum Konfliktfall geäußert?

1 Führen Sie nach Abschluss Ihrer Erarbeitung von Kapitel 1.3 eine Konfliktanalyse des Krieges in der Ukraine durch. Bilden Sie Arbeitsgruppen, die sich arbeitsteilig der einzelnen Aspekte annehmen. Tragen Sie anschließend die Ergebnisse Ihrer Analyse dem Plenum vor.

+ 1.3 Der Krieg in der Ukraine im Fokus einer vertieften Konfliktanalyse

Vorgeschichte und Hintergründe des Krieges

M1 Albtraum und Wunschtraum

SCHRITT 1
Konfliktgenese

Zeichnungen: Klaus Stuttmann, 1990 und 2022

M2 2014 – Beginn der Aggressionen Russlands gegen die Ukraine

BEGRIFF
Fachkonzepte
Konflikt
Macht
Interesse
Ideologie
Sicherheit

a) Die Annexion der Krim

Der friedliche Schein trügt. Die Soldaten, die am 16. März 2014 in einem Dorfladen auf der südlichen Krim einkaufen, stehen für den Bruch mit der regelbasierten europäischen Friedensordnung – Russlands Aggression gegen die benachbarte Ukraine und die völkerrechtswidrige Annexion der Krim. Ein genauer Blick zeigt: Die vermummten Soldaten tragen auf ihren Uniformen keine Hoheitsabzeichen; das Foto [...] zeigt jene „grünen Männchen", die zu Tausenden Ende Februar 2014 auf der Halbinsel auftauchten und ukrainische Regierungsgebäude und Kasernen abriegelten.

Obwohl von Moskau zunächst vehement abgestritten, entpuppten sie sich rasch als russische Truppen – was später selbst Präsident Wladimir Putin einräumte. Im Verbund mit prorussischen örtlichen Milizen wurde unter ihren Gewehrläufen eine neue Regierung auf der Krim gebildet, die am 1. März Putin offiziell um Schutz bat – ein Drehbuch, das fatal an das sowjetische Vorgehen 1979 in Afghanistan erinnert. Vom Referendum am 16. März 2014 über den Anschluss an Russland blieben inter-

INFO

Maidan-Revolution
Massenproteste mit teilweise gewalttätigen Ausschreitungen auf dem Unabhängigkeitsplatz (= Maidan, auch Euromaidan genannt) in Kiew zwischen November 2013 und Februar 2014 gegen die damalige russlandfreundliche Regierung, welche mit dem Rücktritt der Regierung endeten

Banderowzy
Von der russischen Geschichtspropaganda benutzte Bezeichnung für ultranationalistische Kräfte, die angeblich die Ukraine beherrschen. Der Name geht auf Stepan Bandera (1909–1959) zurück, dessen Anhänger im II. Weltkrieg zeitweise mit den deutschen Besatzern zusammenarbeiteten.

„Passportisierung“
Ausgabe russischer Pässe an ukrainische Staatsbürger in der Absicht, den Anschluss der besetzten Gebiete an Russland zu beschleunigen

nationale Wahlbeobachter der OSZE (Organisation für Sicherheit und Zusammenarbeit in Europa) ausgeschlossen, „grüne Männchen“ dagegen omnipräsent. Wenig überraschend sprach sich eine Mehrheit der Abstimmenden für die Aufnahme der Krim in die Russländische Föderation aus. Die am 20. März 2014 vollzogene Annexion zelebrierte Russland als „Wiedervereinigung“.
Seit dem Zerfall der UdSSR [Union der Sozialistischen Sowjetrepubliken] Ende 1991 war die Krim Zankapfel zwischen Russland und der Ukraine. Als einzige Region der Ukraine stellten hier ethnische Russen die Mehrheit. Für Sowjetbürger ein populäres Urlaubsziel, ist die Krim im kollektiven russischen Bewusstsein ein mythisch überhöhter Gedächtnisort. Obwohl jahrhundertelang als Khanat der Krimtataren selbstständig, gilt die erst 1783 von Zarin Katherina II. annektierte Halbinsel als „urrussische Erde“. Das hängt vor allem mit ihrer militärischen Bedeutung als Heimat der Schwarzmeerflotte zusammen – und der zweimaligen, äußerst verlustreichen Verteidigung der „Heldenstadt“ Sewastopol: 1854/55 im Krimkrieg und 1941/42 im Zweiten Weltkrieg.

Tim Geiger, Vor 10 Jahren: Russland annektiert die Krim, in: Zentrum für Militärgeschichte und Sozialwissenschaften der Bundeswehr, Berlin: Bundesministerium der Verteidigung, 24.02.2024, https://zms.bundeswehr.de/de/publikationen-ueberblick/zmg-publikationen-10-jahre-krim-annexion-5743616 (Zugriff: 25.07.2024)

b) Die Intervention im Donbas (Ostukraine)
Seit der Unabhängigkeit der Ukraine im Jahr 1991 waren der offizielle Status der russischen Sprache (ca. 17 % der ukrainischen Bevölkerung waren damals ethnische Russen), die Interpretation der zaristischen und sowjetischen Geschichte sowie die geopolitische Orientierung der Ukraine regelmäßige Streitthemen in der ukrainischen Öffentlichkeit. Doch verliefen diese Auseinandersetzungen ganz überwiegend friedlich. [...]
In den Umbruchswirren nach der Maidan-Revolution 2013/14 gelang es Russland, mit einer massiven Propagandakampagne die beginnende Demokratisierung, nationale Emanzipation und Europäisierung der Ukraine als antirussischen, „faschistischen“ Putsch und die Westorientierung als fundamentale Verletzung nationaler und geostrategischer Interessen Russlands zu diskreditieren. Als „Hauptfeind“ wurden die „Banderowzy“ deklariert. Um die Spannungen anzuheizen, rekrutierte Moskau sowohl in der Ostukraine als auch in Russland einige zehntausend militante Großrussland-Anhänger für eine von russischen Geheimdiensten unterstützte paramilitärische Intervention im Donbas.
Parallel zur völkerrechtswidrigen Besetzung der Krim und von Teilen der Ostukraine wurde ein „hybrider Krieg“ gegen die Ukraine intensiviert, in dem nichtmilitärische Kampfformen (z. B. ökonomischer Druck, Medienkampagnen, geheimdienstliche Unterwanderung, „Passportisierung“) eine ebenso große Rolle spielen wie militärische und paramilitärische Operationen. [...]
Die ukrainische Armee war zu Beginn der Kampfhandlungen 2014 schlecht ausgerüstet und unterfinanziert, ihre Führung teilweise von russischen Agenten unterwandert. Daher spielten in der Anfangsphase des russisch-ukrainischen Krieges zahlenmäßig schwache, jedoch hochmotivierte Freiwilligenverbände eine wichtige Rolle. Die teils aus den Protesten auf dem Euromaidan hervorgegangenen Verbände verhinderten im Som-

mer und Herbst 2014 die Ausweitung der verdeckten russischen Intervention im Donbas. Bis auf einige halbreguläre paramilitärische Kleingruppen, wie das Ukrainische Freiwilligenkorps des „Rechten Sektors", wurden diese Einheiten bis 2015 in die regulären Truppen des Verteidigungs- bzw. Innenministeriums eingegliedert. [...]
Dem Machtwechsel bei den Parlamentswahlen im Frühjahr und Sommer 2019 nach der Wahl von Wolodymyr Selenskyj zum Präsidenten und Sieg seiner Partei „Diener des Volkes" folgte die Übernahme der Exekutive und Legislative durch eine neue, betont antinationalistische politische Mannschaft. Der in Moskau erwartete prorussische Kurswechsel nach Abtritt des national orientierten Präsidenten Petro Poroschenko trat nicht ein. Vielmehr verfestigte sich die proeuropäische und -atlantische Orientierung.

Andreas Umland, Ukraine, Bonn: Bundeszentrale für politische Bildung, 24.06.2024, https://www.bpb.de/themen/kriege-konflikte/dossier-kriege-konflikte/216281/ukraine/ (Zugriff: 24.07.2024) (verändert = Reihenfolge der Absätze geändert)

M3 Vorgeschobene und eigentliche Gründe für den Angriff Russlands 2022

In der Ukraine war es zweifellos Putin, der das Feuer entfachte und am 24. Februar [2022] den russischen Truppen den Befehl zum Einmarsch gab. Wie die Führer der Großmächte im Jahr 1914 glaubte er wahrscheinlich, dass es sich um einen kurzen, scharfen Krieg mit einem schnellen Sieg handeln würde, ähnlich wie bei der Übernahme Budapests durch die Sowjetunion im Jahr 1956 oder Prags im Jahr 1968.
Luftlandetruppen würden den Flughafen erobern und vorrückende Panzer würden Kiew einnehmen, den ukrainischen Präsidenten Wolodymyr Selenskyj absetzen und eine Marionettenregierung einsetzen.
Dem russischen Volk erklärte Putin, er führe eine „spezielle Militäroperation" durch, um die Ukraine zu „entnazifizieren" und die NATO daran zu hindern, an die Grenzen Russlands vorzudringen. Aber angesichts der Tatsache, wie sehr er sich verkalkuliert hat, müssen wir uns fragen, was er sich wirklich dabei gedacht hat.
Wir wissen aus Putins eigenen Schriften [...], dass die eigentliche Ursache in der Weigerung lag, die Ukraine als legitimen Staat zu betrachten. Putin beklagte den Zusammenbruch der Sowjetunion, der er als KGB-Offizier gedient hatte, und aufgrund der engen kulturellen Verwandtschaft zwischen der Ukraine und Russland hielt er die Ukraine für einen Scheinstaat.
Außerdem sei die Ukraine undankbar gewesen und habe Russland mit dem Maidan-Aufstand 2014, bei dem eine prorussische Regierung abgesetzt wurde, und der Vertiefung der Handelsbeziehungen mit der Europäischen Union beleidigt.
Putin möchte das wiederherstellen, was er die „russische Welt" nennt, und da er sich dem Alter von 70 Jahren nähert, denkt er über sein Vermächtnis nach. Frühere Herrscher, wie Peter der Große, hatten die russische Macht zu ihrer Zeit ausgebaut. Angesichts der schwachen westlichen Sanktionen, die auf Russlands Einmarsch in die Ukraine und die Annexion der Halbinsel Krim im Jahr 2014 folgten, scheint sich Putin gefragt zu haben: Warum nicht noch weiter gehen?

Joseph S. Nye, Jr., Was hat den Ukraine-Krieg ausgelöst?, Prag: Project Syndicate, 04.10.2022, https://www.project-syndicate.org/commentary/what-caused-russia-ukraine-war-by-joseph-s-nye-2022-10/german (Zugriff: 24.07.2024)

1 Erschließen Sie den Zusammenhang zwischen den beiden Karikaturen (M1). HILFE

2 Beschreiben Sie die Aggressionen Russlands gegen die Ukraine 2014 (M2 a) und b)).

3 Analysieren Sie die vorgeschobenen und eigentlichen Gründe für den Angriff Russlands 2022 (M3).

Die Konstellation zwischen Russland und der Ukraine

SCHRITT 2

Konfliktkonstellation

M1 Wer ist am Ukrainekrieg beteiligt?

Zeichnung: Olexij Kustovsky, 23.06.2023

M2 Militärische Stärke vor Beginn des Krieges

Russland und die Ukraine
Militärische Stärke im Vergleich

50603EX

	Ukraine	Russland
Verteidigungsetat*	4,3 Mrd. $	62,2 Mrd. $
Anteil am BIP	*2,4 %*	*3,8 %*
Truppenstärke	196.600	900.000
Reservisten	900.000	2.000.000
Paramilitär	102.000	554.000
Gepanzerte Kampffahrzeuge	3.700	20.300
darunter Kampfpanzer	*987*	*3.420*
Artilleriegeschütze	2.000	5.900
Kriegsschiffe	24	579
darunter U-Boote	*0*	*49*
Kampfflugzeuge	124	1.391
Nuklearwaffen	0	6.255

*2021 teilweise geschätzt

Stand: Februar 2022 dpa•103654 Quelle: IISS Military Balance 2022/Sipri

M3 Russlands Kriegsziele

Russlands Präsident Wladimir Putin hat erstmals seit Beginn des Krieges gegen die Ukraine wieder Bürgerfragen in einer Livesendung beantwortet und dabei auch über den Kriegsverlauf gesprochen. [...] In der Sendung bekräftigte Putin die ursprünglichen Kriegsziele, die er bereits zu Beginn der Invasion der Ukraine im Februar 2022 genannt hatte. Das Land müsse „demilitarisiert und entnazifiziert“ werden, sagte er. Auch forderte er einen neutralen Status der Ukraine. Die Ziele hätten sich nicht verändert, sagte Putin. „Die Frage der Entnazifizierung ist aktuell.“ Zudem werde die Ukraine durch die Verluste, die Russland dem ukrainischen Militär zufüge, demilitarisiert, was den Zielen der „militärischen Spezialoperation“, wie der Krieg in Russland genannt wird, entspreche. Bevor dies nicht gelungen sei, werde er den Krieg nicht beenden, sagte Putin: „Der Frieden kommt dann, wenn wir unsere Ziele erreicht haben.“

Die vagen Begriffe wurden seitens der russischen Regierung nie konkretisiert, etwa in Bezug auf die Souveränität und Grenzen der Ukraine. So verweist Russland immer wieder darauf, dass die Ukraine die „neuen territorialen Realitäten“, womit die komplette oder teilweise Besatzung von vier Regionen über die 2014 annektierte Krim hinaus gemeint ist, akzeptieren müsse – obwohl Russland teils Gebiete annektiert hat, die sein Militär nicht kontrolliert. Gleichzeitig sagen russische Militärs und Propagandisten im Staatsfernsehen immer wieder, dass auch weitere ukrainische Gebiete erobert werden müssten.

Mit dem Begriff „Entnazifizierung“ bezeichnet Putin seit Jahren die angebliche Notwendigkeit, die Ukraine von einer vermeintlichen Nazi-Regierung zu „befreien“. So sagte er im Herbst, der Westen habe mit Wolodymyr Selenskyj absichtlich einen Juden als Präsidenten „eingesetzt“, um über die „Faschisierung“ der Ukraine hinwegzutäuschen. So bezeichnet er etwa das ukrainische Nationalbewusstsein als solches. „Russen und Ukrainer sind ein Volk“, sagte er in der Sendung.

Alexander Eydin, Wladimir Putin hält an russischen Kriegszielen fest, in: Die Zeit online, 14.12.2023, https://www.zeit.de/politik/ausland/2023-12/ukraine-krieg-wladimir-putin-kriegsziele-russland-armee-verluste (Zugriff: 26.07.2024)

M4 Russlands Rechtfertigung des Krieges: Kampf gegen den Westen

Der russische Präsident Wladimir Putin hat den Westen als „Feind“ Russlands bezeichnet und angedeutet, dass der Ukrainekrieg eigentlich darauf abzielt, den Westen zu besiegen. Mit diesem Narrativ weitet Putin die Kriegsziele Russlands immens aus – dahinter steckt Kalkül, um Kontrolle über die Ukraine zu bekommen, aber auch einen langwierigen Krieg zu rechtfertigen. [...]

Bei einem Treffen in einem Militärkrankenhaus in der Moskauer Region am Montag (1. Januar [2024]) antwortete Putin auf die Frage eines russischen Soldaten bezüglich der westlichen Unterstützung für die Ukraine. Er stellte klar, dass es nicht so sehr darum gehe, dass der Westen der Ukraine hilft, sondern dass der Westen als „Feind“ Russlands betrachtet wird, berichtet das *Institute for the Study of War* (ISW).

Im Detail erläuterte Putin, dass „die Ukraine an sich kein Feind für Russland ist“, sondern die westlichen Akteure, die „die russische Staatlichkeit zerstören wollen“ und „die strategische Niederlage Russlands auf dem Schlachtfeld“ erreichen wollen, die Feinde Russlands seien, zitiert das ISW den russischen Präsidenten. [...]

Das ISW hat diese neue Rhetorik Putins analysiert. Das Narrativ des russischen Präsidenten, das den Krieg in der Ukraine als einen russischen Kampf gegen den Westen darstellt, deute darauf hin, dass er nicht die Absicht hat, jemals wirklich mit der Ukraine zu verhandeln. Ziel sei es viel eher, den Westen durch Verhandlungen davon zu überzeugen, die russische Hoheit in der Ukraine anzuerkennen. Putin betrachte die Ukraine nicht als unabhängigen Akteur und stelle seine groß angelegte Invasion in der Ukraine daher als eine Konfrontation zwischen Russland und dem Westen dar. Der russische Präsident habe die Absicht, ausschließlich mit dem Westen über eine Zukunft der Ukraine innerhalb der russischen Einflusssphäre zu verhandeln. [...]

Putin würde die Ukraine absichtlich als „Handlanger ohne Handlungsspielraum“ im russischen Konflikt mit dem Westen darstellen, um seine „expansiven und maximalistischen Ziele zu verschleiern“, so das ISW. Russland will sein zu Beginn des Ukrainekriegs gestecktes Ziel schließlich immer noch erreichen: die vollständige Kontrolle über die Ukraine.

Zeichnung: Patrick Chappatte, 27.02.2022

GLOSSAR

North Atlantic Treaty Organization (NATO)

Sonja Thomaser, Neue Strategie? Warum Putin seine Kriegsziele gegen den Westen ausweitet, in: Frankfurter Rundschau online, 06.01.2024, https://www.fr.de/politik/krieg-russland-verhandlungen-putin-kriegsziel-westen-usa-ukraine-zr-92756635.html (Zugriff: 26.07.2024)

1. Erschließen Sie die Botschaft der Karikatur (M1). HILFE
2. Vergleichen Sie das vor Beginn des Krieges bestehende Militärpotenzial Russlands und der Ukraine (M2).
3. Arbeiten Sie die ideologisch gefärbten sowie die machtpolitisch motivierten Kriegsziele Russlands heraus (M3). HILFE
4. Beurteilen Sie die Plausibilität der russischen Rechtfertigung des Krieges gegen die Ukraine (M4). HILFE

M5 Kriegsziele der Ukraine

Territoriale, wirtschaftliche und politische Souveränität – nicht weniger gilt es aus Kiewer Sicht zu verteidigen. Doch ist eine vollständige Rückeroberung des Staatsgebiets, inklusive der 2014 von Russland annektierten Krim, der von Separatisten kontrollierten Donbasrepubliken und der während des russischen Überfalls verlorenen Gebiete im Süden und Osten des Landes, Stand jetzt, kaum realistisch. Doch ist das die Marschrichtung, daran lässt Wolodymyr Selenskyj keinen Zweifel. Wie wenig kompromissbereit der ukrainische Präsident in dieser Hinsicht ist, zeigte seine Reaktion auf die Worte von Ex-US-Außenminister Henry Kissinger auf dem Wirtschaftsforum im Mai [2022] in Davos. Der Meister der Realpolitik empfahl der Ukraine, Land gegen Frieden zu tauschen. Russland solle die Krim und den Donbas erhalten, die Ukraine ihre Souveränität. Bei allem anderen „würde es nicht um die Freiheit der Ukraine gehen, sondern um einen neuen Krieg gegen Russland selbst", so Kissinger. Selenskyj bezichtigte den 99-Jährigen daraufhin der „Beschwichtigungspolitik", warf ihm gar vor, im falschen Jahrhundert zu leben.

Yannik Schüller, Wunschträumen vom Ende – die unterschiedlichen Kriegsziele der Ukraine und des Westens, in: Stern online, 04.07.2022, https://www.stern.de/politik/ausland/ukraine-und-der-westen--geeint-in-der-sache--gespalten-durch-ihre-ziele-32510080.html (Zugriff: 27.07.2024)

M6 Die Unterstützung der Ukraine durch den Westen

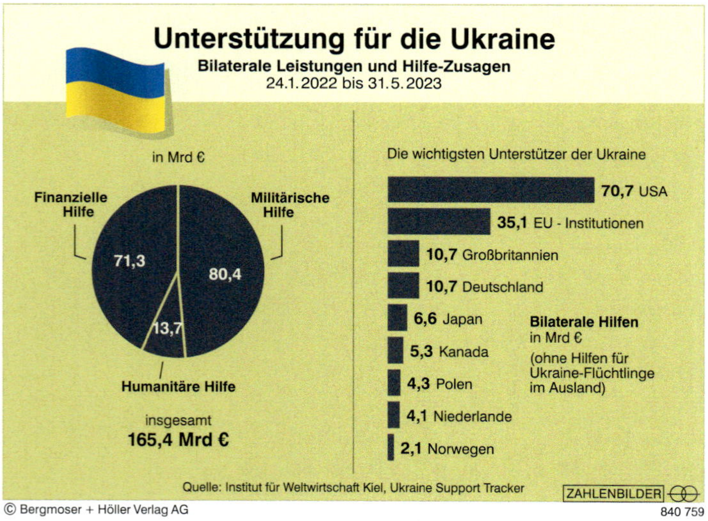

GLOSSAR

G7 (Gruppe der Sieben)

Der russische Angriff auf die Ukraine im Februar 2022 löste eine breite Unterstützung vor allem westlicher Staaten für das angegriffene Land aus. [...] Mit Leistungen und Zusagen von 70,7 Mrd. € (davon 42,8 Mrd. € als direkte militärische Hilfe) waren die USA im genannten Zeitraum der wichtigste Unterstützer der Ukraine. Die EU-Institutionen nahmen mit 35,1 Mrd. € (größtenteils in Form finanzieller Hilfen) den zweiten Rang ein. Es folgten weitere Staaten der G7, der NATO und der EU mit ihren bilateralen Leistungen: Großbritannien und Deutschland (mit jeweils 10,7 Mrd. €), Japan (mit 6,6 Mrd. €), Kanada (mit 5,3 Mrd. €) und Polen (mit 4,3 Mrd. €).

Ein weiteres Element der Unterstützung für die Ukraine waren die von den westlichen Staaten beschlossenen wirtschaftlichen Sanktionen gegen Russland. [...] Unterstützung erhält die Ukraine zudem durch Geheimdienstinformationen, insbesondere vonseiten Großbritanniens und der USA. Auf finanzielle und militärische Hilfe anderer Staaten wird die Ukraine auch langfristig angewiesen sein. Im März 2023 schätzte die Weltbank allein die Kosten des Wiederaufbaues nach dem Krieg auf mehr als 380 Mrd. €.

Unterstützung für die Ukraine, Zahlenbilder Infografik Nr. 840759, Aachen: Bergmoser + Höller Verlag AG, 09/2023

1. Setzen Sie sich mit den beiden in M5 dargestellten Positionen auseinander.
2. Stellen Sie die Unterstützung der Ukraine durch den Westen dar (M6).
3. Recherchieren Sie arbeitsteilig, wie Verbündete Russland helfen (M7). HILFE
4. Beurteilen Sie die Wirksamkeit der UN-Resolution (M8). HILFE

M7 Die Freunde Russlands

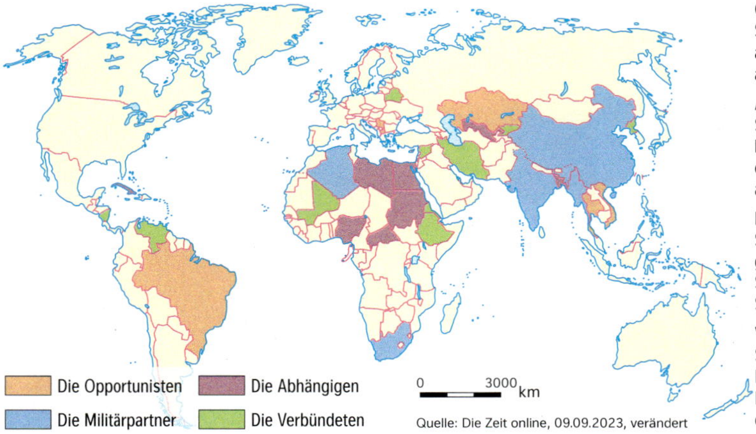

Quelle: Die Zeit online, 09.09.2023, verändert

Opportunisten:
Staaten, die Russlands Konflikt mit dem Westen für sich ausnutzen, indem sie vor allem günstiges Öl und Gas aus Russland beziehen

Abhängige:
Staaten, die wirtschaftlich von Russland abhängig sind – zumeist bei Weizen, Öl oder Gas sowie beim Bau von Atomkraftwerken – oder politisch auf Russland aufgrund ihrer eigenen Isolation angewiesen sind

Militärpartner:
Staaten, die militärische Manöver mit Russland abhalten und/oder gemeinsame Rüstungsprojekte betreiben und/oder die Stationierung von russischen Soldaten oder Söldnern auf ihrem Staatsgebiet gestatten

Verbündete:
Staaten, die enge wirtschaftliche und politische Beziehungen zu Russland pflegen, gegebenenfalls Russland mit Waffen und Munition versorgen und deren Streitkräfte bzw. Rüstungsindustrien eng mit Russland kooperieren

M8 Wie reagierte die UNO auf den russischen Angriff?

Während die Charta der UN dem Sicherheitsrat das Recht einräumt, auf Bedrohungen des internationalen Friedens mit allen geeigneten diplomatischen, ökonomischen und militärischen Maßnahmen zu reagieren, enthält sie zugleich diejenige Bedingung, die sich aktuell als Hindernis erweist: Sofern sie nicht verfahrensmäßiger Natur sind, können Entschließungen des Sicherheitsrates nur verabschiedet werden, wenn keines der fünf ständigen Mitglieder gegen sie stimmt. Das ständige Mitglied Russland macht von diesem sogenannten Vetorecht gerade Gebrauch. Damit verhindert es, dass der Sicherheitsrat den russischen Angriff auf die Ukraine in einer Resolution als Bedrohung des internationalen Friedens klassifizieren, als Verstoß gegen die Charta verurteilen und Zwangsmaßnahmen gegen Russland verhängen kann. Die anderen Mitglieder des Sicherheitsrates haben deshalb mit einem prozeduralen Beschluss ohne Veto-Möglichkeit am 27. Februar 2022 ein altes Verfahren aktiviert, um die Blockade zu umgehen und die Generalversammlung mit der Angelegenheit zu betrauen. [...]

Die Generalversammlung trat einen Tag später in einem *Uniting-for-Peace*-Format zu einer Notstandssitzung zusammen und verabschiedete nach einer mehrtätigen Aussprache am 2. März [2022] die Resolution ES-11/1, die sich stark am Entwurf orientierte, der zuvor im Sicherheitsrat gescheitert war. Mit 141 Ja-Stimmen, fünf Nein-Stimmen und 35 Enthaltungen verurteilte die Weltgemeinschaft darin den Angriff auf die Ukraine und forderte Russland auf, die Kampfhandlungen unverzüglich einzustellen sowie seine Streitkräfte vollständig und bedingungslos abzuziehen. Und obwohl die Resolution keine Empfehlungen konkreter Maßnahmen enthält, ist es von Bedeutung, dass es sie gibt: Weil Russland den Charakter und das Ausmaß dieses Krieges zu verschleiern versucht, ist umso wichtiger, dass nun auch durch die Vereinten Nationen festgehalten ist, dass es sich bei der „Militäroperation" Russlands um eine Aggression handelt, die gegen zentrale völkerrechtliche Grundsätze, allem voran das Gewaltverbot und die Unverletzlichkeit der territorialen Integrität, verstößt und damit die Charta bricht. Auch hat die Abstimmung nicht nur dokumentiert, dass fast Dreiviertel aller Staaten uneingeschränkt dieser Auffassung folgen, sondern auch, in wessen Gesellschaft sich Russland spätestens mit diesem Krieg begeben hat – nämlich in die Gesellschaft anderer Diktaturen, die ebenso wenig wie Russland davor zurückschrecken, massive Gewalt einzusetzen.

Elvira Rosert, Die Möglichkeiten der UN im Ukraine-Krieg, Berlin: Deutsche Gesellschaft für die Vereinten Nationen e.V., 31.03.2022, https://dgvn.de/meldung/die-moeglichkeiten-der-un-im-ukraine-krieg (Zugriff: 29.07.2024)

GLOSSAR

Vereinte Nationen (UN/UNO)

QUERVERWEIS

I.3.4 Der UN-Sicherheitsrat – blockiert, aber alternativlos? S. 112–115

INFO

prozeduraler Beschluss
Beschluss, der keine Inhalte zum Gegenstand hat, sondern Verfahrensweisen betrifft

Kriegsgeschehnisse und Kriegsverlauf

SCHRITT 3
Konfliktverlauf

M1 Legitime Kriegsziele?

Zeichnung: Klaus Stuttmann, 2022

M2 Wesentliche Ereignisse in den ersten Kriegsmonaten 2022

Seit Russland 2014 die Krim besetzt und die Abspaltung der „Volksrepubliken" Luhansk und Donezk von der Ukraine unterstützt hatte, herrschte entlang der Grenzlinie im Donbas ein schwelender Konflikt. Daraus wurde ein offener Krieg, als am 24.02.2022 russische Truppen auf Befehl von Präsident Putin von den Grenzregionen Weißrusslands und Russlands aus auf ukrainisches Staatsgebiet vordrangen, um Russlands Herrschaftsanspruch durchzusetzen und die ukrainische Führung auszuschalten. Putin hatte zuvor schon mehrfach die Eigenstaatlichkeit der Ukraine bestritten. Der Entscheidung zum Angriff lagen offenbar mehrere Fehleinschätzungen zugrunde: Putin verkannte die Fähigkeit und den Willen der Ukraine, ihre Unabhängigkeit zu verteidigen, und er unterschätzte die Bereitschaft der westlichen Staaten, sich an die Seite des angegriffenen Landes zu stellen. Schon unmittelbar nach dem Angriff verhängten die westlichen Staaten massive Sanktionen gegen Wirtschaft und führende Persönlichkeiten Russlands. Im Lauf des folgenden Jahres baute Westeuropa, nicht zuletzt Deutschland, seine Abhängigkeit von russischen Energielieferungen ab. Die NATO-Staaten beschlossen stärkere Verteidigungsanstrengungen und zwei bis dahin neutrale Staaten, Schweden und Finnland, entschlossen sich, dem Bündnis beizutreten. [...]

In der Ukraine stießen die russischen Truppen, die am 25.02.2022 schon fast bis Kiew vorgedrungen waren, auf so hartnäckigen Widerstand, dass sie sich Anfang April aus dem Norden des Landes zurückzogen, um die Front im Osten zu verstärken. Dort drangen sie bis Charkiw vor und auch im Süden erzielten sie große Raumgewinne. Ab August 2022 gelang es den ukrainischen Truppen jedoch, große Gebiete im Osten zurückzuerobern, ehe sich dort ein erbitterter Stellungskrieg entwickelte, der den ganzen Winter anhielt.

Auf russischer Seite kämpfte neben den regulären Truppen auch die Privatarmee der „Gruppe Wagner". Um die großen Verluste auszugleichen, wurde in Russland im September eine Teilmobilmachung ausgerufen, vor der sich allerdings viele junge Russen ins Ausland absetzten. Nach Scheinreferenden in den besetzten Gebieten annektierte Russland am 30.09.2022 völkerrechtswidrig die Oblaste Cherson, Saporischschja, Luhansk und Donezk. Im Oktober vollzog das russische Militär einen Strategiewechsel: Über Monate wurde in der ganzen Ukraine die zivile Infrastruktur (vor allem Kraftwerke) unter Beschuss genommen, um so die Moral der Bevölkerung zu brechen. Mehr als 10 Millionen ukrainischer Flüchtlinge suchten im Land selbst oder in den benachbarten Ländern Schutz. Ein Jahr nach Beginn der Invasion befand sich die Ukraine in einem Zermürbungskrieg, aus dem kein Ausweg zum Frieden erkennbar war.

Ein Jahr Krieg in der Ukraine, Zahlenbilder Infografik Nr. 840751, Aachen: Bergmoser + Höller Verlag AG, 4/23

M3 Die Ukraine greift Ziele in Russland an (2022/23)

dpa•105629 Quelle: Armed Conflict Location & Event Data Project (ACLED), dpa

INFO

Oblast
Verwaltungsgebiet

1 Erschließen Sie, was die Karikatur über die russischen Kampfmethoden aussagt (M1).

2 Stellen Sie die Geschehnisse des ersten Kriegsjahres dar (M2 und M3).

M4 Die Ukraine im Abnutzungskrieg (Frühjahr 2024)

Aus einem Interview mit Markus Reisner, Oberst des österreichischen Bundesheeres, Historiker und Vorstandsmitglied des Clausewitz Netzwerks für Strategische Studien

ntv.de: Gab es in den vergangenen Tagen an der Front in der Ukraine überraschende Entwicklungen?

Markus Reisner: Auf der taktischen, der gefechtstechnischen Ebene sehen wir, dass die Russen weiterhin versuchen, zum Ende ihrer zweiten Winteroffensive ein Ergebnis zu erzielen. Das tun sie, indem sie an unterschiedlichen Stellen der Front massiv angreifen. Die Ukraine schafft es immer wieder, diese Angriffe zurückzuschlagen, zum Teil mit quantitativ spektakulären Abschusserfolgen. Aber auch die zeigen, wie sehr die Russen überzeugt sind, noch etwas erreichen zu können. [...]

Hat die Ukraine denn Personal und Material, um eine russische Offensive abzuwehren?

Auf der operativen Ebene ist es so, dass die Ukraine versucht, weitere Reserven zu bilden. Hier gibt es noch keine endgültige Entscheidung, abgesehen von der Absenkung des Rekrutierungsalters von 27 auf 25 Jahre; freiwillig konnte man sich schon bisher zum Teil ab 17 melden. Armeechef Olexander Syrskyj hat klar zum Ausdruck gebracht, dass die kursierende Zahl von 500.000 neuen Soldaten aus seiner Sicht momentan nicht benötigt wird, obwohl internationale Beobachter davon sprechen, dass dies sehr wohl der Fall sei. Syrskyj sagt, jetzt werde zunächst versucht, Kräfte von den Territorialeinheiten aus der Tiefe des Landes an die Front zu verlagern.

Ein größeres Problem scheint mir die Geräteausstattung zu sein. Die Ukraine hat im vergangenen Jahr in Vorbereitung der Sommeroffensive sogenannte Brigaden der Offensive gebildet – insgesamt zwölf, neun davon wurden damals vom Westen ausgestattet. Diese Brigaden wurden bei der gescheiterten Sommeroffensive eingesetzt und dabei wesentlich abgenutzt. Jetzt versucht die Ukraine, neue Brigaden zu bilden, unter anderem die 150. bis 154. Brigade. In der vergangenen Woche musste die ukrainische Armee einräumen, dass sie nicht das Gerät hat, um diese Brigaden zu mechanisierten Brigaden zu machen, sie also mit Kampfpanzern und Schützenpanzern auszurüsten. Das werden jetzt Infanteriebrigaden – im Prinzip motorisierte Fußsoldaten. Das zeigt, wie eklatant der Mangel vor allem beim schweren Gerät ist. Längst nicht alles, was vom Westen zugesagt wurde, ist auch geliefert worden. – Soweit die operative Ebene.

Und die strategische Ebene?

Die strategische Ebene ist bestimmt von den Luftangriffen der Russen. Der Schwerpunkt der russischen Luftangriffe liegt auf Charkiw, aber auch einige Städte westlich und entlang des Dnipro sind betroffen. Russland versucht, die kritische Infrastruktur weiter zu zerstören und Fertigungsstätten anzugreifen, wo Drohnen hergestellt werden, mit denen die Ukraine versucht, in die Tiefe Russlands vorzudringen. Die Ukraine hat in den letzten Tagen spektakulär versucht, russische Militärflugplätze anzugreifen: einerseits auf Basen wie Morosowsk östlich der Ukraine, wo Russland Kampfflugzeuge vom Typ Su-34 und Su-35 stationiert hat, andererseits auch Stützpunkte wie Engels an der Wolga, das hunderte Kilometer von der Ukraine entfernt liegt, wo strategische Bomber angegriffen wurden. Allerdings zeigen Satellitenaufnahmen, dass es dort keine großen, erkennbaren Verluste gegeben hat, auch wenn der ukrainische Geheimdienst etwas anderes sagt.

Kyrylo Budanow, der Chef des ukrainischen Militärgeheimdienstes, hat am Wochenende in einem Interview mit der ARD gesagt, dass die Ukraine im Frühjahr oder im Sommer mit einer neuen russischen Offensive rechnet, vor allem im Donbass. Warum dort?

Weil hier die Russen signifikante Kräfte zusammenziehen und es auf jeden Fall ihre Absicht sein wird, die Oblaste in Gänze in Besitz zu nehmen, die aus ihrer Sicht bereits russisches Territorium sind, also Luhansk, Donezk, Saporischschja und Cherson.

Für wie gefährdet halten Sie die Stadt Charkiw?
Es gibt immer wieder Einschätzungen, dass es zu einem größeren Einsatz der Russen gegen Charkiw kommen könnte. Aber dazu müssten sie dort massive Kräftegruppierungen zusammenziehen. Im 21. Jahrhundert lässt sich so etwas nicht mehr verbergen, und bislang sehen wir das nicht. Was wir allerdings sehen, ist der Versuch der Russen, mit ihren Luftangriffen auf Charkiw den Druck bis zur Unerträglichkeit zu steigern. Das hat bereits zu einer Flüchtlingswelle geführt: Zivilisten verlassen die Stadt, weil sie weitgehend ohne Stromversorgung ist.

Die Nachrichtenseite Politico hat vor ein paar Tagen einen ukrainischen Offizier mit den Worten zitiert, es gebe „nichts, was der Ukraine jetzt helfen könnte, weil es keine ernsthaften Technologien gibt, die die Ukraine für die große Truppenmasse entschädigen könnten, die Russland wahrscheinlich auf uns werfen wird".
Das ist ein weiteres Beispiel für die immer prekärer werdende Lage der Ukraine. Die ukrainischen Offiziellen halten hier natürlich dagegen, weil sie nicht wollen, dass ein Narrativ entsteht, in dem es so aussieht, als sei der Kampf der Ukraine vergeblich. Aber auch in diesem Artikel fordern andere, ebenfalls namentlich nicht genannte Generäle weitere Waffen und Munition aus dem Westen. Präsident Selenskyj sagt ebenfalls, wenn der Ukraine nicht die notwendigen Ressourcen zur Verfügung gestellt werden, dann wird sie zurückweichen müssen. [...] In diese Richtung geht auch die Aussage des Offiziers, den Politico zitiert. Ein Abnutzungskrieg folgt seinen eigenen Regeln und wird vor allem durch den Ressourceneinsatz bestimmt, nicht durch die Qualität der Waffensysteme oder die Moral der Soldaten. Und hier ist es so, dass Russland über die letzten Monate einen deutlichen Überhang aufgebaut hat – bei der Zahl der Soldaten, aber auch bei der Artillerie, wo das Verhältnis mittlerweile bei eins zu sechs bis eins zu zehn liegt. [...]
Seit Beginn des Kriegs leidet die Ukraine darunter, dass der Westen nicht *„all in"* geht. Sie bekommen ein System nach dem anderen, sodass die Russen sich anpassen können und der Effekt verpufft. Damit ist es der Ukraine nicht möglich, unterschiedliche Waffensysteme zusammen wirken zu lassen. Würden die unterschiedlichen Systeme gleichzeitig zur Wirkung kommen, hätten sie ganz andere Effekte. [...]

„Die Lage ist ziemlich schwierig, aber sie ist unter Kontrolle", sagt Budanow. Ist das aus Ihrer Sicht eine zutreffende Beschreibung?
Ja, davon kann man ausgehen. Die Vorstöße werden immer noch abgewehrt. Die Russen marschieren zwar langsam voran, aber die Ukrainer sind immer noch Herr der Lage. Aber das ist das Problem des Abnutzungskriegs: Er kann jederzeit umschlagen. Und wenn die Ukraine nicht die Ressourcen bekommt, die sie braucht, wird [er] umschlagen.

Interview von Hubertus Volmer mit Markus Reisner, Reisners Blick auf die Front: „Ein Abnutzungskrieg kann jederzeit umschlagen", Köln: ntv Nachrichtenfernsehen GmbH, 08.04.2024, https://www.n-tv.de/politik/Ein-Abnutzungskrieg-kann-jederzeit-umschlagen-article24858565.html (Zugriff: 27.07.2024)

1 Fassen Sie die wesentlichen Aussagen des Militärexperten Markus Reisner zur militärischen Situation der Ukraine im Frühjahr 2024 zusammen (M4).

2 Entwickeln Sie vor dem Hintergrund der Aussagen in M4 Ideen, wie der Ukraine wirksam geholfen werden kann.

Möglichkeiten der Kriegsbeendigung

SCHRITT 4
(gegebenenfalls) Konfliktende

M 1 Eine zutreffende Konstellation für Friedensverhandlungen?

Zeichnung: Harm Bengen, 14.04.2014

M 2 Die Schwierigkeiten, im Ukrainekrieg zu einem Frieden zu kommen

1. Kaum gegebene Voraussetzungen für eine diplomatische Lösung

Es gibt nicht viel Hoffnung auf eine schnelle diplomatische Lösung. Laufende Verhandlungen [...] liefern noch keine Sicherheit, dass am Ende eine tragfähige Übereinkunft zwischen den Konfliktparteien stehen wird. [...]
Einige Optionen waren mit Russland als Aggressor zudem von Beginn an versperrt: Mit Russland als Vetomacht im UN-Sicherheitsrat besteht keine Möglichkeit, dort verbindlichen Resolutionen zuzustimmen, um den Verhandlungsweg zu erzwingen. [...]
Um jedoch das Fenster für eine umfassende und dauerhafte diplomatische Lösung aufzustoßen, ist der sogenannte Moment der „Reife" nötig: Der tritt zum Beispiel dann ein, wenn keine der Parteien mehr in der Lage ist, den Krieg aus eigenen Kräften militärisch zu entscheiden, und deswegen hofft, am Verhandlungstisch mehr zu erreichen als auf dem Schlachtfeld. Mit Blick auf die öffentlich bekannten Maximalforderungen Russlands – und dem ungebrochenen Willen auf ukrainischer Seite, Widerstand zu leisten – ist nicht zu erwarten, dass die Konfliktparteien aktuell zu dem Schluss kommen, dass dieser Punkt erreicht ist. Ebenso wenig zeichnet sich bisher ab, dass eine Seite einen Grad militärischer Überlegenheit erreicht, der ein Ende des Krieges herbeiführt, weil eine Seite der anderen die Bedingungen diktieren kann.
Es ist also mit einem länger währenden Verhandlungsprozess mit Fort- und Rückschritten zu rechnen, parallel zu andauernden Kampfhandlungen und vor allem mit Opfern unter der Zivilbevölkerung.

2. Mangelndes Vertrauen in den Aggressor

Es besteht ein Vertrauensdilemma, aus dem es keinen einfachen Ausweg gibt. Russland – davon ist mit Blick auf die bisherigen Verhandlungserfahrungen vor und nach Kriegsbeginn auszugehen – ist keine vertrauenswürdige Verhandlungspartei. [...] Weil das Vertrauen auf Zusagen besonders schwach sein wird, braucht es umso mehr ganz konkrete und effektive Sicherheitsgarantien für die Souveränität und territoriale Integrität der Ukraine. [...]

3. Waffenstillstand als nur begrenzt taugliche Lösung

Waffenruhen und Waffenstillstände sind häufig temporärer Natur. Die Verhandlungspartner definieren, wie lange sie gelten sollen und für welches konkrete Gebiet. Selten bieten sie eine „echte" Lösung, sondern in der Regel nur einen Minimalkonsens, von dem auch unklar ist, wie lange er hält. Für den Moment aber kann ein Waffenstillstand den Tod weiterer Menschen verhindern.

Ein Risiko im Fall eines Waffenstillstands besteht darin, dass die Konfliktparteien die „Kampfpause" dazu nutzen können, sich auszuruhen, sich neu zu ordnen und dann erneute und häufig noch stärkere Angriffe und Kampfhandlungen vorzubereiten.

Für den Friedensprozess kann ein Waffenstillstand aber eine entscheidende erste Etappe sein – auf zwei Weisen: Erstens kann ein Waffenstillstand zur Voraussetzung gemacht werden, bevor sich Verhandlungspartner überhaupt erst an einen Tisch setzen. [...] Zweitens kann ein Waffenstillstand erstes Ziel von Gesprächen auf der obersten Ebene (der Präsidentenebene) sein. Dafür müssen beide Seiten glaubhaft an einem Ende des Kriegs interessiert sein.

Cindy Wittke/Stefan Wolff/Anne Dienelt/Andrea Gawrich/Janis Kluge/Alexander Graef, dekoder: Wie kann man diesen Krieg beenden? Bonn: Bundeszentrale für politische Bildung, 28.03.2022, https://www.bpb.de/themen/europa/ukraine-analysen/nr-265/506905/dekoder-wie-kann-man-diesen-krieg-beenden/ (Zugriff: 29.07.2024) (Zwischenüberschriften verändert)

M3 Können sich andere Länder nach einer Niederlage der Ukraine sicher fühlen?

Zeichnung: Steve Sack, 24.02.2022

1 Erschließen Sie, welches Bild über die Beendigung des Ukrainekriegs die Karikatur zu vermitteln versucht (M1). **HILFE**

2 Erläutern Sie die Schwierigkeiten, im Ukrainekrieg zu einem Frieden zu kommen (M2).

3 Analysieren Sie die Aussageabsicht der Karikatur (M3). **HILFE**

M4 Möglichkeiten einer Kriegsbeendigung

Der Freiburger Historiker Jörn Leonhard beschäftigt sich damit, wie man Kriege beendet. Dazu hat er 2023 ein Buch veröffentlicht: „Über Kriege und wie man sie beendet". Eine wichtige Lehre aus der Geschichte sei, dass man Aggressoren wie Russlands Präsident Wladimir Putin nicht mit einseitigen Zugeständnissen stoppe. „Davon ginge ja auch für die internationalen Beziehungen sonst ein verheerendes Signal aus. Das muss der Westen im Augenblick begreifen", sagt der Historiker im *heute journal up:date*.

Der Blick in die Geschichte zeige, dass Kriege in der Regel auf vier verschiedene Weisen enden:

- Mit einer Entscheidungsschlacht: Das werde es in der Ukraine „in dieser Form nicht mehr geben."
- Indem sich der Krieg in eine „blutende Grenze" mit dauernd gebrochenen Waffenstillstandsvereinbarungen verwandelt: „Das erscheint im Augenblick auch noch weit weg."
- Indem eine Pattsituation entsteht, die zu einem Abnutzungskrieg führt: Das sei „im Augenblick sehr realistisch."
- Mit einer diplomatischen Vermittlung.
- [Denkbar wäre auch ein fünftes Szenario: Einstellung der ausländischen Unterstützung für das unterlegene Land. In diesem Fall wäre es für die Ukraine sinnlos, den Kampf weiterzuführen.]

Frieden durch Diplomatie, Verhandlungen statt Waffengewalt: Das wünschen sich viele. [...] Man müsse „auch während eines Krieges Kommunikationskanäle austesten und prüfen", so Leonhard. Doch er betont: Das Fenster für die Diplomatie wird sich erst öffnen, wenn keine Seite mehr die Möglichkeit sieht, die eigenen Ziele auf dem Schlachtfeld mit militärischer Gewalt zu erreichen. Und genau das sei eben jetzt gerade nicht der Fall, so Leonhard. Putin glaube weiterhin, dass er den Krieg gegen die Ukraine gewinnen könne. „Deshalb muss der Westen alles tun, damit die Ukraine besteht", schlussfolgert Leonhard.

Marie Scholl, Kriegsende durch „Patt und Abnutzung"?, in: ZDF heute, Mainz: Zweites Deutsches Fernsehen, 28.03.2024, https://www.zdf.de/nachrichten/politik/ausland/frieden-verhandlung-bedingung-ukraine-krieg-russland-100.html (Zugriff: 29.07.2024) (Text in den Zeilen 28–32 ergänzt)

M5 Lässt sich ein gerechter Frieden denken?

1. Die Kriegsrealität in der Ukraine
- Zerstörung von Gebäuden und der Infrastruktur
- viele Tote, Verletzte und Vermisste
- Krise der Energieversorgung
- Flucht und Vertreibung von Menschen
- Kriegsmüdigkeit, aber auch Widerstandswille in der Bevölkerung
- Verlust von Territorien

2. Kriegspartei Russland

A. Positionen/Forderungen/Interessen
- Der Zerfall der Sowjetunion war eine historische Katastrophe.
- Die NATO-Osterweiterung nach 1991 war ein schlimmer politischer Fehler.
- Die Ukraine ist im Grunde kein selbstständiger Staat, sondern ein Handlanger westlicher Interessen.

- Verhandlungen mit der Ukraine finden nur statt, wenn die russischen Bedingungen nicht infrage gestellt werden.
- Die Krim und die annektierten Gebiete im Südosten der Ukraine verbleiben auf jeden Fall bei Russland.
- Die Ukraine darf der NATO nicht beitreten.
- Die westlichen Sanktionen gegen Russland müssen aufgehoben werden.
- Die aktuelle ukrainische Regierung muss gegen eine russlandfreundliche ausgewechselt werden.
- Die ukrainische Armee muss stark verkleinert werden.

B Tieferliegende Bedürfnisse/Befürchtungen
- Russland möchte als Großmacht anerkannt werden, die sich mit den USA auf gleicher Augenhöhe befindet.
- Der Macht- und Einflussbereich Russlands muss dem der früheren Sowjetunion entsprechen.
- Russland darf in seine Nachbarstaaten intervenieren, wenn diese sich ihm gegenüber unfreundlich verhalten.
- Eine westlich orientierte Ukraine stellt die Legitimität des russischen politischen Systems infrage.
- Westlich-liberales Denken zerstört die Werte der russischen Kultur und damit die Identität Russlands.

3. Kriegspartei Ukraine

A. Positionen/Forderungen/Interessen
- Die Ukraine ist ein souveräner Staat, der selbst über seinen politischen Weg entscheidet.
- Die Ukrainer bilden eine eigene, sich von den Russen unterscheidende Nation.
- Die Ukraine hat wie jeder andere Staat das Recht auf Selbstverteidigung.
- Verhandlungen mit dem Anspruch, einen gerechten Frieden herzustellen, vertragen kein Diktat einer Seite, sondern müssen frei und offen geführt werden.
- Die territoriale Integrität der Ukraine in den Grenzen vor 2014 muss wiederhergestellt werden.
- Russland muss Reparationen für den von ihm angerichteten Schaden bezahlen.
- Die von Russland begangenen Kriegsverbrechen müssen bestraft werden.
- Die Ukraine hat wie jeder andere Staat das Recht, sich Bündnissen ihrer Wahl anzuschließen.

B. Tieferliegende Bedürfnisse/Befürchtungen
- Die Ukraine hat ein starkes Interesse daran, ihre eigene Identität zu bewahren.
- Die Ukraine möchte an ihrer Westorientierung festhalten.
- Die Ukraine fürchtet zukünftige Aggressionen Russlands.
- Die Ukraine braucht Sicherheitsgarantien von Staaten, die bereit sind, sie im Kriegsfall auch zu verteidigen.

Autorentext

1 Nehmen Sie Stellung zur These Jörn Leonhards, „dass man Aggressoren wie Russlands Präsident Wladimir Putin nicht mit einseitigen Zugeständnissen stoppe“ (M4, Z. 5–8). HILFE

2 Erörtern Sie unter Rückgriff auf M5, ob ein gerechter Frieden zwischen Russland und der Ukraine möglich ist. HILFE

1.4 Sind Kriege überhaupt erlaubt?

BEGRIFF

Fachkonzepte
Konflikt
Recht

M 1 Ein künstlerischer Appell gegen den Krieg

Plakat „Nie wieder Krieg“ von Käthe Kollwitz (1867–1945) für den „Mitteldeutschen Jugendtag“ 1924 in Leipzig. Kollwitz war Grafikerin, Malerin und Bildhauerin. Der Tod ihres Sohnes Peter 1914 auf dem Schlachtfeld in Flandern brachte sie in Kontakt zum Pazifismus.

M 2 Stimmen zum Thema Krieg

„Der Krieg ist der Vater aller Dinge und der König aller. Die einen macht er zu Göttern, die anderen zu Menschen, die einen zu Sklaven, die anderen zu Freien.“
Heraklit (*544–483 v.u.Z.*)

„Si vis pacem, para bellum.“ („Willst du den Frieden, bereite den Krieg vor.“)
Lateinisches Sprichwort

„Es ist unleugbar, dass der Krieg der natürliche Zustand der Menschheit war, bevor die Gesellschaft gegründet wurde, und zwar nicht einfach der Krieg, sondern der Krieg aller gegen alle.“
Thomas Hobbes (*1588–1679*)

„Was wir Frieden nennen, ist meist nur ein Waffenstillstand, in dem der Schwächere so lange auf seine Ansprüche verzichtet, bis er eine Gelegenheit findet, sie mit Waffengewalt von Neuem geltend zu machen.“
Luc de Vauvenargues (*1715–1747*)

„Es kann der Frömmste nicht in Frieden leben, wenn es dem bösen Nachbarn nicht gefällt.“
Friedrich Schiller (*1759–1805*)

M3 Gibt es Bedingungen, die den Einsatz militärischer Gewalt rechtfertigen könnten?

Europa kennt eine jahrhundertealte Tradition des Nachdenkens über den erlaubten Krieg. Die Denkfigur des erlaubten – nicht des gerechten – Krieges macht deutlich, dass der Krieg an sich ein Übel ist, es aber Situationen geben kann, in denen er unvermeidlich ist. Ein erlaubter Krieg muss gemäß der Tradition eine Reihe von Bedingungen erfüllen.

Das Konzept des „erlaubten Krieges“	
Ius ad bellum **(„Recht auf Krieg“: Wer darf aus welchen Gründen wozu Krieg führen?)**	**Ius in bello** **(„Recht im Krieg“: Welche Art der Kriegsführung ist legitim?)**
Gerechter Grund (causa iusta) Der Kriegsgegner muss durch schweres Unrecht schuldig geworden sein oder er muss den Frieden gebrochen haben.	**Angemessener Mitteleinsatz (debitus modus)** Die eingesetzten militärischen Mittel müssen verhältnismäßig sein. Sie dürfen nicht mehr Schaden anrichten, als unbedingt erforderlich ist.
Letztes Mittel (ultima ratio) Krieg ist nur als letztes Mittel erlaubt. Zuvor müssen alle diplomatischen Mittel der friedlichen Konfliktbeilegung gescheitert sein.	Die Übel, die der Krieg zufügt, dürfen nicht größer sein als das Unrecht, das er beseitigen soll.
Legitime Autorität (legitima potestas) Nur eine rechtmäßige und dem Gemeinwohl verpflichtete Regierung darf einen Krieg führen. Privatpersonen oder gesellschaftlichen Gruppen ist die Führung eines Krieges verboten.	Soldaten und Zivilisten müssen voneinander unterschieden werden. Soldaten dürfen bekämpft, Zivilisten müssen geschont werden.
Richtiges Ziel (recta intentio) Der Krieg muss auf die Wiederherstellung des verletzten Zustandes gerichtet sein. Es muss ein gerechter Frieden mit dem Kriegsgegner angestrebt werden. Die Eroberung fremder Gebiete, die Unterdrückung des Gegners und seine wirtschaftliche Ausbeutung sowie die Ausübung von Rache sind keine legitimen Kriegsziele.	
Aussicht auf Erfolg (iustus finis) Es muss eine vernünftige Hoffnung auf Erfolg, d. h. auf einen gerechten Frieden, bestehen. Gibt es hierfür keine Aussicht, wäre es nicht moralisch, militärische Gewalt anzuwenden.	

Autorentext

1 Diskutieren Sie, ob die in M1 dargestellte Forderung Aussicht auf Verwirklichung hat.

2 Setzen Sie sich arbeitsteilig mit den Zitaten in M2 auseinander. Tauschen Sie sich im Kurs über Ihre Ergebnisse aus.

3 Beurteilen Sie die Schlüssigkeit des Konzepts des erlaubten Krieges sowie seine Eignung, Kriegsausbrüche zu verhindern wie auch die Kriegsführung zu mäßigen (M3). HILFE

GLOSSAR

Politik
Souveränität
Staat

M4 Vom Recht auf Krieg zum Verbot zwischenstaatlicher Gewalt – die Entwicklung des Völkerrechts

Das Recht auf Krieg im klassischen Völkerrecht

Das klassische Völkerrecht beginnt mit dem Abschluss des Westfälischen Friedens im Jahr 1648. Das Friedensdokument stellte fest, dass die Staaten souveräne, d.h. niemand anderem unterworfene Handlungssubjekte sind. Ausflüsse des Souveränitätsprinzips waren unter anderem der Grundsatz der Staatengleichheit, das Erfordernis der Einstimmigkeit bei internationalen Beschlüssen und das Interventionsverbot. Vor allem aber wurde aus dem Souveränitätsprinzip das Recht auf Krieg (*ius ad bellum*) abgeleitet. Jeder Krieg, zu dem sich ein souveräner Staat entschloss, galt als rechtens. Das bedeutete: Kein Staat konnte wegen eines von ihm begonnenen Krieges zur Rechenschaft gezogen werden.

Der Krieg war im Grunde nur die Fortsetzung der Politik mit anderen Mitteln, wie Carl von Clausewitz zu Beginn des 19. Jahrhunderts schrieb. Zwar bemühten sich die Staaten, ihre Entscheidung für einen Krieg mehr oder minder sorgfältig zu begründen, für die rechtliche Beurteilung dieser Entscheidung war diese Begründung jedoch belanglos. Das klassische Völkerrecht unterschied daher ohne jede moralische Wertung zwischen zwei Rechtszuständen des zwischenstaatlichen Verkehrs und nannte diese Krieg und Frieden.

Auf der anderen Seite entwickelte das klassische Völkerrecht ein Recht im Krieg (*ius in bello*). Es unterwarf damit die einzelnen Kriegshandlungen einer rechtlichen Nachprüfung und schuf damit die Grundlagen für das humanitäre Völkerrecht. Es wollte den Krieg eingrenzen. Diese Leistung des klassischen Völkerrechts sollte man nicht geringschätzen.

Das Völkerrecht auf dem Weg zum Kriegsverbot

Der Umbruch des Völkerrechts begann unmittelbar nach dem Ersten Weltkrieg. Denn Artikel 11 der Satzung des Völkerbundes, des Vorläufers der Vereinten Nationen, stellte fest, dass jeder Krieg und jede Bedrohung mit Krieg automatisch den Völkerbund berühre und dieser die zum wirksamen Schutz des Völkerfriedens geeigneten Maßnahmen zu ergreifen habe. Artikel 11 enthielt zwar kein generelles Kriegsverbot, aber die Feststellung, dass die Entscheidung für den Krieg nicht mehr allein Sache des souveränen Staates sei, bedeutete eine unmissverständliche Absage an das *ius ad bellum*.

Der Briand-Kellogg-Pakt von August 1928 begründete schließlich ein generelles Kriegsverbot. Die Unterzeichnerstaaten erklärten, dass sie den Krieg als Mittel zur Lösung internationaler Streitfälle verurteilten und auf ihn als Mittel nationaler Politik verzichteten. Der als Kriegsächtungspakt bezeichnete Vertrag beließ den Staaten jedoch das Recht auf Selbstverteidigung.

Das Verbot zwischenstaatlicher Gewalt im modernen Völkerrecht

Die im Sommer 1945 unterzeichnete Charta der Vereinten Nationen (UNO) brachte die Ausweitung des Kriegsverbots zum allgemeinen Gewaltverbot. Dieses Verbot gilt heute unbestritten als Bestandteil des allgemeinen Völkerrechts. Es ist also nicht auf die Mitglieder der UNO beschränkt. Das Gewaltverbot würde fortgelten, selbst wenn es die UNO nicht mehr gäbe.

Das Gewaltverbot reicht erheblich weiter als das Verbot, einen Krieg zu beginnen. Eingeschlossen sind auch Gewaltanwendungen unterhalb der Schwelle eines Krieges. So dürfen Staaten keine Gewalt zum Zweck der Verletzung bestehender Grenzen androhen oder anwenden. Sie dürfen keine gewaltsamen Vergeltungsmaßnahmen gegen andere Staaten durchführen. Und sie dürfen sich nicht gewaltsam Teile des Hoheitsgebiets anderer Staaten einverleiben.

Autorentext

INFO

Interventionsverbot Verbot der Einmischung in die inneren Angelegenheiten eines anderen Staates

Carl von Clausewitz (1780–1831) preußischer General, Heeresreformer und Militärtheoretiker

humanitäres Völkerrecht der Teil des Völkerrechts, der sich mit kriegerischen Handlungen befasst und diese so eindämmt und lenkt, dass menschliche Leiden möglichst gemildert werden

1 Stellen Sie dar, wie sich das Völkerrecht im Laufe seiner Entwicklung zu Krieg und zwischenstaatlicher Gewalt positionierte (M4).

2 Ordnen Sie die Bestimmungen der UNO (M5 und M6) in das völkerrechtliche Gewaltverbot (M4) ein.

M5 Das Verbrechen des Angriffskrieges – die Definition der UNO

Artikel 1
Aggression bedeutet Anwendung von Waffengewalt durch einen Staat gegen die Souveränität, die territoriale Unversehrtheit oder politische Unabhängigkeit eines anderen Staates oder auf eine andere mit der Charta der Vereinten Nationen nicht vereinbare Art und Weise, wie sie in dieser Definition aufgeführt ist. [...]
Artikel 3
Jede der folgenden Handlungen gilt, ohne Rücksicht auf eine Kriegserklärung, vorbehaltlich und entsprechend den Bestimmungen in Artikel 2 als Angriffshandlung:
a) Die Invasion oder der Angriff durch die Streitkräfte eines Staates auf das Gebiet eines anderen Staates, oder jede auch noch so vorübergehende militärische Besetzung als Folge einer solchen Invasion oder eines solchen Angriffs, oder jede gewaltsame Einverleibung des Hoheitsgebietes eines anderen Staates oder eines Teils davon;
b) Die Beschießung oder Bombardierung des Hoheitsgebietes eines Staates durch die Streitkräfte eines anderen Staates, oder die Anwendung von Waffen jeder Art durch einen Staat gegen das Hoheitsgebiet eines anderen Staates;
c) Die Blockade der Häfen oder Küsten eines Staates durch die Streitkräfte eines anderen Staates;
d) Ein Angriff durch die Streitkräfte eines Staates gegen die Land-, See- oder Luftstreitkräfte oder die See- und Luftflotte eines anderen Staates; [...]
g) Das Entsenden bewaffneter Banden, Gruppen, Freischärler oder Söldner durch einen Staat oder für ihn, wenn sie mit Waffengewalt Handlungen gegen einen anderen Staat von so schwerer Art ausführen, dass sie den oben angeführten Handlungen gleichkommen, oder die wesentliche Beteiligung an einer solchen Entsendung.
Artikel 4
Die obige Aufzählung der Handlungen ist nicht erschöpfend; der Sicherheitsrat kann feststellen, dass andere Handlungen ebenfalls eine Aggression nach den Bestimmungen der Charta darstellen.
Artikel 5
Keine Überlegung irgendwelcher Art, ob politisch, wirtschaftlich, militärisch oder sonstwie, kann als Rechtfertigung für eine Aggression dienen. Ein Angriffskrieg ist ein Verbrechen gegen den Weltfrieden. Eine Aggression führt zu internationaler Verantwortung. Kein sich aus einer Aggression ergebender Gebietserwerb oder besonderer Vorteil wird als rechtmäßig anerkannt oder darf als rechtmäßig anerkannt werden.

Die Definition des Begriffs Aggression, Entschließung 3314 der Generalversammlung vom 14. Dezember 1974

M6 Trotz Kriegsverbot: das Recht auf Selbstverteidigung

Artikel 51 der Gründungscharta der Vereinten Nationen erkennt allen Mitgliedern das „naturgegebene Recht zur individuellen oder kollektiven Selbstverteidigung" zu. Dieses Recht darf ein Mitgliedstaat aber nur dann ausüben, wenn es zu einem „bewaffneten Angriff" kommt oder gekommen ist. Ein Staat, der sich auf dieses Selbstverteidigungsrecht beruft, muss beweisen, dass er sich zurecht auf Artikel 51 bezieht. Außerdem müssen die ergriffenen Selbstverteidigungsmaßnahmen in Rahmen, Umfang, Dauer und Intensität verhältnismäßig sein. Der sogenannte Artikel-5-Bündnisfall der NATO, der die Mitgliedstaaten zum Beistand bei einem Angriff auf eines ihrer Mitglieder verpflichtet, beruft sich auf Artikel 51. Nicht jeder Zwischenfall gilt als „bewaffneter Angriff". [...] Wann die Schwelle zu einem „bewaffneten Angriff" überschritten ist oder wann Anschläge zum Beispiel durch Terrororganisationen als „bewaffnete Angriffe" gewertet werden können, ist nicht eindeutig geklärt.

Claudia Niesen, Was sagt Artikel 51 der Uno-Charta?, in: Spiegel online, 19.03.2018, https://www.spiegel.de/politik/ausland/recht-auf-selbstverteidigung-was-sagt-artikel-51-der-uno-charta-a-1198879.html (Zugriff: 12.07.2024)

QUERVERWEIS
Art. 51 UN-Charta
S. 105, Info
Art. 5 Nordatlantikvertrag
S. 145, M2

M7 Die zunehmende Verrechtlichung des Krieges im humanitären Völkerrecht

Die beiden wichtigsten Schritte zur Entwicklung des *ius in bello* vor dem Ersten Weltkrieg waren die Gründung des Roten Kreuzes und die Haager Konferenzen und Abkommen von 1899 und 1907. [...]

Die Haager Konferenz von 1899 [...] behandelte zwei Probleme: Schiedsgerichtsbarkeit bei zwischenstaatlichen Konflikten und Rüstungsbegrenzung bzw. Abrüstung. [...] In der Rüstungsfrage war der Erfolg vergleichbar spärlich. Die Konferenz erließ ein Verbot des Bombenabwurfes aus der Luft, der Verwendung von Giftgas als Kampfmittel und von Dum-Dum-Geschossen. Alle drei Verbote blieben im Ersten Weltkrieg unbeachtet.

Immerhin war das Interesse der Staaten an der völkerrechtlichen Begrenzung des Krieges groß genug, dass 1907 eine zweite Haager Konferenz zusammentrat. Sie erzielte insgesamt 14 Abkommen, von denen das vierte, die Haager Landkriegsordnung, und das fünfte über die Rechtsstellung neutraler Staaten im Krieg die wichtigsten waren.

Die Haager Landkriegsordnung enthielt unter anderem wichtige Vorschriften zur Unterscheidung von Kämpfenden und Nichtkämpfenden sowie über Status und Behandlung von Kriegsgefangenen. Das Neutralitätsrecht erklärte das Gebiet neutraler Staaten für unverletzlich, untersagte ihnen, Partei zu ergreifen, und verpflichtete sie zur Gleichbehandlung kriegsführender Parteien, zum Beispiel in ihren Wirtschaftsbeziehungen. [...]

In Genf wurden 1949 vier Konventionen verabschiedet. Sie gelten für Kriege im herkömmlichen völkerrechtlichen Sinn, also für bewaffnete Konflikte zwischen Staaten. Sie gelten ausdrücklich auch, wenn ein Krieg nicht förmlich erklärt wurde, was immer häufiger vorkommt; und sie gelten in ihrem Kernbestand, zumal seit den Zusatzprotokollen von 1977, auch für innerstaatliche bewaffnete Konflikte (Bürgerkriege).

Die drei ersten Genfer Konventionen verbessern und ergänzen ältere Regelungen, z.B. über die Behandlung von Verwundeten und von Kriegsgefangenen. Diese sind nach Beendigung der Kampfhandlungen freizulassen und in ihr Heimatland zu bringen. Das vierte Genfer Abkommen enthält Neues, und zwar Bestimmungen über den Schutz von Zivilpersonen, ihrer Rechte, ihres Eigentums und ziviler Einrichtungen in Kriegszeiten. Es verbietet Geiselnahme, regelt Rechte und Grenzen einer Besatzungsmacht und droht Strafen gegen die Verletzung der Bestimmungen an.

INFO

Dum-Dum-Geschosse
Gewehrgeschosse, die sich nach dem Eintritt in den Körper zerlegen und dadurch schwerste Verwundungen hervorrufen

Humanitäres Völkerrecht
(*„ius in bello“*)

„Haager Recht“ (1899/1907)
(Mittel und Methoden der Kriegsführung)

- insgesamt 14 Abkommen
- Schiedsgerichtsbarkeit bei Konflikten
- Rüstungsbeschränkungen
- Verbot bestimmter Kampfmittel
- Haager Landkriegsordnung (u. a. Verbot der Waffenanwendung gegen die Zivilbevölkerung, Verbot von Flächenbombardierungen bewohnter Gebiete, Schutz von Kulturgut)

Zusatzprotokolle (2005)

Ergänzung der Schutzzeichen für Sanitätspersonal und -einrichtungen (rotes Kreuz, roter Halbmond, roter Löwe mit roter Sonne) durch ein Symbol ohne jede religiöse, ethnische oder politische Bedeutung: ◇

„Genfer Recht“ (1949)
(Schutz der Wehrlosen)

- I. Genfer Konvention (Behandlung von Verwundeten und Kranken)
- II. Genfer Konvention (Behandlung von Schiffbrüchigen)
- III. Genfer Konvention (Behandlung von Kriegsgefangenen)
- IV. Genfer Konvention (Behandlung von Zivilisten)

Zusatzprotokolle (1977)

- I. Protokoll (Schutz der Opfer internationaler bewaffneter Konflikte)
- II. Protokoll (Schutz der Opfer nicht internationaler bewaffneter Konflikte)

Die beiden Zusatzprotokolle von 1977 lassen das Bemühen erkennen, das humanitäre Völkerrecht neuen politischen, waffentechnischen und kriegerischen Gegebenheiten anzupassen. Das erste Protokoll verbietet den „unterschiedslosen Angriff", das heißt einen Angriff, der nicht auf ein bestimmtes militärisches Ziel gerichtet ist, sowie den Einsatz von Kampfmitteln, die nicht in diesem Sinn begrenzbar sind. Die Anwendung von Massenvernichtungswaffen ist danach völkerrechtswidrig. Die Inkaufnahme von Nebenschäden („Kollateralschäden") an Zivilpersonen und zivilen Objekten ist unerlaubt, wenn sie in keinem angemessenen Verhältnis zum erstrebten militärischen Vorteil steht. Als Kombattanten im völkerrechtlichen Sinn gelten reguläre Streitkräfte, aber auch paramilitärische Verbände, wenn sie als solche organisiert sind und unter einer Führung stehen. Partisanen sind damit legale Kombattanten, soweit sie diese Bedingungen erfüllen. Ein weiteres Zusatzprotokoll von 2005 ergänzt die herkömmlichen Schutzzeichen für Sanitätspersonal durch ein weiteres Zeichen.

Bernhard Sutor, Vom gerechten Krieg zum gerechten Frieden? Stationen und Chancen eines geschichtlichen Lernprozesses, Schwalbach/Ts.: Wochenschau Verlag, 2004, S. 43 ff. (verändert = am Ende leicht ergänzt)

INFO

Kombattanten
Personen, die zu Kriegshandlungen berechtigt sind, also die Angehörigen der Streitkräfte eines Staates (Soldatinnen und Soldaten). Sie sind daran zu erkennen, dass sie militärische Uniform tragen.

M8 Das humanitäre Völkerrecht zwischen Anspruch und Wirklichkeit

Seit 1949 wurden und werden zahlreiche bewaffnete Konflikte geführt, in denen das humanitäre Völkerrecht offensichtlich nicht eingehalten wurde. Die Durchsetzung und Ahndung von schweren Verstößen gegen die Genfer Konventionen finden zwar zunehmend statt, jedoch oftmals selektiv und gerade nicht universell. Woran liegt das? [...]

Mit Inkrafttreten der Genfer Konventionen zeigte sich rasch, dass deren Durchsetzbarkeit zwischen den Konfliktparteien sowie die Ahndung von schweren Verstößen schwierig werden würde. Weltweit wurde es vor allem den Staaten selbst überlassen, Kriegsverbrechen zu verfolgen. Im Zuge der Blockbildung im Kalten Krieg und aufgrund der Asymmetrie in dekolonialen Befreiungskämpfen standen politische Interessen der Verfolgung von schweren Verstößen gegen die Genfer Konventionen häufig im Wege.

Eindringliche Beispiele hierfür sind die Kriegsverbrechen französischer Streitkräfte in Algerien zwischen 1954 und 1962 oder der USA in Vietnam zwischen 1955 und 1975. In keinem dieser Konflikte wurden schwere Verstöße gegen die Genfer Konventionen geahndet, geschweige denn strafrechtlich aufgearbeitet. Frankreich behandelte die algerischen Kämpfer nicht als Kombattanten gemäß den Genfer Konventionen, sondern als Terroristen, was weitverbreitete Misshandlungen und Kriegsverbrechen nach sich zog. Auch die USA brandmarkten ihre Gegner in Vietnam häufig als „unzivilisiert", während sie selbst massive Verletzungen des humanitären Völkerrechts begingen, etwa durch den großflächigen Einsatz des chemischen Entlaubungsmittels Agent Orange oder die Bombardierung von Städten und Dörfern unter Einsatz von Napalm.

Ähnliches gilt für den „Krieg gegen den Terror" nach 9/11. Zum einen sahen sich die USA in einem weltweiten bewaffneten Konflikt – einer nicht haltbaren Ausweitung eines globalen Ausnahmezustands, in dem die Menschenrechte, wenn überhaupt, nur sehr eingeschränkt gelten sollten –, zum anderen legten sie das im Konflikt anwendbare humanitäre Völkerrecht so aus, dass bestimmte Personengruppen nicht unter dessen Schutz fielen. [...]

Der Anspruch der Genfer Konventionen, die Zivilbevölkerung zu schützen, blieb also vielfach ein leeres Versprechen. Die fehlende Durchsetzung lässt sie somit de facto weitestgehend leerlaufen.

Wolfgang Kaleck/Andreas Schüller, Das humanitäre Völkerrecht zwischen Anspruch und Wirklichkeit, in: Aus Politik und Zeitgeschichte, 74. Jg., Heft 30–32, Bonn: Bundeszentrale für politische Bildung, 20.07.2024, S. 20–25, hier S. 22

INFO

Kalter Krieg
von der machtpolitischen Rivalität zwischen den USA und der Sowjetunion und ihren jeweiligen Verbündeten geprägte Epoche zwischen 1945 und 1991 (siehe auch Glossar)

Asymmetrie in dekolonialen Befreiungskämpfen
meint, dass sich in den Befreiungskämpfen der Kolonien (1950er- und 1960er-Jahre) modern ausgerüstete Streitkräfte der europäischen Kolonialmächte und als Kombattanten nicht anerkannte und im Untergrund tätige Guerillas gegenüberstanden.

9/11
bezeichnet die Terroranschläge in New York am 11. September 2001, bei denen von Terroristen entführte Flugzeuge gezielt in das World Trade Center einschlugen und den Tod von mehr als 2.200 Menschen verursachten (siehe auch S. 77).

1 Arbeiten Sie aus M7 zentrale Regeln des humanitären Völkerrechts heraus. HILFE

2 Fassen Sie die Position der Autoren von M8 zum humanitären Völkerrecht zusammen.

QUERVERWEIS

Operatorentraining „zusammenfassen"
S. 44–45

Operator „zusammenfassen“ (Anforderungsbereich I)

Definition:
Sachverhalte auf wesentliche Aspekte reduzieren und sprachlich distanziert, unkommentiert und strukturiert wiedergeben

Was heißt das genau?

Der Operator „zusammenfassen“ bezieht sich fast immer auf Texte. Auch Schaubilder, Tabellen oder Grafiken können als Material beigefügt sein.

An den Anfang stellen Sie Angaben zur Textsorte (z. B. Bericht, Kommentar usw.), zu der Autorin/dem Autor, zum Titel, zum Erscheinungsmedium (z. B. Name der Zeitung, der Internetseite usw.) und zum Erscheinungsdatum. Dann formulieren Sie das Thema des Textes (Worum geht es?) sowie die zentrale Aussage.

Die Zusammenfassung des Textes müssen Sie eigenständig unter Berücksichtigung der im Text enthaltenen Fachbegrifflichkeit formulieren. Belegen Sie Materialbezüge durch Zeilenverweise. Zitieren ist nicht erlaubt! Wichtig ist, dass Sie die Zusammenfassung auf das Wesentliche beschränken. Das bedeutet, dass Sie das Wesentliche erfasst haben. Die Zusammenfassung muss nicht dem Aufbau des Textes folgen, Sie können sie auch gemäß der in der Aufgabenstellung vorgegebenen Aspekte strukturieren. Dabei können Sie inhaltlich zusammenhängende Textteile zusammenführen.

Die sprachliche Distanzierung vom Material stellen Sie durch den Konjunktiv der indirekten Rede oder Ersatzformen („Der Autor behauptet, dass …“ + Indikativ) sicher. Kommentierungen sind untersagt.

Checkliste zum „Zusammenfassen“

	✓ bzw. ++ + o – –– und Verbesserungstipps
Einleitung:	
Sind Textsorte, Autor/-in, Titel, Erscheinungsmedium und -datum, Thema und zentrale Aussage bezogen auf die Aufgabe benannt?	
Hauptteil:	
Ist die Zusammenfassung aspektorientiert angelegt und wird dabei der Aufgabenbezug deutlich?	
Ist die Zusammenfassung auf das Wesentliche konzentriert?	
Sind Fachbegriffe vorhanden?	
Ist die Zusammenfassung mit Zeilenbelegen versehen?	
Ist die Zusammenfassung in eigenen Worten und ohne Zitate formuliert?	
Sprachlicher Ausdruck und sprachliche Richtigkeit:	
Wird durchgängig ein nicht kommentierender Sachstil verwendet?	
Wird Fachsprache sicher und korrekt verwendet?	
Werden die Regeln in den Bereichen Rechtschreibung, Zeichensetzung und Grammatik beachtet?	

TIPP

Nutzen Sie die Checkliste zur Planung und beim Schreiben als Orientierungshilfe. Sie können Ihren Text auch mithilfe der Checkliste von Mitschülerinnen und Mitschülern korrigieren lassen und ihn im Anschluss überarbeiten. Die Aspekte/Kriterien der Checkliste können Sie ggf. in Absprache mit Ihrer Lehrkraft anpassen. Eine bearbeitbare Vorlage findet sich unter:

WES-118496-113

Möglicher Lösungsansatz zu S. 43, Aufgabe 2:

Im Aufsatz mit der Überschrift „Das humanitäre Völkerrecht zwischen Anspruch und Wirklichkeit“, veröffentlicht am 20. Juli 2024 in der Zeitschrift „Aus Politik und Zeitgeschichte“, Heft 30-32, Seite 22, äußern sich die Autoren Wolfgang Kaleck und Andreas Schüller kritisch über die Wirksamkeit des humanitären Völkerrechts, so wie es in den Genfer Konventionen kodifiziert ist.

Einleitung mit
- Textsorte
- Autor/-in
- Titel
- Medium/Datum
- Thema
- zentraler Aussage

Die Autoren stellen zu Beginn ganz allgemein fest, dass in den zahlreichen bewaffneten Konflikten seit 1949 das humanitäre Völkerrecht immer wieder missachtet worden sei (Z. 1–4). Im Anschluss räumen sie ein, dass schwere Verstöße gegen die Konventionen zwar zunehmend geahndet würden, dies allerdings nicht überall geschehe (Z. 4–8). Sie fragen sich daher, welche Gründe das habe.
Ihre Antwort lautet, dass die Konventionen es weitgehend den Staaten überließen, Kriegsverbrechen zu verfolgen, die politischen Interessen der Staaten der Verfolgung von Verstößen jedoch häufig entgegenstünden. In ihren Augen trifft dies insbesondere für die Zeit des Kalten Krieges und der dekolonialen Befreiungskämpfe zu (Z. 9–20).
Die Autoren führen dann Beispiele auf. Sie erwähnen die Kriegsverbrechen Frankreichs in Algerien von 1954 bis 1962 und der USA in Vietnam von 1955 bis 1975. Beide Staaten hätten ihre jeweiligen Gegner nicht als Kombattanten anerkannt (Z. 21–39).
Als zeitnäheres Beispiel erwähnen sie den seit 2001 von den USA geführten „Krieg gegen den Terror“. Zum einen sei es so, dass die USA sich in einem weltweiten bewaffneten Konflikt sähen und damit eine – unhaltbare – Ausweitung eines globalen Ausnahmezustands behaupteten. Dies habe zur Konsequenz, dass die Menschenrechte nur sehr eingeschränkt gälten. Problematisch sei zum anderen ihre Auslegung des humanitären Völkerrechts in der Weise, dass bestimmte Personengruppen den Schutz des Rechts verlören (Z. 40–49).
Die Autoren schließen ihre Analyse mit der Feststellung ab, dass der Anspruch der Genfer Konventionen, die Zivilbevölkerung zu schützen, faktisch leerlaufe (Z. 50–54).

Fachbegriffe

Inhalte auf das Wesentliche verkürzt

Zeilenverweise

sprachliche Distanz durch indirekte Rede (Konjunktiv I)

Konjunktiv II dort, wo der Konjunktiv I mit dem Indikativ identisch ist

performative Verben

Formulierungshilfen

	Konjunktiv I ersatzweise Konjunktiv II	Adverbien, Konjunktionen	Performative Verben
Erklärung	… schafft sprachliche Distanz.	… lassen Zusammenhänge klarer werden.	… machen den Text lebendiger und lassen die Aussageintention der Autorin/des Autors deutlicher werden.
Beispiel	Im Ausgangstext: „Zum einen **sahen** sich die USA in einem weltweiten bewaffneten Konflikt …“ ↓ In der Zusammenfassung: „Zum einen **sei** es so, dass sich die USA ihn einem weltweiten bewaffneten Konflikt **sähen** …“	„Sie fragen sich **daher**, welche Gründe das habe.“ ↓ Das Adverb „daher“ verdeutlicht, dass es im Satz um eine Folgerung geht.	„Die Autoren schließen ihre Analyse mit der Feststellung ab, …“ ↓ Das Wort „abschließen“ zeigt an, dass die Autoren an das Ende ihrer Ausführungen gelangt sind.
Materialhinweis	Siehe Arbeitsblatt: Konjunktiv I und II **WES-118496-114**	Siehe Arbeitsblatt: Adverbien u. Konjunktionen **WES-118496-115**	Siehe Arbeitsblatt: Performative Verben **WES-118496-116**

1.5 Ist die Unterscheidung in „alte“ und „neue“ Kriege sinnvoll?

BEGRIFF

Fachkonzepte
Konflikt
Sicherheit
Macht
Frieden

M1 Zwei Typen von Kämpfern

M2 Merkmale klassischer (alter) Kriege

Seit der Ausprägung des souveränen Territorialstaates ab dem 17. Jahrhundert gilt eine gewaltsame Auseinandersetzung nur dann als Krieg, wenn

- mindestens auf einer Seite bewaffnete Streitkräfte einer regulären Armee zum Einsatz kommen,
- die Kampfhandlungen sich in organisierter, zentral gelenkter Form entfalten und
- die Kampfhandlungen sich nicht in gelegentlichen, spontanen Zusammenstößen erschöpfen, sondern über einen längeren Zeitraum gehen.

Der [...] Kriegsbegriff geht von rechtlich gleichberechtigten Staaten als Kriegsparteien aus und versteht den Krieg als einen völkerrechtlichen Rechtszustand. Gewaltsame Auseinandersetzungen wie Aufstände, Bürgerkriege oder Akte des Terrorismus werden von ihm nur ungenügend erfasst.

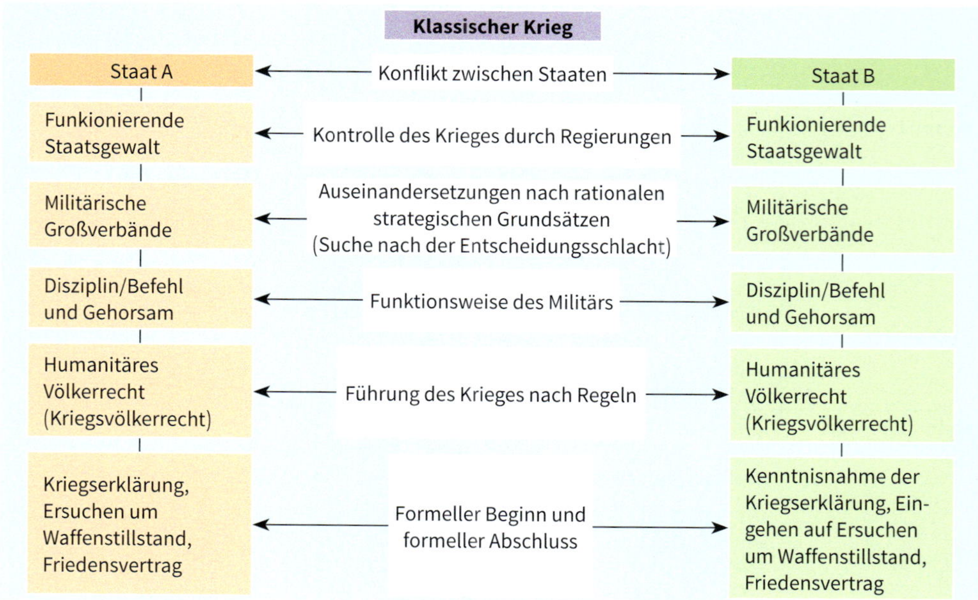

Andreas Vierecke/Bernd Mayerhofer/Franz Kohut, dtv-Atlas Politik, 5. Aufl., München: Dt. Taschenbuch-Verl., 2018, S. 171, 173

M3 Merkmale neuer Kriege

Jüngere Entwicklungen haben das überkommene Kriegsbild grundlegend verändert und damit auch die clausewitzsche Klassifizierung des Krieges als legitimes Mittel der Politik grundsätzlich infrage gestellt. Kriege oder kriegsähnliche Auseinandersetzungen spielen sich immer seltener zwischen souveränen Staaten ab, sondern immer häufiger innerhalb eines Staates. [...] Die meisten Kriege sind heute *Befreiungs-*, *Bürger-* und *ethnisch motivierte Kriege*. Häufig stehen sie in einem direkten Zusammenhang mit staatlichen Zerfallsprozessen. Ohne internationale Hilfe ist eine friedliche Entwicklung meist nicht möglich.
Solche *postnationalen* Kriege sind zumeist eng mit Fragen der Identität und der Zugehörigkeit bzw. Nichtzugehörigkeit (zu bestimmten gesellschaftlichen Gruppen) verbunden. Da die Gewalt in der Regel aus der Mitte der Gesellschaft kommt, ist die Unterscheidung zwischen Kombattanten und Zivilisten äußerst schwierig. Geändert hat sich vor allem die Ökonomie des Kriegs: Es stehen sich nicht mehr hoch aufgerüstete Armeen gegenüber, sondern Guerillaeinheiten, Warlords, Söldner, ausländische Kämpfer oder paramilitärische Verbände. Häufig wird der Krieg vom Ausland finanziert; es entwickeln sich aber auch sogenannte *Kriegsökonomien*, d. h., die Kriegsparteien „ernähren“ sich vom Krieg und haben deshalb in der Regel kein Interesse, ihn schnell zu beenden.
Das Beenden solcher sogenannten *low intensity wars* ist auch deshalb schwierig, weil es oft Rückzugsgebiete für die Kämpfer gibt, die für die siegreiche Partei kaum zugänglich sind, oder weil die Kombattanten nach gewaltsamen Auseinandersetzungen einfach wieder in der Zivilgesellschaft untertauchen. Die Konflikte schwelen weiter und brechen an anderer Stelle wieder aus. Weil die Kriege „vergesellschaftet“ sind, greifen auch die Instrumente des Völkerrechts zumeist nicht.
Der Wendung nach innen zum Trotz sind diese neuen Formen des Kriegs auch von internationaler Relevanz: Fast immer sind auch die Nachbarstaaten von ihnen betroffen, weil sie als Rückzugsgebiete genutzt werden, weil ethnische und religiöse Konflikte sich leicht auf Nachbarregionen ausweiten können und weil im Auflösungsprozess befindliche Staaten ein Machtvakuum erzeugen, das Begehrlichkeiten bei den Nachbarstaaten wecken kann. Schließlich ist auch die internationale Staatengemeinschaft betroffen, wenn durch regionale (Bürger-)Kriege in großem Ausmaß Menschenrechte verletzt werden.

Andreas Vierecke/Bernd Mayerhofer/Franz Kohut, dtv-Atlas Politik (siehe M2), S. 173

M4 Schlagzeilen zu aktuellen Kriegen

a) Separatistische Tuareg kämpfen in Mali für ihre Unabhängigkeit – die Militärregierung setzt zur Rückeroberung von Gebieten vermehrt auf die russische Söldnergruppe Wagner. Die erlitt nun offenbar schwere Verluste.

b) Russische Truppen rücken in Torezk vor. Russland hat nach ukrainischen Angaben gut die Hälfte der ostukrainischen Stadt Torezk eingenommen.

c) Seit dem Angriff der Hamas auf Israel gibt es auch mehr Attacken der Huthi-Rebellen auf Handelsschiffe im Roten Meer. Die Aufständischen aus dem Jemen werden vom Iran unterstützt.

d) In Myanmar haben Rebellengruppen weite Teile der Grenzregion zu China unter ihre Kontrolle gebracht. Es ist der schwerste Rückschlag für die Militärjunta seit ihrer Machtübernahme im Februar 2021.

Alle aus: Tagesschau.de, Hamburg: Norddeutscher Rundfunk, 2023/2024 (ausführliche Nachweise siehe S. 255)

1 Schildern Sie Ihre Assoziationen zu den abgebildeten Kämpfertypen (M1).
2 Beschreiben Sie Merkmale und Ursachen „alter“ und „neuer“ Kriege (M2, M3 und M5).
3 Ordnen Sie die Schlagzeilen (M4) in das Schema alte/neue Kriege ein.
4 Vergleichen Sie alte und neue Kriege (M2 und M3).

M5 Ursachen alter und neuer Kriege

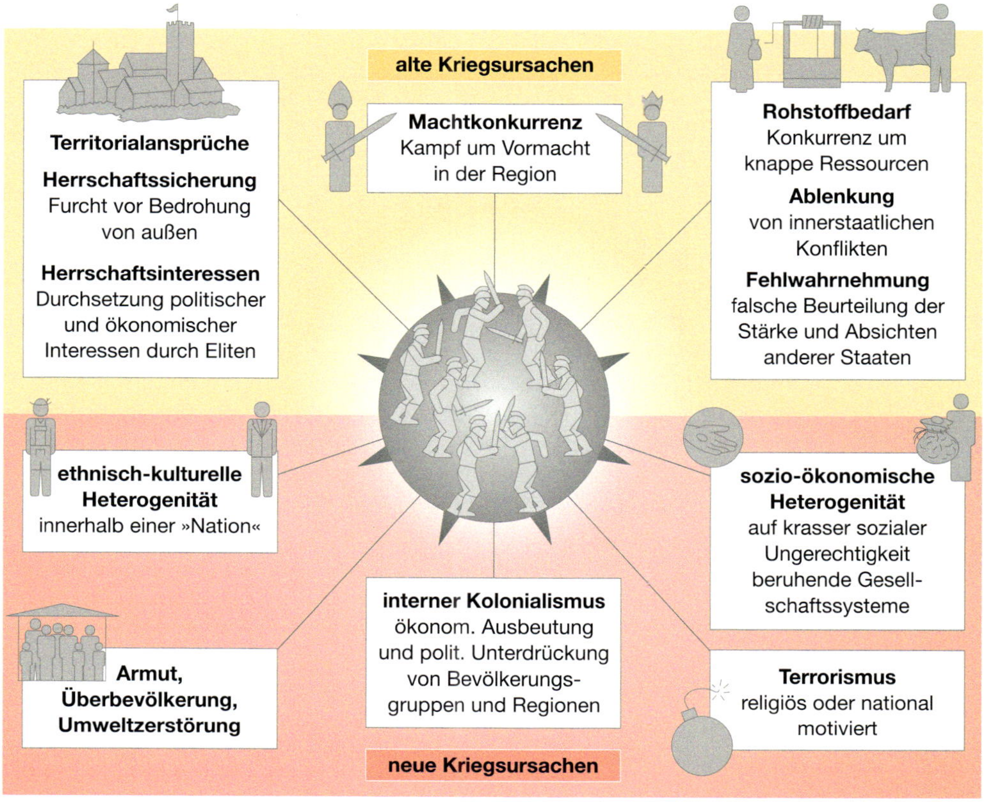

Andreas Vierecke/Bernd Mayerhofer/Franz Kohut, dtv-Atlas Politik, München: Dt. Taschenbuch-Verl., 2010, S. 174

M6 „Die neuen Kriege sind billige Kriege“

Der Blick auf die beständig steigenden Kosten neuer Waffensysteme und die parteipolitischen Auseinandersetzungen darüber, wie die hierfür erforderlichen Mittel aufzubringen seien, hat den Eindruck entstehen lassen, der Krieg beziehungsweise die Sicherung der Verteidigungsfähigkeit werde parallel zum technologischen Fortschritt immer teurer, und nur eine Handvoll reicher Staaten könne sich ein voll einsatzfähiges Militär überhaupt noch leisten. In gewisser Hinsicht ist dieser Eindruck nicht falsch, denn die Anschaffungs- und Unterhaltskosten fast sämtlicher Waffensysteme – vom Kampfpanzer bis zum Jagdflugzeug, ganz zu schweigen von Satellitenaufklärung und Raketenabwehr – haben sich in den letzten Jahrzehnten vervielfacht. Das führte zwangsläufig dazu, dass die Waffenarsenale der regulären Armeen immer knapper bestückt wurden. Einmal abgesehen von der Frage, ob es militärisch überhaupt sinnvoll wäre, das zu tun, ist heute kein Staat mehr in der Lage, ähnlich umfangreiche Panzerverbände, Luftflotten und Seestreitkräfte aufzustellen, wie sie während des Zweiten Weltkriegs zum Einsatz gekommen sind. Das mit Elektronik vollgestopfte militärische Großgerät ist dafür zu teuer geworden.
Dagegen handelt es sich bei den neuen Kriegen um ausgesprochen billige Kriege, zumindest was ihre Vorbereitung und Führung anbetrifft. In der Regel werden sie nämlich nur mit leichten Waffen – automatischen Gewehren, Landminen und Mehrfachraketenwerfern – geführt, und zu Transportzwecken wird die zivile Infrastruktur genutzt, wobei Pick-ups die Aufgaben von Jeeps, leichten Lastwagen und Schützenpanzern übernehmen. [...] Schwere Waffen dagegen sind in den neuen

Kriegen kaum gefragt, denn es handelt sich nicht um Kriege gegen einen entsprechend gerüsteten Gegner, sondern vielmehr um auf Dauer gestellte Gewalt gegen große Teile der Zivilbevölkerung. Für die Kombination von Massaker und Scharmützel sind leichte Waffen und ungepanzerte Transportmittel völlig ausreichend, und da der Beschaffungspreis von automatischen Gewehren infolge der Überschwemmung der Märkte mit leichtem Kriegsgerät insbesondere aus russischer Produktion oft unter den Herstellungskosten liegt, lassen sich die Gefolgschaften der Milizenführer und Warlords, Rebellen und Revolutionäre mit geringem finanziellen Aufwand innerhalb kurzer Zeit bewaffnen und in eine gefürchtete Truppe verwandeln. Noch weniger Kosten als die Rekrutierung und Ausrüstung der Anhängerschaft verursacht schließlich der Einsatz dieser Gruppen, denn gemäß dem Prinzip, dass der Krieg den Krieg ernähren müsse, sorgen sie durch Erpressung, Plünderung und Raub selbst für ihren Unterhalt. [...] Dass die neuen Kriege so billig sind, liegt nicht nur daran, dass sie überwiegend mit leichten Waffen geführt werden, sondern auch an der Verfügbarkeit von Jugendlichen, die sich gegen die Zusicherung eines einigermaßen gesicherten Lebensunterhalts und die Aussicht auf eine ihnen sonst unerreichbare soziale Reputation einem Warlord oder Milizenführer anschließen. [...] Um diese Jugendlichen massenhaft in den Krieg zu führen, ist kein aufwendiger staatlicher Erfassungs- und Erzwingungsapparat vonnöten. Ihr weitgehender Ausschluss von den Erwerbsmöglichkeiten der Friedensökonomie, Hunger oder zumindest doch die soziale Perspektivlosigkeit unter Friedensbedingungen treibt sie den Kriegsparteien von selbst in die Arme.

Herfried Münkler, Die neuen Kriege, 2. Aufl., Reinbek bei Hamburg: Rowohlt, 2002, S. 131 f., 137 f.

M 7 Friedensgefährdungen durch fragile Staaten

Stabile Staaten zeichnen sich durch ihre Fähigkeit aus, vier Kernfunktionen zu erfüllen:

- Gewährleistung von Sicherheit durch den Staat für seine Bevölkerung nach innen und nach außen (*security governance*). Voraussetzungen dafür sind das staatliche Gewaltmonopol, Kontrolle über das Staatsgebiet sowie die staatliche Kontrolle der Ressourcen;
- Legitimität der politischen Prozesse durch Grundelemente von Rechtsstaatlichkeit als gesetzlicher Schutz der Bevölkerung vor Willkür (inklusive Korruption), was eine Gewaltenteilung mit klarer Trennung von Legislative, Judikative und Exekutive voraussetzt (*political governance*);
- Schaffung eines Mindestmaßes an Wohlfahrt als staatliche Dienst- und Transferleistungen sowie Mechanismen der Umverteilung von wirtschaftlichen Ressourcen mittels Steuern, Zöllen und anderen Abgaben für Soziales, Beschäftigung, Wirtschaft, Bildung, Gesundheit und Umwelt (*socio-economic governance*);
- die Fähigkeit zur Durchsetzung legislativer Entscheidungen und Rechtsgrundsätze (*administrative governance*). [...]

Defizite bei diesen Kernfunktionen von Staatlichkeit führen zur Fragilität von Staaten. [...] Fragile Staaten zeichnen sich insbesondere durch ein gestörtes Verhältnis zwischen Regime, Regierung und Gesellschaft aus. Der politischen Klasse wird zunehmend Loyalität entzogen und der Staat am Ende nicht mehr als primäre Regelungsinstanz gesehen. Staatszerfall wird somit zu einer Konsequenz internen Missmanagements.

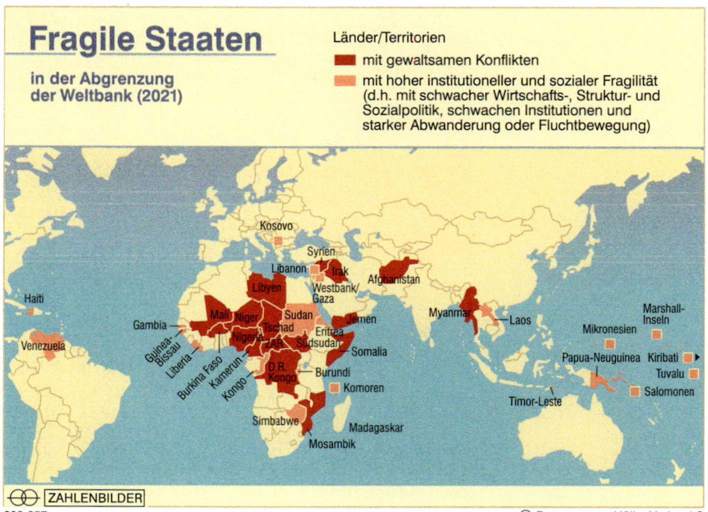

QUERVERWEIS

Fragile States Index 2024
S. 228, M1

INFO

Regime
hier: politische Ordnung

[Beschreiben lassen sich] fünf Ausprägungen von Regierungsversagen und Machtmissbrauch, die letztlich zum Loyalitätsentzug durch die Bevölkerung führen:

- fehlende Bereitstellung persönlicher Sicherheit für alle Bürger;
- fehlender Konsens bezüglich der Legitimität von Regierung und Staat;
- Ungleichgewicht zwischen Bereitstellung und Verteilung von Gütern (Klientelpolitik);
- Partizipation an und Zugang zu den Ressourcen nur für bestimmte Bevölkerungsteile sowie
- ausufernde Korruption und Selbstbereicherung.

Regierungsversagen ist nicht unabhängig von der Regierungsform, denn autoritäre Regime sind hierfür anfälliger als demokratische, in denen friedliche Machtwechsel durch Abwahl möglich sind. [...] [Autoritäre] Regime unterdrücken zur Machterhaltung häufig jede Opposition, auch die gemäßigte und pluralistische, blutig. Nicht selten haben sich Herrschaftscliquen den Staatsapparat angeeignet und finanzieren sich aus den Ressourcen des Landes, von denen die Mehrheit der Bevölkerung ausgeschlossen bleibt.

Durch den Machtmissbrauch der Eliten öffnet sich zusätzlich die Schere zwischen Armen und Reichen im Land. Autoritäre Regierungen schaffen es nicht, den Unmut über Fehlentwicklungen, größer werdende soziale Ungleichheit und Perspektivlosigkeit in den Griff zu bekommen. Ihr Fokus liegt auf dem eigenen Machterhalt und der Versorgung der machtkonstituierenden Eliten, die häufig in weitverzweigten Patronagenetzwerken organisiert sind. Dabei entziehen sich immer mehr Menschen und Regionen ihrer Kontrolle, was Instabilität und Staatszerfall zur Folge hat. Die Konsequenz sind staatsfreie Räume, in denen dann nichtstaatliche Akteure das Machtvakuum füllen. Die Ordnungsmuster der Gesellschaft sind aufgehoben, was Raum für Konflikte und das Recht des Stärkeren bietet. Daher sind fragile Staaten häufig durch eine Privatisierung von Sicherheit und eine Dominanz privater Gewalt gekennzeichnet.

Kai Hirschmann, Wie Staaten schwach werden. Fragilität von Staaten als internationale Herausforderung, Bonn: Bundeszentrale für politische Bildung, 2016, S. 22 f., 27 f.

M8 Friedensgefährdungen durch scheiternde Staaten

Failing States – das Problem

Der Begriff
Als „Failing States" werden versagende, zusammenbrechende, zerfallende Staaten bezeichnet. Die treffendste Übersetzung ist „scheiternde" Staaten. Ist ein Staat bereits kollabiert, spricht man von einem „gescheiterten" Staat (Failed State).

Das Kennzeichen
Typisches Kennzeichen eines scheiternden Staates ist eine Regierung, die – aus welchen Gründen auch immer – unwillig und/oder unfähig ist, ihre Verantwortung gegenüber den Bürgerinnen und Bürgern ihres Landes wahrzunehmen.

Die Folgen
Scheiternde bzw. gescheiterte Staaten tragen ganz wesentlich zu den Grundproblemen und Risiken der internationalen Beziehungen im 21. Jahrhundert bei, insbesondere durch das Entstehen regionaler Verunsicherung und regionaler Instabilität.

Staatliches Scheitern ist u. a. Ursache für:

- Weiterverbreitung von Waffen (auch Massenvernichtungswaffen)
- grenzüberschreitende organisierte Kriminalität
- Migrationsströme (Binnen- und Außenwanderungen)
- Verbreitung fundamentalistischer Ideologien
- Entstehen von Rückzugsgebieten (safe havens) und/oder Ausgangsbasen für den internationalen Terrorismus

Quelle: Richter-Publizistik, Bonn, Stand: 01.10.2018 (verändert) 50621EX

M9 Hybride Kriegsführung – die jüngste Variante neuer Kriege

In modernen Konfliktszenarien setzen Angreifer auf eine Kombination aus klassischen Militäreinsätzen, wirtschaftlichem Druck, Computerangriffen bis hin zu Propaganda in den Medien und sozialen Netzwerken. Dieses Vorgehen wird auch als „hybride Taktik“ oder „hybride Kriegsführung“ bezeichnet.

Destabilisierung demokratischer Gesellschaften

Ziel der Angreifer ist es, nicht nur Schaden anzurichten, sondern insbesondere Gesellschaften zu destabilisieren und die öffentliche Meinung zu beeinflussen. Offene pluralistische und demokratische Gesellschaften bieten hierfür viele Angriffsflächen und sind somit leicht verwundbar.

Krieg oder Frieden?

Das Besondere an der hybriden Kriegsführung ist die Verschleierungstaktik. Die Täter operieren entweder anonym oder bestreiten Beteiligungen an Vorfällen und Konflikten. Sie gehen dabei äußerst kreativ und koordiniert vor, ohne die Schwelle zu einem offiziellen Krieg zu überschreiten.

Eben dies macht die Abwehr solcher Attacken so schwierig: Wenn es keinen eindeutigen Angriff oder Angreifer gibt, fällt die Gegenwehr schwer. Unberechenbarkeit wird zur Waffe. Sind wir noch im Frieden oder befinden wir uns schon im Krieg?

Beliebter Tatort: der Cyberraum

Aus diesem Grund ist der Cyberraum ein bevorzugter Operationsraum hybrider Akteure. Angriffe aus dem Internet sind leicht zu tarnen. Der Fokus von Cyberangriffen liegt meistens auf der Beeinflussung der öffentlichen Meinung: Von der gezielten Steuerung von Diskussionen in sozialen Netzwerken bis hin zur Manipulation von Informationen auf Nachrichtenportalen.

Eben hier liegt auch der größte Unterschied zwischen der hybriden und der traditionellen Kriegsführung: Mithilfe des Internets und ganz besonders der Sozialen Medien kann ein Aggressor so große Verwirrung stiften, wie es in dieser Form bisher nicht möglich war.

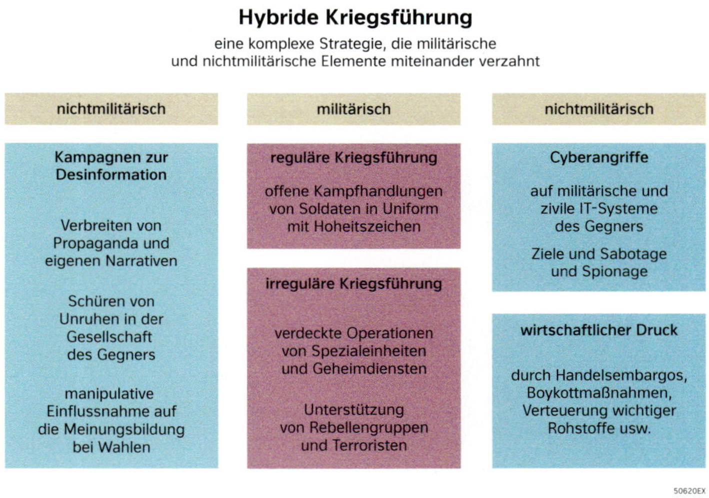

Hybride Bedrohungen, Berlin: Bundesministerium der Verteidigung, https://www.bmvg.de/de/themen/sicherheitspolitik/hybride-bedrohungen (Zugriff: 12.07.2024)

QUERVERWEIS

I.4.5 Vertiefung: Ist Deutschland gut gegen Cyberangriffe gewappnet? S. 138–139

INFO

Narrativ
Erzählung, hier: Interpretation, die die eigene Sicht stützt

1 Analysieren Sie Gründe für den Rückgang alter und die Zunahme neuer Kriege (M6).

2 Begründen Sie, warum fragile und scheiternde Staaten Risiken für den Frieden bilden (M7 und M8).

3 Erörtern Sie, ob sich die hybride Kriegsführung völkerrechtlich wirksam verbieten ließe (M9). HILFE

4 **Zusatzaufgabe:** Beurteilen Sie, ob die Unterscheidung in „alte“ und „neue“ Kriege sinnvoll ist.

1.6 Sind die Mittel zur Beendigung von Konflikten und Kriegen wirksam?

BEGRIFF

Fachkonzepte
Frieden
Konflikt
Sicherheit
Recht
Interesse
Effektivität

M1 Friedensbereitschaft – eine Sache der Kriegslage?

Zeichnung: Nel, 05.08.2014

M2 Diplomatische Verfahren der friedlichen Streitbeilegung

Die **diplomatischen Mittel** der friedlichen Streitbeilegung können zum Teil auf eine uralte Geschichte zurückblicken, viele von ihnen haben im klassischen Völkerrecht ihre auch heute noch gültige Ausformung erhalten. [...] Die **Verhandlung** („*negotiation*") ist nicht nur eine Form der Streitbeilegung, sondern auch ein allgemeines Mittel des zwischenstaatlichen Verkehrs, das insbesondere bei der Vorbereitung von Verträgen Anwendung findet. Soweit sie der Streitschlichtung dient, unterscheidet sie sich von anderen Formen der Streitbeilegung dadurch, dass ihr das Element der neutralen dritten Partei fehlt, das dort eine wichtige Rolle spielt. Deshalb wird die Verhandlung als das schwächste Streitschlichtungsmittel betrachtet, das bei Schlichtungsklauseln in völkerrechtlichen Verträgen in der Regel nur als erster Schritt des gesamten Konfliktlösungsverfahrens vorgesehen ist. [...] Der Schaffung einer Grundlage für die friedliche Streitbeilegung dient die **Untersuchung** („*fact-finding*", „*inquiry*"). Sie wird in der Regel von unparteiischen Beobachtern durchgeführt, insbesondere internationalen Untersuchungskommissionen, die von den Parteien durch eine Vereinbarung eingesetzt worden sind. Die Arbeit einer solchen Untersuchungskommission schließt mit einem Bericht ab, der die Tatsachen feststellt, aber keine bindende Wirkung entfaltet, ja nicht einmal Empfehlungen enthält. Vielmehr sollen die Streitparteien auf der Grundlage des Berichts frei entscheiden, welche endgültigen Schritte sie zur Streitbeilegung unternehmen wollen. [...] Zum Zwecke des **Ausgleichs** („*conciliation*") pflegen Ausgleichskommissionen gebildet zu werden, die entweder auf den Bericht einer Untersuchungskommission zurückgreifen oder selbst Tatsachenfeststellungen treffen, in jedem Fall aber ihren Bericht mit Vorschlägen zur Lösung des Konflikts verbinden. Insofern stellt der Ausgleich gegenüber der Untersuchung eine fortgeschrittene Form der Streitbeilegung dar. Jedoch haben die Vorschläge der Ausgleichskommission ebenfalls keine verbindliche Wirkung, sondern sind nur Empfehlungen.

Die **guten Dienste** („*good offices*") bestehen darin, dass ein Staat direkte Verhandlungen zwischen zwei im Streit befangenen Völkerrechtssubjekten anregt, vorzubereiten hilft und in sonstiger Weise fördert [...].

Die **Vermittlung** („*mediation*") hat eine besonders alte Tradition. [...] Bei der Vermittlung beschränkt sich der vermittelnde Staat nicht auf die technische Unterstützung, sondern unterbreitet den im Streit befangenen Parteien eigene Vorschläge und nimmt zu den Vorschlägen der Streitparteien Stellung. Eine solche Vermittlerrolle kann nur auf ausdrücklichen Wunsch der Streitparteien entstehen und setzt eine absolut unparteiische Haltung des Vermittelnden voraus.

INFO

Völkerrechtssubjekte
hier: Staaten

Stephan Hobe, Einführung in das Völkerrecht, 10. Aufl., Tübingen/Basel: Francke Verlag, 2014, S. 349 ff.

M3 Streitschlichtung durch den Internationalen Gerichtshof

Da Schiedsgerichte immer nur ad hoc zur Lösung von aktuellen Streitigkeiten berufen werden und die Streitparteien das Recht haben, die Richter für jeden Fall neu zu benennen, war es ein qualitativer Sprung in der Entwicklung, dass 1920 aufgrund der Satzung des Völkerbundes erstmals ein echtes „Weltgericht", der Ständige Internationale Gerichtshof in Den Haag, geschaffen wurde. Bis zur kriegsbedingten Unterbrechung der Arbeit im Jahre 1940 wurden hier 29 zwischenstaatliche Streitigkeiten entschieden und 27 Rechtsgutachten verfasst. [...]

Nachfolger des Ständigen Internationalen Gerichtshofs wurde 1946 der als Hauptrechtsprechungsorgan der Vereinten Nationen gegründete Internationale Gerichtshof, der ebenfalls in Den Haag residiert. Er kann nur tätig werden, wenn Staaten ihm entweder eine konkrete Streitigkeit unterbreiten oder aber sich – wie bisher etwa ein Drittel der Staaten weltweit, darunter seit 2008 auch Deutschland, nicht mehr allerdings die USA, Frankreich, Israel und China – der obligatorischen Gerichtsbarkeit unterwerfen und damit grundsätzlich seine Autorität zur Streitentscheidung anerkennen; die meisten Staaten haben dies allerdings nur unter Vorbehalt getan. Während des Kalten Kriegs wurde der Internationale Gerichtshof nur mit vergleichsweise wenigen Fällen befasst; bis 1990 hat er statistisch wenig mehr als ein Urteil pro Jahr, insgesamt 62, gefällt und 20 Rechtsgutachten erstellt. In jüngster Zeit aber ist er zu einer zentralen Entscheidungsinstanz geworden, die mit einer Vielzahl hochpolitischer Streitfälle, etwa dem Vorwurf der Rassendiskriminierung im Krieg zwischen Georgien und Russland, der Unabhängigkeitserklärung des Kosovo und dem Mauerbau in Palästina befasst ist. [...]

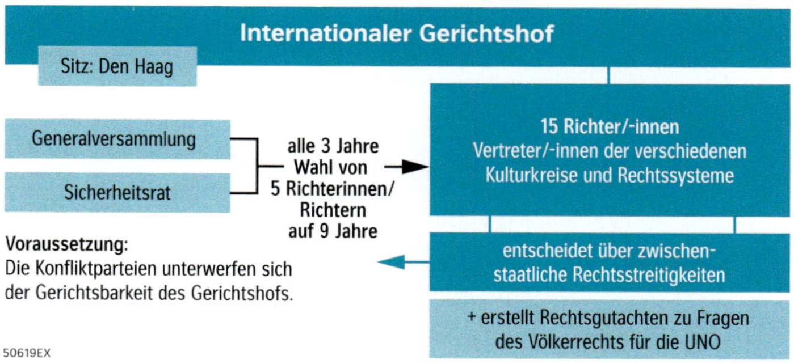

Das System ist allerdings so konstruiert, dass grundsätzlich kein Staat gegen seinen Willen verklagt werden kann und somit die Grundsätze der staatlichen Souveränität und der Gleichheit der Staaten gewahrt werden. [...] Der Autorität des Internationalen Gerichtshofs abträglich ist zudem, dass seine Entscheidungen mehrfach in eklatanter Weise ignoriert wurden.

GLOSSAR

Vereinte Nationen

INFO

obligatorisch
verpflichtend

Angelika Nußberger, Das Völkerrecht. Geschichte, Institutionen, Perspektiven, Bonn: Bundeszentrale für politische Bildung, 2010, S. 77 f., 84 f.

1 Diskutieren Sie, ob die Aussage in der Karikatur M1 nach Ihrer Einschätzung zutrifft.

2 Beschreiben Sie die verschiedenen diplomatischen Verfahren der friedlichen Streitbeilegung (M2).

3 Stellen Sie die Streitschlichtung durch den Internationalen Gerichtshof dar (M3).

M4 Urteil des Internationalen Gerichtshofes zum Krieg Russlands gegen die Ukraine

Der Internationale Gerichtshof hat angeordnet, dass Russland den Krieg in der Ukraine stoppen muss. [...] Der IGH ist ein Gericht der Vereinten Nationen, das 1946 seine Arbeit aufnahm. Wichtig: Dort werden nicht einzelne Personen verklagt oder angeklagt. Ein Staat verklagt dort den anderen Staat wegen möglicher Verstöße gegen das Völkerrecht. Die Ukraine verklagt also Russland. Völkerrecht – das sind vor allem die Regeln, die das Verhältnis der Staaten untereinander regeln. [...]

Was hat der IGH zum Krieg in der Ukraine entschieden?

Einer der zentralen Sätze lautet, dass Russland die militärischen Einsätze unterbrechen muss. Das Gericht hat mehrere vorläufige Maßnahmen angeordnet. Eine endgültige Entscheidung steht noch aus und wird dauern. Inhaltlich dreht sich der Streit um die Völkermord-Konvention von 1948.

Russlands Präsident Wladimir Putin hatte den Krieg öffentlich damit gerechtfertigt, dass in der Ostukraine ein Völkermord stattfinde. Die Ukraine hatte daraufhin in Den Haag um Klarstellung gebeten, dass das nicht stimme. Für den Gerichtshof liegen zum jetzigen Zeitpunkt keine „substantiierten" Belege für einen Völkermord in der Ukraine vor.

Welche Folgen hat das Urteil?

Keine direkten. Das Urteil wird keine russischen Panzer stoppen. Die Entscheidung ist zwar bindend. Das Gericht hat aber keine eigenen Mittel, um seine Entscheidungen durchzusetzen. Völkerrecht hängt oft von der Akzeptanz der Staaten ab. Im Prinzip ist der UN-Sicherheitsrat dafür zuständig, Urteilen des IGH Wirksamkeit zu verschaffen. Doch dort hat Russland ein Vetorecht.

Warum geht von der Entscheidung trotzdem eine Signalwirkung aus?

Weil immerhin das Gericht der Vereinten Nationen Putins zentrale Rechtfertigung für den Kriegsbeginn – in der Ostukraine finde ein Völkermord statt – massiv ins Wanken bringt. Schon die rechtlichen Einschätzungen aus Den Haag sind ein wichtiges Signal.

Russland hatte nicht an der Verhandlung in Den Haag am 7. März [2022] teilgenommen. Interessant ist aber: Es hat eine schriftliche Stellungnahme nachgereicht. Darin wird nicht mehr die Gefahr eines Völkermords als Kriegsgrund genannt, sondern nur noch das Selbstverteidigungsrecht aus Artikel 51 der Charta der Vereinten Nationen.

Warum war die Eilentscheidung möglich, obwohl Russland den Gerichtshof nicht grundsätzlich anerkennt?

Das liegt am Gegenstand des Rechtsstreits. Russland und die Ukraine haben beide die „Völkermord-Konvention" ratifiziert. Darin steht, dass für Streit rund um die Konvention der IGH zuständig ist.

Der Schachzug der Ukraine war es, die russischen Argumente vom vermeintlichen Völkermord zu nutzen. Über diesen Weg hat sich der Gerichtshof im konkreten Fall für zuständig erklärt.

Frank Bräutigam, Ein Krieg, zwei Gerichte, in: Tagesschau.de, Hamburg: Norddeutscher Rundfunk, 17.03.2022, https://www.tagesschau.de/ausland/europa/igh-zu-ukraine-103.html (Zugriff: 02.09.2024)

1 Fassen Sie das Urteil des Internationalen Gerichtshofes zum Krieg Russlands gegen die Ukraine von 2022 zusammen (M4).

2 a) Beurteilen Sie die diplomatischen Verfahren der friedlichen Streitbeilegung unter den Gesichtspunkten von Legitimität und Effizienz (M2). HILFE

b) Beurteilen Sie die Rechtsprechung des Internationalen Gerichtshofes unter den Gesichtspunkten von Legitimität und Effizienz (M3 und M4). HILFE

3 Entwickeln Sie anhand des Schemas in M5 Vermutungen darüber, welche Kriegsbeendigung die Ukraine und welche Russland wohl anstrebt.

4 Begründen Sie, warum Friedensverhandlungen und Friedensverträge große Herausforderungen für die beteiligten Staaten darstellen (M6). HILFE

M5 Vom Krieg zum Frieden – klassische Möglichkeiten

Die Beendigung kriegerischer Handlungen	
Waffenstillstand Die Kriegsparteien stellen die Kampfhandlungen aufgrund einer Vereinbarung zwischen ihnen ein. Der Krieg ist damit noch nicht beendet, er ruht lediglich. Ist der Waffenstillstand nicht auf Dauer vereinbart worden, können die Parteien die Kampfhandlungen jederzeit wieder aufnehmen. Die Kriegsparteien können den Waffenstillstand auch dazu nutzen, sich zu erholen und neue Kräfte heranzuführen.	**Kapitulation** Eine Kriegspartei sieht die Fortführung des Kampfes als aussichtslos an. Sie gibt den Kampf auf. Kapitulation bedeutet also, sich für militärisch besiegt zu erklären. Der Besiegte unterwirft sich in der Folge den Anordnungen der Gegenseite entweder bedingungslos oder nur unter bestimmten Bedingungen.

Vom Kriegszustand zum Friedenszustand	
Verständigungsfrieden Die Kriegsparteien handeln die Friedensbedingungen in gegenseitigem Einvernehmen aus. Sie gehen Kompromisse ein. Die Parteien sehen sich gegenseitig als gleichberechtigt an. Sie wollen friedliche Beziehungen zwischen sich wiederherstellen. Ein Verständigungsfrieden liegt dann nahe, wenn die Beteiligten erschöpft sind und/oder es keinen eindeutigen Sieger bzw. Verlierer gibt.	**Unterwerfungsfrieden/Diktatfrieden** Der Sieger legt die Bedingungen des Friedensschlusses einseitig fest. Er geht auf die Interessen des Verlierers nicht ein. Er gestaltet die Friedensbedingungen so, dass der Verlierer auf Dauer geschwächt bleibt oder sogar seine staatliche Existenz verliert. Ein Unterwerfungsfrieden/Diktatfrieden liegt dann nahe, wenn der Krieg mit dem überlegenen Sieg der einen Seite endete.

Autorentext

M6 Friedensverträge – das herkömmliche Mittel der Kriegsbeendigung

Wesentlicher Inhalt der Friedensverträge ist die Beendigung des Kriegszustandes und die Herbeiführung friedlicher Beziehungen zwischen völkerrechtlichen Subjekten: Staaten [...] oder Staatengruppen. [...] Sie enthalten Gebietsabtretungen, Reparationen, Entschädigungen, Strafen, Restitutionen, die Befreiung der Kriegsgefangenen, Amnestien (Begnadigungen) und Garantien seitens unbeteiligter Staaten oder Staatenorganisationen. Der Abschluss von Friedensverträgen und die Verpflichtung zu ihrer Einhaltung setzen eine gegenseitige Anerkennung der Partner, somit ein Gleichheitsmoment voraus. Der Friedensvertrag zielt auf die Regelung eigener Interessen und zugleich auf ein allgemeines Gut, den Frieden. [...]

Im Idealfall folgen die Friedensverhandlungen und der Aufbau der Friedensverträge dem Prinzip der Gegenseitigkeit. Im Anschluss an einen Waffenstillstand oder an Friedenspräliminarien, z. B. die Verständigung über Ort und Zeit der Friedensverhandlungen, versammeln sich die Gesandten der Staatsoberhäupter zu einem Kongress. Die gegenseitig übermittelten Anträge und Antworten verdichten sich zu den Verhandlungsakten, Traktanden, Entwürfen und schließlich zu den Verträgen selbst. [...]

Das traditionelle Völkerrecht behält dem Friedensvertrag die Funktion vor, die Beendigung eines Krieges deklaratorisch festzustellen, im Rechtssinne einen Kriegszustand endgültig zu beenden.

Winfried Becker, Friedensverträge, in: Staatslexikon, Freiburg: Verlag Herder GmbH, 08.06.2022, https://www.staatslexikon-online.de/Lexikon/Friedensvertr%C3%A4ge (Zugriff: 12.07.2024)

INFO

Restitutionen
Rückgaben

Friedens-präliminarien
Friedensvorverhandlungen

Traktanden
Verhandlungspunkte

deklaratorisch
rechtsbezeugend, offiziell

1.7 Vertiefung: Ist eine friedliche Welt möglich?

BEGRIFF

Fachkonzepte
Frieden
Konflikt
Recht
Kooperation

INFO

Das **Gemälde** von Edward Hicks (1780–1849) nimmt Bezug auf eine Bibelstelle (Jesaja 11, 6–8). Dort heißt es: „Dann werden die Wölfe bei den Lämmern wohnen und die Panther bei den Böcken lagern. Ein kleiner Knabe wird Kälber und junge Löwen und Mastvieh miteinander treiben. Kühe und Bären werden zusammen weiden, dass ihre Jungen beieinander liegen, und Löwen werden Stroh fressen wie die Rinder. Und ein Säugling wird spielen im Loch der Otter, und ein entwöhntes Kind wird seine Hand stecken in die Höhle der Natter."

INTERNET

WES-118496-117
Film: Einfach erklärt: Frieden

M1 Das Königreich des Friedens

M2 Aussagen über Frieden und Friedfertigkeit

„Ich aber sage euch: Leistet dem, der euch etwas Böses getan hat, keinen Widerstand, sondern wenn dich jemand auf deine rechte Backe schlägt, so biete ihm auch die andere an."
Matthäus 5,39

„Es gibt keinen Weg zum Frieden, denn Frieden ist der Weg."
Mahatma Gandhi (*1869–1948*)

„Wer das Schwert nimmt, wird durch das Schwert umkommen."
Matthäus 26,52

„Friede ist nicht Abwesenheit von Krieg; Friede ist eine Tugend, eine Geisteshaltung, eine Neigung zu Güte, Vertrauen, Gerechtigkeit."
Baruch de Spinoza (*1632–1677*)

„Nicht der Krieg, der Frieden ist der Vater aller Dinge."
Willy Brandt (*1913–1992*)

„Si vis pacem, para pacem" („Willst du den Frieden, bereite den Frieden vor.")
Dieter Senghaas (*geb. 1940*)

M3 Unterschiedlich anspruchsvolle Friedensverständnisse

Friedensverständnis 1: Abwesenheit von Krieg „Kalter Frieden"	**Friedensverständnis 2: Zivilisierte Austragung von Konflikten**	**Friedensverständnis 3: Gerechte Verhältnisse in und zwischen Staaten**
Es wird keine militärische Gewalt zwischen Staaten angewendet. Es herrscht Waffenruhe. Kriegsanlässe zwischen den Staaten sind aber weiterhin gegeben. Der Friedenszustand ist mithin nicht gesichert.	Es gibt Konflikte zwischen Staaten. Diese werden aber ohne Anwendung von Gewalt ausgetragen. Es wird nach Verständigung und Kompromissen gesucht. Kriegerisches Denken wird verurteilt.	In und zwischen Staaten gibt es keine auf ökonomischer Ausbeutung, ungleichen Lebenschancen und Gewaltausübung beruhenden Ungerechtigkeiten. Damit entfallen Anlässe für kriegerische Konflikte.

Autorentext

M4 Positiver und negativer Friedensbegriff

In einem allgemeinen Sinn bedeutet Frieden die Abwesenheit von Krieg (*enger Friedensbegriff*). In den Internationalen Beziehungen versteht man darunter vor allem einen Zustand zwischen Staaten oder Staatengruppen, in dem auftretende Konflikte ohne die Anwendung oder Androhung von Gewalt gelöst werden. Abwesenheit von Krieg bedeutet nicht, dass es keine Kriegsanlässe und -ursachen mehr gibt. Um langfristig den Frieden zu sichern, müssen bestimmte Bedingungen erfüllt sein. Die verschiedenen Schulen der Internationalen Beziehungen gewichten diese ganz unterschiedlich:

- Der *Realismus* geht von der Annahme aus, dass nur ein militärisches Gleichgewicht den Frieden zu sichern imstande ist.
- Der *Institutionalismus* ist dagegen der Ansicht, dass erst ökonomische und gesellschaftliche Kooperationsbedingungen ein friedliches Nebeneinander ermöglichen.

Noch weiter gehen Wissenschaftler wie Johan Galtung, die unter Frieden nicht nur die Abwesenheit militärischer Gewalt, sondern darüber hinaus auch das Nichtvorhandensein von struktureller Gewalt verstehen (*weiter Friedensbegriff*). Mit dem Ausdruck „strukturelle Gewalt" werden repressive Strukturen beschrieben, die Menschen, Gruppen oder Staaten daran hindern, ihre grundlegenden Bedürfnisse und Interessen zu befriedigen bzw. zu realisieren. „Strukturelle Gewalt ist die vermeidbare Beeinträchtigung grundlegender menschlicher Bedürfnisse oder, allgemeiner ausgedrückt, des Lebens, die den realen Grad der Bedürfnisbefriedigung unter das herabsetzt, was potenziell möglich ist." (Johan Galtung)
Zur strukturellen Gewalt werden heute nicht nur die verschiedenen Formen der Diskriminierung, sondern auch die ungleiche Verteilung von Einkommen und Bildungschancen, [...] das Wohlstandsgefälle zwischen „Erster" und „Dritter Welt", aber auch die auf vielfältige äußere Einflüsse (z. B. Umweltverschmutzung, Ressourcenmangel etc.) zurückzuführende Einschränkung von Lebenschancen gerechnet. Wenn solche strukturell repressiven und gewalttätigen Bedingungen beseitigt sind, spricht man – im Unterschied zum *negativen Frieden*, der nur durch die Abwesenheit personeller Gewalt definiert ist – von *positivem Frieden.*

Johan Galtung (1930–2024), norwegischer Soziologe und Mathematiker, gilt als Begründer der akademischen Friedensforschung

QUERVERWEIS

Die Theorie des Realismus
S. 64 f., M2

Die Theorie des Institutionalismus
S. 66 f., M3

Andreas Vierecke/Bernd Mayerhofer/Franz Kohut, dtv-Atlas Politik, 5. Aufl., München: dtv, 2018, S. 175

1 Interpretieren Sie die vom Gemälde in M1 ausgehende Botschaft.
2 Setzen Sie sich arbeitsteilig mit den Zitaten in M2 auseinander. Tauschen Sie sich danach im Kurs über Ihre Resultate aus.
3 Erläutern Sie vor dem Hintergrund Ihrer historischen und aktuellen Kenntnisse über Geschehnisse der internationalen Politik die drei Friedensverständnisse (M3).
4 Arbeiten Sie aus M4 die Beziehungen zwischen engem, weitem, negativem und positivem Frieden heraus.
5 Erörtern Sie die Chancen auf einen positiven Frieden in der Welt. HILFE

M5 Merkmale einer friedensförderlichen Konfliktkultur

Friedliche Konfliktlösungen werden in Verhandlungen gefunden. *Vertrauen* spielt bei Verhandlungen eine wichtige Rolle. Vertrauen erleichtert nämlich den Austausch von Informationen zwischen den Akteuren, führt zu kooperativem Verhalten und fördert auf dieser Basis das Zustandekommen von Verhandlungsergebnissen, mit denen die Beteiligten leben können.

Was aber ist eigentlich Vertrauen? Vertrauen ist die Erwartung, dass eine Situation, die man nicht unter vollständiger Kontrolle hat, trotzdem einen guten Ausgang nimmt. Häufig sind in Situationen andere Personen involviert. Vertrauen heißt dann: Man geht davon aus, dass diese anderen Personen sich so verhalten, wie sie es angekündigt haben, ohne dass man ein abweichendes Verhalten verhindern könnte. Vertrauen ist folglich mit der Erwartung verbunden, dass die anderen das Vertrauen nicht enttäuschen mögen. [...]

Vertrauen zu Menschen beruht auf Erfahrung und wird im Laufe einer Beziehung graduell aufgebaut. Das bedeutet, dass gewährtes Vertrauen dann ein Wagnis darstellt, wenn die Beteiligten sich kaum kennen. In einer solchen Situation ist nämlich die Versuchung groß, dass Beteiligte ihren Vorteil auf Kosten der anderen suchen. Nun verlangt eine nachhaltige Konfliktregelung jedoch Vertrauen bei den Beteiligten. Bei grundlegenden Konflikten ist dieses Vertrauen aber häufig nicht gegeben. Das erforderliche Vertrauen lässt sich mit Zwang oder Gewalt auch nicht herbeiführen. Mit dem Risiko nicht ausreichenden Vertrauens ist folglich jede Konfliktbearbeitung belastet. Dies weiß man insbesondere in der internationalen Politik. Nicht zufällig spricht man davon, dass die Befriedung internationaler Konflikte vertrauensbildende Maßnahmen erforderlich mache.

Generell beruht die Aussicht auf eine befriedigende Konfliktregelung darauf, dass zwischen den Beteiligten zumindest *kommunikatives Vertrauen* besteht: Dieses Vertrauen beruht auf der Annahme, dass sich die Beteiligten ihre Meinungen und Überzeugungen in aufrichtiger und wahrhaftiger Absicht mitteilen. Schon Aristoteles bemerkte in seiner „Rhetorik“, dass man den Anständigen eher glaubt als denen, die man nicht für anständig hält. Kommunikatives Vertrauen verlangt also die Wahrhaftigkeit des Sprechens. [...]

Fairness ist eine wichtige Bedingung für eine konstruktive Konfliktkultur. [...] Bei der institutionellen Regelung von Konflikten ist es für die Akzeptanz der Ergebnisse wichtig, ob die angewendeten Verfahren als fair wahrgenommen werden. [...] Bei der Beantwortung der Frage nach der Fairness eines Verfahrens spielt die Möglichkeit der Konfliktbeteiligten, den Gang des Verfahrens zu kontrollieren, eine erhebliche Rolle. [...] Die Mitsprache am Verfahrensablauf, vor allem die Chance, den eigenen Standpunkt ausführlich darzustellen, gilt als fair und verbessert die Akzeptanz von Entscheidungen. [...] Ein Ergebnis wird als fair wahrgenommen, wenn es proportional zum Ergebnis des Gegners ist, wenn also beide Seiten in etwa gleiche Vorteile aus dem Ergebnis erzielen. [...]

Der Tugend der Fairness lässt sich die Bereitschaft zur *Perspektivenübernahme* zurechnen. Sie besteht darin, sich in die Rolle des Konfliktgegners hineinzuversetzen. Ganz grundsätzlich kann man sagen, dass die Bereitschaft, sich in andere Personen hineinzuversetzen und ihre Sicht und Erlebnisweise nachzuvollziehen, zu den unerlässlichen Voraussetzungen jedweder sozialer Interaktion und Kommunikation gehört. Die Perspektivenübernahme ermöglicht die wechselseitige Einsicht in die Zielsetzungen, Motive, Intentionen und Wahrnehmungsweisen des Interaktionspartners. Ohne das Einnehmen der Rolle des anderen können weder Verstehen noch Verständigung gelingen. Es versteht sich, dass die Perspektivenübernahme bei der Konfliktbearbeitung von erheblicher Bedeutung ist. [...]

Von kaum zu überschätzender Bedeutung für die Regelung von Konflikten ist die *Kompromissbereitschaft*. Diese Feststellung gilt für alle Ebenen des Konfliktgeschehens, also für zwischenmenschliche, soziale, politische und internationale Konflikte. Ein Kompromiss löst einen Konflikt durch beiderseitigen Verzicht auf Teile der jeweils gestellten Forderungen. Zur Kompromissbereitschaft neigen Streitparteien, wenn sie nicht genug Kraft besitzen, um das eigene Ziel vollständig zu verwirklichen. Kompromissbereitschaft liegt auch dann nahe, wenn eine Seite zwar ihre Ziele vollständig durchsetzen könnte, hierbei aber befürchten muss, dass die Gegenseite die Revision des Ergebnisses anstreben wird, das Ergebnis mithin nicht wirklich Bestand hat. Für alle Konfliktebenen gilt, dass es den Akteuren dann nicht schwerfällt, kompromissbereit zu sein, wenn alle Seiten etwas gewinnen können. [...]

Häufig werden Konflikte mithilfe der *Sieg-Niederlage-Machtmethode* behandelt. Das bedeutet, dass eine Seite unterliegt und sich der auferlegten Zwangslösung fügen muss. Diese Methode wird dort angewendet, wo der eine Mensch glaubt, mehr Macht zu haben als der andere. Sie wird nicht angewendet, wenn die Konfliktparteien ebenbürtig sind. Denn keiner der Beteiligten würde sich eine Zwangslösung gefallen lassen.

Bei der *niederlagelosen Methode* hingegen werden Konflikte bewältigt, ohne dass einer der Beteiligten siegt oder unterliegt. Beide siegen, weil die Lösung nur dann akzeptiert wird, wenn sie für beide Seiten annehmbar ist. Voraussetzung der Anwendung der niederlagelosen Methode ist, dass die Konfliktparteien die gleiche oder annähernd die gleiche Macht besitzen. Das führt nämlich zu einer symmetrischen Kommunikation.

Joachim Detjen, Streitkultur. Konfliktursachen, Konfliktarten und Konfliktbewältigung in der Demokratie, Schwalbach/Ts.: Wochenschau Verlag, 2012, S. 109 ff.

M6 Immanuel Kant, Zum ewigen Frieden (1795) – heute noch aktuell?

Sechs Präliminarartikel zum ewigen Frieden:

1. Es soll kein Friedensschluss für einen solchen gelten, der mit dem geheimen Vorbehalt des Stoffs zu einem künftigen Kriege gemacht worden.
2. Es soll kein für sich bestehender Staat (klein oder groß, das gilt hier gleichviel) von einem anderen Staat durch Erbung, Tausch, Kauf oder Schenkung erworben werden können.
3. Stehende Heere sollen mit der Zeit ganz aufhören.
4. Es sollen keine Staatsschulden in Beziehung auf äußere Staatshändel gemacht werden.
5. Kein Staat soll sich in die Verfassung und Regierung eines anderen Staates gewalttätig einmischen.
6. Es soll sich kein Staat im Kriege mit einem anderen solche Feindseligkeiten erlauben, welche das wechselseitige Zutrauen im künftigen Frieden unmöglich machen müssen: als da sind Anstellung der Meuchelmörder, Giftmischer, Brechung der Kapitulation, Anstiftung des Verrats in dem bekriegten Staat usw.

Drei Definitivartikel zum ewigen Frieden:

1. Die bürgerliche Verfassung in jedem Staat soll republikanisch [= demokratisch] sein.
2. Das Völkerrecht soll auf einen Föderalismus freier Staaten gegründet sein.
3. Das Weltbürgerrecht soll auf Bedingungen der allgemeinen Hospitalität eingeschränkt sein.

Immanuel Kant, Zum ewigen Frieden. Ein philosophischer Entwurf, in: Kant-Werkausgabe Band XI, hrsg. von Wilhelm Weischedel, 2. Aufl., Frankfurt a. M.: Suhrkamp, 1978, S. 196 ff.

INFO

Präliminarartikel
einleitende Artikel

Definitivartikel
entscheidende Artikel

TIPP

Nähere Erläuterungen zu den hellblau hinterlegten Begriffen finden Sie in der **Hilfe zu Aufgabe 3**.

1 Beschreiben Sie die Bedingungen einer friedensförderlichen Konfliktkultur (M5).

2 Beurteilen Sie die Aussichten auf eine friedensförderlichen Konfliktkultur bei Verhandlungen zwischen unterschiedlich mächtigen Staaten.

3 Arbeiten Sie arbeitsteilig die Bedeutung der einzelnen Artikel von Kants „Zum ewigen Frieden" heraus (M6). HILFE

4 Setzen Sie sich mit der Aktualität von Kants „Zum ewigen Frieden" (M6) auseinander.

+ 1.8 Lässt sich die internationale Politik zivilisieren?

BEGRIFF

Fachkonzepte
Kooperation
Partizipation
Recht
Frieden
Konflikt
Sicherheit
Effektivität

GLOSSAR

Autokratie
Demokratie
Diktatur
Gesellschaft

M1 Sind Demokratien friedfertiger als Autokratien?

Es gibt die These, dass Demokratien friedfertiger sind als Autokratien. Sie wird mit folgender Überlegung begründet: Der Großteil der Menschen hat an dem Leid und an den Kosten, die durch kriegerische Auseinandersetzungen drohen, kein Interesse. In Demokratien dürfen die Menschen ihre Meinung frei artikulieren und sie dürfen ihre Repräsentanten frei wählen. Es spricht viel dafür, dass sie politische Vorstellungen unterstützen, die sich für friedliche Konfliktlösungen einsetzen. In Autokratien gibt es dagegen keine freie Meinungsbildung. Die Herrschenden können die öffentliche Meinung darüber hinaus in ihrem Sinne manipulieren. Sie müssen folglich keine Widerstände überwinden, wenn sie gewaltsame Konflikte beginnen wollen.

Autorentext

M2 Das zivilisatorische Hexagon moderner Gesellschaften

Wo zivilisierte Politik zur Zivilisierung des Zusammenlebens der Menschen innerhalb von modernen Gesellschaften beiträgt, wird ein solches Projekt idealiter von den folgenden sechs Sachverhalten gekennzeichnet:

1. Entprivatisierung von Gewalt (Gewaltmonopol): Wesentlich für jeden Zivilisierungsprozess ist die Entprivatisierung der Gewalt bzw. die Herausbildung eines legitimen, in aller Regel staatlichen Gewaltmonopols, dem die Einzelnen untergeordnet sind („Entwaffnung der Bürger"). Wo das Gewaltmonopol zusammenbricht, also die Wiederaufrüstung und Wiederbewaffnung der einzelnen Bürger eine Chance bekommen, findet [...] die Renaissance von Bürgerkriegssituationen [statt].

2. Kontrolle des Gewaltmonopols und Herausbildung von Rechtsstaatlichkeit (Verfassungsstaat): Ein Gewaltmonopol, das nicht durch Rechtsstaatlichkeit eingehegt wird, wäre im Grenzfall nichts mehr als eine beschönigende Umschreibung von Diktatur. Dann wären seine gesellschaftlichen Träger nichts anderes als eine von mehreren Konfliktparteien in einer potenziellen Bürgerkriegssituation. Soll demgegenüber das Gewaltmonopol als legitim akzeptiert werden, bedarf es der Institutionalisierung rechtsstaatlicher Prinzipien und öffentlicher demokratischer Kontrolle, auf deren Grundlage sich Konflikte in einem institutionellen Rahmen fair austragen lassen. [...]

3. Interdependenzen und Affektkontrolle: Die Entprivatisierung von Gewalt („die Entwaffnung der Bürger") und die Sozialisation in eine Fülle von institutionalisierten Konfliktregelungen implizieren eine Kontrolle von Affekten. Solche Selbstkontrolle wird maßgeblich durch die Herausbildung von großflächig angelegten Verflechtungen [...] unterstützt, weil diese, zu beobachten vor allem in arbeitsteiligen Ökonomien, ein erhebliches Maß an Berechenbarkeit erfordern und in der Folge Erwartungsverlässlichkeit mit sich bringen. [...] Affektkontrolle – Ergebnis einer Sublimierung von Affekten – meint dabei die in differenzierten Gesellschaften sich aus diversen Handlungszusammenhängen ergebende Selbstkontrolle bzw. Selbstbeherrschung. Sie ist Grundlage nicht nur von Aggressionshemmung und Gewaltverzicht, sondern darauf aufbauend von Toleranz und Kompromissfähigkeit. [...]

4. Demokratische Beteiligung: [...] In politisierbaren Gemeinschaften müssen Interessen auf breiter Front artikulationsfähig und in den gängigen politischen Prozess integrierbar sein. [...] In aller Regel werden in fortgeschrittenen sozial mobilen Gesellschaften Unterordnungsverhältnisse aufgrund von Geschlecht, Rasse, Klasse oder anderen Merkmalen von den Betroffenen nicht mehr hingenommen. In demokratisierten Rechtsstaaten mit einem hohen Politisierungspotenzial untergräbt solche Diskriminierung die politische Stabilität. [...]

5. Soziale Gerechtigkeit: [...] In Gesellschaften mit einem erheblichen Politisierungspotenzial ist eine aktive Politik der Chancen- und Verteilungsgerechtigkeit, letztlich ergänzt

INFO

Sublimierung
Verfeinerung, hier: Umwandlung sozial nicht akzeptierter Affekte in akzeptierte bzw. erwünschte Leistungen

Interdependenzen
wechselseitige Verflechtungen und Abhängigkeiten

politisierbare Gemeinschaften
Gesellschaften, in denen Vieles zum Gegenstand politischer Auseinandersetzungen gemacht werden kann

Rasse
umstrittene Bezeichnung für eine Gruppe von Individuen, die aufgrund von Ähnlichkeiten des Erscheinungsbildes klassifiziert werden; sie gilt als problematisch, weil es keine menschlichen „Rassen" gibt, sondern diese Vorstellung selbst auf Rassismus beruht.

um Maßnahmen der Bedürfnisgerechtigkeit (Sicherung der Grundbedürfnisse), unerlässlich, weil nur dann sich die Mehrzahl der Menschen in einem solchen politischen Rahmen fair behandelt fühlt. [...]

6. Konstruktive politische Konfliktkultur: Gibt es in einer aufgegliederten, aber deshalb auch zerklüfteten Gesellschaft faire Chancen für die Artikulation und den Ausgleich von unterschiedlichen Interessen, kann unterstellt werden, dass ein solches Arrangement verlässlich verinnerlicht wird, eine Bereitschaft zur produktiven Auseinandersetzung mit Konflikten vorliegt und kompromissorientierte Konfliktfähigkeit einschließlich der hierfür erforderlichen Toleranz zu einer selbstverständlichen Orientierung politischen Handelns wird. [...]

Diese sechs Bausteine des Zivilisierungsprojektes Frieden bzw. Komponenten von Zivilität fügen sich gewissermaßen zu einem zivilisatorischen Hexagon zusammen.

Dieter Senghaas, Frieden als Zivilisierungsprojekt, in: Derselbe (Hrsg.), Den Frieden denken. Si vis pacem, para pacem, Frankfurt a. M.: Suhrkamp, 1995, S. 198 ff.

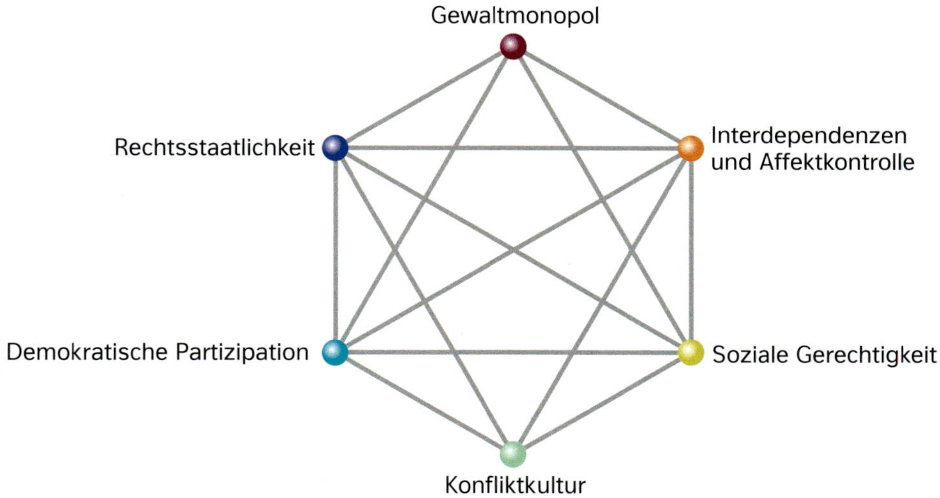

Nach: Dieter Senghaas, Die Kultur des Friedens in: Aus Politik und Zeitgeschichte B43/1995, Bonn: Bundeszentrale für politische Bildung, S. 3 (verändert) 50617EX

M3 Die Übertragung des zivilisatorischen Hexagons auf die internationale Ebene

Lassen sich die Überlegungen zum Zivilisierungsprojekt Innerer Frieden auf die Ebene jenseits des einzelnen Staates übertragen? Was würde *Zivilisierung von Politik auf internationaler Ebene* bedeuten? Und bestünde die Chance, ein Zivilisierungsprojekt Internationaler Frieden oder Weltfrieden in die Praxis zu übersetzen?

Eine Übertragung des zivilisatorischen Hexagons von der staatlich-innergesellschaftlichen auf die internationale Ebene müsste die Welt entweder als eine Summe von Zivilgesellschaften oder gar als eine einzige Weltzivilgesellschaft begreifen. Deren Entwicklung könnte, abstrakt betrachtet, wie folgt vorgestellt werden: Herausbildung von sich verdichtenden transnationalen zwischengesellschaftlichen Verflechtungen innerhalb der überkommenen Staatenwelt, wodurch sich zunächst in regionalen Zusammenhängen eine transnationale „Gesellschaftswelt" und „Wirtschaftswelt" entfalten würde; allmähliche Relativierung der Staatenwelt und schrittweise Herausbildung einer *Weltgesellschaft* vor allem vermittels sich globalisierender systemischer Bezüge in den Dimensionen Weltwirtschaft, Verkehr, Information und Kommunikation; Entfaltung korrespondierender normativer Horizonte, institutioneller Überwölbungen und politischer Steuerungsmedien, die einen zivilen Umgang mit Konflikten fördern würden und zur kulturellen Entfaltung und Stabilisierung einer

INFO

Zivilgesellschaften
Gesellschaften, in denen die Bürgerinnen und Bürger im öffentlichen Leben Mitsprache- und Mitwirkungsmöglichkeiten haben und sich in staatsunabhängigen Gruppen frei organisieren und artikulieren können

INFO

homogen einheitlich

subsidiär nachgeordnet, ergänzend

Weltethos Grundbestand an ethischen Normen und Werten, der sich aus religiösen, kulturellen und philosophischen Traditionen der Menschheitsgeschichte herleiten lässt

Weltzivilgesellschaft beitrügen. Existierte eine solche Weltgesellschaft als eine tendenziell homogene Wertegemeinschaft, so würde die heutige Staatenwelt schließlich in eine *Weltgemeinschaft* transformiert, wobei den einzelnen Staaten in einem solchen Zusammenhang nur noch eine subsidiäre Rolle zukäme.
Innerhalb eines solchen Gesamtgebildes – der Weltzivilgesellschaft – wäre, nunmehr auf höchstmöglicher, nämlich weltweiter Ebene, die Realisierung des zivilisatorischen Hexagons vorstellbar: Herausbildung eines (wie immer im Einzelnen institutionell ausgestalteten) Gewaltmonopols; Kontrolle dieses Gewaltmonopols analog zur Rechtsstaatlichkeit; weltweite Interdependenzgeflechte und daraus resultierende Disziplinierungszwänge mit dem Ergebnis der Affektkontrolle; Demokratisierung zumindest im Sinne angemessener Vertretungsmöglichkeiten wesentlicher Kollektive oder Gruppierungen; ökonomischer Ausgleich, um soziale Gerechtigkeit auf weltweiter Ebene zu erreichen; sowie internalisierte Konfliktkultur vor allem im Sinne von Toleranz als dem grundlegenden Inhalt eines Weltethos.

Dieter Senghaas, Frieden als Zivilisierungsprojekt (siehe M2), S. 209 f.

GLOSSAR

Menschenrechte

M4 Vier Imperative zur Beförderung der Zivilisierung auf internationaler Ebene

Dieter Senghaas formuliert vier Imperative, deren Befolgung seiner Auffassung nach die Zivilisierung der internationalen Politik voranbringen kann.
Erster Imperativ: Schutz vor Gewalt. Ein hierfür geeignetes Instrument könnte die „pluralistische Sicherheitsgemeinschaft“ sein. Souveräne Staaten gehen hierbei ein wechselseitiges Sicherheitsarrangement ein, das die Androhung bzw. die Anwendung von Gewalt innerhalb der Staatengemeinschaft überflüssig macht und daher ausschließt. Eine solche Sicherheitsgemeinschaft setzt die Übereinstimmung in zentralen Werten sowie dichte ökonomische, soziale und institutionelle Vernetzungen voraus.
Zweiter Imperativ: Schutz der Freiheit. Die Staaten sollten sich als demokratische Verfassungsstaaten konstituieren. Diese bilden erfahrungsgemäß die beste Gewähr für den Schutz der individuellen Freiheit. Diese Staaten haben die Imperative des zivilisatorischen Hexagons intern verwirklicht und können daher Konflikte friedlich regeln. Sie werden dies vermutlich auch bei zwischenstaatlichen Konflikten tun. Als Rechtsstaaten treten sie darüber hinaus für den Schutz der Menschenrechte ein. Auf die Menschenrechte bezogen sollte das Prinzip der Nichteinmischung in die inneren Angelegenheiten von Staaten problematisiert und aufgegeben werden: Instanzen der UNO sollten die Möglichkeit erhalten, in einzelne Staaten hineinzuwirken.
Dritter Imperativ: Schutz vor Not. Ohne anhaltende Bemühungen um einen ökonomischen Ausgleich zwischen entwickelten und weniger entwickelten Ländern ist die soziale Not in Letzteren nicht zu beheben und damit internationaler Frieden nicht erreichbar. Angesichts der asymmetrischen Ausgangsbedingungen ist der Ausgleich allerdings schwer zu verwirklichen. Den weniger entwickelten Ländern könnte eine Mischung aus Einkopplung in und Abkopplung vom Weltmarkt helfen. Integration in den Weltmarkt sollte dort geschehen, wo sich Nutzen für die eigene Entwicklung daraus ziehen lässt. Abschottung ist dort geboten, wo ein Schutzraum benötigt wird, ohne den die Bemühungen um eine nachholende Entwicklung von vornherein zum Scheitern verurteilt wären.
Vierter Imperativ: Schutz vor Chauvinismus. Die Gefahr eines irrationalen, mit Fremdenhass gekoppelten Chauvinismus ist in die Struktur der Staatenwelt eingebaut, in der Staaten kollektiv organisierten Vorurteilen gleichen. Abhilfe schaffen können die bereits erwähnten Sicherheitsgemeinschaften, da sie die geschlossenen Kollektivgebilden gleichenden Staaten nach außen öffnen und mit anderen Staaten vernetzen.

INFO

Chauvinismus extremer Nationalismus

Autorentext in Anlehnung an Dieter Senghaas, Frieden als Zivilisierungsprojekt (siehe M2), S. 214 ff. (verändert)

M5 Erfüllt Russland das zivilisatorische Hexagon?

Putins Führerdiktatur nähert sich zunehmend einer totalitären Herrschaft an. [...] Repressionen sowie die Militarisierung von Staat und Gesellschaft werden vorangetrieben. [...] Die Sehnsucht nach Ordnung – auch um den Preis von Demokratie und Menschenrechten – ist ein verbreitetes Phänomen der politischen Kulturen postsowjetischer Gesellschaften. Auf dieser Basis kann Putin als Führerfigur seit Jahrzehnten in der Bevölkerung mit Zustimmungswerten von mindestens 60 bis 80 Prozent der Befragten rechnen. [...]

Eine der wichtigsten sozio-kulturellen Voraussetzungen für die historische Ausbreitung des Führerkults und seiner Regime im 20. Jahrhundert ist die Revolutionierung der Massenkommunikation. Das heutige Putin-Regime kombiniert alle bewährten medialen Techniken. Für das postsowjetische Russland hat dabei das Fernsehen noch bis heute eine ausschlaggebende Bedeutung. Deswegen sorgte Präsident Putin gleich nach seinem Machtantritt im Jahr 2000 dafür, dass die öffentlichen TV-Kanäle unter staatliche Kontrolle gestellt wurden. Zentral für die Informationsbeeinflussung des Publikums wurde nun die Selbstdarstellung Putins als Herrscher in den weiten, golden glänzenden Räumen des Kreml-Palastes, umkränzt mit den hoheitlichen Emblemen und Ritualen des Zaren-Imperiums. Im autoritären Regime Putins wird seit mehr als einem Jahrzehnt versucht, Legitimität mithilfe von demokratisch verbrämten Institutionen, Wahlmanipulation und verdecktem Zwang zu erreichen. [...]

Der Ausschluss jeglicher politischer Alternative ist das Grundprinzip und die politische Methode auch des „Systems Putin". Es reagiert mit äußerster Härte, gewaltsamer Unterdrückung und Eliminierung, sobald sich eine solche Alternative – wie in den oppositionellen Straßendemonstrationen vom Winter 2011/2012 oder in der Person des angesehenen und erfahrenen Demokraten Boris Nemzow, der im Jahr 2015 in Kremlnähe ermordet wurde – auch nur am Horizont zeigt.

Autoritäre und totalitäre Führer leben von einem ständig propagierten konstitutiven Feindbild. Hiernach ist das Land von einer „Welt von Feinden" umringt. Diese Sicht, die stalinistische Tradition hat, verbreitet Putin bald nach den Anfangsjahren seiner Präsidentschaft immer schriller und in den krudesten Zusammenhängen. [...]

In den zurückliegenden Jahren wurde die russische Zivilgesellschaft durch das Regime mit Verfolgung, Verboten und Attentaten weitgehend zunichte gemacht: 74 Nichtregierungsorganisationen (NROs) stehen derzeit auf der Liste der „ausländischen Agenten". Von den über 200 NROs, die seit 2013 in das Verzeichnis der „ausländischen Agenten" aufgenommen worden waren, sind Dutzende bereits aufgelöst, der Druck auf die restlichen wird stetig größer. [...] Verfolgt werden regierungskritische Journalisten schon lange, besonders solche der Ende März 2022 geschlossenen Zeitung „Nowaja Gaseta".

Benno Ennker, Analyse: Wladimir Putin – Führer, Diktator, Kriegsherr, Bonn: Bundeszentrale für politische Bildung, 20.06.2024, https://www.bpb.de/themen/europa/russland-analysen/nr-421/509907/analyse-wladimir-putin-fuehrer-diktator-kriegsherr/ (Zugriff: 04.09.2024)

GLOSSAR

Regime
Totalitarismus

1. Diskutieren Sie die Plausibilität der in M1 aufgestellten These.
2. Beschreiben Sie die sechs Eckpunkte des zivilisatorischen Hexagons (M2).
3. Analysieren Sie den Stellenwert von Rechtsstaatlichkeit und konstruktiver politischer Konfliktkultur für eine zivilisierte Politik (M2).
4. Erläutern Sie, wie sich Dieter Senghaas die Entwicklung eines zivilisatorischen Hexagons auf internationaler Ebene vorstellt (M3). HILFE
5. Arbeiten Sie die Herausforderungen einer Umsetzung der vier Imperative zur Herbeiführung eines zivilisatorischen Hexagons auf internationale Ebene heraus (M4).
6. Erörtern Sie vor dem Hintergrund von M2, M3 und M4 die Chancen einer Verwirklichung des zivilisatorischen Hexagons in Russland (M5).

1.9 Vertiefung: Können Theorien die internationale Politik plausibel erklären?

BEGRIFF

Fachkonzepte
Frieden
Konflikt
Recht
Kooperation

INFO

Hammer und Sichel auf der einen Rakete symbolisieren die ehemalige Sowjetunion.

M1 Rationales oder irrationales Verhalten der Großmächte?

Horst Haitzinger, Oktober 1981

Hans Morgenthau (1904–1980), US-amerikanischer Politikwissenschaftler und Jurist. Er gilt als Begründer eines systematischen realistischen Erklärungsansatzes in den Internationalen Beziehungen.

M2 Die Theorie des Realismus

Der Realismus ist die skeptischste Theorie der internationalen Politik, was die Möglichkeiten angeht, die Auswirkungen der internationalen Anarchie einzudämmen und Frieden und Zusammenarbeit zwischen den Staaten dauerhaft herzustellen. Der Realismus wurde nach dem Zweiten Weltkrieg zur Leittheorie internationaler Politik und behielt diese Stellung zumindest bis in die 1970er-Jahre. [...]

Für den Realismus sind die Staaten die einzig relevanten Akteure der internationalen Politik. Staaten werden als einheitliche, zweckrationale und egoistische Akteure konzipiert, d. h., sie können wie Personen behandelt werden, die versuchen, für sich selbst einen möglichst hohen Nutzen zu erzielen.

Die internationale Anarchie und die von ihr erzeugte fundamentale Unsicherheit zwingen die Staaten dazu, sich in erster Linie um ihr Überleben und ihre Sicherheit zu kümmern. Dazu brauchen sie Macht, vor allem militärische oder militärisch nutzbare Machtressourcen, die sie einsetzen können, um mögliche Angriffe anderer Staaten abzuschrecken oder abzuwehren.

Macht ist allerdings immer relativ. Sie bemisst sich danach, wie hoch die Machtressourcen der anderen Staaten im Vergleich zu den eigenen sind. Staaten müssen also danach streben, mindestens so mächtig zu sein wie die Staaten, mit denen sie es zu tun haben.

Daraus resultiert eine immerwährende Machtkonkurrenz zwischen den Staaten. Das Sicherheitsdilemma und das Machtgleichgewicht sorgen dafür, dass sie aus dieser Machtkonkurrenz nicht ausbrechen können.

Das „Sicherheitsdilemma“ sorgt dafür, dass selbst rein defensiv eingestellte Staaten in der Machtkonkurrenz gefangen bleiben. Wenn Staat A nur deshalb aufrüstet, um sich gegen eine eventuelle militärische Bedrohung zu schützen, kann Staat B nicht ausschließen, dass es sich um die Vorbereitung eines Angriffs handelt, und rüstet seinerseits auf, was Staat A wiederum zu Gegenmaßnahmen veranlasst, usw.

So entstehen aus Misstrauen selbst unter defensiven Staaten Rüstungswettläufe und Kriege, weil kein Staat das eigene Überleben riskiert und deshalb vom *worst case* ausgeht, dass alle anderen Staaten offensive Absichten hegen. Das gleiche Misstrauen sorgt generell dafür, dass Staaten sich auf internationale Kooperation nur zögerlich einlassen. Sie fürchten sich davor, abhängig und betrogen zu werden und weniger von der Zusammenarbeit zu profitieren als ihre Kooperationspartner.

Das „Machtgleichgewicht“ sorgt hingegen dafür, dass offensive Staaten daran scheitern, eine dauerhafte Vorrangstellung zu erringen. Wenn ein offensiver Start einen Machtvorsprung gegenüber anderen Staaten erreicht, so versuchen diese zunächst aus eigener Kraft, den Machtvorsprung auszugleichen. Gelingt das nicht, so schließen sie sich zu einem Bündnis zusammen, bis das Machtgleichgewicht wieder hergestellt ist. Da es höchst unwahrscheinlich ist, dass ein Staat sich auf Dauer gegen den Rest der Welt behaupten kann, bleibt die internationale Anarchie mit ihrer Machtkonkurrenz bestehen.

Wie scharf die internationale Machtkonkurrenz ist, hängt aus realistischer Sicht von zwei strukturellen Bedingungen ab: von der internationalen Machtverteilung und der (militärischen) Technologie.

Für die Machtverteilung gilt: Je höher die Machtkonzentration im internationalen System ist, desto wahrscheinlicher sind Frieden und Kooperation. Ist ein Staat der Hegemon, verfügt also über höhere Machtressourcen als die übrigen Staaten zusammen, so kann er für Ruhe und Ordnung sorgen: Aggressoren in die Schranken weisen, Regeln setzen und Regelverletzer bestrafen. [...]

Weiterhin gilt: Wenn die Militärtechnologie die Defensive gegenüber der Offensive stärkt, schafft das Stabilität und fördert Frieden und Kooperation. In einem solchen System verschafft der Einsatz von Gewalt dem Angreifer keinen Vorteil. In Krisenfällen bleibt Zeit zum Verhandeln und zur Suche nach einer friedlichen Lösung.

Frank Schimmelfennig, Internationale Politik, in: Hans-Joachim Lauth/Christian Wagner (Hrsg.), Politikwissenschaft. Eine Einführung, 10. Aufl., Paderborn: Schöningh/UTB, 2020, S. 148 ff.

QUERVERWEIS

Macht – Instrument der Staaten zur Interessendurchsetzung
S. 9, M3

Anarchie – Grundmerkmal der internationalen Beziehungen
S. 10, M5

Modell des Realismus

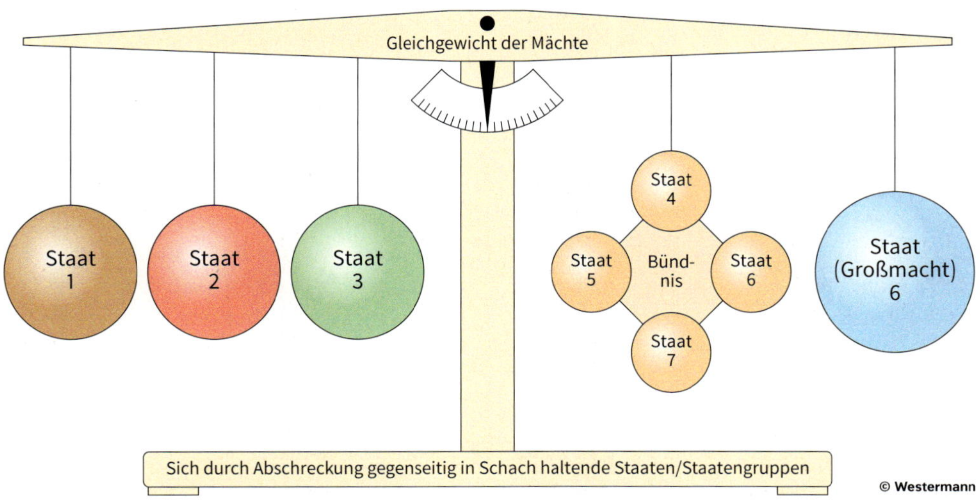

M3 Die Theorie des Institutionalismus

„Ist dir klar, dass ich dich in der Hand habe?" Zeichnung: Horst Haitzinger, 1975

INFO

Interdependenz wechselseitige Abhängigkeit

(internationale) Regime Vertragswerke zur gemeinsamen Bearbeitung internationaler Probleme

GLOSSAR

World Trade Organization (WTO)

Der Institutionalismus unterscheidet sich vom Realismus im Wesentlichen dadurch, dass aus seiner Sicht Interdependenz und Regime die Wirkungen der internationalen Anarchie wirksam eindämmen. Sie überwinden die Anarchie zwar nicht, „zivilisieren" sie aber doch soweit, dass stabiler Frieden und stabile Kooperation auch ohne Hegemonie möglich werden. [...]

Nach institutionalistischer Auffassung ist das internationale System durch zunehmende Interdependenz gekennzeichnet. Das heißt, Staaten können zentrale Funktionen ohne die Zusammenarbeit mit anderen Staaten gar nicht, in hohem Maße unzureichend oder nur zu extrem hohen Kosten erfüllen. Das gilt etwa bei der Energieversorgung oder dem Klimaschutz auch für Großmächte. Interdependenz schafft somit einen hohen Bedarf an internationaler Kooperation. [...]

Dabei hilft, dass sich der Wert militärischer Macht und damit auch die Unsicherheit im internationalen System deutlich verringert haben. Auf der einen Seite schwindet der Nutzen überlegener Machtressourcen. Das liegt zum einen an der nuklearen Abschreckung. Großmächte, die über eine gesicherte nukleare Zweitschlagfähigkeit verfügen, lassen sich mit überlegenen Machtressourcen ohnehin nicht wirksam militärisch erpressen. Aber auch in den Partisanen- oder Guerillakriegen, die gegenwärtig die Regel sind, lässt sich die drückende technologische, ökonomische und militärische Überlegenheit der Großmächte oft nicht in dauerhafte militärische Siege ummünzen. Darüber hinaus schwindet die Zweckmäßigkeit militärischer Mittel generell. Atomwaffen sind zur Abschreckung oder Vernichtung eines Gegners, nicht aber zur begrenzten Kriegsführung und zur Durchsetzung spezifischer politischer Ziele geeignet. Aber auch konventionelle militärische Mittel taugen nicht dazu, um in vielen der aktuellen Problemlagen internationaler Politik (Umwelt- und Klimaschutz, Regulierung der Weltmärkte) eigene Interessen durchzusetzen. In der Konsequenz müssen die Staaten und zumal die Großmächte sich nicht mehr permanent um ihre Sicherheit sorgen und einen militärischen Machtvorsprung anderer Staaten fürchten. Sie können sich somit ohne großes Risiko auf gewinnbringende internationale Kooperation einlassen. Es bleibt jedoch das Problem, von den Kooperationspartnern betrogen und ausgenutzt zu werden.

Hier helfen internationale Regime – das sind zwischenstaatliche Regelwerke für einen spezifischen Problembereich internationaler Politik (wie das Welthandelsregime der WTO). Internationale Regime legen Regeln für die internationale Kooperation fest, überwachen die Regeleinhaltung der Regimeteilnehmer und sanktionieren regelverletzendes Verhalten. Dadurch ermöglichen sie es den beteiligten Staaten, verlässliche Informationen über das Verhalten ihrer Kooperationspartner zu erlangen und unkooperatives Verhalten zu entdecken und zu bestrafen. So schaffen internationale Regime das für die internationale Zusammenarbeit nötige Vertrauen.

Im Zentrum der institutionalistischen Theorie steht das Völkerrecht, dem sich die Staaten nicht (bloß) aus egoistischen Zweckmäßigkeitserwägungen unterwerfen, sondern weil sie den Instanzen der Moral, des Rechts und des Gesetzes eigenes Gewicht beimessen.

Frank Schimmelfennig, Internationale Politik (siehe M2), S. 148 ff. (verändert = Text am Ende leicht ergänzt)

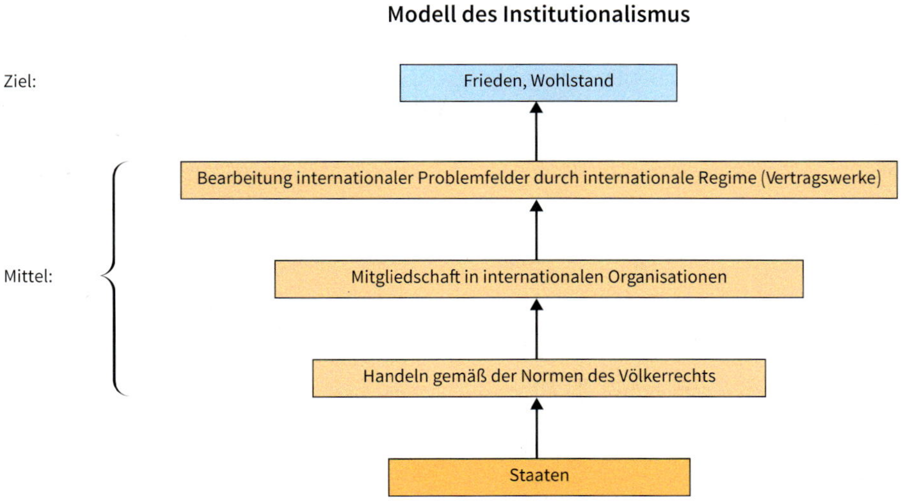

© Westermann

M4 Die Theorie des Transnationalismus

Wie der Institutionalismus sieht auch der Transnationalismus Möglichkeiten, der Unsicherheit und Ineffizienz der internationalen Anarchie zu entkommen und stabilen Frieden und dauerhafte internationale Kooperation zu gewährleisten. Im Unterschied zum Institutionalismus setzt er dabei jedoch nicht auf zwischenstaatliche Verhandlungen und Institutionen, sondern auf transnationale Netzwerke unterhalb der Ebenen der Regierungen. Der Transnationalismus vollzieht dabei eine radikale Abkehr vom staatszentristischen Modell des Realismus und des Institutionalismus. An die Stelle einheitlich handelnder Staaten tritt eine Vielfalt öffentlicher, privater und zivilgesellschaftlicher Akteure. […]

Diese Vielfalt von Akteuren ist deshalb für die internationale Politik relevant, weil die Staaten nicht nur untereinander abhängig sind, sondern in zunehmendem Maße auch nichtstaatlicher Akteure bedürfen, um ihre Ziele effektiv zu verfolgen. Während öffentliche Akteure nach wie vor über die legitime Autorität verfügen, verbindliche Regeln zu setzen und durchzusetzen, verfügen private Akteure über Eigentumsrechte und finanzielle Ressourcen und zivilgesellschaftliche Akteure (NGOs) über Informationen sowie fachliche und moralische Autorität. In vielen Bereichen internationaler Kooperation sind Staaten auf diese Ressourcen nichtstaatlicher Akteure angewiesen. Zu diesem Zweck bilden sich transnationale Netzwerke, in denen die Ressourcen mehrerer Akteure zusammengebracht und getauscht werden.

Transnationale Netzwerke entfalten zahlreiche Friedens- und kooperationsförderliche Wirkungen. […] Sie stellen Expertenwissen über internationale Probleme und Möglichkeiten zu deren Lösung bereit, unterstützen die Staaten bei internen nationalen Konferenzen, helfen bei der Umsetzung internationaler Vereinbarungen und liefern Informationen über Regelverstöße. Zugespitzt gesagt, bedarf es dort, wo dichte zwischengesellschaftliche Verflechtung existiert, weder hegemonialer noch institutioneller Überwachung und Sanktionen, um Frieden und Kooperation zu sichern.

Frank Schimmelfennig, Internationale Politik (siehe M2), S. 152 f.

GLOSSAR

Nichtregierungsorganisation (NGO)

INFO

transnationale Netzwerke
grenzüberschreitende Beziehungsgeflechte von Organisationen im privaten oder im halbstaatlichen Bereich (Unternehmen, Kirchen, Gewerkschaften, Stiftungen, zivilgesellschaftliche Organisationen)

M5 Die Theorie des Konstruktivismus

Der Konstruktivismus […] entstand in den 1990er-Jahren und beruht auf der Annahme des philosophischen Konstruktivismus, dass alles menschliche Denken und Handeln sozial konstruiert ist. Für die internationalen Beziehungen bedeutet dies, dass Ideen, Normen

und die soziale Interpretation der realen Welt eine herausragende Bedeutung haben. Fakten spielen eine Rolle; sie werden aber von den Akteuren gedeutet und interpretiert und sind erst dadurch „wahr“, d. h. wirkmächtig.
[Im Konstruktivismus] haben Ideen einen deutlich höheren Stellenwert als in anderen Theorietraditionen. Sie ermöglichen und rechtfertigen Handlungen, Handlungsspielräume und Strategien. Ähnliches gilt für Normen [...]. Diese sind Ausdruck grundsätzlicher Standpunkte und geben dem Handeln erst einen Sinn. Dadurch erwerben Staaten die Identität, aus der sie Ziele wie Sicherheit, Stabilität, Wohlfahrt oder die Anerkennung durch andere ableiten. Auf dieser Basis konstruieren sie ihre nationalen Interessen. [...]
Das internationale System ist also gesellschaftlich konstruiert und besteht aus [...] Grundüberzeugungen, subjektiven Vorstellungen, Erwartungen sowie sozialem Wissen. [...]

Russische Wirklichkeitskonstruktion
Zeichnung: Martin Erl, 08.04.2022

Im Gegensatz zum [Realismus] ist nicht die anarchische Struktur der Welt konstitutiv für die internationalen Beziehungen, sondern die Weise wie eine solche Struktur von den Staaten interpretiert wird, etwa zur Rechtfertigung von Expansion, zur eigenen Selbstbehauptung oder zur Entwicklung gemeinsamer Ordnungsvorstellungen.
Für den Konstruktivismus sind auch nationale Interessen sozial konstruiert. Zwar gibt es auch hier eine materielle Grundlage wie das physische Überleben der staatlich organisierten Gemeinschaft, die Autonomie des Staates, das wirtschaftliche Wohlergehen oder die kollektive Selbstachtung. Außer in Extremsituationen gibt es jedoch ein breites Spektrum an Vorstellungen und Möglichkeiten, wie sich diese Grundbedürfnisse befriedigen lassen.
An der Kubakrise von 1962 lässt sich die Konstruktion sowohl von Interessen als auch der Wahrnehmung in der internationalen Politik beispielhaft zeigen: In dem den Weltfrieden bedrohenden Konflikt zwischen den USA und der UdSSR um die Stationierung von Mittelstreckenraketen auf Kuba im Zuge des Ost-West-Konfliktes wurde von amerikanischer Seite von aggressiver Bedrohung gesprochen und gleichzeitig die atomare Überlegenheit der Sowjetunion geleugnet. Im Verlauf der 13 kritischen Tage kam es jedoch durch Kommunikation zu einer Uminterpretation bzw. Neukonstruktion der Wahrnehmung. [...]
Eine solche Neuinterpretation der Fakten wird als soziales Lernen oder kognitive Evolution bezeichnet.

Andreas Vierecke/Bernd Mayerhofer/Franz Kohut, dtv-Atlas Politik, 5. Aufl., München: Dt. Taschenbuch-Verl.,, 2018, S. 189

1 Erschließen Sie aus der Karikatur M1, wie das Verhältnis der am Rüstungswettlauf beteiligten Großmächte gewesen sein muss.

2 Fassen Sie die Positionen von Realismus und Institutionalismus (M2 und M3) zusammen.

3 Vergleichen Sie die Theorien von Realismus und Institutionalismus (M2 und M3) unter den folgenden Gesichtspunkten: **a)** Rolle der militärischen Macht, **b)** Stellenwert von Vertrauen bzw. Misstrauen, **c)** Mittel der Friedenssicherung.

4 Arbeiten Sie Gemeinsamkeiten und Unterschiede des Transnationalismus zum Realismus und Institutionalismus heraus (M4). **HILFE**

5 Arbeiten Sie aus M5 heraus, worin die Besonderheit des Konstruktivismus im Verhältnis zu den anderen Theorien der internationalen Politik besteht. **HILFE**

6 Erörtern Sie, welche Theorie Ihrer Auffassung nach die gegenwärtige Weltlage am besten erklärt (M2–M5).

Politisches Urteilen

Politische Urteile können aus verschiedenen Perspektiven abgegeben werden. Wenn Sie in einer Klausur ein Wert-, Entscheidungs- oder Gestaltungsurteil abgeben sollen, müssen Sie darauf achten, welche Perspektive Ihnen dabei vorgeben wird. Es kann sein, dass man von Ihnen verlangt, ein Urteil aus mehreren Perspektiven abzugeben, dass Sie also multiperspektivisch urteilen sollen. Falls Ihnen keine Perspektive vorgegeben wird, sollten Sie den Standpunkt der idealen Staatsbürgerin bzw. des idealen Staatsbürgers einnehmen. Das ist der Standpunkt eines Menschen, der kein bestimmtes Interesse verfolgt, sondern das Wohl des Ganzen im Blick hat.

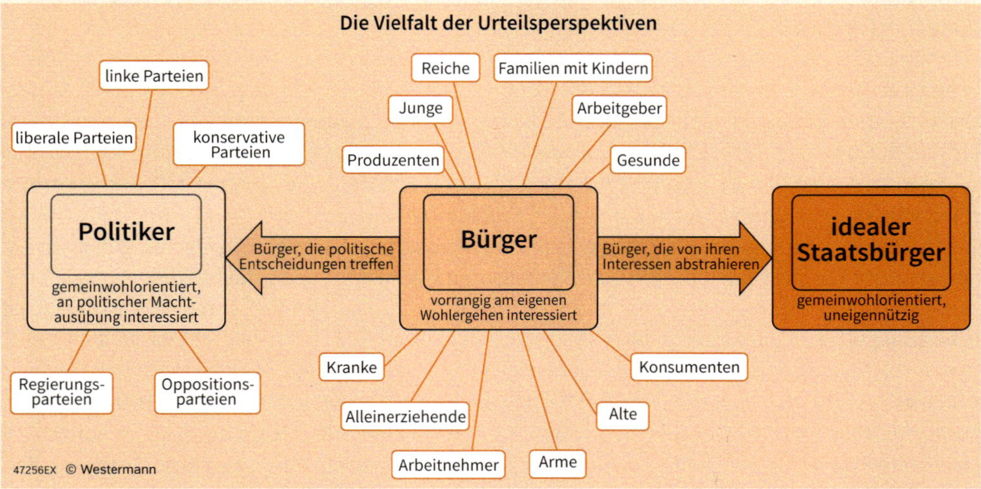

Sie müssen das Ihnen aufgegebene Urteil (Wert-, Entscheidungs- oder Gestaltungsurteil) vernünftig begründen. Das heißt, bei Ihren Ausführungen müssen Sie die Kriterien der Rationalität beachten. Die Beurteilung von Politik verlangt die Anwendung zweier maßgeblicher Rationalitätskriterien: Effizienz und Legitimität. Hinter der Effizienz verbirgt sich der Leitwert der Wirtschaftlichkeit. Hinter der Legitimität steht der Leitwert der Anerkennungswürdigkeit aufgrund der Berücksichtigung humaner und demokratischer Werte. Welche Werte sich hinter beiden Rationalitätskriterien im Einzelnen verbergen, können Sie nachstehendem Schaubild entnehmen.

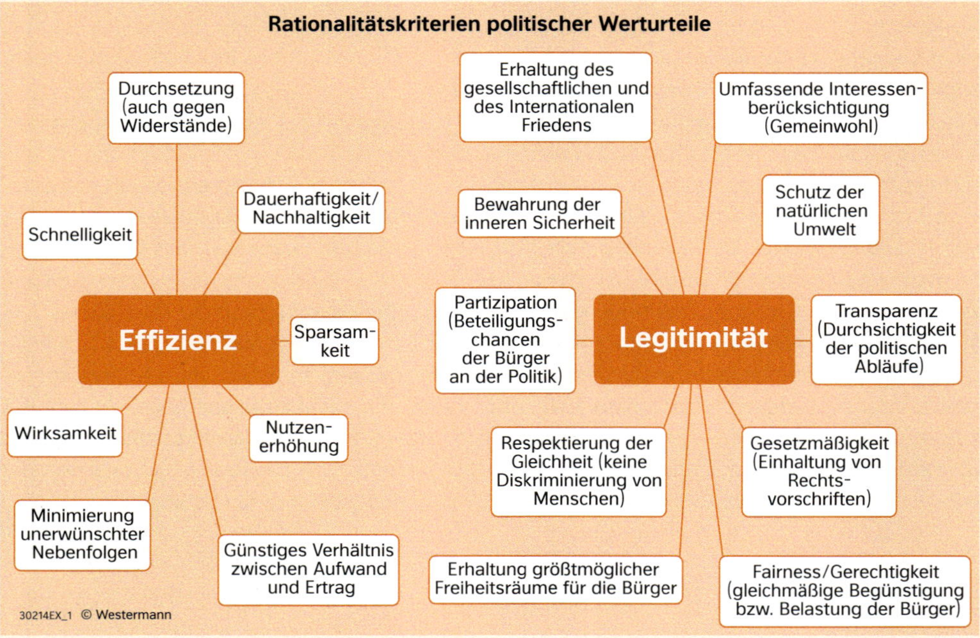

Analyse der internationalen Politik mithilfe der Spieltheorie

Die in den Sozialwissenschaften verbreitete Spieltheorie simuliert Entscheidungssituationen, die von den Beteiligten strategische Antworten verlangen. Die Theorie nimmt mindestens zwei Akteure (Spielende) an und unterstellt, dass beide rational im Sinne der bestmöglichen Verfolgung ihrer Interessen handeln. Die Spiele können in Anlehnung an die politische Wirklichkeit als Konkurrenz- oder als Kooperationsspiele konstruiert sein. Bezogen auf die Theorien der internationalen Politik entsprechen Konkurrenzspiele den Annahmen des Realismus, während Kooperationsspiele eine Nähe zum Institutionalismus aufweisen.

1. Konkurrenzspiele

Konkurrenzspiele drücken eine Gegnerschaft zwischen den Spielenden aus. Es geht folglich um Sieg oder Niederlage. Dem Erfolg der bzw. des einen Beteiligten steht der Misserfolg der bzw. des anderen in gleicher Höhe gegenüber. Was die bzw. der eine gewinnt, verliert die bzw. der andere im selben Ausmaß. Man nennt diese Spiele auch **Nullsummenspiele**.
Dies wird klar, wenn man die Nutzenwerte in Zahlen ausdrückt. Wird ein Sieg mit +1 und eine Niederlage mit –1 ausgedrückt, dann ist die Nutzensumme am Ende zwangsläufig Null.

Übertragung auf die internationale Politik
Das Verhältnis sich feindlich gegenüberstehender Staaten kann mithilfe eines Nullsummenspiels simuliert werden. Die meisten politischen Entscheidungssituationen lassen sich aber nicht als Nullsummenspiele charakterisieren. Dennoch gibt es immer wieder Politiker, die die Beziehungen zu anderen Staaten als Nullsummenspiel darstellen. Sie gehen dabei davon aus, dass die Verschlechterung der Position des anderen Staates in gleichem Ausmaß zur Verbesserung der Lage des eigenen Landes führt.

2. Kooperationsspiele

Kooperationsspiele sind demgegenüber so konstruiert, dass kooperatives Verhalten der Akteure langfristig zu einer Erhöhung des gemeinsamen Nutzens führt. Sie sind folglich **Nicht-Nullsummenspiele**.

Als klassisches Kooperationsspiel gilt das sogenannte *Gefangenendilemma*. Das Spiel lässt aber nicht-kooperatives Verhalten, also ein Verhalten gemäß den Annahmen des Nullsummenspiels, zumindest kurzfristig als sinnvolle Strategie erscheinen.
Das Spiel modelliert die Situation zweier Gefangener, die beschuldigt werden, gemeinsam einen schweren Raub begangen zu haben. Die beiden Gefangenen werden einzeln verhört und können nicht miteinander kommunizieren. Leugnen beide das Verbrechen, werden sie jeweils nur zu einem Jahr Gefängnis verurteilt, da ihnen lediglich Autodiebstahl nachgewiesen werden kann. Gestehen beide, erhalten beide dafür jeweils fünf Jahre Gefängnis, was wegen des Geständnisses nicht die Höchststrafe ist. Gesteht jedoch nur einer der beiden Gefangenen, geht dieser als Kronzeuge straffrei aus, während der andere als überführter, aber nicht geständiger Täter die Höchststrafe bekommt, nämlich acht Jahre Gefängnis. Das Dilemma besteht nun darin, dass sich jeder Gefangene entscheiden muss, entweder zu leugnen (also mit dem anderen Gefangenen zu kooperieren) oder zu gestehen (also den anderen zu verraten, d. h. nicht zu kooperieren). Dabei weiß keiner, wie der andere sich entscheidet. Das letztlich verhängte Strafmaß richtet sich danach, was die beiden Gefangenen zusammengenommen ausgesagt haben. Es hängt also nicht nur von der eigenen Entscheidung ab, sondern auch von der Entscheidung des anderen Gefangenen.

Jeder der beiden Gefangenen kann sich die folgende Auszahlungsmatrix zusammenstellen, indem er die Gefängnisjahre, mit denen er rechnen muss, als (negativen) Nutzenwert ansieht:

	B leugnet (= kooperiert)	**B gesteht (= kooperiert nicht)**
A leugnet (= kooperiert)	A: -1, B: -1 Summe: -2	A: -8, B: 0 Summe: -8
A gesteht (= kooperiert nicht)	A: 0, B: -8 Summe: -8	A: -5, B: -5 Summe: -10

Die Gefangenen werden feststellen, dass aus individueller Sicht die nicht-kooperative Strategie (gestehen) in jedem Fall die günstigere ist. Entweder geht man straffrei aus (wenn man gesteht und der andere leugnet), oder man erhält maximal fünf Jahre Gefängnis (wenn beide gestehen). Wählt man hingegen die kooperative Strategie (leugnen), muss man auf jeden Fall ins Gefängnis: ein Jahr im günstigen, acht Jahre im ungünstigen Fall. Es ist also für den Einzelnen rational, nicht zu kooperieren.

Würden sich die beiden Gefangenen aber nicht individuell rational, sondern kollektiv rational entscheiden, also an die Summe der Gefängnisjahre denken, dann wäre beiderseitiges Kooperieren (beide leugnen) die optimale Strategie. Statt maximal acht Jahre drohen nur zwei Jahre Gefängnis. Zu welchem Schluss die Gefangenen kommen, ist nicht nur abhängig von der Kenntnis der Konsequenzen. So hängt eine Entscheidung für die kooperative Strategie davon ab, ob die Beteiligten sich gegenseitig vertrauen, und davon, ob sie davon ausgehen können, dass der jeweils andere kooperieren wird. Nun kann sich aber keiner mit absoluter Sicherheit auf den anderen verlassen. Denn die Versuchung, sich durch nicht-kooperatives Verhalten einen Vorteil gegenüber dem anderen zu verschaffen, ist immer gegeben.

Übertragung auf die internationale Politik

Das Gefangenendilemma lässt sich gut auf außenpolitische Entscheidungssituationen übertragen, also etwa auf Abrüstungsverhandlungen: Staaten handeln Verträge aus, die allen nutzen (kollektive Rationalität). Für jeden Staat ist es jedoch besser, das im Vertrag Versprochene auf irgendeine Weise nicht einzuhalten, um daraus einen besonderen Vorteil zu ziehen (individuelle Rationalität). Sobald die anderen Staaten dies merken, brechen auch sie den Vertrag, um im Verhältnis zum Vertragsbrecher nicht in einen Nachteil zu geraten. Die Folge ist nach einiger Zeit, dass alle schlechter gestellt sind. Das Sicherheitsdilemma ist Ausdruck dieser aus mangelndem Vertrauen entsprungenen Situation.

Die Konsequenz eines längeren Lernprozesses von Spielenden wie von Staaten kann die Einsicht sein, dass kooperatives Verhalten sich auf Dauer für jeden mehr lohnt als nicht-kooperatives Verhalten.

1 Fassen Sie die Grundgedanken des Kooperationsspiels „Gefangenendilemma“ zusammen.

2 Analysieren Sie einen internationalen Konflikt darauf hin, ob sich das Verhalten der Beteiligten mithilfe eines Nullsummenspiels bzw. der nicht-kooperativen Variante des Gefangenendilemmas erklären lässt.

Erscheinungsformen und Lösungsmöglichkeiten internationaler Konflikte

Staaten als zentrale Akteure der internationalen Politik

Die **Staaten** sind die wichtigsten Akteure der internationalen Politik. Staaten erkennen sich wechselseitig als gleichberechtigt und souverän an. Sie mischen sich nicht in die internen Angelegenheiten anderer Staaten ein. Der nie auszuschließenden Gefahr, dass Staaten dennoch gegeneinander Krieg führen, wird durch Diplomatie, Anwendung der Regeln des Völkerrechts und durch Herausbildung sogenannter internationaler Regime begegnet. Die Integrität und die politische Unabhängigkeit eines Staates gelten gemäß dem Souveränitätsprinzip als unantastbar.

Die Rolle der Macht in der internationalen Politik

In der internationalen Politik spielt die **Macht der Staaten** eine große Rolle. Macht bedeutet die Möglichkeit, den eigenen Willen auch gegen Widerstände durchzusetzen. Mithilfe von Machtpolitik versuchen Staaten, ihre Interessen durchzusetzen, etwa ihr Territorium zu sichern oder zu erweitern oder einen anderen Staat zu einem gewünschten Verhalten zu veranlassen. Die Macht eines Staates hängt aber nicht nur von seiner militärischen Stärke ab. Bedeutsam sind etwa auch die Bevölkerungsgröße und die Wirtschaftskraft.

Anarchie als Grundmerkmal der internationalen Politik

Die Staaten stehen in einem formell **gleichrangigen Verhältnis** zueinander. Kein Staat ist berechtigt, einem anderen Staat etwas zu befehlen. Kein Staat ist verpflichtet, einem anderen Staat zu gehorchen. Es gibt **keine Herrschaftsinstanz oberhalb der Staaten**. Diese anarchische Struktur unterscheidet die internationale Politik von den hierarchischen Verhältnissen im Innern der Staaten.

Interessen, Kooperationen und Konflikte

Staaten haben **Interessen**, die sie verwirklichen wollen. Sind sie hierzu zu schwach, suchen sie die **Kooperation** etwa in Gestalt von Bündnissen mit anderen Staaten. Zwischen Staaten kommt es häufig zu **Konflikten**. Konflikte bergen ein hohes Eskalationspotenzial, da es keine allgemein anerkannten und mit hinreichend scharfen Zwangsmitteln ausgestattete Konfliktschlichtungsgremien gibt.

Aktuelle internationale Konflikte und Kriege

a) Der Konflikt um die Zukunft Taiwans:
Die Unabhängigkeit der Insel Taiwan (Republik China) wird von der Volksrepublik China nicht anerkannt. Diese droht, Taiwan notfalls mit militärischer Gewalt wieder in China einzugliedern.

b) Die Kriege zwischen Armenien und Aserbeidschan:
Armenien und Aserbeidschan führten drei Kriege (1994, 2020 und 2023) um das überwiegend von Armeniern bevölkerte, völkerrechtlich aber zu Aserbeidschan gehörende Territorium von Bergkarabach. Die Armenier siegten 1994, verloren jedoch 2020 Teile und 2023 den Rest des Territoriums.

c) Der Nahostkonflikt:
Seit Gründung des Staates Israel gab es mehrere kriegerische Auseinandersetzungen mit den Nachbarstaaten (1948, 1967, 1973), welche das Existenzrecht Israels infrage stellten. Israel besetzt seit 1967 das von Palästinensern bewohnte Westjordanland. Zeitweilig besetzte es auch den Gazastreifen. Der Überfall der islamistischen Organisation Hamas im Oktober 2023 auf israelische Siedlungen löste einen Krieg im Gazastreifen aus.

d) Der Ukrainekrieg:
Zwischen der Ukraine und Russland herrscht im Grunde seit 2014 Krieg. In jenem Jahr besetzte Russland die ukrainische Krim und mobilisierte in der Ostukraine (Donbas) Tausende Kämpfer, die eine Abtretung dieser Gebiete mit Gewalt durchsetzen wollten.

Der eigentliche Krieg begann im Frühjahr 2022 mit dem Einmarsch starker russischer Militärverbände in die Ukraine. Das russische Kriegsziel besteht in der Unterwerfung der Ukraine. Russland gibt als weiteren Grund an, dass es einen Kampf gegen den Westen führe, der die russische Staatlichkeit zerstören wolle.
Der Westen unterstützt die Ukraine mit umfangreichen finanziellen Mitteln und militärischer Ausrüstung. Die Generalversammlung der Vereinten Nationen verurteilte mit überwältigender Mehrheit den Angriffskrieg Russlands.

Krieg und Gewalt im Völkerrecht

Das aus dem Westfälischen Frieden hervorgegangene **klassische Völkerrecht** billigte den Staaten das **Recht zur Kriegsführung** zu (*ius ad bellum*). Krieg galt als Fortsetzung der Politik mit anderen Mitteln. Das klassische Völkerrecht unterwarf die Kriegshandlungen aber dem Recht. Es konstituierte ein **Recht im Krieg** (*ius in bello*) und schuf damit die Grundlagen für das humanitäre Völkerrecht.
Marksteine des **humanitären Völkerrechts** sind die Gründung des Roten Kreuzes und die beiden Haager Konferenzen von 1899 und 1907. Die Haager Landkriegsordnung unterscheidet streng zwischen Kämpfenden und Nichtkämpfenden und regelt den Status von Kriegsgefangenen. Jüngere Abkommen verbieten Massenvernichtungswaffen und schreiben vor, dass nur militärische Ziele angegriffen werden dürfen.
Das sich nach dem Ersten Weltkrieg entwickelnde **moderne Völkerrecht** ächtet den Krieg. So nahm die Satzung des 1919 gegründeten Völkerbundes die Staaten in die Pflicht, nicht zum Krieg zu schreiten. Die Satzung konnte sich jedoch zu einem generellen Kriegsverbot nicht durchringen. Ein **generelles Kriegsverbot** sprach erst der 1928 unterzeichnete Briand-Kellogg-Pakt aus.
Die 1945 verabschiedete **Charta der Vereinten Nationen** statuiert ein **allgemeines Gewaltverbot** in den internationalen Beziehungen. Hiernach sind auch Formen militärischer Gewaltanwendung unterhalb der Schwelle eines Krieges verboten. **Angriffskriege** werden von den Vereinten Nationen als Verbrechen gegen den Weltfrieden bezeichnet. Es ist konsequent, dass die Charta den Staaten das **Recht zur Selbstverteidigung** belässt.

„Alte" und „neue" Kriege

Das Völkerrecht enthält Vorschriften über den Krieg. Als **klassischer („alter") Krieg** gilt, wenn Staaten einen Konflikt gewaltsam austragen. Zumindest aber müssen auf einer Seite bewaffnete Streitkräfte einer regulären Armee zum Einsatz kommen. Ferner müssen sich die Kampfhandlungen in organisierter und zentral gelenkter Form entfalten. Schließlich muss der Krieg formell beendet werden. Klassische Kriege werden immer seltener. In jüngerer Zeit gibt es nur noch wenige Kriege zwischen souveränen Staaten. Stark zugenommen haben dafür Kriege innerhalb von Staaten. Sie treten auf als Befreiungs-, Bürger- oder ethnisch motivierte Kriege. Nicht selten stehen sie im Zusammenhang mit staatlichen Zerfallsprozessen in sogenannten fragilen oder scheiternden Staaten. Bei diesen **„neuen" Kriegen** kommt die Gewalt aus der Mitte der Gesellschaft. In den Auseinandersetzungen ist die Unterscheidung zwischen Kombattanten und Zivilisten äußerst schwierig. Es stehen sich von Warlords angeführte paramilitärische Verbände gegenüber. Häufig entwickeln sich sogenannte Kriegsökonomien, d. h., dass die Kriegsparteien sich vom Krieg ernähren und deshalb kein Interesse haben, ihn schnell zu beenden. Ferner sind die neuen Kriege billige Kriege, da sie mit leichten Waffen geführt werden.
In allerjüngster Zeit kommt es auch zu **hybrider Kriegsführung**, bei der sich die Grenzen zwischen Krieg und Nichtkrieg verwischen. Es gibt offene und verdeckte Operationen, Kämpfe zwischen Soldaten und Milizen sowie Desinformationskampagnen und Cyberattacken.

Völkerrechtliche Instrumente der Konfliktschlichtung

Im Völkerrecht haben sich diverse **diplomatische Verfahren der friedlichen Streitbeilegung** herausgebildet. Dazu zählen die Verhandlung, die Untersuchung, der Ausgleich, die guten Dienste und die Vermittlung.

Der in Den Haag (Niederlande) residierende **Internationale Gerichtshof** ist eine Einrichtung der Vereinten Nationen. Er kann nur tätig werden, wenn Staaten ihm eine konkrete Streitigkeit unterbreiten. Eine weitere Voraussetzung ist, dass die Staaten einwilligen, sich der Gerichtsbarkeit zu unterwerfen. Nur etwa ein Drittel der Staaten ist jedoch zu Letzterem bereit. Wichtige Staaten wie etwa die USA und China erkennen seine Autorität nicht an.

Möglichkeiten der Kriegsbeendigung

Ein Krieg endet in der Regel in zwei Phasen. Zunächst kommt es entweder zu einem **Waffenstillstand** zwischen den Kriegsparteien oder zur **Kapitulation** der einen Kriegspartei. Im Anschluss folgen üblicherweise **Friedensverhandlungen**, die mit einem **Friedensvertrag** enden. Es kommt entweder zu einem **Verständigungsfrieden** oder zu einem **Diktatfrieden**.

Enger und weiter Friedensbegriff

Für den **engen Friedensbegriff** ist Frieden identisch mit Abwesenheit von Krieg. Abwesenheit von Krieg bedeutet jedoch nicht, dass es keine Kriegsanlässe und -ursachen mehr gibt.
Der **weite Friedensbegriff** ist deutlich anspruchsvoller. Der norwegische Friedensforscher Johan Galtung bezeichnet die Abwesenheit militärischer oder personeller Gewalt als **negativen Frieden**. Ein wirklicher Frieden ist für ihn durch das Nichtvorhandensein sogenannter struktureller Gewalt gekennzeichnet. Als strukturelle Gewalt bezeichnet er repressive Strukturen, die Menschen, Gruppen oder Staaten daran hindern, ihre grundlegenden Bedürfnisse und Interessen zu befriedigen bzw. zu verwirklichen. Sind solche repressiven Strukturen beseitigt, liegt **positiver Frieden** vor.

Das zivilisatorische Hexagon – politische, ökonomische und soziale Bedingungen stabilen Friedens

Mit dem **zivilisatorischen Hexagon** hat der deutsche Friedensforscher Dieter Senghaas sechs Bedingungen benannt, die erfüllt sein müssen, um Konflikte in Staaten wie auch zwischen Staaten zivilisiert, d. h. friedlich auszutragen. Das Hexagon gilt zunächst für die Verhältnisse innerhalb eines Staates.

1. Der Staat muss über das **Gewaltmonopol** verfügen. Es darf keine private Gewalt geben. Die Bürgerinnen und Bürger müssen also entwaffnet werden.
2. Der Staat muss als **Rechtsstaat** verfasst sein. Ohne rechtsstaatliche Einhegung könnte der Staat die Gestalt einer Diktatur annehmen.
3. Die Angehörigen der Gesellschaft müssen miteinander verbunden sein. Die gegenseitigen Abhängigkeiten (**Interdependenzen**) bewirken, dass die Menschen im Umgang miteinander ihre Affekte unter Kontrolle halten, also zivilisiert miteinander verkehren. Der Affektkontrolle entspringt eine Aggressionshemmung, welche wiederum die Voraussetzung für Toleranz und Kompromissfähigkeit ist.
4. Die Angehörigen der Gesellschaft müssen über Möglichkeiten der politischen Teilhabe (**Partizipation**) verfügen. Ohne Chancen auf Partizipation kann der Staat in Gefahr geraten, instabil zu werden.
5. Der Staat muss die öffentlichen Güter nach den Maßstäben **sozialer Gerechtigkeit** verteilen. Die Menschen müssen sich fair behandelt fühlen. Die Sicherung ihrer Grundbedürfnisse muss auf jeden Fall gewährleistet werden.
6. In der Gesellschaft muss es faire Chancen für die Artikulation und den Ausgleich der unterschiedlichen Interessen geben. Ist dies gewährleistet, entsteht eine **konstruktive politische Konfliktkultur**, die wiederum die Voraussetzung für kompromissorientiertes Verhalten ist.

Das zivilisatorische Hexagon ist nicht ohne Weiteres auf die gegenwärtigen Verhältnisse der internationalen Politik zu übertragen. Denn es verlangt eigentlich die Transformation der Staatenwelt in eine mit dem Gewaltmonopol ausgestattete Weltgemeinschaft auf der Basis einer **Weltzivilgesellschaft**.

Um die internationalen Beziehungen in Richtung des zivilisatorischen Hexagons zu bewegen, müssen vier Imperative Beachtung finden:

1. **Schutz vor Gewalt:** Die Staaten sollten wechselseitige Sicherheitsarrangements eingehen, in deren Folge es in ihrem Binnenverhältnis nicht mehr zur Androhung bzw. Anwendung von Gewalt kommt. Ebenso sollte die „Agenda für den Frieden“ der UNO zur Anwendung kommen.
2. **Schutz der Freiheit:** Es sollte eine aktive Politik des Schutzes von Menschenrechten betrieben werden. Das Prinzip der Nichteinmischung in innere Angelegenheiten von Staaten sollte in menschenrechtlicher Hinsicht aufgegeben werden. Internationale Instanzen sollten die Möglichkeit erhalten, in einzelne Staaten hineinzuwirken. Zudem sollten die Individuen die Möglichkeit bekommen, Menschenrechte direkt einzuklagen.
3. **Schutz vor Not:** Um sich wirtschaftlich zu entwickeln, sollten sich die Entwicklungsländer partiell in den Weltmarkt eingliedern, partiell aber auch vom Weltmarkt abkoppeln. Letzteres verschafft ihnen einen Schutzraum für nachholende Entwicklung. Ohne diesen Schutzraum wären sie angesichts der ökonomischen Dominanz der entwickelten Länder verloren.
4. **Schutz vor Chauvinismus:** Die Staaten neigen zu ethnozentrischen Ausgrenzungen und Chauvinismen. Der Anfälligkeit hierfür sollten sie durch institutionelle Arrangements entgegenwirken.

Theorien der internationalen Politik

In den Theorien der internationalen Politik spielt die Frage, wie sich Konflikte zwischen den Staaten vermeiden lassen, seit jeher eine prominente Rolle.
Der Mitte des 20. Jahrhunderts entwickelte **Realismus** ist eine nüchtern-skeptische Theorie. Sie nimmt für sich in Anspruch, die tatsächliche Beschaffenheit der internationalen Politik darzustellen. Für sie steht fest, dass die Staaten sich in ihrem Handeln nicht an Idealen, sondern am jeweiligen Eigeninteresse orientieren. Für den Realismus ist die internationale Politik ferner in erster Linie von Machtverhältnissen bestimmt: Die Politik der Staaten könne regelmäßig entweder auf Machterhaltung oder Machtvermehrung oder Machtdemonstration zurückgeführt werden. Machtorientierung bedeutet aber nicht, dass es zu Kriegen kommen muss. Im Gegenteil: Wenn sich ein Gleichgewicht der Mächte bildet, verhindert es durch gegenseitige Abschreckung kriegerische Auseinandersetzungen. Gibt es überstarke Mächte, bilden sich Allianzen, die die Machtverhältnisse ausbalancieren. Der Realismus nimmt in Kauf, dass das Streben der Staaten, durch Stärkung der eigenen Macht einen Zugewinn an Sicherheit zu erhalten, zu einer latenten Unsicherheit führt, die sich als „Sicherheitsdilemma“ bezeichnen lässt. Das Sicherheitsstreben wird nämlich von den anderen Akteuren als Bedrohung empfunden, was sie ihrerseits zum Aufrüsten veranlasst.
Der **Institutionalismus** ist eine in deutlicher Spannung zum Realismus stehende Theorie. Er lehnt die dem Realismus eigentümliche Konzentration der Betrachtung auf Machtverhältnisse und militärische Fähigkeiten ab. Der Institutionalismus geht von der Annahme aus, dass Institutionen wie etwa die Vereinten Nationen sowie völkerrechtliche Verträge Kooperationen zwischen den Staaten fördern und eine tragfähige Friedensordnung begründen können. Eine wichtige Rolle im Institutionalismus spielen zudem internationale Regime. Das sind Vertragswerke, denen sich möglichst viele Staaten angeschlossen haben. Die internationalen Regime bearbeiten Problemfelder im Umwelt-, Rüstungs- oder Wirtschaftsbereich.
Der **Transnationalismus** sieht wie der Institutionalismus Möglichkeiten, der Unsicherheit der internationalen Anarchie zu entkommen und stabilen Frieden durch dauerhafte internationale Kooperation zu gewährleisten. Im Unterschied zum Institutionalismus setzt er aber nicht auf die Staaten, sondern auf zivilgesellschaftliche Akteure. Diese sollen transnationale, d. h. grenzüberschreitende Netzwerke bilden und mithilfe ihrer finanziellen, fachlichen und moralischen Ressourcen die Zusammenarbeit der Staaten und das Zusammenwachsen der Welt fördern.
Der **Konstruktivismus** beruht auf der Annahme, dass nicht die realen Verhältnisse (Fakten) die Politik bestimmen, sondern deren Deutungen und Interpretationen durch die politischen Akteure. Nicht, was ist, sondern was wie wahrgenommen wird, löst politisches Handeln aus. Dahinter steht die philosophische Auffassung, dass menschliches Denken und Handeln sozial konstruiert sind. So sind auch politische Interessen nicht einfach gegeben, sondern das Ergebnis von Interpretationen.

2. Machtlos gegenüber Terrorismus?

2.1 Terrorismus – ein Thema, das mich betrifft?

BEGRIFF

Fachkonzepte
Werte
Sicherheit
Frieden

M1 Eine Annäherung

Polizei verhindert Anschlag in Wien

Terroristen wollten TAUSENDE Taylor-Swift-Fans in die Luft sprengen

Sommer 2024: Taylor-Swift-Konzerte in Wien werden abgesagt: Ein 19-jähriger Islamist droht damit, sich selbst und eine große Menschenmenge zu töten. Er und ein weiterer Verdächtiger im Alter von 17 Jahren werden festgenommen.

Am 9. Oktober 2019 greift der Rechtsextremist Stephan B. in Halle (Saale) etwa 50 Jüdinnen und Juden an, die in einer Synagoge den Feiertag Jom Kippur begehen. Er kann die verschlossene Tür nicht überwinden und tötet vor der Synagoge zwei Menschen. Auf der Flucht verletzt er weitere Personen.

Im Zuge der Fußballeuropameisterschaft in Deutschland im Juni und Juli 2024 kommt es zu vorübergehenden Grenzkontrollen. Bundesinnenministerin Nancy Faeser sieht u. a. Bedrohungen durch islamistischen Terrorismus und Hooligans.

Am 11. September 2001 verübt die islamistische Terrororganisation al-Qaida unter Osama bin Laden beispiellose Terroranschläge in den USA: Entführte Flugzeuge werden in das World Trade Center in New York und das Pentagon in Washington D.C. gelenkt; ein weiterer Linienjet stürzt auf offenem Gelände ab. Die Anschläge fordern etwa 3.000 Todesopfer. Die Ereignisse markieren eine Zäsur in der jüngeren Geschichte, US-Präsident George W. Bush ruft den „Krieg gegen den Terror" aus.

Im Februar 2024 wird die mutmaßliche ehemalige RAF-Terroristin Daniela Klette in Berlin gefasst. Die seit ca. 30 Jahren Flüchtige wird u. a. wegen versuchten Mordes gesucht. Die Rote Armee Fraktion (RAF) war eine linksextremistische terroristische Vereinigung (ca. 1970–1998); Klette wird der sogenannten dritten Generation zugeordnet.

Beim Stadtfest „Festival der Vielfalt" in Solingen am 23. August 2024 tötet ein islamistischer Täter bei einem Messerangriff drei Menschen und verletzt acht weitere. Die islamistische Terrororganisation Islamischer Staat reklamiert den Anschlag für sich.

Alle Bildunterschriften: Autorentext, ausführliche Nachweise der Schlagzeilen in Bild 1 und 2 auf S. 255

1 a) Beschreiben Sie die Abbildungen vor dem Hintergrund der jeweiligen Textinformation (M1) und führen Sie ein Brainstorming durch: Terrorismus – ein Thema, das mich betrifft?
b) Recherchieren Sie weitere Informationen zu den Ereignissen (M1) und ergänzen/prüfen Sie Ihre bisherigen Überlegungen.

2 Entwickeln Sie ausgehend von M1 eine Definition für Terrorismus. HILFE

2.2 Terrorismus – unterschiedliche Erscheinungsformen, aber ähnliche Zielsetzungen?

BEGRIFF

Fachkonzepte
Werte
Konflikt

M1 Terrorismus ist …

„Wir können […] Terrorismus […] als bewusste Erzeugung und Ausbeutung von Angst durch Gewalt oder die Drohung mit Gewalt zum Zweck der Erreichung politischer Veränderung definieren. […] Der Terrorismus ist spezifisch darauf ausgerichtet, über die unmittelbaren Opfer oder Ziele des terroristischen Angriffs hinaus weitreichende psychologische Effekte zu erzielen. Er will innerhalb eines breiteren ‚Zielpublikums' Furcht erregen und dieses dadurch einschüchtern […].“

Bruce Hoffman, Terrorismus, der unerklärte Krieg. Neue Gefahren politischer Gewalt, Frankfurt a. M.: S. Fischer, 2006, S. 80

„Der […] Guerilla besetzt tendenziell den Raum, um später das Denken gefangen zu nehmen – der Terrorist besetzt das Denken, da er den Raum nicht nehmen kann.“

Franz Wördemann, in: Ders., Terrorismus. Motive, Täter, Strategien. Unter Mitarbeit von Hans-Joachim Löser, München: Piper, 1977, S. 57

„Eine gemeinsame rechtliche Definition terroristischer Straftaten findet sich in der EU-Richtlinie zur Terrorismusbekämpfung. Terrorakte werden mit folgenden Zielen verübt:

- um die Bevölkerung auf schwerwiegende Weise einzuschüchtern,
- um öffentliche Stellen oder eine internationale Organisation rechtswidrig zu einem Tun oder Unterlassen zu zwingen,
- um die politischen, verfassungsrechtlichen, wirtschaftlichen oder sozialen Grundstrukturen eines Landes oder einer internationalen Organisation ernsthaft zu destabilisieren oder zu zerstören.“

Wie Terrorismus bekämpfen? Maßnahmen der EU, Europäisches Parlament, 22.03.2018 (akt.: 25.06.2024), https://www.europarl.europa.eu (Zugriff: 03.07.2024)

INTERNET

WES-118496-121
Film: Einfach erklärt: Terrorismus

WES-118496-122
Informationen zu den in M2 genannten Gruppierungen

GLOSSAR

Fundamentalismus
Ideologie

INFO

theokratische Herrschaft
Machthabende rechtfertigen ihre Herrschaft, indem sie sich auf göttlichen Willen berufen.

M2 Politische/ideologische Zielsetzungen des Terrorismus

Die unterschiedlichen Erscheinungsformen des Terrorismus lassen sich […] hinsichtlich ihrer ideologischen Zielsetzung idealtypisch gesehen in folgende vier größere Varianten einteilen:
Erstens sind **autonomistisch** beziehungsweise **separatistisch ausgerichtete Gruppen** zu nennen. Sie verstehen sich als politische Stimme einer ethnischen oder religiösen Minderheit in einem Nationalstaat und beanspruchen für ebendiese Gruppe die Abspaltung von dem bestehenden Staat und/oder die Gründung eines eigenen Staats. Als typische Beispiele für diese Variante können die ETA in Spanien und die IRA in Nordirland gelten.
Die zweite Form kann unter der Bezeichnung **linksextremistischer** beziehungsweise **sozialrevolutionärer Terrorismus** gefasst werden. Dessen Akteuren geht es um die Überwindung einer als repressiv und ungerecht empfundenen reaktionären Staats- und kapitalistischen Wirtschaftsordnung. Dafür stehen die in den 1970er-Jahren aktiven Gruppierungen „Rote Armee Fraktion“ in Deutschland, „Action Directe“ in Frankreich und „Rote Brigaden“ in Italien.
Die dritte Erscheinungsform bilden **rassistische** beziehungsweise **rechtsextremistische Gruppierungen**. Sie richten ihre Gewaltaktionen häufig gegen Angehörige ethnischer Minderheiten und streben die Errichtung eines diktatorischen Systems in einer ethnisch homogenen Gesellschaft an. Als typische Beispiele dafür können Gruppen wie die „Deutschen Aktionsgruppen“ Anfang der 1980er-Jahre mit Anschlägen auf Flüchtlingsheime oder der „Nationalsozialistische Untergrund“ (NSU) in den 2000er-Jahren mit Morden an Migranten gelten.
Die vierte Variante lässt sich unter der Bezeichnung **fundamentalistischer** beziehungsweise **religiös motivierter Terrorismus** fassen. Deren Anhänger wollen eine ihnen verwerflich erscheinende säkulare Gesellschafts- und Staatsform überwinden und sie durch eine theokratische Staatsform in ihrem Sinne ersetzen. Dafür stehen islamistische Gruppierungen wie al-Qaida, aber auch Phänomene wie die Aum-Sekte in Japan.

Armin Pfahl-Traughber, Terrorismus – Merkmale, Formen und Abgrenzungsprobleme, in: Aus Politik und Zeitgeschichte, 66. Jg., Nr. 24–25/2016, 13.06.2016, Bonn: Bundeszentrale für politische Bildung, S. 10–19, hier S. 13 (verändert = ohne Fußnoten)

M3 Transnationaler Terrorismus als neue Form des Terrorismus

Der transnationale Terrorismus wurde mit den Anschlägen in New York City und Washington, D.C., am 11. September 2001 zu einer der größten Herausforderungen der internationalen Politik. [...] Der transnationale Terrorismus unterscheidet sich vom internationalen Terrorismus in erster Linie durch die stark abnehmende Bedeutung von staatlichen Unterstützern. Er ist „transnational", weil sich die terroristischen Gruppen auf substaatlicher Ebene länderübergreifend miteinander vernetzen und sich meist aus Angehörigen verschiedener Nationalitäten zusammensetzen. An Waffen und Geld gelangen transnationale Terroristen in der Regel durch private Unterstützung oder durch den Aufbau eigener substaatlicher Finanzierungs- und Logistiknetzwerke. Dabei sind die Übergänge vom internationalen zum transnationalen Terrorismus bis in die Gegenwart fließend. Zwar gibt es nur selten direkte staatliche Unterstützung für transnationale Terroristen. Doch können sie auch davon profitieren, dass Staaten phasenweise ähnliche Ziele wie sie verfolgen und ihre Aktivitäten deshalb zumindest dulden – wie etwa Pakistan im Falle der Taliban in Afghanistan oder die Türkei im Falle verschiedener Dschihadistengruppen in Syrien.

Guido Steinberg, Transnationaler Terrorismus, in: Informationen zur politischen Bildung: Internationale Sicherheitspolitik, Nr. 353, 4/2022, Bonn: Bundeszentrale für politische Bildung S. 26–29, hier S. 26

INFO

Dschihadismus
Strömung im Islam, die zur Anwendung militärischer Gewalt bereit ist; Dschihadisten legen den Begriff „Dschihad" als gewaltsamen Kampf zur Verteidigung und Verbreitung des Islam aus (siehe auch Glossar).

M4 Radikalismus, Extremismus, Terrorismus unterscheiden

Radikalismus	Extremismus	Terrorismus
hält die gegebenen Verhältnisse in Politik, Wirtschaft und Gesellschaft für nicht reformierbar und will sie grundlegend ändern.	basiert auf ideologischen Überzeugungen, die mit den Werten der existierenden Ordnung nicht vereinbar sind.	lehnt die existierende Ordnung ab und will ihre Akzeptanz durch Anschläge erschüttern.
Radikalismus bewegt sich innerhalb des Rahmens der bestehenden politischen Ordnung.	Extremismus will die bestehende politische Ordnung abschaffen und durch eine fundamental andere ersetzen.	Terrorismus will die bestehende politische Ordnung zerstören.
Radikalismus schließt die Anwendung von Gewalt aus.	**Extremismus schließt die Anwendung von Gewalt nicht aus.**	**Terrorismus propagiert ausdrücklich die Anwendung von Gewalt.**

Nach: Ideologie – Radikalismus, Extremismus und Terrorismus. Ideologische Ansätze und Gruppierungen, Bonn: Richter-Publizistik, 14.02.2023 (verändert)

1 Geben Sie wesentliche Kennzeichen von Terrorismus gemäß M1 wieder.

2 Ordnen Sie terroristische Gewaltakte (Kapitel I.2.1) gemäß den Kategorien in M2 ein.

3 Vergleichen Sie Ihre Definition von Terrorismus (siehe S. 77, Aufgabe 2) mit den Informationen auf dieser Doppelseite (M1 bis M4). Optimieren Sie Ihre Definition.

4 **Wählen Sie eine Aufgabe aus:**

a) Der 2002 verstorbene SPIEGEL-Herausgeber Rudolf Augstein schrieb:
„Täter, die man kennt, kann man womöglich aufspüren und unschädlich machen. Den Terror als solchen zu bekämpfen ist hingegen eine Verlegenheit, eine Unmöglichkeit. Auf welche Weise soll man denn den weltweiten Terrorismus ausrotten, der in so vielen Erscheinungsformen daherkommt, der so viele unterschiedliche Wurzeln hat?" (DER SPIEGEL 45/2001, ausführlicher Nachweis siehe S. 255).
Nehmen Sie – insbesondere unter Einbeziehung von M2 – vorläufig Stellung.

b) An welcher Stelle würden Sie ausgehend von Zielen des Terrorismus (M1, M2, M4) ansetzen, um Terrorismus zu bekämpfen? Begründen Sie Ihre (vorläufige) Position mit Materialbezug.

2.3 Islamistischer Terrorismus – (wieder-)erstarkende Gefahr?

BEGRIFF

Fachkonzepte
Werte
Konflikt
Sicherheit
Frieden

GLOSSAR

Islamischer Staat
Scharia
Terrorismus

M 1 Ein vielköpfiges Ungeheuer?

Als Hydra wird in der griechischen Mythologie ein einer Schlange ähnliches Ungeheuer mit vielen Köpfen bezeichnet. Es heißt, sollte sie einen Kopf verlieren, so würden ihr zwei neue wachsen.

M 2 Taliban, al-Qaida, Islamischer Staat: Gemeinsamkeiten und Unterschiede

INFO

CIA
(Central Intelligence Agency) einer der Auslandsnachrichtendienste der USA

QUERVERWEIS

al-Qaida
S. 77, M1 (Foto oben), S. 78, M2, S. 94–95

Taliban, al-Qaida und den „Islamischen Staat“ verbindet ein Element – die fundamentale Zurückweisung westlicher Werte. Sie lehnen entschieden eine demokratische Ordnung ab, in der Frauen und Männer gleichberechtigt sind und nach weltlich-säkularen Regeln per Wahl die Zusammensetzung eines Parlaments bestimmen. Grundlage politischen Handelns, gesellschaftlichen Lebens und wirtschaftlichen Wirkens muss ihrem Verständnis nach einzig und allein die Scharia sein – das sogenannte Islamische Recht. Wichtigste Quellen der Scharia sind der Koran sowie die Sammlung überlieferter Sprüche des Propheten Mohammed. Die Deutung dieser Quellen durch Rechtsgelehrte und Ideologen dieser Terrorgruppierungen ist geprägt von der Auffassung, islamische Gesellschaften seien Opfer westlicher Ränke und Unterdrückung. Der Kampf gegen westlichen Einfluss in islamischen Ländern gilt den religiös verbrämten Extremisten als religiöse Pflicht. Deutliche Unterschiede zwischen den drei Terrororganisationen gibt es bei der Zusammensetzung sowie den Kampfzonen.

Die **Taliban** beschränken sich auf Afghanistan und grenznahe Gebiete in Pakistan. Erstmals in Erscheinung traten sie bereits 1984. Ihren Ursprung hat die Bewegung in Madrasa genannten Koranschulen in der südafghanischen Provinz Kandahar. Die Schulen der Taliban sind Teil der sogenannten Deobandi-Bewegung, die eine streng orthodoxe, antiwestliche Lehre vertritt. 1994 machen die Taliban erstmals als bewaffnete Miliz von sich reden. Finanziert aus saudischen Quellen, unterstützt von der amerikanischen CIA und ausgerüstet mit von Pakistan gelieferten Panzern, Fahrzeugen und schweren Waffen beginnen sie einen beispiellosen Siegeszug. Zahlreiche um die Macht im Lande konkurrierende Milizen der unterschiedlichen Ethnien Afghanistans werden besiegt oder schließen sich ihnen kampflos an. Am 26. September 1996 nehmen die Taliban Kabul ein und rufen ein islamisches Staatswesen auf Grundlage der Scharia aus. [...]

Bin Laden, der aus einer reichen saudischen Familie stammt und schon den Kampf islamistischer Mudschaheddin gegen die sowjetischen Besatzer Afghanistans unterstützt hatte, gründet das **Terrornetzwerk al-Qaida** (die Basis) gemeinsam mit Gesinnungsgenossen 1988 im pakistanischen Peshawar. Anders als die mehrheitlich von Paschtunen getragene Taliban-Bewegung verfügt al-Qaida über keine Verankerung in der Bevölkerung eines Landes. Al-Qaida ist zu Beginn eine Ansammlung aus gebildeten Kadern und arabischen Söldnern, die in den 1980er-Jahren in Afghanistan gegen die Sowjetarmee gekämpft haben. Ihr Kampf gilt – eigenem Bekunden zufolge – den Feinden Gottes, zu denen nach Moskaus Rückzug vom Hindukusch sowohl die USA als auch mit Washington verbündete arabische Führungen und Israel gehören. Al-Qaida entwickelt sich zu einem international agierenden Netzwerk, das in arabischen, westafrikanischen und südostasiatischen Ländern Anhänger findet und Ableger gründet. Die ideologische Grundlage bilden im Wesentlichen die Schriften des 1966 in Ägypten hingerichteten Islamisten Sayyid Qutb. Für Qutb ist jede säkulare Regierungsform eine gotteslästerliche Anmaßung. Al-Qaida-Terroristen verüben weltweit Anschläge mit Zehntausenden Toten, um im Sinne von Qutb eine Revolution zur Verwirklichung der Gottesherrschaft auf Erden ins Werk zu setzen. Gleiches strebt auch die **Terrormiliz „Islamischer Staat" (IS)** an. Sie ist aus einem Ableger von al-Qaida im Irak hervorgegangen. Der IS ist die mit Abstand brutalste Terrororganisation dieser Tage. Auf ihr Konto gehen Massenmorde, Versklavungen, öffentliche Enthauptungen, Verbrennungen und Hinrichtungen. Die Anhänger des IS sind mehrheitlich sunnitische Muslime. Von 2014 an gelingt es dem IS im Irak und in Nordsyrien, große Gebiete unter seine Kontrolle zu bringen und ein sogenanntes Kalifat zu errichten, in dem im Namen der Scharia eine beispiellose Schreckensherrschaft errichtet wird. Noch stärker als zuvor schon das Terrornetzwerk al-Qaida zieht die Terrormiliz des sogenannten Islamischen Staates Anhänger aus zahlreichen Ländern an, unter denen auch sehr viele Menschen aus Europa sind. Dank einer Koalition vieler Staaten, die gemeinsam gegen die Terrormiliz zu Felde gezogen sind, und den kämpfenden Kurden konnte das IS-Kalifat zerschlagen werden.

Reinhard Baumgarten, Was Taliban, IS und Al-Kaida trennt, in: Tagesschau.de, Hamburg: Norddeutscher Rundfunk, 20.08.2021, https://www.tagesschau.de/ausland/asien/taliban-alkaida-is-101.html (Zugriff 21.11.2024) (verändert)

M3 Ursachen und Strategien islamistischen Terrorismus

[...] **15. August 2021:** Die Taliban überrennen Kabul und reißen nach mehr als 20 Jahren Wiederaufbau durch den Westen die politische Kontrolle des Landes erneut an sich. Es ist das unrühmliche Ende einer zwei Jahrzehnte andauernden internationalen Militärintervention, die Afghanistan von der Herrschaft der Taliban befreien und zugleich Terrorgruppen wie al-Qaida ihren wichtigsten Schutzraum nehmen sollte. [...] Doch zwei Jahre nach dem Fall von Kabul ist [...] Afghanistan [...] wieder zu einem „sicheren Hafen" für al-Qaida geworden, stellt eine aktuelle Risikoanalyse des UN-Sicherheitsrats fest. Unter der schützenden Hand der Taliban nutze die Terrororganisation Afghanistan „als ideologisches und logistisches Zentrum, um neue Kämpfer zu mobilisieren und [zu] rekrutieren".

Aktuell hat die Terrorgruppe nach UN-Schätzungen rund 2.000 Mitglieder und Unterstützer in Afghanistan. Aber auch der zahlenmäßig deutlich stärkere IS profitiert von der Machtübernahme. Zwar sind beide Gruppen verfeindet und bekämpfen sich erbittert. Doch die schlechte Lebensmittelversorgung, die Perspektivlosigkeit vieler junger Menschen und die Repressionen des Taliban-Regimes etwa gegen ehemalige Regierungsangehörige führen dazu, dass die Terrormiliz leicht neue Kämpfer rekrutieren kann.

Laut dem UN-Bericht zählt allein das in Afghanistan aktive „Khorasan Chapter" des IS inzwischen 4.000 bis 6.000 Mitglieder. Zudem seien nach dem Abzug der westlichen Allianz „mit großer Wahrscheinlichkeit" NATO-Waffen in die Hände der Terroristen geraten. So hat es die Miliz geschafft, die durch Sanktionen und gezielte Angriffe des Westens entstandenen Verluste schnell auszugleichen. Davon profitieren auch andere regionale Ableger der Gruppe, etwa in Syrien, im Irak oder in der Sahelzone.

[...] **7. Dezember 2022:** In der Region Gao im Süden Malis lauern Kämpfer des IS einer verfeindeten Terrorgruppe auf. Ganze 24 Stunden beschießen sich der IS und der al-Qaida-Ableger Jamaʿat Nusrat al-Islam wal-Muslimin (JNIM), hundert Menschen sterben. [...] Die Sahelzone verzeichnete laut dem *Global Terrorism Index* im vergangenen Jahr fast die Hälfte der weltweiten Todesopfer durch Terrorattacken. Auch in der ersten Jahreshälfte 2023

INFO

Khorasan Chapter
Ableger der Terrorgruppe IS; auch bekannt als „Islamischer Staat Provinz Khorasan" (ISPK); Anschlagspläne/Anschläge in verschiedenen Ländern weltweit

zählte die Westafrikanische Staatengemeinschaft Ecowas bereits mehr als 1.800 Angriffe in der Region. Für einen Großteil ist neben der JNIM-Gruppe der malische IS-Ableger verantwortlich. Nachdem die Terrormiliz in Syrien und im Irak von einer US-geführten Militärkoalition zurückgedrängt wurde, flüchteten sich viele kleinere Zellen nach Afrika und insbesondere in die Sahelzone. Korruption und Kriminalität sind weitverbreitet, große Teile der Bevölkerung leben in Armut. Fruchtbarer Boden für die zerstörerischen Ziele der Terroristen. Die Folgen des Klimawandels verschärfen die Situation zusätzlich. Weil auch die schwachen staatlichen Institutionen dem kaum etwas entgegensetzen können, sind inzwischen ganze Regionen unter der Kontrolle des IS. [...] [V]on 2014 bis 2022 [waren] mehrere Tausend französische Soldaten in Mali stationiert, um den islamistischen Terror zu bekämpfen. Auch die Stabilisierungsmission Minusma der UN in Mali und die EU-Mission Eucap in Niger, an denen Deutschland beteiligt ist, sind seit etwa zehn Jahren vor Ort. Die schmerzliche Bilanz: In Mali, Burkina Faso und Niger hat sich inzwischen das Militär an die Macht geputscht. Sowohl die französische Barkhane-Mission als auch der UN-Einsatz wurden auf Drängen der malischen Militärjunta vorzeitig beendet [...].
[...] **7. Oktober 2023:** In den frühen Morgenstunden reißen Kämpfer der islamistischen Hamas mit schwerem Gerät die meterhohen Grenzzäune im Norden des Gazastreifens ein. Sie rücken nach Israel vor, ermorden Hunderte Besucher eines Musikfestivals, töten in Kibbuzim Frauen, Kinder, Senioren auf grausamste Weise. [...] Auch wenn der neue Hamas-Terror nicht direkt mit dem Erstarken anderer Terrormilizen zusammenhängen dürfte, zeigen die Reaktionen doch das enorme zerstörerische Potenzial der islamistischen Ideologie. Auf der ganzen Welt feiern Sympathisanten die Gräueltaten der Hamas; auch die islamistische Hisbollah gratuliert [...]. Die Terrormiliz aus dem Libanon verfolgt ähnliche Ziele wie die Hamas, ist aber bedeutend gefährlicher. Sie ist für zahlreiche Anschläge gegen Israel verantwortlich, auch bei einigen Angriffen auf westliche Ziele wird eine Beteiligung angenommen. [...] Die größte Gefahr [für Europa] dürfte [...] von Einzeltätern ausgehen, die sich durch die Propaganda der Islamisten radikalisieren und zu Terrorangriffen inspiriert werden. Der Verfassungsschutz zählt bundesweit rund 450 Hamas-Anhänger sowie mehr als tausend Hisbollah-Anhänger. [...]
Gleichzeitig haben die Dschihadisten von IS und al-Qaida mit Afghanistan und der Sahelzone wieder Rückzugsorte gefunden, um sich von ihren Verlusten zu erholen und die nächsten Schritte zu planen. Sie profitieren von der Instabilität in beiden Regionen und anderen begünstigende Faktoren, etwa der immer schnelleren Verbreitung von Propaganda in Sozialen Medien, die wie ein Brandbeschleuniger für das Feuer der Islamisten wirken.

Lara Jäkel, Hohe Gefahrenlage: Die mörderische Renaissance des islamistischen Terrorismus, in: Die Welt online, 07.11.2023, https://www.welt.de/politik/ausland/plus248315568/Anschlaege-Die-moerderische-Renaissance-des-islamistischen-Terrors.html (Zugriff: 13.08.2024)

Zeichnung: Harm Bengen,10.04.2015

QUERVERWEIS

Minusma
Kap. I.3.5, S. 117, M3

Hamas
Kap. I.1.2, S. 18, Info

QUERVERWEIS

Operatorentraining „erläutern“
S. 84–85

TIPP

Zu Aufgabe 4 b):
Arbeiten Sie mit einer Positionslinie, siehe Lernweg auf S. 83.

1 Entwickeln Sie Hypothesen dazu, warum im Zusammenhang mit der Bekämpfung von Terrorismus teilweise Bezug auf das Bild der Hydra genommen wird (M1).

2 Erläutern Sie ausgehend von M2 und M3 Ziele und Ursachen von islamistischem Terrorismus.

3 Arbeiten Sie Strategien islamistischer terroristischer Gruppierungen heraus (M3).

4 a) Wie kann islamistischer Terrorismus erfolgversprechend bekämpft werden? Entwickeln Sie Thesen ausgehend von terroristischen Zielen, Ursachen oder Strategien (M2, M3).
b) Setzen Sie sich mit einer Ihrer Thesen intensiver auseinander. **HILFE**

Positionslinie: Positionen ausdrücken und darüber ins Gespräch kommen

Mithilfe einer Positionslinie können Sie Ihren Standpunkt zu bestimmten Themen auch körperlich zum Ausdruck bringen.
Es empfiehlt sich, eine Entscheidungsfrage zu formulieren, zu der man sich mit „Ja" bzw. „Nein" o. Ä. positionieren kann.

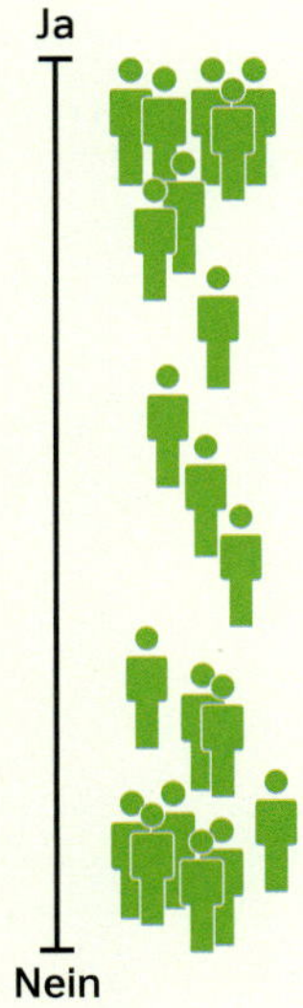

48154EX © Westermann

Schritt 1: Vorbereitung, gegebenenfalls Vorausurteile
Sie können sich auf der Linie positionieren, bevor Sie sich genauer mit der Streitfrage auseinandergesetzt haben, um sogenannte Vorausurteile anzuzeigen, und auch, nachdem Sie sich argumentativ mit der Themenfrage beschäftigt und sich ein Urteil gebildet haben (die Anregungen unten beziehen sich in erster Linie auf die letztere Variante).

Denken Sie sich quer durch den Raum eine Linie. Das eine Ende der Linie stellt die „Ja-Position" (Pro), das andere die „Nein-Position" (Kontra) dar. Sie sollten die Pole markieren, beispielsweise mit „Ja" und „Nein" oder Plakaten, auf denen die jeweilige Position zur Streitfrage notiert ist.
Bei der folgenden Positionierung können Sie alle Positionen auf der imaginierten/markierten Linie einnehmen. Wenn Sie sich nicht eindeutig für oder gegen etwas entscheiden können („Extrempole"), stellen Sie sich in entsprechendem Abstand zu den Polen auf.
Tipp: Nutzen Sie die Tiefe des Raums, um sich besser sehen zu können und Gedränge zu vermeiden!

Schritt 2: Positionierung
Positionieren Sie sich zu der gestellten Frage auf der gedachten oder markierten Linie im Raum. Stellen Sie sich an die Stelle, die Ihrer Position entspricht.

Schritt 3: Austausch („Streitlinie")
Anregungen für Gespräche „auf" der Positionslinie:
- Tauschen Sie mit Mitschülerinnen und Mitschülern, die in Ihrer Nähe stehen, die Gründe für Ihre jeweilige Positionierung aus.
- Im Anschluss sollten Sie mit Mitschülerinnen und Mitschülern ins (Streit-)Gespräch kommen, die weiter von Ihnen entfernt stehen. Stellen Sie Ihr(-e) Hauptargument(-e) für alle zur Diskussion, sodass andere darauf Bezug nehmen können und unterschiedliche Argumente zu Gehör kommen.

Schritt 4: Individuelle Reflexion und gegebenenfalls Veränderung der Position
Haben die Argumentationen Ihrer Mitschüler/-innen Sie überzeugt? Nutzen Sie die Möglichkeit, Ihren Standpunkt auf der Positionslinie noch einmal zu verändern. Begründen Sie Ihre neue Position.

Schritt 5: Gemeinsame Reflexion
Impulse für die Weiterarbeit:
- Hat sich Ihre Position erhärtet? Unter welchen Bedingungen würden Sie von Ihrer Position abweichen? Begründen Sie.
- Was würde Ihrer Meinung nach zu einer konstruktiven Problemlösung o. Ä. beitragen? Stellen Sie Ihre Ideen zur Diskussion.

Sollten Sie im Unterricht die Positionslinie bereits eingesetzt haben, um Vorausurteile abzufragen, vergleichen Sie Ihre erste Positionierung mit der aktuellen und reflektieren Sie, was Sie zu (k)einer Änderung bewegt hat.

Autorentext in Anlehnung an Lothar Scholz, Die Positionslinie, in: Bundeszentrale für politische Bildung (Hrsg.), Methoden-Kiste, Blatt 34, 5. Auflage, Bonn, 2012

Operator „erläutern" (Anforderungsbereich II)

Definition:
Sachverhalte erklären und in ihren komplexen Beziehungen an Beispielen und/oder Theorien verdeutlichen (auf Grundlage von Kenntnissen bzw. Materialanalyse)

Was heißt das genau?

Vorarbeit: Erfassen Sie die für den Sachverhalt wichtigen Aussagen in dem Ihnen vorliegenden Material, indem Sie entsprechende Markierungen vornehmen und/oder Stichpunkte dazu anfertigen. Notieren Sie sich knapp, in welchem inhaltlichen Zusammenhang der Sachverhalt steht und welche Hintergrundkenntnisse Sie im Rahmen der Aufgabe einbringen können.
Notieren Sie Beispiele, die das Material Ihnen bietet, und Beispiele, die Sie darüber hinaus zur Erläuterung nutzen können. (Hinweis: Es müssen nicht unbedingt viele Beispiele sein; es kommt vielmehr darauf an, Sachverhalte/Beziehungen möglichst gut nachvollziehbar aufzuzeigen.) Überlegen Sie, ob Sie (auch) theoretische Kenntnisse einbringen können.
Verschriftlichung: Folgen Sie exakt der Aufgabenstellung. Formulieren Sie eine Einleitung, die den Aufgabenbezug verdeutlicht. Oft muss „ausgehend vom Material" gearbeitet werden, sodass es sich anbietet, die für den Sachverhalt wichtigen Einzelaussagen des Materials zu Beginn der Bearbeitung darzulegen. Es sind Materialbelege zu erbringen, das heißt, es sind Zeilenverweise zu setzen oder sonstige Belege anzugeben (z. B. im Rahmen der Statistikanalyse konkrete Werte). Aussagekräftige Zitate können beim Erläutern durchaus einfließen (direkte Zitate sollten Sie nicht im Übermaß verwenden). Nutzen Sie die Beispiele und/oder theoretisches Wissen, um Ihre Erläuterung möglichst konkret und aussagekräftig zu gestalten. Achten Sie bei der Ausführung insgesamt darauf, Sachverhalte zu erklären und ihre Beziehungen untereinander a) durch Analyse des Materials und b) durch eigenes Wissen zu verdeutlichen. Schließen Sie mit einem Fazit ab.
Korrektur und Überarbeitung: Prüfen Sie Ihren Text (auch gegenseitige Korrektur möglich) mithilfe der Checkliste und nehmen Sie gegebenenfalls Verbesserungen vor.

Checkliste zum „Erläutern"

TIPP

Nutzen Sie die Checkliste zur Planung und beim Schreiben als Orientierungshilfe. Sie können Ihren Text auch mithilfe der Checkliste von Mitschülerinnen und Mitschülern korrigieren lassen und ihn im Anschluss überarbeiten. Die Aspekte/Kriterien der Checkliste können Sie ggf. in Absprache mit Ihrer Lehrkraft anpassen. Eine bearbeitbare Vorlage findet sich unter:

WES-118496-123

	✓ bzw. ++ + o – –– und Verbesserungstipps
Einleitung:	
Ist eine aufgabenbezogene Einleitung vorhanden?	
Hauptteil:	
Sind alle im Sinne der Aufgabenstellung wichtigen Sachverhalte des Materials berücksichtigt?	
Sind die Sachverhalte mithilfe von Beispielen und/oder Theorien verdeutlicht?	
Werden Beziehungen zwischen Sachverhalten aufgezeigt?	
Sind (aktuelle) Hintergrundkenntnisse im Rahmen der Erläuterung sinnvoll eingebracht?	
Sind Bezüge auf das Material mit Zeilenbelegen versehen?	
Schluss:	
Ist ein aufgabenbezogenes Fazit vorhanden?	
Sprachlicher Ausdruck und sprachliche Richtigkeit:	
Wird Fachsprache sicher und korrekt verwendet?	
Ist der sprachliche Ausdruck stilistisch angemessen?	
Werden die Regeln in den Bereichen Rechtschreibung, Zeichensetzung und Grammatik beachtet?	

Möglicher Lösungsansatz zu S. 82, Aufgabe 2 (in gekürzter Form):

Text	Erläuterung
Terroristische Anschläge an öffentlichen Orten, Warnungen vor islamistisch motivierter Gewalt: Islamistischer Terrorismus ist (medial) präsent und beeinflusst die öffentliche Wahrnehmung. Welche Ziele verfolgen islamistische terroristische Gruppierungen und welche Ursachen liegen dieser Form von Terrorismus zugrunde?	aufgabenbezogene Einleitung mit inhaltlicher Hinführung, Kontextualisierung
Reinhard Baumgarten spricht in seinem am 20.08.2021 auf Tagesschau.de erschienenen Artikel „Was Taliban, IS und Al-Kaida trennt" ein zentrales Ziel islamistischer terroristischer Gruppierungen an: die „Verwirklichung der Gottesherrschaft auf Erden" auf Grundlage ihrer Interpretation der Scharia (M2, Z. 72–76). Beispielsweise hätten die Taliban 1996 in Afghanistan ein islamisches Staatswesen auf Grundlage ihrer Vorstellung des islamischen Rechts ausgerufen (M2, Z. 43 ff.). Auch al-Quaida und der „Islamische Staat" (IS) lehnten westliche Werte und „weltlich-säkulare" Regeln" (M2, Z. 6) fundamental ab und kämpften für ein Herrschaftssystem basierend auf ihrer Auslegung der Scharia (M2, Z. 1–12, Z. 15–16). Zeitweise sei es auch dem IS gelungen, im Irak und Nordsyrien, Gebiete zu kontrollieren und ein Kalifat zu errichten (M2, Z. 85–90). …	explizite Herstellung des Textbezugs; Beispiele zur Untermauerung der zuvor genannten Textaussage
Al-Quaida-Terroristen verübten im Sinne der Lehre Qutbs weltweit Anschläge (M2, Z. 68–76). Der Anschlag am 11.09.2001 auf das World Trade Center u. a. hat beispielsweise gezeigt, dass islamistische Terroristen die Ziele verfolgen, die sogenannte westliche Welt anzugreifen und die Bevölkerung durch brutale Gewaltakte in Furcht und Schrecken zu versetzen. Dass ein Anschlag in dieser Größenordnung möglich gewesen ist, deutet auch darauf hin, dass es sich beim islamistischen Terrorismus um einen transnationalen Terrorismus handelt. …	Einbringen von Hintergrundkenntnissen, Verdeutlichung von Sachverhalten
Lara Jäkel erwähnt in ihrem Artikel „Hohe Gefahrenlage: Die mörderische Renaissance des islamistischen Terrorismus", der am 07.11.2023 bei Welt online erschienen ist, dass die schlechte Versorgung mit Lebensmitteln, Perspektivlosigkeit junger Menschen und Repressionen des herrschenden Regimes in Afghanistan die Rekrutierung von Kämpfern begünstigen könnten (M3, Z. 24–30). In der Sahelregion beförderten Armut, Korruption, Kriminalität, Auswirkungen des Klimawandels und schwache staatliche Institutionen die Ausbreitung islamistischen Terrorismus (M3, Z. 61–70). …	expliziter Materialbezug; Aufzeigen von Ursachen, Textbezug
Als weitere Ursache wird die Radikalisierung durch Online-Propaganda erwähnt (M3, Z. 114–119). Mithilfe sozialer Medien kann islamistische Propaganda relativ schnell verbreitet werden und beispielsweise die Aufbereitung ideologischer Ansichten zielgruppengerecht erfolgen. …	Darstellung von Zusammenhängen, Einbringen von Hintergrundkenntnissen
Auf religiöse/ideologische Ursachen für Terrorismus verweist auch Rainhard Baumgarten (M2), indem er beispielsweise betont, dass der „Kampf gegen westlichen Einfluss in islamischen Ländern" für religiöse Extremisten eine „religiöse Pflicht" bedeute (M2, Z. 19–22).	expliziter Materialbezug
Ausgehend von diesen Aspekten zeigt sich, dass unter anderem ideologische Motivationen, Perspektivlosigkeit und die Auflehnung gegen die herrschende Situation im Land, z. B. angesichts schlechter sozioökonomischer Bedingungen, ursächlich für islamistischen Terrorismus sein können. Zu den zentralen Zielen islamistischen Terrorismus zählen insbesondere …	aufgabenbezogenes Fazit

Formulierungshilfen

Einbindung von Beispielen/Theorien	Darstellung von Beziehungen
Beispielsweise …	Der Aspekt … bedingt …
An dem Beispiel … lässt sich erkennen, dass …	Hier lassen sich Wechselwirkungen erkennen …/… wirkt auf … zurück
So kann am Beispiel gezeigt werden, dass …	… verweist auf den engen Zusammenhang zwischen …
Das Beispiel … verweist auf …	In der Folge …
Mithilfe des Kreislaufmodells/der Theorie/… wird ersichtlich, dass …	Ausgehend von … ist zu bemerken, dass …

2.4 Islamistische Radikalisierung verhindern – aber wie?

BEGRIFF

Fachkonzepte
Werte
Konflikt

M1 Den Ausstieg geschafft

M2 Der Fall Mehmet

Mehmet ist 17 Jahre alt und kommt aus einer intakten und aufgeschlossenen Familie. Er ist sich nicht sicher, ob er mit seiner muslimischen Identität in einem säkularen Staat so leben darf, wie er sich das vorstellt. In seiner Moschee bekommt er keine Antworten auf seine Fragen. Erst in salafistischen Gesprächskreisen zeigt man scheinbar Interesse für seine Religiosität. Er reist nach Syrien aus. […]
Mehmet sitzt in einen Café und erzählt seine Eindrücke von seiner neuen Ausbildung. Er hat vor Kurzem seinen Realschulabschluss geschafft. Er kann sich des Lebens wieder erfreuen. Es ist nur wenige Monate her, dass Mehmet im syrischen Kampfgebiet war und sich in einen Ausbildungslager des IS aufhielt. Heute weiß er, dass sein Leben am seidenen Faden hing. Im Lager bekam er damals immer wieder zu hören, dass er und die anderen nicht mehr zurückkehren könnten, da ihr früherer Staat sie jetzt verfolgen werde. Mehmet war nach seiner Ankunft in Syrien schnell desillusioniert. Eigentlich wollte er helfen, weil er es ungerecht fand, wie weltweit mit Muslimen umgegangen wird. Aber in Syrien erlebte er keine Religiosität, nur Gewaltverherrlichung und Hass. Fragen stellen durfte er nicht. Es hieß immer: Frage nicht, tue es. Er wollte schnell zurück – aber er machte sich Sorgen, wie seine eigentliche Heimat mit ihm umgehen würde, wenn er wieder deutsches Staatsgebiet betritt. Mehmets Familie hat ihm bei der Rückkehr geholfen. Unterstützt wurde sie von den Beraterinnen und Beratern von *Violence Prevention Network*. Mehmet wurde nach seiner Rückkehr intensiv betreut. Er besuchte wieder seine Schule und konzentrierte sich auf seine Abschlussprüfungen. […] Früher hatte Mehmet Gesprächspartner für religiöse Fragen gesucht und war über Gleichaltrige auf die salafistische Szene getroffen. […] Heute weiß Mehmet, dass das in der Szene vermittelte extremistische Gedankengut mit seiner Religion nichts Gemeinsames hat. Mehmet hatte in den Gesprächen mit den Mitarbeiterinnen und Mitarbeitern von VPN viele Fragen und Themen. Es ging bei den Gesprächen nicht darum, Mehmet mit Argumenten gegen seine extremistische Einstellung (mit sogenannten Gegennarrativen) zu konfrontieren. Wichtig war vielmehr, dass Mehmet wieder fragen und eigene Gedanken zulassen durfte. Es ging darum, andere Sichtweisen anzuhören, ohne den Druck zu erleben, sie adaptieren zu müssen. Er sollte erleben, eigene Entscheidungen treffen zu dürfen. Sein Bedürfnis nach Gemeinschaft versucht Mehmet heute anderswo zu erfüllen, von einer extremistischen Szene möchte er nicht mehr angesprochen werden. Auch seine Familie ist nachdenklicher geworden und möchte Mehmets eigene Wünsche in Zukunft mehr respektieren und unterstützen.

Thomas Mücke, Deradikalisierung im Bereich Islamismus, Bonn: Bundeszentrale für politische Bildung, 24.05.2023, https://www.bpb.de/politik/extremismus/radikalisierungspraevention/218879/paedagogische-ansaetze-zur-deradikalisierung (Zugriff: 31.10.2024)

INFO

Salafismus
Fundamentalistische Strömung im sunnitischen Islam, die einen stilisierten und idealisierten Ur-Islam des 7./8. Jh. als Vorbild für eine Umgestaltung von Staat und Gesellschaft anstrebt; es wird eine extreme Gegenkultur zur Moderne gezeichnet, die in einigen salafistischen Gruppierungen auch im Widerspruch steht zu demokratischen Prinzipien im Sinne der freiheitlichen demokratischen Grundordnung (siehe Glossar).

Violence Prevention Network
Nichtregierungsorganisation, die in den Bereichen Extremismusprävention und Deradikalisierung tätig ist

M3 Motive für die Radikalisierung junger Menschen

Nicht die Ideologie, sondern das soziale Angebot steht für die meisten Jugendlichen im Vordergrund, wenn sie sich für salafistische Gruppierungen interessieren. Die Gemeinschaft der Salafisten bietet Orientierungshilfen, eine vereinfachte, eingängige theologische Lehre, einen ritualisierten Alltagsrahmen, emotionale Zufluchtsorte, das Gefühl, einer „höheren spirituellen" Sache zu dienen, und persönliche Anerkennung. Neben dem bipolaren Weltbild und dem eschatologischen Heilsversprechen spricht Jugendliche vor allem das Einstehen für Gerechtigkeit und die Zugehörigkeit zu einer Gemeinschaft an.

Der Soziologe und Islamwissenschaftler Olivier Roy sieht im Salafismus „eine Geisteshaltung, die besonders in der zweiten Generation der Migranten zu finden ist, die sowohl die dominante westliche Kultur wie die Kultur ihrer Eltern ablehnt". Nicht immer, aber häufig stammen Jugendliche, die später zu Terroristen werden, nach seiner Erkenntnis aus nicht intakten Familien. Der Psychoanalytiker Fethi Benslama weist darauf hin, dass „die Kandidaten für den Dschihad" aus „allen sozialen Schichten, Glaubensvarianten und Lebensformen" kommen. Das entscheidende Merkmal sei das jugendliche Alter. „Mehr als zwei Drittel der Radikalisierten sind junge Menschen zwischen 15 und 25 Jahren. Sie stecken also in den Identitätskonflikten der Adoleszenz. Etwa 40 Prozent von ihnen weisen psychische Störungen auf".

Die Erfahrungen aus der Angehörigenberatung und Präventionsarbeit bestätigen, dass familiäre Beziehungsstrukturen und Probleme in der Familie eine fundamentale Rolle im Radikalisierungsprozess spielen können. Daher ist es ein wichtiges Anliegen der Beratung, zunächst den Druck aus den Familien zu nehmen, der sich unter anderem durch Beziehungskonflikte aufgebaut hat. [...] Lebenskrisen, beispielsweise die Beendigung einer Beziehung, das Abgleiten in die Kriminalität, die Erkenntnis, dass das Leben in eine Sackgasse geraten ist und eine Realisierung der eigenen Lebensvorstellungen nicht gelingen wird, können ebenfalls eine Bereitschaft zur Radikalisierung auslösen. In dem sich die Betroffenen in den Dienst der neuen Ideologie stellen, können sie aus ihrer Sicht das alte Leben hinter sich lassen und in ein neues aufbrechen oder wenigstens als „Märtyrer" Nachruhm erwerben. Die bisherige Erfahrung des Scheiterns spielt dann keine Rolle mehr. Erfolg und Bestätigung wird jetzt auf einer anderen Ebene gesucht. Dieses Motiv spielt auch bei einigen Attentätern eine Rolle. [...]

Junge Frauen [...] suchen dagegen vielfach vor allem emotionale Zufluchtsorte. Sie hegten mitunter romantische Vorstellungen, in denen die Kämpfer des Dschihad zu einer Art Popstars wurden. Diese Sichtweise unterstützten radikale Salafisten durch eine entsprechende Propaganda, die den Angesprochenen ein Gefühl von Zuwendung, eigener Bedeutung und besonderen Auserwähltseins vermittelte. [...] Anwerberinnen des IS posteten aus dem Irak niedliche Katzenbilder, Kinderfotos und rosarote IS-Flaggen. In Chats, auf WhatsApp oder Twitter wird auf Nöte, Wünsche und Bedürfnisse von jungen Frauen (und Männern gleichermaßen) eingegangen: Stress in der Schule, Langeweile, Frust mit den Eltern, empfundene Einsamkeit. Als Alternative wird mit der Aufnahme in eine vermeintlich gerechte Gemeinschaft geworben, in der man Bedeutung und wichtige Aufgaben erhält.

Bernd Ridwan Bauknecht, Salafismus in Deutschland, in: Informationen zur politischen Bildung, 30.07.2018, Bonn: Bundeszentrale für politische Bildung, https://www.bpb.de/shop/zeitschriften/izpb/272429/salafismus-in-deutschland/ [28.01.2025]

INFO

„Homegrown terrorism"
Terror von Personen, die im Zielland des Terrors aufgewachsen sind und sich dort radikalisiert haben

eschatologisch
endzeitlich

1 Tauschen Sie Fragen aus, die Sie einer Aussteigerin bzw. einem Aussteiger aus einer terroristischen Gruppierung stellen würden (M1).

2 Fassen Sie Motive für die Radikalisierung junger Menschen zusammen (M2, M3).

3 Analysieren Sie den Fall von Mehmet (M2) hinsichtlich wichtiger Schritte im Prozess der Deradikalisierung.

4 a) Entwickeln Sie ausgehend von M1 bis M3 Vorschläge, wie der deutsche Staat einer Radikalisierung junger Menschen vorbeugen könnte. HILFE

b) Bringen Sie Ihre Vorschläge in ein persönliches Ranking und begründen Sie dieses.

2.5 Abschiebung von „Gefährdern“ – effiziente und legitime Maßnahme im Kampf gegen Terrorismus?

BEGRIFF

Fachkonzepte
Werte
Sicherheit
Frieden

INFO

„Gefährder“
Person, zu der bestimmte Tatsachen die Annahme rechtfertigen, dass sie politisch motivierte Straftaten von erheblicher Bedeutung, insbesondere solche im Sinne des § 100a der Strafprozessordnung, begehen wird. „Gefährder“ stehen unter besonderer Betrachtung der Sicherheitsbehörden. Nach: NDR (Quelle siehe M2)

M1 Herausforderung Abschiebung?

Zu unserem Kampf gegen Islamismus gehören ein massiver Ermittlungsdruck durch unsere Sicherheitsbehörden, aber auch Abschiebungen von islamistischen Gewalttätern und von Gefährdern. Das Sicherheitsinteresse Deutschlands steht hier klar an erster Stelle. Wir verhandeln vertraulich mit verschiedenen Staaten, um Abschiebungen von Gewalttätern und Gefährdern nach Afghanistan und Syrien schnellstmöglich durchzusetzen. Gesetzlich haben wir bereits umfassende neue Grundlagen für mehr Rückführungen geschaffen. Die aktuellen Abschiebezahlen liegen 30 Prozent über dem Vorjahr

(Bundesinnenministerin Nancy Faeser, 2024)

Ausführlicher Nachweis des Zitats auf S. 255

M2 Abschiebungen von „Gefährdern“ nach Afghanistan?

Erstmals seit der Machtübernahme der Taliban hat Deutschland Menschen nach Afghanistan abgeschoben. Laut Bundeskanzler Olaf Scholz soll es ein Zeichen an alle Straftäter sein. „Es ist ein klares Zeichen: Wer Straftaten begeht, kann nicht darauf rechnen, dass wir ihn nicht abgeschoben kriegen, sondern wir werden versuchen, das zu tun, wie man in diesem Fall sieht“, sagte der SPD-Politiker bei einem Wahlkampftermin in der Nähe von Leipzig. [...] „Das haben wir sorgfältig vorbereitet, ohne groß darüber zu reden, weil solches Vorhaben ja nur gelingt, wenn man sich da Mühe gibt, wenn man es sorgfältig und sehr diskret macht. Heute ist das erfolgt.“

Der Abschiebeflug war am Morgen vom Flughafen Leipzig/Halle abgehoben. Nach Angaben von Bundesinnenministerin Nancy Faeser waren 28 Straftäter an Bord der Maschine. Laut Regierungssprecher Steffen Hebestreit handelt es sich „um afghanische Staatsangehörige, die sämtlich verurteilte Straftäter waren, die kein Bleiberecht in Deutschland hatten und gegen die Ausweisungsverfügungen vorlagen“. Unter den Abgeschobenen sollen auch Gefährder sein, also Menschen, denen die Sicherheitsbehörden schwerste politisch motivierte Straftaten bis hin zum Anschlag zutrauen.

„Mörder, Islamisten, Vergewaltiger, Schwerkriminelle, die unseren Schutz missbrauchen, müssen das Land verlassen“, sagte Vizekanzler Robert Habeck. „Daher ist das konsequent.“ Zugleich mahnte der Grünen-Politiker, das Asylrecht müsse unangetastet bleiben, damit unbescholtene Menschen, Verfolgte sowie Opfer von Gewalt und Terror, die vor Islamisten geflohen seien, Schutz fänden. „[...]

Grünen-Chef Omid Nouripour dämpfte die Erwartungen an weitere solcher Aktionen. Abschiebungen seien so „im großen Stil nicht möglich“, erklärte er. „Dafür bräuchte es eine direkte staatliche Zusammenarbeit, die mit den Steinzeit-Islamisten der Taliban nicht möglich ist.“ Die Taliban seien „zu Recht von keiner Demokratie der Welt anerkannt“. Der Abschiebeflug dürfe „nicht zu einer Legitimation der Taliban führen“. Nouripour pochte zudem darauf, dass „das Handeln der Sicherheitsbehörden auf der Grundlage des Rechts erfolgen und einer Überprüfung durch Gerichte standhalten“ müsse. „Es war stets klar, dass es technische Möglichkeiten geben kann, in wenigen Fällen

QUERVERWEIS

I.2.7 Soll man mit Terroristen verhandeln?
S. 92–93

Menschen nach Afghanistan zu fliegen. Der nun durch das Emirat Katar durchgeführte Flug ist ein solcher Weg.“ [...] Gleichzeitig hätten Unbescholtene, insbesondere Familien und Kinder, die vor radikalen Islamisten geflohen seien, „bei uns Schutz im Rang eines Grundrechts“. Die Menschenrechtsorganisation Amnesty International reagierte mit scharfer Kritik auf die Abschiebung. „Menschenrechte haben wir alle – und niemand darf in ein Land abgeschoben werden, wo Folter droht“, sagte Julia Duchrow, Generalsekretärin von Amnesty International in Deutschland. „Es ist alarmierend, dass sich die Bundesregierung über diese Verpflichtungen hinwegsetzt und Menschen nach Afghanistan abgeschoben hat.“ In Afghanistan sei niemand sicher, so Duchrow weiter. Außergerichtliche Hinrichtungen, Verschwindenlassen und Folter seien unter den Taliban an der Tagesordnung. „Schiebt die Bundesregierung trotzdem nach Afghanistan ab, riskiert sie, sich zur Komplizin der Taliban zu machen.“ Auch die Menschenrechtsorganisation Pro Asyl warnte davor, dass die Abschiebung einen Schritt Richtung Normalisierung der Taliban-Regierung bedeuten könnte.

Text und Info: Bundesländer fordern weitere Abschiebungen, in: Tagesschau.de, Hamburg: Norddeutscher Rundfunk, 30.08.2024, https://www.tagesschau.de/inland/innenpolitik/abschiebeflug-afghanistan-asylpolitik-102.html (Zugriff: 17.11.2024) (Info: verändert)

GLOSSAR

Menschenrechte

Nichtregierungsorganisation

M3 Wie groß ist die Bedrohung durch „Gefährder“?

In Niedersachsen gibt es immer weniger islamistische Gefährder. Seit 2018 ist die Zahl kontinuierlich zurückgegangen. Das teilte das Innenministerium auf NDR-Anfrage mit. Aktuell habe das LKA eine mittlere zweistellige Zahl registriert, sagte ein Sprecher. Das Spektrum reiche dabei von individuell radikalisierten Tätern bis zu konspirativ agierenden Terrorzellen. Genauere Angaben machen die Behörden in Niedersachsen aus polizeitaktischen Gründen nicht. Der erneute Rückgang habe damit zu tun, dass der Einfluss der Terrormiliz „Islamischer Staat“ (IS) immer mehr schwindet, hieß es.

Gleichwohl ändert das nichts an der generellen Einschätzung durch das Innenministerium: Die Gefährdungslage bleibe „abstrakt hoch“, sagte der Sprecher. Die Ereignisse in Wien, wo mehrere Konzerte der US-Sängerin Taylor Swift wegen eines geplanten Terroranschlags abgesagt wurden, zeigten, wie schnell sich die Lage ändern könne. Ein Problem sei, dass es immer mehr Einzeltäter gebe, die sich über das Internet radikalisieren. Dies mache es für die Ermittler herausfordernd, so der Sprecher. Die Polizei sei auch auf Hinweise angewiesen.

Auch bundesweit ist die Zahl der islamistischen Gefährder gesunken. Mit Stand 1. August seien 472 Personen als religiös motivierte Gefährder eingestuft gewesen, sagte ein BKA-Sprecher [...]. Trotz des Rückgangs warnt auch das BKA, dass die Gefahr weiterhin hoch bleibt.

Islamistische Gefährder: Zahl in Niedersachsen weiter gesunken, in: Hallo Niedersachsen, Hamburg: Norddeutscher Rundfunk, 09.08.2024, https://www.ndr.de/nachrichten/niedersachsen/Islamistische-Gefaehrder-Zahl-in-Niedersachsen-weiter-gesunken,gefaehrder244.html (Zugriff: 17.11.2024)

QUERVERWEIS

I.2.1 Terrorismus – ein Thema, das mich betrifft?
S. 76, M1 (Foto oben)

I.2.3 Islamistischer Terrorismus – (wieder-)erstarkende Gefahr?
S. 80–82

INFO

LKA
Landeskriminalamt

BKA
Bundeskriminalamt

1 Notieren Sie ausgehend von M1 Fragen, die sich Ihnen zu Abschiebungen von „Gefährdern“ stellen. Beantworten Sie diese im weiteren Unterrichtsverlauf.

2 a) Arbeiten Sie Argumente für und gegen Abschiebungen von „Gefährdern“ nach Afghanistan heraus (M2, M3).
b) Fundieren Sie die Argumente, indem Sie Ursachen, Ziele und Strategien islamistischen Terrorismus (S. 80–82) einarbeiten.

3 Abschiebung von islamistischen „Gefährdern“ nach Afghanistan – effiziente und legitime Maßnahme im Kampf gegen Terrorismus? Setzen Sie sich unter Einbeziehung Ihrer Ergebnisse zu Aufgabe 2 mit dieser Frage auseinander.

4 Überprüfen Sie, inwiefern Sie Ihre Fragen (Aufgabe 1) beantworten können. Klären Sie noch offen gebliebene Aspekte.

TIPP

Zu Aufgabe 3:
Arbeiten Sie mit einer Positionslinie, siehe Lernweg auf S. 83.

2.6 Im Spannungsfeld zwischen Freiheit und Sicherheit – mehr Befugnisse für Sicherheitsbehörden?

BEGRIFF

Fachkonzepte
Werte
Sicherheit
Frieden

M1 Ein- und Ausblicke

Zeichnung: Schwarwel, 29.06.2011 (verändert)

M2 Rechte für Sicherheitsbehörden deutlich ausweiten?

INFO

Sicherheitsbehörden in Deutschland
Auf Bundesebene zählen zum Beispiel das Bundeskriminalamt, das Bundesamt für Verfassungsschutz und der Bundesnachrichtendienst dazu. Sie sind verfolgend und/oder vorbeugend tätig, um die öffentliche Sicherheit zu gewährleisten.

biometrische Daten
Es werden Daten zu z. B. körperlichen und verhaltenstypischen Merkmalen einer Person gewonnen, die u. a. deren eindeutige Identifikation ermöglichen.

Ein mutmaßlicher IS-Anhänger soll einen Anschlag auf die israelische Botschaft in Berlin geplant haben – er wurde noch am Wochenende festgenommen, sitzt in Untersuchungshaft. Bundeskanzler Olaf Scholz (SPD) reagierte auf X (ehemals Twitter): „Ich danke unseren Sicherheitsbehörden, die einen feigen Anschlagsplan verhindert haben". Doch: Die entscheidende Information hierzu kam nicht vom inländischen Nachrichtendienst – es war der Hinweis eines ausländischen Geheimdienstes, der einen Terroranschlag in Deutschland verhindert hatte. [...]

Bayerns Innenminister Joachim Herrmann (CSU) betont daher auf BR24-Anfrage: „Wir brauchen dringend mehr Befugnisse für unsere Sicherheitsbehörden." Herrmann spielt auf das sogenannte Sicherheitspaket der Ampelregierung an. Erst vergangenen Freitag hatte der Bundestag das Paket verabschiedet. Unter anderem kommen damit mehr Messerverbote – und auch die Sicherheitsbehörden sollen mit dem Paket mehr Rechte bekommen. Sie sollen im Kampf gegen den Terrorismus die Befugnis erhalten, in bestimmten Fällen biometrische Daten im Internet abzugleichen. Der Abgleich von Gesichtern und Stimmen mittels automatisierter Anwendungen sollte jedoch nur mit gerichtlicher Genehmigung des Präsidenten des Bundeskriminalamtes (BKA) oder seiner Vertretung erlaubt sein.

Einigen Ländern geht das bisherige Paket der Ampel nicht weit genug. Der Bundesrat [...] hat daher vergangene Woche Teile des Sicherheitspakets der Ampelregierung gestoppt. „Übertriebener Datenschutz darf nicht dazu führen, Täter vor der Strafverfolgung zu schützen", so Herrmann. Und weiter: „Diejenigen, die meinen, mehr Befugnisse der Sicherheitsbehörden würden weniger Freiheit bedeuten, sind jedenfalls auf dem Holzweg. Denn Angst vor Verbrechen kann unsere Freiheit viel mehr beschränken." Bundeskanzler Olaf Scholz (SPD) hat die CDU/CSU scharf für ihre Ablehnung des Sicherheitspakets im Bundesrat kritisiert. Er sei „sehr empört", dass die Maßnahmen zur Terrorismusbekämpfung vorerst blockiert sind, er halte das für „unverantwortlich", wie eine Regierungssprecherin jetzt in Berlin sagte.

Sarah Beham, Kampf gegen Terrorismus: Zwischen Sicherheit und Freiheit, München: Bayerischer Rundfunk, 21.10.2024, https://www.br.de/nachrichten/deutschland-welt/kampf-gegen-terrorismus-zwischen-sicherheit-und-freiheit,URqoOGC (Zugriff: 17.11.2024)

M3 Freiheit oder Sicherheit?

„Das Grundgesetz fordert die Gewährleistung der Sicherheit durch den Staat. Ohne Sicherheit keine Freiheit – das wusste schon Humboldt. Sicherheit ist die Grundlage, auf der Freiheit sich erst vollends entfalten kann. Freiheit und Sicherheit sind untrennbare zwei Seiten einer Medaille. Deshalb sind alle die Sicherheit gewährleistenden Maßnahmen gleichzeitig auch als Maßnahmen zu begreifen, die Freiheitsentfaltung gewährleisten und fördern. Ein Gewinn an Sicherheit stärkt im demokratischen Rechtsstaat die Freiheit. Die Bekämpfung des Terrorismus ist dabei ein entscheidender Beitrag zur Wahrung des inneren Friedens und der Sicherheit unseres Landes. Die Bevölkerung hat einen Anspruch darauf, dass unsere Sicherheitsbehörden auch zukünftig jederzeit in der Lage sind, solchen Entwicklungen im Frühstadium Einhalt zu gebieten. Dazu gehören ausreichend Personal, der neueste Stand der Technik sowie die erforderlichen Befugnisse.“

Markus Beyer (2008 Sprecher des Bundesinnenministeriums)

„Der Respekt für die Privatheit einer Person ist der Respekt für sie als einem autonomen Subjekt, das ist die entscheidende Einsicht. Wir müssen generell, um uns selbstbestimmt verhalten zu können, daran glauben und davon ausgehen können, dass wir nicht beobachtet werden, belauscht, getäuscht über die Weitergabe und die Erfassung von Daten, über die Anwesenheit von Personen und darüber, was anwesende Personen von uns wissen und „wer“ sie deshalb „für uns“ sind. Aus dem gleichen Grunde nützt es nichts, wenn Personen wissen, dass sie beobachtet werden oder dass Informationen über sie gespeichert werden, wenn sie nicht beobachtet oder auf diese Weise erfasst werden wollen – denn es ist genau die Tatsache, dass sie sich auf die Beobachtung und Kontrolle einstellen müssen, die sie daran hindert, selbstbestimmt, authentisch zu agieren.“

Beate Rösseler (Philosophin)

Beide Texte aus: Meike Laaff, Freiheit oder Sicherheit?, in: fluter, Bonn: Bundeszentrale für politische Bildung, 10.11.2008, https://www.fluter.de/freiheit-oder-sicherheit (Zugriff: 21.11.2024)

M4 Terrorismusbekämpfung im Rahmen der EU

Die gemeinsame Bedrohung durch den internationalen Terrorismus erfordert gerade im Schengenraum ohne Binnengrenzen gemeinsames, gut abgestimmtes Handeln. In Reaktion auf die Terroranschläge vom 11. September 2001 in Amerika und vom 11. März 2004 in Madrid entwickelten die Mitgliedstaaten der EU gemeinsame Aktionspläne und eine langfristige europäische Strategie zur Terrorismusbekämpfung. Diese setzt auf:

- Prävention und Bekämpfung der Ursachen
- Schutz der Bevölkerung und Reduzierung der Verwundbarkeit
- Verfolgung und Aufklärung terroristischer Handlungen im Vorfeld
- Verbesserung der Reaktion in Folge eines Terroranschlags.

[...] Auch die kontinuierliche Verbesserung der polizeilichen und justiziellen Zusammenarbeit im Bereich der Verfolgung terroristischer Straftaten in der EU ist ein zentrales Thema. Seit einigen Jahren können Terroristen europaweit nach identischen Kriterien verfolgt und verhaftet werden. Zudem verpflichtet die im April 2017 in Kraft getretene neue Richtlinie zur Terrorismusbekämpfung die Mitgliedstaaten unter anderem dazu, das Reisen zu terroristischen Zwecken – auch innerhalb der EU – unter Strafe zu stellen.

Terrorismus international bekämpfen, Berlin: Bundesministerium des Innern und für Heimat, https://www.bmi.bund.de/DE/themen/sicherheit/nationale-und-internationale-zusammenarbeit/internationale-terrorismusbekaempfung/internationale-terrorismusbekaempfung-node.html (Zugriff: 21.11.2024)

GLOSSAR

Europäische Union (EU)

INFO

Islamistische Terroristen verübten 2004 **Anschläge in Madrid** durch explodierende Sprengsätze in Zügen, bei denen fast 200 Menschen starben.

1 Was könnten die auf der Couch Sitzenden sagen (M1)? Begründen Sie.

2 Erläutern Sie mithilfe von M2 und M3 das Spannungsverhältnis von Freiheit und Sicherheit im Zuge der Terrorismusbekämpfung.

3 Nehmen Sie ausgehend von M4 Stellung zur Bedeutung sicherheitsbehördlicher Maßnahmen im Kampf gegen Terrorismus. HILFE

QUERVERWEIS

Klausurtraining
S. 171–173

2.7 Soll man mit Terroristen verhandeln?

BEGRIFF

Fachkonzepte
Konflikt
Frieden
Sicherheit

QUERVERWEIS

I.2.5 Abschiebung von „Gefährdern" – effiziente und legitime Maßnahme im Kampf gegen Terrorismus?
S. 88–89

M1 Verhandlungen mit den Taliban?

Abschiebungen: FDP- und CDU-Politiker für Gespräche mit Taliban
Die radikal-islamischen Taliban in Afghanistan sind seit 2021 an der Macht. Sollte Deutschland zu ihnen direkte Gesprächskanäle haben – etwa, um Straftäter abzuschieben? Der Migrationsbeauftragte [Joachim] Stamp und CDU-Chef [Friedrich] Merz sind dafür.

Grüne: Taliban sind kein Partner für diplomatische Beziehungen
Kritik kommt von den Grünen: Die Bundestagsabgeordnete Deborah Düring sagte [...]: [...] [D]ie radikal-islamistischen Taliban sind keine Partner, mit denen wir diplomatische Beziehungen pflegen wollen." Damit würden „gravierende Menschenrechtsverletzungen" legitimiert.

Beide Texte aus: Claudia Steiner, Abschiebungen: FDP- und CDU-Politiker für Gespräche mit den Taliban, München: Bayerischer Rundfunk, 07.09.2024, https://www.br.de/nachrichten/deutschland-welt/abschiebungen-fdp-und-cdu-politiker-fuer-gespraeche-mit-taliban,UNfoSZK (Zugriff: 21.11.2024)

M2 Gespräche mit Terroristen?

Vertreter des *„No-talks"*-Ansatzes haben keine schlechten Argumente, Terrorgruppen den Verhandlungstisch per se zu verweigern: Gespräche würde ihnen den Status eines politischen Akteurs zuerkennen und deren Gewaltakte legitimieren; der Staat mache sich erpressbar, wenn er auf brutale Anschläge mit einem Gesprächsangebot reagiert; ein Tête-à-Tête mit Terroristen könnte sogar zu weiterer Gewalt führen, wenn sich Nachahmer finden lassen, die ihrerseits hoffen, sich durch Militanz Gehör zu verschaffen und in den politischen Prozess mit eingebunden zu werden.
Verhandlungen können jedoch auch signifikant zu einem Ende der Gewalt beitragen. Hiermit verknüpft ist ein verändertes Verständnis von „Terrorismus", das die Gewaltform nicht isoliert betrachtet, sondern annimmt, dass terroristische Gruppen auch Rebellen, Aufständische oder kriminelle Organisationen sein können. Solchen Gruppen vorschnell das Terror-Label aufzudrücken – und damit jeden Dialog auszuschließen – kann den eigenen Handlungsspielraum unnötig einschränken.
Wie entscheidend [das] Label einer radikalen Gruppe ist, zeigt das Beispiel der afghanischen Taliban, die bis zum Amtsantritt Barack Obamas von den USA als terroristische Gruppierung eingestuft wurde. Erst ab 2009 begann die US-Regierung zwischen moderaten und radikalen Taliban-Fraktionen zu unterschieden und darüber hinaus die Verankerung in der afghanischen Bevölkerung zu betonen. Erst durch die offizielle Umbenennung konnten andere Maßnahmen als rein militärische in Erwägung gezogen werden – was letztendlich in Geheimverhandlungen unter Vermittlung Katars mündete. Auch die „Palästinensische Befreiungsorganisation" (PLO) ist ein populäres Beispiel für Gruppen, die den einen als Terroristen, den anderen als Freiheitskämpfer gelten. Obwohl sie über Jahrzehnte terroristische Anschläge und Geiselnahmen durchführte, wurde sie mit der Zeit als legitime Vertretung der palästinensischen Bevölkerung anerkannt und nahm eine Schlüsselrolle in den Osloer Friedensgesprächen mit der israelischen Regierung in den 1990er-Jahren ein.
Generell gilt: Gespräche bergen für Gewaltgruppen eine friedliche Alternative, um ihre Forderungen zu vertreten. Für Geheimdienste bieten Verhandlungen zahlreiche strategische Vorteile, wie den Gewinn an zusätzlichen Informationen beispielsweise in die inneren Dynamiken der Gruppe. Darüber hinaus können Verhandlungen als eine zivile Institution auch zivilisierend wirken, da sie in ihrem Verlauf bestimmte (Verhaltens-)Normen etablieren,

Vertrauen aufbauen und so die Legitimierung der Gewaltgruppe an Vorbedingungen und friedliche Verhaltensmuster knüpft.
Einen entscheidenden Vorteil bei Verhandlungen mit Terroristen können sogenannte *Back-Channel Negotiations* (BCN), also Geheimverhandlungen bringen: Der hohe Grad an Geheimhaltung ermöglicht den Aufbau wechselseitigen Vertrauens sowie die Möglichkeit, abseits öffentlicher Eskalationsrhetorik die tatsächlichen Interessen und Motive zu besprechen. Zudem erleichtert es die Geheimhaltung, ohne formulierte Vorbedingungen ins Gespräch zu kommen. Dies bedeutet, dass während der verdeckten Verhandlungen die Gewalt von beiden Seiten weitergehen kann, da ein Waffenstillstand nicht automatisch eine Vorbedingung für die Verhandlungen darstellt. [...]
Im Falle des nordafrikanischen Ablegers von al-Qaida hat es um 2009 geheime Gespräche zwischen dem damaligen Anführer des südlichen Ablegers von AQIM in der Sahara, Mokhtar Belmokhtar, und dem algerischen Geheimdienst gegeben, die kurzfristig zu einem taktischen Abkommen geführt haben sollen. Es ist eine seit dem Bürgerkrieg in den 1990er-Jahren erprobte Politik Algeriens, im Umgang mit Gewaltgruppen neben starker Repression immer wieder in geheimen Gesprächen individuelle Amnestien zu verhandeln und so moderate Teile von den Gewaltgruppen abzulösen. Dabei wurde sichtbar, dass sich jenseits universalistischer Forderungen al-Qaida-naher Gruppen – die Kritikern als entscheidendes Hindernis für Verhandlungen gelten – Interessen wie persönliche Vorteile von Mitgliedern als Verhandlungsgegenstand finden lassen.
Damit die Verhandlungen mit Terroristen überhaupt Erfolg haben können, ist der richtige Zeitpunkt essentiell. Eine Möglichkeit ist es, auf ein *Mutually Hurting Stalemate* (MHS) zu warten, eine Art Pattsituation, bei der beide Konfliktparteien ihre Lage nicht weiter verbessern können, auch nicht durch weitere Gewalt. Verhandlungen mit der Gegenseite könnten dann als die einzig gangbare Alternative gesehen werden. [...]
Die Hürden zu Beginn von Verhandlungen mit Gewaltgruppen sind sehr hoch und mehr als nur eine Frage des richtigen Timings. Können beide Seiten nach einem ersten Kontakt Verhandlungen beginnen, so ist zunächst noch nicht viel gewonnen. [...] Häufig geht es auch darum, überhaupt im Gespräch zu bleiben, da bei einem Scheitern [...] eine weitere Radikalisierung beider Seiten droht. Die Verhandlungen in Ägypten zwischen Regierung und der islamistischen Gama'a Islamiya in den [19]90er-Jahren zeigen die Gefahr einer Radikalisierung dritter Gruppen oder des Absplitterns von gewaltbereiten Flügeln auf: Im Dialogprozess zwischen dem Militärregime und Gama'a Islamiya konnte eine dritte Gruppe, der „Ägyptische Dschihad“, in Gespräche eingebunden werden, von der sich ein radikalerer Flügel unter der Leitung von Ayman al-Zawahiri loslöste und sich am Aufbau von al-Qaida beteiligte.
Gespräche oder Verhandlungen mit Gewaltgruppen sind grundsätzlich weder unmöglich noch entbehren sie historischer und aktueller Präzedenzfälle. Auch mit islamistischen Gewaltgruppen werden mittlerweile inoffizielle Gespräche geführt. Dennoch stellen sie für alle Beteiligten eine Herausforderung dar und erfordern eine sorgfältige Abwägung der Möglichkeiten und Grenzen des eigenen Handels. „Negotiating with terrorists is not a question of forgiving or forgetting the past, but holding a pragmatic position about the future.“

Anna Mühlhausen, Mit Terroristen reden?, Berlin: EURACTIV Deutschland. Haus der Bundespressekonferenz, 16.06.2016, https://www.euractiv.de/section/eu-aussenpolitik/opinion/mit-terroristen-reden/ (Zugriff: 21.11.2024) (verändert)

1 Positionieren Sie sich ausgehend von M1 zu direkten Verhandlungen Deutschlands mit den Taliban.

2 Arbeiten Sie Argumente für und gegen Verhandlungen mit terroristischen Gruppierungen heraus (M2). HILFE

3 „*No talks*“ mit Terroristen? Erörtern Sie kriterienorientiert und mehrperspektivisch (M2).

2.8 Sollten militärische Maßnahmen im Kampf gegen islamistischen Terrorismus ergriffen werden?

BEGRIFF

Fachkonzepte
Werte
Sicherheit
Frieden

QUERVERWEIS

I.2.1 Terrorismus – ein Thema, das mich betrifft?
S. 77, M1 (Foto oben)

M1 Tribute in Light

Jährlich am 11. September erinnert das Lichtdenkmal „Tribute in Light" an die Opfer der Terroranschläge.

M2 Krieg gegen den Terrorismus

INFO

Beispiele für den „war on terrorism"
Operation „Enduring Freedom" in Afghanistan (2001–2021)
Operation „Iraqi Freedom / New Dawn" im Irak (2003–2011)
Operation „Enduring Freedom" am Horn von Afrika u. a. (2001–2014)
Zudem unterstützte die US-Army andere Länder im Kampf gegen islamistische Terrorgruppen wie Abu Sayyaf und Jemaah Islamiyah auf den Philippinen sowie gegen den „Islamischen Staat" in Libyen, Kamerun und im Jemen.

Der 11. September 2001 veränderte die westliche Welt. Islamistische Attentäter steuerten zwei entführte Passagierflugzeuge in das World Trade Center in New York City. Weltweit verfolgten Menschen auf ihren Bildschirmen in Echtzeit, wie die zwei Türme einstürzten. Eine dritte Maschine flogen die Terroristen ins Pentagon, eine vierte stürzte ab. Rund 3.000 Menschen starben bei den Anschlägen. Der damalige US-Präsident George W. Bush rief im Anschluss an die Anschläge den „*war on terrorism*" aus [...].
[...] Unter dem „*war on terror*" verstand George W. Bush politische, juristische und militärische Schritte gegen internationale Terrornetzwerke. Dabei war es kein Krieg, wie ihn die bisherige Welt zu diesem Zeitpunkt kannte. Standen sich im Kalten Krieg die USA und die Sowjetunion über Jahrzehnte unversöhnlich gegenüber – der Feind war immer eindeutig –, so war an diesem „neuen Krieg" überhaupt nicht ad hoc klar, wer eigentlich der Gegner war. Das Terrornetzwerk al-Qaida galt als Urheber der Anschläge. Erstmals hatten es die USA jedoch mit einem Kriegsgegner zu tun, der kein Staat war. Man stand einem losen Netzwerk gegenüber, hinter dem sich reiche Geldgeber wie Osama bin Laden verbargen. [...] Die meisten Kriegsschauplätze befanden sich seither in Asien und Afrika [siehe Randspalte].

Text und Info: Langfristige Entwicklungen nach 9/11, Stuttgart: Landeszentrale für politische Bildung Baden-Württemberg, https://www.lpb-bw.de/langfristige-entwicklungen-nach-9/11 (Zugriff: 20.11.2024) (Info: verändert)

M3 Ein Teufelskreis aus Krieg und Terror?

INFO

Barack Obama (*1961) war 2009–2017 der 44. Präsident der USA.

Der US-geführte „*War on Terror*" hat islamistische Milizen und Netzwerke zweifellos geschwächt – vor allem durch immer neue Überwachungstechnologien und durch Obamas massiven Einsatz von Drohnen. Die Frage ist, um welchen Preis. Wissenschaftler der amerikanischen Brown-Universität haben 2020 eine Zwischenbilanz der menschlichen, politischen und fiskalischen Kosten des Anti-Terror-Krieges aufgestellt. Demnach waren bis dahin mindestens 800.000 Menschen, fast die Hälfte von ihnen Zivilisten, durch direkte Kampfhandlungen getötet worden – die große Mehrheit in Afghanistan, Pakistan, im Irak, in Syrien und im Jemen. Eine vielfach größere Zahl, so die Autoren des „*Cost-of-War*"-Projekts, ist an indirekten Folgen gestorben wie Mangelernährung, Hunger und dem Kollaps von Gesundheitssystemen in umkämpften Gebieten. Etwa 37 Millionen Menschen sind im Laufe des Anti-Terror-Kriegs zumindest zeitweilig vertrieben worden. Im Rahmen des „*War on Terror*" haben

die USA bislang in 85 Ländern militärische Operationen durchgeführt. Allein in den USA belaufen sich die Kosten für die Kriege mittlerweile auf über sechs Billionen Dollar, darunter viele Milliarden für zivile Aufbauprojekte in Ländern wie dem Irak und Afghanistan, die durch Korruption und Misswirtschaft verschwunden sind.
Nicht mitgerechnet sind in dieser Aufstellung die Kosten des Anti-Terror-Krieges auf seinen neuen Schlachtfeldern auf dem afrikanischen Kontinent. [...] In Mali, Niger und anderen Ländern der Sahelregion hatten Islamisten mit Verbindungen zu al-Qaida und dem IS Anfang 2021 weite Gebiete unter ihre Kontrolle gebracht oder unkontrollierbar gemacht. [...] Eine internationale Anti-Terror-Koalition flog Luftangriffe und setzte Spezialkommandos ein; dieses Mal nicht unter Führung der USA, sondern Frankreichs. Ein Teufelskreis [...].
Als Joe Biden im April 2021 den Abzug der US-Soldaten aus Afghanistan versprach, hatte sich der IS auch dort fest etabliert. Die Abzugsverhandlungen hatte Washington nicht mit der afghanischen Regierung geführt, sondern mit den Taliban, die inzwischen wieder weite Teile des Landes kontrollierten. Der Deal: Abzug der US-Truppen gegen die Zusicherung, dass die Taliban auf afghanischem Boden keine Vorbereitungen von Anschlägen auf amerikanische Ziele mehr zuließen. [...]
Die USA müssten sich endlich ehrlich machen, schrieb der afghanische Journalist Mansoor Faizy nach Joe Bidens Ankündigung, alle amerikanischen Soldaten bis zum 11. September 2021 aus Afghanistan heimzuholen. „Die Kampagne des Krieges gegen den Terror war nichts als ein riesiger Flop." Am meisten verbitterte Faizy, dass Biden mit keinem Wort die afghanischen Opfer erwähnte. „Es ist wert, festzustellen, dass der Krieg gegen den Terror uns nur mehr Krieg und mehr Terror gebracht hat."

Andrea Böhm, Krieg gegen den Terror: Die Gesetze des Dschungels, in: Die Zeit online, 09.09.2021, https://www.zeit.de/zeit-geschichte/2021/04/krieg-gegen-den-terror-usa-9-11-afghanistan-truppenabzug/komplettansicht (Zugriff: 17.11.2024)

QUERVERWEIS

I.2.7 Soll man mit Terroristen verhandeln?
S. 92–93

INFO

Joe Biden
(*1942) war 2021–2025 der 46. Präsident der USA.

M4 Wirklich keine militärischen Lösungen?

Es gibt keine militärische Lösung im Kampf gegen Terroristen. Wirklich nicht? Natürlich, wenn man die Bedeutung von militärischen Interventionen für die Mobilisierung von Terroristen überhöht, dann liegt auch die These nahe, dass neue Interventionen das Problem nicht lösen können. Hinzu kommt, dass besonders in Deutschland Militäraktionen grundsätzlich kritisch gesehen werden.
Zwar ist es richtig, dass die Bekämpfung vieler Gruppierungen vor allem eine Aufgabe für die Polizei und Nachrichtendienste ist. Militärische Maßnahmen werden in der Regel nicht ausreichen, um terroristische Gruppierungen entscheidend zu schlagen; sie sollten deshalb von politischen und anderen Schritten flankiert werden.
Doch sind Gruppierungen wie al-Qaida oder der IS ohne den Einsatz von Militär nicht zu schlagen. Wer sie daran hindern will, Anschläge in der westlichen Welt zu verüben, muss sie auch in ihren Hauptquartieren und Hochburgen in Südasien und der arabischen Welt bekämpfen – und das kann nur das Militär leisten.

Guido Steinberg, Islamistischer Terrorismus: Sechs Thesen auf dem Prüfstand, in: Internationale Politik 3, Mai/Juni 2017, Berlin: Deutsche Gesellschaft für Auswärtige Politik e. V., S. 62–67

1 Beschreiben Sie das Bild und tragen Sie Ihre Kenntnisse zu „9/11" und den Folgen zusammen (M1).

2 **Wählen Sie eine Aufgabe aus:**
a) Arbeiten Sie Argumente für und gegen militärische Maßnahmen im Kampf gegen islamistischen Terrorismus heraus (M2–M4).
b) Erklären Sie ausgehend von M2–M4 militärische und nichtmilitärische Möglichkeiten Deutschlands zur Terrorismusbekämpfung.

3 Nehmen Sie unter Berücksichtigung von Zielen und Ursachen von islamistischem Terrorismus Stellung zur Bedeutung militärischer Mittel zur Terrorismusbekämpfung (M2–M4). HILFE

2.9 Rechtsextremistischer Terrorismus – vorrangig eine Bedrohung durch „Einzeltäter“?

BEGRIFF

Fachkonzepte
Werte
Sicherheit
Frieden

INTERNET

WES-118496-124
Film: Einfach erklärt: Extremismus

GLOSSAR

Extremismus
Ideologie
Terrorismus

QUERVERWEIS

I.2.1 Terrorismus – ein Thema, das mich betrifft?
S. 76, M1 (Foto u. li.)

M1 Online-Welten

M2 Anschlag auf die Synagoge in Halle (2019)

Bis zum 9. Oktober 2019 war die schmale Holztür am Seiteneingang der Synagoge in Halle nichts Besonderes. Am 9. Oktober dann [...] rettete die Tür mehr als 50 Menschen das Leben. Hätte sie den Schüssen von Stephan B. nicht standgehalten, wäre der schwer bewaffnete Terrorist in die Synagoge gelangt, die an dem jüdischen Feiertag Jom Kippur gut besucht war – es hätte vermutlich ein Blutbad gegeben.
Der 9. Oktober muss als einer der schlimmsten Tage des Jahres gelten für Halle [...] und Deutschland insgesamt. Stephan B., ein 27 Jahre alter Mann aus Eisleben, hatte vor, an diesem Tag viele Menschen zu töten, viele Juden. Er lieh sich ein Auto, packte es voll mit zum Teil selbstgebauten Waffen und Sprengsätzen, zog sich einen Kampfanzug an.
Als er damit scheiterte, in die Synagoge zu gelangen, erschoss er eine zufällig vorbeilaufende Passantin und kurz darauf einen jungen Mann in einem Kebab-Imbiss. Auf seiner Flucht verletzte er zwei Menschen, bevor ihn die Polizei nahe Zeitz festnehmen konnte.
Seine Tat streamte B. live ins Netz, er hatte eine Kamera auf seinem Helm installiert. Angaben des Streamingdienstes zufolge sahen fünf Menschen dem Täter live zu. 2.200 sahen sich

die Aufzeichnung an, bis sie nach rund einer halben Stunde gelöscht wurde. Danach kursierte das Video weiter im Netz, ebenso wie das seitenlange Dokument, das Stephan B. vor seiner Tat in einem Forum hochgeladen hatte. Darin beschreibt er detailliert seine Waffen, kündigt seine Tat an. [...]
Stephan B. ist vor seiner Terrortat nicht polizeilich aufgefallen. Er wuchs um Eisleben herum auf, brach ein Chemiestudium ab, lebte zuletzt in Benndorf bei seiner Mutter und war arbeitslos. Zumindest von den Sicherheitsbehörden unbemerkt radikalisierte er sich im Netz. Er spielte am Computer und traf in den virtuellen Welten auf Menschen, die sich ein gemeinsames, menschenfeindliches Weltbild

aufgebaut haben. Dazu gehören Judenhass und Holocaust-Leugnung, Rassismus und Gewaltfantasien, Frauenhass und Hitlerverehrung.
Nach der Tat war und ist bis heute oft davon die Rede, dass es sich bei Stephan B. um einen ganz neuen Tätertyp handele, der schwer aufzuspüren sei, bevor etwas passiere. Dabei ist dieser Tätertyp gar nicht wirklich so neu. Schon der norwegische Attentäter Anders Breivik, der 2011 in Oslo und auf der Insel Utoya 77 Menschen erschossen hatte, begründete seine Tat mit rechtsextremen Ideen, stilisierte sich als Retter der christlich-europäischen Ordnung und veröffentliche im Netz Hinweise auf seine Tat.
Seither haben sich mehrere rechtsextreme Terroristen auf Breivik bezogen. So etwa auch der Attentäter, der im März 2019 in Christchurch in Neuseeland 51 Menschen in zwei Moscheen erschoss. Wie später der Halle-Täter streamte er seine Tat ins Netz. Zuvor hatte er ein Dokument veröffentlicht, in dem er unter anderem die unter Rechten beliebte Verschwörungstheorie zu einem angeblich stattfindenden Bevölkerungsaustausch referierte. [...]
Zwar radikalisierte sich Stephan B. nach bisherigen Erkenntnissen nicht „klassisch“ in einem rechtsradikalen Freundes- und Bekanntenkreis. Ganz irrelevant ist es aber auch für solche Tätertypen nicht, in welchem Umfeld und gesellschaftlichem Klima sie sich bewegen. In den 1990er-Jahren gab es mehrere Morde mit rechtsextremem Hintergrund in und um Halle. So wurde ein behinderter Mann in Halle-Neustadt von Skinheads umgebracht. Später waren verschiedene Neonazi-Kameradschaften in der Stadt aktiv. Aus der Szene haben sich inzwischen international agierende Netzwerke entwickelt, etwa „Blood and Honour“, das in Sachsen und Sachsen-Anhalt aktiv ist.

Denise Peikert, Der Anschlag von Halle und die Folgen, in: MDR-aktuell, Leipzig: Mitteldeutscher Rundfunk, 16.03.2021, https://www.mdr.de/nachrichten/jahresrueckblick/terror-anschlag-synagoge-halle100.html (Zugriff: 05.07. 2024) (verändert = Zwischenüberschriften entfernt)

INFO

Das rechtsextreme Netzwerk **„Blood and Honour“** wurde 1987 in Großbritannien gegründet. In Deutschland ist die militante Gruppierung seit 2000 verboten, weltweit hat sie ca. 10.000 Mitglieder.

M3 Bedeutung des Internets für Radikalisierung

Das Internet ermöglicht [...] aufgrund der besonderen Kommunikationsweise, dass sich Einzelne ohne persönliche Kontakte politisieren und in Richtung eines ideologisch geprägten Terrorismus radikalisieren. Dabei können sie in einem kommunikativen Austausch mit entsprechenden Extremisten im Internet stehen, sie können aber auch nur deren Propaganda konsumieren. Bei jüngeren Einzeltäter-Fällen kam die Formulierung „Gamifizierung des Terrorismus“ auf.
„Gamifizierung“ [...] meint allgemein, dass spieltypische Merkmale auf spielfremde Zusammenhänge übertragen werden. Hierzu gehören etwa Bewertungspunkte oder Ranglisten, die auch für einzelne Terroristen bedeutsam sind. Dabei geht es um die Anhänger von Computerspielen, hier insbesondere Ego-Shooter. Diese versetzten sich in die Rolle eines Schützen, der so viele Gegner wie möglich töten muss, um eine hohe Punktzahl zu erhalten. Die Einzeltäter lassen sich mitunter vom Spiel zu Taten in der Wirklichkeit motivieren. Sofern dieses Agieren mit einschlägigen Feindbildern und Mentalitäten verbunden ist, kann es sich auch in Form von Gewalttaten gegen bestimmte soziale Gruppen artikulieren. Der [in M2] erwähnte Stephan B. steht für einen solchen Fall von „Gamifizierung“.

Armin Pfahl-Traughber, Der Einzeltäter im Terrorismus. Definition, Fehldeutungen, Typologie, Zusammenhang, Bonn: Bundeszentrale für politische Bildung, 28.01.2020, https://www.bpb.de/themen/rechtsextremismus/dossier-rechtsextremismus/304169/der-einzeltaeter-im-terrorismus/ (Zugriff: 05.07.2024)

1 Betrachten Sie M1. Wie schätzen Sie die Bedeutung des Internets für die Radikalisierung von Menschen ein? Begründen Sie Ihre Annahmen.
2 Fassen Sie die Taten des Stephan B. zusammen (M2).
3 Arbeiten Sie Ziele der terroristischen Taten heraus (M2).
4 Überprüfen Sie Ihre Annahmen aus Aufgabe 1 angesichts der Informationen in M3.

M4 „Einzeltäter“ – Missverständnisse um einen Begriff

Ein Einzeltäter handelt zwar allein, er bewegt sich aber in einem Kontext. Es kann dazu folgende Typologisierung vorgenommen werden:

1. gibt es Einzeltäter, die einer gewaltorientierten Gruppe angehören, diese aber über ihre geplanten Handlungen nicht informieren. Dafür stehen David Copelands drei Nagelbombenanschläge in London von 1999. Er gehörte sogar zu den Führungsfunktionären einer rechtsextremistischen Organisation.
2. gibt es Einzeltäter, die einer gewaltorientierten Gruppe angehörten, worin sie eine ideologische Prägung erhielten. Dies gilt für Frank S., der 2015 einen Messerangriff auf die Politikerin Henriette Reker durchführte. Er gehörte dabei keiner politischen Gruppe an, war aber in den 1990er-Jahren in neonazistischen Organisationen politisch sozialisiert worden.
3. gibt es Einzeltäter, die sich über das Internet radikalisieren, wobei sie keine persönlichen Kontakte eingehen. Dafür steht Stephan B., der 2019 ein Massaker an Juden in einer Synagoge in Halle anrichten wollte. Er gehörte keiner rechtsextremistischen Gruppe an, fühlte sich aber über das Internet einer virtuellen Gemeinschaft zugehörig.
4. schließlich gibt es Einzeltäter, die sich durch eine angebliche gesellschaftliche Stimmung motiviert fühlen, wodurch sie eine subjektive Motivation erfahren haben wollen. Dies trifft auf Roland K. angesichts seines Mordversuchs an einem eritreischen Flüchtling 2019 zu, meinte er doch, im angeblichen Namen eines bedrohten Volkes zu handeln.

Demgemäß handelt jeder der gemeinten Einzeltätertypen zwar allein, ist aber in unterschiedlicher Form durch sein aktuelles oder früheres Umfeld geprägt. Diese Einsicht wird möglicherweise durch eine „Einsamer-Wolf“-Vorstellung weniger wahrgenommen.

Armin Pfahl-Traughber, Der Einzeltäter im Terrorismus (siehe M3)

M5 Rechtsterrorismus – ein verbreitetes Phänomen

INFO

xenophob
fremdenfeindlich

misogyn
frauenfeindlich

Rechter Terror ist ein europaweit verbreitetes Phänomen, auch wenn dessen Ausmaß von Land zu Land differiert. Ultranationalistische, rechtsautoritäre und xenophobe Einstellungen bilden einen Nährboden, aber Gewalttaten sind oft die Folge günstiger Gelegenheiten und situativer Bedingungen (Konfliktkonstellationen, etablierte gewaltgeneigte Gruppen und Milieus, charismatische Führer, Gewaltressourcen und deren Beherrschung), die bei relativ konstantem Einstellungsniveau zu sehr unterschiedlichen Gewaltintensitäten führen. [...]
Von den USA und Kanada aus hat auch in Europa seit einigen Jahren die „Incel“-Subkultur („Incel“ steht für „*involuntary celibates*“ – unfreiwillig zölibatär) auf misogynen Online-Foren, wo frauenfeindliche und antifeministische Botschaften verbreitet werden, an Bedeutung gewonnen. Soziale Medien mit ihren ungefilterten, teilweise auf politisch extreme bis gewaltverherrlichende Inhalte spezialisierten Foren [...] begünstigen globalisierte Online-Radikalisierungen und betten diese in den eigenen Alltag ein, auch wenn die Interaktionspartner weit entfernt sind. Lose Netzwerke gewinnen an Bedeutung, während organisatorisch fester gefügte Vereinigungen seit längerer Zeit an Boden verlieren. Diese binden ihre Aktiven oft in eine strenge Gruppendisziplin ein, können aber zugleich als „Durchlauferhitzer“ Radikalisierungsprozesse begünstigen. Nicht zu vernachlässigen sind paramilitärische Formationen, wie sie in Gestalt der „*militia movement*“ in den USA seit Langem bekannt sind. In Europa spielten sie vor allem in Ungarn, Tschechien und der Slowakei eine Rolle als „Garanten für Recht und Ordnung“ zur Abwehr einer von „sozialen Störenfrieden“ [...] ausgehenden Gefahr.

Uwe Backes, Rechtsextremistische und rechtsterroristische Gewalt in Europa, Bonn: Bundeszentrale für politische Bildung, 22.12.2020, https://www.bpb.de/themen/rechtsextremismus/dossier-rechtsextremismus/324955/rechtsextremistische-und-rechtsterroristische-gewalt-in-europa/ (Zugriff: 13.08.2024)

M6 Wie kommt es zu rechtsextremer Radikalisierung?

Für die Entstehung von Rechtsextremismus gibt es nicht die eine Ursache. Die Erklärungsversuche reichen von bestimmten Persönlichkeitsmerkmalen oder Benachteiligungsgefühlen zu gesellschaftlichen Faktoren. [...] [Z]wei definitorische Kernmerkmale des Rechtsextremismus [können] genannt werden: auf politischer Ebene eine Affinität zu diktatorischen Gesellschaftssystemen und eine Ablehnung von Demokratie und Rechtsstaatlichkeit sowie die Verharmlosung von NS-Verbrechen. Auf sozialer Ebene werden Ungleichwertigkeitsvorstellungen beschrieben, die sich z. B. in Rassismus, Antisemitismus oder sozialdarwinistischen Vorstellungen äußern können. Zur Frage, wie sich bei Menschen solche Überzeugungssysteme entwickeln, existieren grob gesprochen zwei Forschungstraditionen: [...] Identifikation von einzelnen Risikofaktoren [...] und [...] allgemeinere Rechtsextremismustheorien [...].

Als **individuelle Risikofaktoren** gelten aktuell das männliche Geschlecht, ein geringes Bildungsniveau und bestimmte Persönlichkeitsmerkmale wie Autoritarismus (Tendenz zu autoritären und antidemokratischen Einstellungen), soziale Dominanzorientierung (Tendenz, in sozialen Hierarchien zu denken) und Narzissmus. Auch Diskriminierungserfahrungen, fehlende berufliche Perspektiven, Gewaltaffinität sowie eine kriminelle und militärische Vergangenheit trugen zur Rechtsradikalisierung bei. Zudem konnten bestimmte Merkmale der sozialen Informationsverarbeitung wie Schwarz-Weiß-Denken und identitätsrelevante Vorstellungen, etwa die wahrgenommene Bedrohung durch soziale Fremdgruppen und subjektiv erlebte Ungerechtigkeit, als bedeutsam nachgewiesen werden.

Bei **sozialen und gesellschaftlichen Einflüssen** wird oft zwischen sogenannten Push- und Pull-Faktoren unterschieden. Als Push-Faktoren werden Armut, wahrgenommene politische Missstände und kollektive relative Deprivation (kollektives Benachteiligungsempfinden) genannt. Als Pull-Faktoren ergaben sich die Zugehörigkeit zu sozial abweichenden extremistischen Gruppen, deren Gruppendynamiken und Ideologien, die mit Abwertungsnarrativen (z. B. gegenüber Geflüchteten) und Gewaltaffinität eng verbunden sind. Dagegen sind die Zusammenhänge mit familiären Merkmalen eher gering (z. B. für die Übernahme elterlicher rechtsextremer Einstellungen nur dann, wenn die Beziehung zwischen Kindern und Eltern gut ist) und nur für den negativen Einfluss elterlicher Gewaltneigung gut belegt. [...] [Es] ist anzunehmen, dass eine rechte Radikalisierungsgefährdung vor allem dann vorliegt, wenn sich Risikofaktoren häufen und zugleich nur wenige protektive Kompetenzen und Ressourcen vorhanden sind. Außerdem konnten verschiedene Subgruppen identifiziert werden (z. B. Führungspersonen und Mitläufer), für die zum Teil unterschiedliche Risikokonstellationen gelten.

Zeichnung: Kostas Koufogiorgos, 19.06.2019

Andreas Beelmann, Ursachen und Prävention des Rechtsextremismus, Bonn: Bundeszentrale für politische Bildung, 08.10.2024, https://www.bpb.de/themen/rechtsextremismus/dossier-rechtsextremismus/552904/ursachen-und-praevention-des-rechtsextremismus/ (Zugriff: 24.11.2024) (verändert = Lit.verweise entfernt)

QUERVERWEIS

Radikalismus, Extremismus, Terrorismus unterscheiden
S. 79, M4

INTERNET

WES-118496-125
Mehr zu Theorien des Rechtsextremismus

INFO

Sozialdarwinismus
in der rechten Szene eine Ideologie, die evolutionäre Theorien missbraucht, um Ungleichheit und Diskriminierung zu rechtfertigen

protektiv
schützend

1. Geben Sie die Typologisierungen sogenannter „Einzeltäter" nach M4 wieder.
2. Analysieren Sie M1–M6 im Hinblick auf Erscheinungsformen, Ziele, Strategien und Ursachen rechtsextremistischen Terrorismus. HILFE
3. Rechtsterrorismus – vorrangig eine Bedrohung durch „Einzeltäter"? Nehmen Sie unter Einbeziehung von M4 und M5 Stellung.
4. Wie kann Rechtsterrorismus erfolgreich bekämpft werden? Entwickeln Sie vor dem Hintergrund der Aussage der Karikatur in M6 Vorschläge für staatliches Handeln.

TIPP

Zu Aufgabe 4:
Beziehen Sie zu ausgewählten Vorschlägen auf einer Positionslinie Stellung (siehe Lernweg auf S. 83).

2.10 Nachgefragt: Gefahr von links?

BEGRIFF

Fachkonzepte
Werte
Sicherheit
Frieden

M 1 Was motiviert „linke“ Gewalt?

Zeichnung: Gregory Gilbert-Lodge

M 2 Differenziert betrachtet: Linksextremismus

Zwar sind sich verschiedene Extremismen in ihrer Feindschaft zur Demokratie einig, allerdings unterscheiden sich ihre ideologischen Hauptströmungen grundsätzlich. Während der Rechtsextremismus den Gedanken universeller Gleichheit strikt ablehnt mit dem Ziel, einen ethnisch homogenen Nationalstaat zu schaffen, übersteigert der Linksextremismus die Idee der Gleichheit und bedroht somit das demokratische Freiheitsprinzip.

Die Gegenüberstellung von Rechts- und Linksextremismus ist in Politik, Öffentlichkeit und Wissenschaft umstritten. Kritiker bemängeln zum einen, dass durch die Gleichsetzung von rechts und links der Rechtsextremismus verharmlost, linkes Gedankengut dagegen dämonisiert würde. Zum anderen wird grundlegend infrage gestellt, ob das Ziel weitreichender sozialer Gerechtigkeit, welches das linke Spektrum für sich beansprucht, überhaupt als extremistisch zu gelten hat oder es sich nicht vielmehr um ein grunddemokratisches Anliegen handelt.

Diesen Einwänden wird wiederum entgegengehalten: Wer rechts und links vergleicht, setzt sie nicht gleich, sondern zielt sowohl auf Gemeinsamkeiten als auch Unterschiede ab. Und nicht das Eintreten für soziale Gerechtigkeit oder der Kampf der Antifa gegen den Rechtsextremismus seien als linksextremistisch aufzufassen, sondern die Tatsache, dass im Zusammenhang dieser Ziele das staatliche Gewaltmonopol und die Spielregeln der konstitutionellen Demokratie infrage gestellt werden. Solche, in der öffentlichen Debatte mitunter mangelnden Differenzierungen, sind für eine angemessene Befassung mit dem Thema Linksextremismus unerlässlich.

Entsprechend wird hier die Bezeichnung Linksextremismus als Oberbegriff für diejenigen politischen Strömungen verwendet, die eine klassenlose Gesellschaft anstreben. Aus den Absolutheitsforderungen nach allumfassender Gleichheit als „wahre Demokratie“ leiten Linksextremisten das Privileg ab, ihre Gesellschaftsvision bedingungslos durchzusetzen – sei es in Form einer kommunistischen Diktatur, sei es in Form der Anarchie. Die Verwirklichung der linksextremen Utopien liefe in der Praxis auf die Missachtung grundlegender demokratischer Prinzipien hinaus, zum Beispiel die Ablehnung von Eigentum und Besitz, politischem Pluralismus und Meinungsfreiheit. Das Spektrum linksextremer Kräfte

INTERNET

WES-118496-126
Link zum Erklärfilm „Geschichte der RAF“ von Mr. Wissen to go Mirko Drotschmann

in der Bundesrepublik Deutschland ist vielfältig. Es reicht von zumeist kommunistisch geprägten Parteien [...] bis zur eher anarchistisch geprägten linksextremen Szene (Autonome); von der Beteiligung linksextremer Milieus an breiten gesellschaftlichen Protestbewegungen bis hin zu abgeschotteten linksterroristischen Zellen; von einer jugendlichen Subkultur bis hin zu intellektuellen Zirkeln. Aus dieser Verschiedenheit resultieren entsprechend verschiedene Gefahrenpotenziale: Die Gewaltbereitschaft der linken Szene stellt eine Bedrohung für die innere Sicherheit dar. Sie greift die Grundrechte auf Unversehrtheit der Person und des Eigentums an, zum Beispiel durch Angriffe auf Einrichtungen und Repräsentanten des Staates wie die Polizei, aber auch auf Baufirmen sowie auf tatsächliche und vermeintliche Rechtsextremisten.

Tom Thieme, Gefahr von links?, Potsdam: Brandenburgische Landeszentrale für politische Bildung, März 2022, https://www.politische-bildung-brandenburg.de/themen/gefahr-von-links (Zugriff: 21.11.2024)

M3 Wann wäre die Schwelle zum Terrorismus überschritten?

QUERVERWEIS

Radikalismus, Extremismus, Terrorismus unterscheiden
S. 79, M4

LINKSEXTREMISMUS

Mutmaßlicher Linksextremist und Komplize von Lina E. festgenommen

22. Oktober 2024, 20:12 Uhr

Die Bundesanwaltschaft hat in Berlin einen mutmaßlichen Linksextremisten festnehmen lassen. Er soll die Gruppe um die mutmaßliche Linksextremistin Lina E. unterstützt und ihnen Kampfsporttraining angeboten haben. Außerdem soll er an einem Überfall auf Neonazis in Eisenach beteiligt gewesen sein.

MDR, 22.10.2024

Klimaschutz-Bewegung:

„Ende Gelände" extremistischer Verdachtsfall

18.06.2024 | 14:45

„Ende Gelände" wird als linksextremistischer Verdachtsfall geführt. Der Verfassungsschutz sieht bei der Klimaaktivistengruppe klare Anzeichen für eine Radikalisierung.

ZDF heute, 18.06.2024

Stromversorgung in Brandenburg

Bundesanwaltschaft ermittelt zu Tesla-Anschlag

Stand: 08.03.2024 14:53 Uhr

Die Bundesanwaltschaft hat die Ermittlungen zu dem Anschlag auf die Stromversorgung des Tesla-Werks in Grünheide übernommen. Zu der Tat hatte sich die linksextremistische „Vulkangruppe" bekannt.

Tagesschau.de, 08.03.2024

Ausführlicher Nachweis der Schlagzeilen auf S. 255

1 Sammeln Sie ausgehend von M1 Absichten, die Ihrer Meinung nach mit „linker" Gewalt einhergehen.

2 Fassen Sie zentrale Aussagen in Bezug auf Links- und Rechtsextremismus zusammen (M2).

3 Recherchieren Sie Hintergrundinformationen zu den Fällen (M3) und ordnen Sie diese mithilfe der Kategorien in M4 auf S. 79 begründet ein.

4 Gefahr von links? Nehmen Sie ausgehend von den Materialien dieser Doppelseite Stellung.

Machtlos gegenüber Terrorismus?

Was kennzeichnet Terrorismus?

Terrorismus will bewusst **Angst und Schrecken** erzeugen. Planmäßig wird **Gewalt** auf schockierende Weise eingesetzt oder angedroht, um politische Veränderungen im Sinne der jeweiligen terroristischen Gruppierung bzw. Ideologie herbeizuführen.
Spezifisch für Terrorismus ist, dass über die unmittelbaren Opfer oder Ziele des terroristischen Angriffs hinaus **weitreichende psychologische Effekte/Wirkungen** erzielt werden sollen. Es geht darum, Furcht zu erregen und Menschen massiv zu verängstigen.
Die Europäische Union hebt in ihrer Definition terroristischer Straftaten entsprechend hervor, dass Terrorakte mit den Zielen verübt werden, die Bevölkerung auf schwerwiegende Weise einzuschüchtern, öffentliche Stellen o. Ä. rechtswidrig zu bestimmten Handlungen bzw. Unterlassungen zu zwingen, die Grundstrukturen eines Landes oder einer internationalen Organisation zu destabilisieren oder zu zerstören.

Im Zusammenhang mit Terrorismus sollte darauf geachtet werden, differenziert mit Begriffen wie **Radikalismus**, **Extremismus** und **Terrorismus** umzugehen. Extremistische Einstellungen können bei fortschreitender Radikalisierung den Nährboden für terroristische Gewalttaten bilden. Hilfreich kann es sein, zu beachten, dass Terrorismus ausdrücklich die Anwendung von Gewalt propagiert, um Ziele wie die Zerstörung der bestehenden Ordnung zu erreichen, und oft Todesopfer fordert.

Ziele und Formen von Terrorismus

Folgende **politische/ideologische Zielsetzungen von Terrorismus** lassen sich beispielsweise idealtypisch unterscheiden:

- autonomistisch/separatistisch ausgerichtete Gruppierungen beanspruchen für eine Minderheit die Abspaltung von einem Staat und/oder Gründung eines Staates (z. B. die ETA in Spanien bis zu ihrer Auflösung 2018);
- linksextremistische/sozialrevolutionäre Gruppierungen wenden sich gegen eine als ungerecht und repressiv empfundene Staats- und kapitalistische Wirtschaftsordnung (z. B. die „Rote Armee Fraktion“ (RAF) in den 1970er-Jahren);
- rechtsextremistische/rassistische Gruppierungen streben ein diktatorisches System in einer ethnisch homogenen Gesellschaft an (z. B. der „Nationalsozialistische Untergrund“ (NSU) in den 2000er-Jahren);
- fundamentalistisch/religiös motivierte terroristische Gruppierungen wollen säkulare Gesellschafts-/Staatsformen zerstören und eine in ihrem Sinn theokratische Herrschaft etablieren (z. B. islamistische Gruppierungen wie al-Qaida).

Mit den beispiellosen Terroranschlägen der islamistischen Terrororganisation al-Qaida am 11. September 2001 („*nine-eleven*“ (9/11)) sind der sogenannte **transnationale Terrorismus** und seine Bekämpfung in den Fokus der Aufmerksamkeit gerückt.
Transnational meint, dass terroristische Gruppierungen auf substaatlicher Ebene länderübergreifend vernetzt sind, sich oft aus Angehörigen verschiedener Nationalitäten zusammensetzen, sich mithilfe privater Unterstützung oder durch den Aufbau eigener Netzwerke finanzieren und gegebenenfalls davon profitieren, dass Staaten vorübergehend ähnliche Absichten verfolgen und terroristische Aktivitäten teilweise dulden.

Islamistische terroristische Gruppierungen wie al-Qaida und der „Islamische Staat“ (IS) lehnen „westliche“ Werte und säkulare, demokratische Regierungs- und Lebensformen fundamental ab. Zu ihren zentralen **Zielen** gehören der Kampf gegen den westlichen Einfluss in islamischen Ländern und der Kampf für ein Herrschaftssystem, das ihrer ideologischen Auslegung der Scharia, des Islamischen Rechts, entspricht. Für einen begrenzten Zeitraum gelang es z. B. dem IS, das Ziel der Errichtung eines Kalifats in Gebieten des Irak und Nordsyriens umzusetzen.

Strategien und Ursachen von Terrorismus

Als **„Strategie" terroristischer Gruppierungen** kann aufgefasst werden, dass
- terroristische Anhängerinnen und Anhänger (medial) zunehmend gut vernetzt sind,
- Untergruppen, „Ableger" o. Ä. gebildet werden (z. B. Khorasan-Chapter des IS),
- weltweit Propaganda betrieben wird (insbesondere mithilfe sozialer Medien),
- Anhängerinnen und Anhänger gezielt rekrutiert werden (z. B. mithilfe des Internets oder in Regionen, in denen schlechte sozio-ökonomische Rahmenbedingungen herrschen),
- Aufrufe zu Angriffen/Gewalttaten erfolgen (z. B. gegen den „Westen" oder andere „Feinde"),
- schockierende Gewalttaten verübt und medial verbreitet werden (so gilt der IS als besonders brutal und hat öffentliche Enthauptungen, Hinrichtungen und Massenmorde zu verantworten).

Zu **Ursachen für Terrorismus** können z. B. folgende Aspekte gezählt werden:
ideologische Motivationen, (Gefühle der) Benachteiligung, Diskriminierung, Perspektivlosigkeit, die Auflehnung gegen Einflussnahme des sogenannten „Westens" bei islamistisch motiviertem Terrorismus, Auflehnung gegen die herrschende Regierung/Situation im Land, zum Beispiel angesichts
- schlechter sozioökonomischer Rahmenbedingungen, insbesondere wenn diese nicht durch die Politik beseitigt werden können (z. B. durch Umverteilungspolitik),
- fehlender wirtschaftlicher und politischer Teilhabemöglichkeiten,
- außenpolitischer Rahmenbedingungen, die Frustrationen auslösen,
- demografischen Drucks.

Die **Radikalisierung von Jugendlichen** kann insbesondere begünstigt werden, wenn es einer terroristischen Gruppierung gelingt, Orientierung und Strukturen zu bieten, Antworten auf Sinnfragen zu geben (z. B. mithilfe eines vereinfachten Weltbildes und/oder einer eingängigen „Lehre"/Erzählung), das Gefühl von Zugehörigkeit zu vermitteln und Anerkennung zu geben/in Aussicht zu stellen.

Mit dem **Begriff des „Einzeltäters"** ist differenziert umzugehen, da beispielsweise terroristische Taten durchaus von einer einzelnen Person umgesetzt werden können, diese „Einzeltäter" aber nicht frei von jeglichem Kontext zu betrachten sind. „Einzeltäter" können zum Beispiel eine ideologische Prägung in einer Gruppe erhalten, sich über das Internet radikalisiert haben oder sich durch eine vermeintliche gesellschaftliche Stimmungslage motiviert fühlen.

Innen- und außenpolitische Maßnahmen gegen Terrorismus

Zur **Bekämpfung des Terrorismus** entwickelten die Mitgliedstaaten der EU gemeinsame Aktionspläne und eine europäische Strategie, die auf folgende Aspekte setzt:
- Prävention und Bekämpfung der Ursachen,
- Schutz der Bevölkerung und Reduzierung der Verwundbarkeit,
- Verfolgung und Aufklärung terroristischer Handlungen im Vorfeld,
- Verbesserung der Reaktion infolge eines Terroranschlags.

Polizei und Justiz sollen besser zusammenarbeiten. Beispielsweise wurden bereits Maßnahmen ergriffen, um die Verfolgung von Terroristinnen und Terroristen europaweit effizienter zu gestalten.

In Deutschland werden **innenpolitische Maßnahmen zur Terrorismusbekämpfung** diskutiert, etwa ob Sicherheitsbehörden mehr Befugnisse erhalten sollten. Dies wirft auch die Frage auf, welche Bedeutung den Werten Freiheit und Sicherheit in einer Demokratie beigemessen werden sollte.
In der Debatte um die Abschiebung sogenannter Gefährder ist von Relevanz, inwiefern Abschiebungen zur effizienten Terrorismusbekämpfung beitragen können, aber auch, ob Abschiebungen in bestimmte Länder, wie das mittlerweile von den Taliban beherrschte Afghanistan, legitim sind. Zudem spielen zum Beispiel im Fall von Afghanistan auch **außen- und sicherheitspolitische Fragen** eine Rolle: Sollten terroristische Gruppierungen in politische Verhandlungen einbezogen werden? Die Bedeutung **militärischer Maßnahmen** im Rahmen der Terrorismusbekämpfung wird ebenfalls immer wieder kontrovers diskutiert, insbesondere da der islamistische Terrorismus auch Jahre nach dem von Bush ausgerufenen „Krieg gegen den Terror" noch immer eine aktuelle Bedrohung darstellt.

3. Die UNO in der internationalen Friedenssicherung

3.1 Weltfrieden – ein realistisches Ziel?

BEGRIFF

Fachkonzepte
Legitimität
Frieden
Wirksamkeit
Macht

M1 Eine internationale Organisation für den Weltfrieden

„Die UNO als internationale Organisation, die sich den Weltfrieden als Ziel setzt, ist …, weil …“.

INFO

Die **Vereinten Nationen** (Abkürzung: „VN“, englisch: United Nations – UN, häufig auch: UNO für United Nations Organization) sind ein zwischenstaatlicher Zusammenschluss von derzeit 193 Staaten. Deutschland ist seit 1972 – damals noch in Form von zwei Staaten – Mitglied der Vereinten Nationen. Nichtmitglieder nach derzeitigem Stand sind z. B. Taiwan, die Vatikanstadt, Palästina, Nordzypern, (West-)Sahara, Kosovo und einige Pazifikinseln.

M2 Auszüge aus der Charta der Vereinten Nationen

[Die Ziele und Prinzipien der UNO sind in deren „Gründungsvertrag“, der UN-Charta, festgehalten. Sie gelten als zeitlos, grenzenlos sowie umfassend und werden mitunter als eine „realistische Utopie“ charakterisiert.]

Artikel 1: Die Vereinten Nationen setzen sich folgende Ziele: […] den Weltfrieden und die internationale Sicherheit zu wahren und zu diesem Zweck wirksame Kollektivmaßnahmen zu treffen, um Bedrohungen des Friedens zu verhüten und zu beseitigen, Angriffshandlungen und andere Friedensbrüche zu unterdrücken und internationale Streitigkeiten oder Situationen, die zu einem Friedensbruch führen könnten, durch friedliche Mittel nach den Grundsätzen der Gerechtigkeit und des Völkerrechts zu bereinigen oder beizulegen.

Artikel 2: Die Organisation und ihre Mitglieder handeln […] nach folgenden Grundsätzen:
1. Die Organisation beruht auf dem Grundsatz der souveränen Gleichheit aller ihrer Mitglieder.
2. Alle Mitglieder erfüllen, um ihnen allen die aus der Mitgliedschaft erwachsenden Rechte und Vorteile zu sichern, nach Treu und Glauben die Verpflichtungen, die sie mit dieser Charta übernehmen.
3. Alle Mitglieder legen ihre internationalen Streitigkeiten durch friedliche Mittel so bei, dass der Weltfriede, die internationale Sicherheit und die Gerechtigkeit nicht gefährdet werden.
4. Alle Mitglieder unterlassen in ihren internationalen Beziehungen jede gegen die territoriale Unversehrtheit oder die politische Unabhängigkeit eines Staates gerichtete oder sonst mit den Zielen der Vereinten Nationen unvereinbare Androhung oder Anwendung von Gewalt.
5. Alle Mitglieder leisten den Vereinten Nationen jeglichen Beistand bei jeder Maßnahme, welche die Organisation im Einklang mit dieser Charta ergreift; sie leisten einem Staat, gegen den die Organisation Vorbeugungs- oder Zwangsmaßnahmen ergreift, keinen Beistand. […]
7. Aus dieser Charta kann eine Befugnis der Vereinten Nationen zum Eingreifen in Angelegenheiten, die ihrem Wesen nach zur inneren Zuständigkeit eines Staates gehören, oder eine Verpflichtung der Mitglieder, solche Angelegenheiten einer Regelung auf Grund dieser Charta zu unterwerfen, nicht abgeleitet werden; die Anwendung von Zwangsmaßnahmen nach Kapitel VII wird durch diesen Grundsatz nicht berührt.

Die Charta der Vereinten Nationen, © Vereinte Nationen, https://www.unric.org/de/charta#kapitel1 (Zugriff: 27.06.2024)

M3 Universalität als Leitprinzip der UNO

Das Leitprinzip der UNO ist die Universalität: Weltfrieden wird – so die Idee – dann am besten erreicht, wenn alle Länder dieser Welt Mitglied der Vereinten Nationen sind und sich an den Leitgedanken des friedlichen Zusammenlebens halten. [...] Die Vision ist also, Friede durch Diplomatie und weltweite Kooperation zu erreichen. [...]

Der Grundgedanke bei der Wiederherstellung des Weltfriedens ist die „kollektive Sicherheit“: Verstößt ein Staat gegen die gemeinsamen Normen, schließen sich die übrigen Mitgliedstaaten zu gemeinsamen Aktionen zusammen. Über diese Aktionen soll in der UNO der Sicherheitsrat entscheiden. An diesem Modell zeigt sich jedoch auch schon, dass die UNO stets auf den politischen Willen ihrer Mitglieder angewiesen ist. Besonders auffällig wurde das in der Zeit des Kalten Krieges, als sich die Großmächte im Sicherheitsrat durch Vetos regelmäßig gegenseitig blockierten. Die UNO ist also keine „Weltregierung“, sie ist eine „Weltorganisation“, die nicht mächtiger ist, als ihre Mitglieder es wollen.

Natalie Muntermann, UNO – die Vereinten Nationen, in: Planet Wissen, Köln: Westdeutscher Rundfunk, 28.01.2019, https://www.planet-wissen.de/gesellschaft/organisationen/uno_zwischen_macht_und_ohnmacht/index.html (Zugriff: 28.05.2024)

INFO

Als **weitere Leitprinzipien der UNO** gelten das **Primat der staatlichen Souveränität** (siehe M2) sowie die Bestrebung, **zwischenstaatliche Lösungen auf dem Verhandlungsweg** zu entwickeln.

M4 Wirksamkeit der UN-Charta

Zu den zentralen völkerrechtlichen Grundsätzen gehören das Prinzip der friedlichen Beilegung von Streitigkeiten und das Allgemeine Gewaltverbot, mit dem Staaten das Recht zum Kriege (*ius ad bellum*) formal entzogen worden ist. Davon sind lediglich die vom Sicherheitsrat der V[ereinten] N[ationen] autorisierten Zwangsmaßnahmen nach Kapitel VII der UN-Charta und die individuelle bzw. kollektive Selbstverteidigung gemäß Artikel 51 der Charta ausgenommen.

Auch wenn das Gewaltverbot in deutlich mehr als einhundert Fällen seit 1945 missachtet wurde und sich Staaten regelmäßig das Recht auf unilaterale Gewaltausübung vorbehalten (s. etwa [...] Irak-Krieg 2003 oder die amerikanisch-britisch-französischen Militärschläge auf Syrien 2018 [oder die völkerrechtswidrige Annexion der Krim 2014]), sind die Bestimmungen in der Charta der VN zu einem wichtigen Referenzpunkt geworden. Auch wenn sie nicht immer eingehalten werden, so hat der Rechtfertigungsdruck im Falle einer Regelverletzung enorm zugenommen.

Kersten Lahl/Johannes Varwick, Sicherheitspolitik verstehen, Frankfurt a. M.: Wochenschau Verlag, 2019, S. 54 f.

INFO

Art. 51 UN-Charta
Diese Charta beeinträchtigt im Falle eines bewaffneten Angriffs gegen ein Mitglied der Vereinten Nationen keineswegs das naturgegebene Recht zur individuellen oder kollektiven Selbstverteidigung, bis der Sicherheitsrat [siehe Kap. I.3.4] die zur Wahrung des Weltfriedens und der internationalen Sicherheit erforderlichen Maßnahmen getroffen hat. [...]

Zeichnung: Klaus Stuttmann, 09.11.2023

1 Beschreiben Sie Ihre spontanen Einschätzungen zur UNO mithilfe der Satzteile aus der Sprechblase (M1).

2 Erläutern Sie ausgehend von M2 bis M4 Chancen und Herausforderungen der UNO unter Berücksichtigung von Grundsätzen und Prinzipien der Organisation. HILFE

3 **Zusatzaufgabe:** Analysieren Sie ausgehend von M3 und M4 die Karikatur hinsichtlich ihrer Aussageabsicht.

4 Überprüfen Sie mithilfe Ihrer bisherigen Ergebnisse einzelne Einschätzungen aus Aufgabe 1 hinsichtlich ihrer Plausibilität und ihres Zutreffens.

3.2 Das Organisationsgefüge der UN – Ausdruck souveräner Gleichheit der Mitgliedstaaten?

BEGRIFF

Fachkonzepte
Demokratie
Macht

GLOSSAR

Souveränität

M1 UN-Generalverammlung – eine Art „Weltparlament"?

Die deutsche Außenministerin Annalena Baerbock (Bündnis 90/Die Grünen) spricht am 23. Februar 2024 vor der Generalversammlung zum Thema Ukraine.

INFO

Der **Wirtschafts- und Sozialrat** ist insbesondere für die Koordinierung der Arbeit der Sonderorganisationen zuständig.

Friedenssicherung ist in den Vereinten Nationen **stufenweise** zu verstehen und gliedert sich in Konfliktprävention, Konfliktintervention und Konfliktnachsorge. Zu Beginn waren die Bemühungen der UN noch auf die Sicherung zwischenstaatlichen Friedens fokussiert. Mittlerweile hat sich die Organisation an die Veränderung von Konflikten bzw. Kriegen anpassen müssen. Siehe hierzu auch das folgende Kap. I.3.3.

M2 Wofür sind die einzelnen UN-Organe zuständig?

Die [wichtigsten] Hauptorgane der UNO [im Bereich Sicherheits- und Friedenspolitik] setzen sich aus der **Generalversammlung**, dem **Sicherheitsrat,** [...] dem **Internationalen Gerichtshof** und dem **Sekretariat**, an dessen Spitze der Generalsekretär steht, zusammen. Bei den Nebenorganen handelt es sich zumeist um Fonds, Programme und Kommissionen, die dem Wirtschafts- und Sozialrat zugeordnet sind. Dazu zählen etwa der Hohe Kommissar der Vereinten Nationen für Flüchtlinge (UNHCR) [...] sowie zahlreiche Entwicklungsfonds, die zur Finanzierung von Hilfsprojekten eingerichtet wurden, darunter etwa das Kinderhilfswerk (UNICEF) [...].

Die **Generalversammlung** hat als einziges Plenarorgan der Vereinten Nationen eine umfassende Zuständigkeit. Sie „kann alle Fragen und Angelegenheiten erörtern, die in den Rahmen dieser Charta fallen oder Befugnisse eines in dieser Charta vorgesehenen Organs betreffen" (Artikel 10). In ihr sind alle Mitgliedstaaten mit gleichem Stimmrecht vertreten. Im Unterschied zum Sicherheitsrat kann die Generalversammlung – mit Ausnahme von Haushaltsfragen – aber keine bindenden Beschlüsse fassen, sondern lediglich Resolutionen verabschieden, die einen empfehlenden Charakter haben. Die Bedeutung der Generalversammlung erstreckt sich vor allem auf wirtschaftliche und soziale Angelegenheiten, während die Friedenssicherung primär im Zuständigkeitsbereich des Sicherheitsrats liegt. Die Generalversammlung wird auch gern als „Parlament" der Vereinten Nationen bezeichnet. Obwohl dort im Unterschied zum Sicherheitsrat der Gleichheitsgrundsatz „Ein Land –

eine Stimme“ herrscht, wird die Generalversammlung dem Anspruch an eine gleichberechtigte demokratische Repräsentation der Völker kaum gerecht: Zum einen führt dieser auf die souveräne Gleichheit der Staaten gestützte Grundsatz zu drastischen Verzerrungen, weil einem Staat mit über einer Milliarde Einwohnern das gleiche formale Gewicht eingeräumt wird wie einem Mitgliedstaat, dessen Bevölkerungszahl gerade mal ein paar Tausend Einwohner beträgt. Zum anderen ist die Vorstellung, die in der Generalversammlung vertretenen Regierungen würde die Interessen der Mehrheit ihrer Bevölkerung repräsentieren, angesichts der [...] Zahl der Nichtdemokratien als eine Fiktion zu betrachten. [...].

In der Tat verfügt die UNO mit der Generalversammlung zwar über eine Art „Länderkammer“, in der die Exekutiven der Mitgliedsländer durch weisungsgebundene Regierungsvertreter repräsentiert sind, es fehlt ihr aber an einer [z. B.] dem Bundestag vergleichbaren parlamentarischen Einrichtung, in der die Völker selbst unmittelbar vertreten sind.

Dem **Sicherheitsrat** gehören fünfzehn Staaten an, von denen fünf ständige Mitglieder sind [und über ein Vetorecht verfügen]. Die übrigen zehn werden für jeweils zwei Jahre von der Generalversammlung nach dem Kriterium der regionalen Ausgewogenheit gewählt. [...] Aufgrund des stets drohenden Vetos eines der ständigen Mitglieder wandelt der Sicherheitsrat permanent auf dem Grat zwischen einem Abstimmungsgremium und einem Verhandlungsgremium.

Das **Sekretariat** der Vereinten Nationen [...] nimmt Aufgaben wahr, die der Vorbereitung und Durchführung der Beschlüsse anderer UNO-Organe dienen. Es organisiert Friedensmissionen, bereitet internationale Konferenzen und Verhandlungen vor und gibt Studien heraus. [...]

An der Spitze des Sekretariats steht der Generalsekretär der Vereinten Nationen als höchster Verwaltungsbeamter der Organisation. Er muss in geheimer Abstimmung im Sicherheitsrat von allen ständigen Mitgliedern gewählt werden [und] wird auf Empfehlung des Sicherheitsrats von der Generalversammlung für eine fünfjährige Amtszeit ernannt. Neben seinen administrativen Kompetenzen – wie der Ernennung des Personals oder der Aufstellung des Haushalts – [...] verfügt er [auf Grundlage von Artikel 99] über einen beträchtlichen politischen Gestaltungsspielraum. [...]: „Der Generalsekretär kann die Aufmerksamkeit des Sicherheitsrates auf jede Angelegenheit lenken, die nach seinem Dafürhalten geeignet ist, die Wahrung des Weltfriedens und der internationalen Sicherheit zu gefährden“. [...] Ein mit einer entsprechenden persönlichen Autorität ausgestatteter Generalsekretär kann damit durch eigene Initiativen viel in Bewegung setzen [...].

Der **Internationale Gerichtshof** (IGH) in Den Haag [...] setzt sich aus 15 Richtern zusammen, die von Generalversammlung und Sicherheitsrat für eine Amtszeit von neun Jahren gewählt werden. [...] Um dem [...] Spannungsverhältnis zu der in der Charta garantierten staatlichen Souveränität zu entgehen, ist ein Staat der Zuständigkeit des IGH nicht automatisch unterworfen, sondern er entschließt sich freiwillig dazu. [...] Urteile des IGH sind [...] zwar rechtsverbindlich, ihre Befolgung kann jedoch nicht von einem Staat gegen einen anderen erzwungen werden, sondern nur nach Anrufung des Sicherheitsrats durch von diesem gegebenenfalls zu beschließende Maßnahmen.

Klaus-Dieter Wolf, Die UNO, München: C.H. Beck, 2016, S. 18–25 (eigene Hervorhebungen)

INFO

Insbesondere vor dem Hintergrund der Blockade des UN-Sicherheitsrats (siehe Kap. I.3.4) werden **Sondersitzungen der Generalversammlung zu internationalen Konflikten** (z. B. Russlands Angriffskrieg auf die Ukraine) einberufen, auf denen mit Mehrheitsentscheidungen ohne Vetorecht **Resolutionen** formuliert werden (siehe hierzu auch S. 29). Auch diese haben im Bereich Sicherheits- und Friedenspolitik – im Gegensatz zu Resolutionen des UN-Sicherheitsrats – aber keinen bindenden, sondern lediglich empfehlenden Charakter.

INTERNET

WES-118496-131
Link zum Video: Schlagabtausch zwischen Russland und der Ukraine in der Generalversammlung (AFP Deutschland, Okt. 2022)

QUERVERWEIS

Internationaler Gerichtshof
S. 53 f., M3, M4

1 a) Beschreiben Sie ausgehend von M1 Charakteristika eines Parlaments. HILFE
b) Begründen Sie ausgehend von Ihren Ergebnissen aus Aufgabe 1 a) Ihre Einschätzungen zu Chancen und Grenzen eines „Weltparlaments“ in der internationalen Friedenssicherung.
c) Überprüfen Sie Ihre Einschätzungen aus Aufgabe 1 b) anhand von M2.

2 Sollten die Vereinten Nationen aus demokratischer Sicht eine souveräne Gleichheit anstreben? Nehmen Sie ausgehend von M2 Stellung.

QUERVERWEIS

Operatorentraining „Stellung nehmen“
S. 108–109

Operator „Stellung nehmen" (Anforderungsbereich III)

Definition:
Beurteilung mit zusätzlicher Reflexion individueller, sachbezogener und/oder politischer Wertmaßstäbe, die Pluralität gewährleisten und zu einem begründeten eigenen Werturteil führen.

Was heißt das genau?

Der Operator „Stellung nehmen" verlangt von Ihnen die Darlegung einer eigenen wertenden Position zu einer Streitfrage bzw. einer umstrittenen Angelegenheit. Diese Darlegung bezieht sich meistens auf Meinungen oder Behauptungen, die in Texten, Karikaturen oder Statistiken zum Ausdruck kommen.

Eine differenzierte, nicht zwingend abwägende Argumentation muss in Ihren Ausführungen deutlich werden. Es sollte auch deutlich werden, dass das der Stellungnahme zugrundeliegende Material analytisch und argumentativ durchdrungen wurde. Ferner sollten Ihre Ausführungen durch sachbezogene Argumente abgesichert sein. Kriterien und Werte sollten hierbei stets eine dienende Funktion haben: Sie helfen, eine Argumentation zu entwickeln, und sind nicht formal abzuarbeiten.

QUERVERWEIS

MODELL
Politisches Urteilen
(mit Urteilskriterien)
S. 69

Besonders relevant ist die Orientierung an wertebezogenen Kriterien bzw. Wertmaßstäben. Diese Maßstäbe können sich z. B. auf das Wohl betroffener Individuen richten (z. B. mit Blick auf Gesundheit oder Gleichberechtigung). Sie müssen sich in Ihren Überlegungen zudem erkennbar an politischen Werten, die Pluralität gewährleisten (insbes. humane und demokratische Werte im Sinne des Grundgesetzes), orientieren. Die perspektivische sowie sach- und wertebezogene inhaltliche Schwerpunktsetzung der Stellungnahme ist von der Streitfrage bzw. dem Sachverhalt sowie von der eigenen Position abhängig. Die Darlegung muss aber stets ein Sachurteil enthalten und auf ein eigenes Werturteil hinauslaufen.

Checkliste zum „Stellung nehmen"

TIPP

Nutzen Sie die Checkliste zur Planung und beim Schreiben als Orientierungshilfe. Sie können Ihren Text auch mithilfe der Checkliste von Mitschülerinnen und Mitschülern korrigieren lassen und ihn im Anschluss überarbeiten. Die Aspekte/Kriterien der Checkliste können Sie ggf. in Absprache mit Ihrer Lehrkraft anpassen. Eine bearbeitbare Vorlage findet sich unter:

WES-118496-132

	✓ bzw. ++ + o – –– und Verbesserungstipps
Einleitung:	
Beginnt der Text mit einer aufgabenbezogenen Einleitung, die eine knappe Skizzierung der Streitfrage bzw. des Sachverhalts enthält?	
Hauptteil:	
Findet eine inhaltliche Einordnung mit Anknüpfung an die Materialgrundlage statt?	
Wird ein Sachurteil zur Streitfrage bzw. Angelegenheit entfaltet?	
Wird die Streitfrage bzw. Angelegenheit anhand relevanter sach- und wertebezogener Kriterien bzw. individueller und/oder politischer Wertmaßstäbe reflektiert?	
Wird eine differenzierte, begründete eigene Position entfaltet?	
Schluss:	
Handelt es sich um ein überzeugendes, aus der vorangegangenen Argumentation nachvollziehbar abgeleitetes Werturteil?	
Sprachlicher Ausdruck:	
Wird Fachsprache sicher und korrekt verwendet?	
Ist der sprachliche Ausdruck stilistisch angemessen, d. h. erkennbar argumentativ?	
Werden die Regeln in den Bereichen Rechtschreibung, Zeichensetzung und Grammatik beachtet?	

Möglicher Lösungsansatz zu S. 107, Aufgabe 2 (in gekürzter Form):

Die UNO besteht aus unterschiedlichen Institutionen bzw. Organen mit verschiedenen Aufgaben und Zuständigkeiten. Die UN-Generalversammlung und der UN-Sicherheitsrat stehen stets besonders im Fokus. Sollten die Vereinten Nationen aus demokratischer Sicht eine souveräne Gleichheit anstreben? Ausgehend von den Informationen wird dieser Frage nachgegangen. Dabei werden insbesondere Fragen nach einem gleichen Mitsprache- und Entscheidungsrecht thematisiert und hierzu Effizienz- und Legitimitätskriterien herangezogen.

aufgabenbezogene Einleitung mit knapper Skizzierung des Sachverhalts

Mit Blick auf die UN-Generalversammlung kann konstatiert werden, dass sie eine breite inhaltliche Zuständigkeit hat (M2, Z. 16–22) und „alle Mitgliedstaaten mit gleichem Stimmrecht vertreten" (M2, Z. 22 f.) sind. Dies spricht für …
Da die Beschlüsse der Generalversammlung allerdings rechtlich nicht bindend sind (M2, Z. 24–29), ist die Macht der in ihr im Rahmen souveräner Gleichheit tätigen Mitgliedstaaten beschränkt. Im Sicherheitsrat ist durch das Vetorecht ein Ungleichgewicht der Mitwirkung und Mitentscheidung zu konstatieren (M2, Z. 63–73).
Die rotierende Mitgliedschaft kann als Argument herangezogen werden, um …
Sie wird aber durch die Existenz ständiger Mitglieder beschränkt (M2, Z. 63–73).
Ob eine souveräne Gleichheit effizient wäre, kann unterschiedlich beurteilt werden. …
Wirksamkeit könnte sie hinsichtlich der Legitimität von UN-Entscheidungen entfalten, worauf nun genauer eingegangen wird.

sachbezogene Beurteilung

In der Generalversammlung kommt es hinsichtlich der Repräsentation der Mitgliedstaaten zu Verzerrungen, da „der Gleichheitsgrundsatz ‚Ein Land – eine Stimme'" (M2, 37 f.) unabhängig von der Bevölkerungsanzahl gilt. Fraglich ist zudem, ob …
Hinsichtlich wesentlicher Kriterien von Legitimität (z. B. Partizipation, Legitimation) wären eine souveräne Gleichheit der Mitgliedstaaten und eine gleichwertige Repräsentation ihrer Bevölkerungen …
Insbesondere mit Blick auf die Macht der ständigen Mitglieder des UN-Sicherheitsrats erscheint eine Reform angebracht. …

Argumentation unter Berücksichtigung von Pluralität und Wertmaßstäben

Abschließend betrachtet wäre eine souveräne Gleichheit der Mitgliedstaaten in der UN aufgrund der Größe und Komplexität der Organisation sicherlich nie vollumfänglich zu erreichen. Es wäre allerdings meiner Ansicht nach angebracht, über Reformen nachzudenken, die die souveräne Gleichheit der Mitgliedstaaten erhöhen, da hier ein Demokratiedefizit zu erkennen ist. Mögliche Hebel wären die Entscheidungsmacht der UN-Generalversammlung oder die Zusammensetzung und das Vetorecht im UN-Sicherheitsrat.

Zusammenführung der unterschiedlichen Merkmale

Formulierungshilfen

Sachbezogene Beurteilung:
Unter Bezugnahme auf … lässt sich argumentieren, dass … Ein zentrales sachbezogenes Argument ist die Tatsache, dass …
Argumentation unter Berücksichtigung von Pluralität und Wertmaßstäben
Betrachtet man die Frage aus der Perspektive von …, fällt auf, dass … Wenn allerdings der Fokus auf … gelegt wird, kann angeführt werden, dass … Mit Blick auf den in diesem Fall besonders relevanten Wert XY kann argumentiert werden, dass …
Schlussfolgerungen ziehen:
Abschließend betrachtet ist meines Erachtens/meiner Ansicht nach … Daher wäre es in meinen Augen …

3.3 Die UN – handlungsfähig im Konfliktfall?

BEGRIFF

Fachkonzepte
Konflikt
Macht
Frieden

M1 Konflikt auf „Isla Complicada“

Auf Isla Complicada schwelt seit einigen Monaten ein Konflikt. Der ehemalige General Juan Zaino hat es geschafft, große Teile des Militärs infolge eines Staatsputsches hinter sich zu vereinen. Unterstützung in Form von Transportmitteln und Truppenverpflegung bekommt er von der Nachbarinsel Isla Venganza, in deren Staatsgebiet einst auch die erst seit 2005 politisch unabhängige Isla Complicada fiel. Angeblich denkt die Regierung von Isla Venganza aktuell darüber nach, Zaino auch mit eigenen Truppen zur Seite zu springen. Zainos Ziel ist die politische Macht über Isla Complicada. Er selbst bezeichnet sich bereits als „Präsident“ der Insel. Im Norden von Isla Venganza, wo Zaino zahlreiche Fürsprecher in der Bevölkerung hat, hat der Ex-General bereits größere Gebiete unter seine Kontrolle bringen können – zum Teil mit Gewalt. Berichte über Todesopfer wurden von offizieller Seite allerdings nicht bestätigt.
Die vor zwei Jahren gewählte sozialistische Regierung von Isla Complicada, die in jüngerer Vergangenheit mit Korruptionsskandalen und der Inhaftierung regierungskritischer Journalisten international für Aufsehen und Kritik sorgte, hat zunehmend Schwierigkeiten, die öffentliche Ordnung zu sichern. Starke Einbußen in der mittlerweile komplett verstaatlichten Tourismusbranche, dem wichtigsten Wirtschaftszweig des Inselstaates, sowie Nahrungsmittelengpässe und die Unfähigkeit der Regierung, die marode Infrastruktur zu sanieren, haben zu Massenprotesten geführt. Einige Beobachter sehen die Gefahr eines Bürgerkrieges. Dennoch kann die Regierung vor allem im Süden der Insel auf recht starke Unterstützung aus der Bevölkerung zählen, während Zaino dort der Ruf eines kaltblütigen Autokraten vorauseilt.
Der amtierende Regierungschef Roberto Débil hat den Generalsekretär der Vereinten Nationen vor wenigen Tagen offiziell um Unterstützung gebeten.

Autorentext

M2 Friedenssicherung: Handlungsmöglichkeiten der UN

Die Vereinten Nationen verfügen über ein vielseitiges Instrumentarium zur Sicherung und Wiederherstellung von Frieden und Stabilität in Konfliktgebieten. UN-Friedenssicherung versucht, den Ausbruch von Konflikten zu verhindern, greift in bestehende Konflikte ein und unterstützt den Aufbau eines stabilen Friedens nach deren Beendigung.
Das Spektrum der UN-Friedenssicherung reicht von friedlicher Streitbeilegung bis hin zu militärischen Operationen, sie geschieht auf diplomatischem Weg, durch zivile und/oder militärische Friedensmissionen, mit Zustimmung der Konfliktparteien oder als Zwangsmaßnahme der internationalen Gemeinschaft. Die Instrumente zur Konfliktbewältigung kommen in verschiedenen Konfliktphasen zur Anwendung:

- Um dem Ausbruch bzw. der Eskalation eines Konflikts entgegenzuwirken, ist **Konfliktprävention** nötig – z. B. vorbeugende Diplomatie, Vermittlungen oder politische Missionen.
- Maßnahmen zur **Konfliktintervention** umfassen Friedensmissionen, Vermittlungen und Verhandlungen zwischen den Konfliktparteien, Sanktionen, militärische Einsätze oder humanitäre Hilfe.
- Ist ein Konflikt beendet, so muss Frieden dauerhaft gewährleistet werden. Dazu bedarf es im Rahmen der **Friedenskonsolidierung** ziviler Maßnahmen, die z. B. den Wiederaufbau der wirtschaftlichen, demokratischen und rechtsstaatlichen Strukturen begleiten. Friedenskonsolidierungseinsätze, Polizeimissionen und politische Missionen dienen diesem Zweck ebenso wie Entwicklungszusammenarbeit oder die Einsetzung von Tribunalen zur Wiederherstellung von Gerechtigkeit in Nachkriegsgesellschaften.

Friedenssicherung, Berlin: Deutsche Gesellschaft für die Vereinten Nationen, https://frieden-sichern.dgvn.de/friedenssicherung/ (Zugriff: 28.05.2024)

M3 Repertoire der Maßnahmen und Instrumente

Vorbeugende Diplomatie (*preventive diplomacy*) und vorbeugende Einsätze	Maßnahmen zur Konfliktvorbeugung bei innerstaatlichen Krisen auf Antrag bzw. mit Zustimmung der Regierung oder aller Konfliktparteien, *z. B. Streitigkeiten zwischen einzelnen Parteien verhüten/beilegen und deren Eskalation verhindern oder Eingrenzung bestehender Konflikte mit diplomatischen Mitteln*
Friedensschaffung (*peacemaking*)	In bestehende/fortdauernde Konflikte hineinwirkende Maßnahmen bzw. Vermittlungen und Verhandlungen, um feindliche Parteien zu einer Einigung zu bringen, *z. B. durch den Abschluss eines Friedensvertrags oder Waffenstillstands, d. h. vor allem durch Vermittlung und Verhandlung im Sinne von Kapitel 1 der UN-Charta*
Friedenssicherung (*peacekeeping*)	Früher: „klassische" Blauhelmeinsätze, heute: komplexes Instrument/ Zusammenwirken militärischer und ziviler Elemente, *z. B. Präsenz der Vereinten Nationen vor Ort durch Einsätze von Wahlbeobachtern und Polizisten und/oder von leicht bis schwer bewaffneten Soldaten zur Überwachung und Durchführung von Waffenstillstands- und Friedensvereinbarungen*
Friedensdurchsetzung (*peace-enforcement*)	Mitunter durch den Einsatz stärker bewaffneter UN-Truppen flankierte Maßnahmen, z. B. zur Wiederherstellung und Aufrechterhaltung einer Waffenruhe nach Artikel 40, die aber nicht mit Zwangsmaßnahmen nach Artikel 42 ff. der UN-Charta zu verwechseln sind; die Einwilligung der Konfliktparteien ist hierfür nicht notwendig; *z. B. Einrichtung eines Flugverbots, Unterbrechung der Wirtschaftsbeziehungen, Einfrieren von Geldern, Reiseverbote oder Abbruch von diplomatischen Beziehungen.*
Friedenserzwingung (*use of military force*)	Militärische Zwangsmaßnahmen nach Art. 42 bei Bedrohung oder Bruch des Friedens oder bei Angriffshandlungen; die Einwilligung der Kriegsparteien ist nicht notwendig.
Friedenskonsolidierung (*post-conflict peacebuilding*)	Maßnahmen nach (erfolgreicher) Beendigung eines Konflikts zur dauerhaften Befriedung und Stabilisierung (Ziel: „mehr als die Abwesenheit von Krieg"), *z. B. gesellschaftliche Integration früherer Rebellen, Aufbau rechtsstaatlicher Strukturen, Achtung der Menschenrechte, Zulassung freier Medien*

Nach: Glossar, Berlin: Deutsche Gesellschaft für die Vereinten Nationen, https://frieden-sichern.dgvn.de/friedenssicherung (Zugriff: 28.05.2024) (verändert)

INTERNET

WES-118496-133
Link zur UN-Charta

1 **Wählen Sie eine Aufgabe aus:**
a) Geben Sie die Informationen zu dem fiktiven Konflikt auf „Isla Complicada" (M1) wieder. HILFE
b) Führen Sie zu dem fiktiven Konflikt auf „Isla Complicada" (M1) eine Konfliktanalyse durch.

2 Erläutern Sie Handlungsmöglichkeiten der UN bei der Friedenssicherung (M3) mithilfe der Begriffe Konfliktprävention, Konfliktintervention und Konfliktnachsorge/Friedenskonsolidierung (M2, Info auf S. 106).

3 Erörtern Sie, ob und inwiefern Handlungsmöglichkeiten der UN in veränderten Konfliktstrukturen (z. B. Terrorismus, innerstaatliche Konflikte) an Grenzen stoßen (M2, M3).

4 Begründen Sie, welche Handlungsmöglichkeit(en) der UN (M2, M3) im Fall des fiktiven Konfliktes (M1) Ihrer Einschätzung nach
a) effizient (z. B. Wirksamkeit, Kosten/ Nutzen, unerwünschte Nebenfolgen) und
b) legitim (z. B. rechtliche Zulässigkeit, Angemessenheit) wäre(n).

5 **a)** Diskutieren Sie, ob und inwiefern es Ihrer Ansicht nach grundsätzlich legitim ist, in innerstaatliche Konflikte von außen einzugreifen. HILFE
b) Entwickeln und formulieren Sie auf dieser Basis Bedingungen, die aus Ihrer Sicht erfüllt sein müssen, um eine Intervention zu legitimieren

QUERVERWEIS

METHODE
Konfliktanalyse
S. 22

Terrorismus
Kap. I.2, bes. S. 76–82
innerstaatliche Konflikte
Kap. I.1.5, bes. S. 47–50

3.4 Der UN-Sicherheitsrat – blockiert, aber alternativlos?

BEGRIFF

Fachkonzepte
Demokratie
Macht
Frieden

M1 Ein entscheidungsstarkes Gremium?

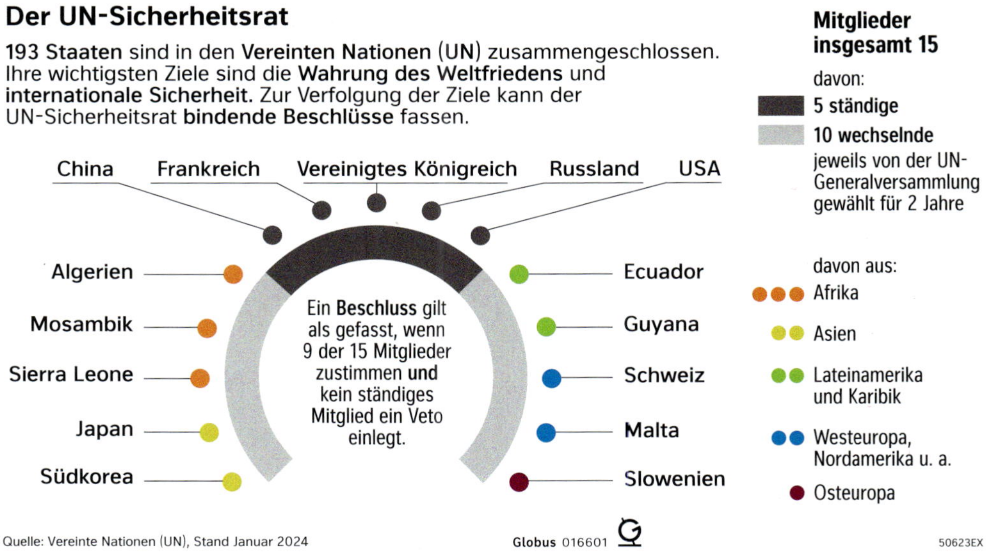

M2 Zusammensetzung und Rolle des UN-Sicherheitsrats

INFO

Beschlüsse des UN-Sicherheitsrats
Der Sicherheitsrat beschließt Resolutionen und gibt Erklärungen ab. In Resolutionen werden konkrete Forderungen (z. B. friedliche Beilegung eines Streits, Vernichtung von Waffen) an die Staaten oder Konfliktparteien gerichtet und es werden Maßnahmen (z. B. Sanktionen, Waffengewalt) angedroht, falls diese nicht erfüllt werden.

Der Sicherheitsrat der Vereinten Nationen ist [...] das einzige internationale Organ, dessen Beschlüsse in Fragen des Weltfriedens rechtliche Bindungskraft für alle nunmehr 193 [UN-] Mitgliedstaaten entfalten – und der sie gegebenenfalls auch gegen Widerstand durchsetzen kann. Gelangt der Sicherheitsrat zu der Einschätzung, dass eine politische Situation die Gefahr einer gewaltsamen Eskalation birgt, kann er diese zunächst untersuchen, die betroffenen Staaten zur friedlichen Streiterledigung aufrufen und Empfehlungen abgeben (Kap. VI der Charta). Muss er dennoch eine Bedrohung oder einen Bruch des Friedens bzw. eine Aggressionshandlung feststellen, kann er Zwangsmaßnahmen [im Sinne von Art. 41 f.] ergreifen. Als weltweit einziges Gremium kann er nach Art. 42 aber auch die Anwendung militärischer Gewalt autorisieren [...].

Ein auch nur oberflächlicher Blick auf die über siebzigjährige Geschichte der Vereinten Nationen zeigt jedoch, dass der Sicherheitsrat seine Aufgaben in der Friedenssicherung immer wieder nur unzureichend erfüllen [...] konnte. [...] Die Gründe [dafür] sind zu einem guten Teil in seinen Strukturprinzipien und Entscheidungsverfahren zu suchen [...]. Die Konstruktion des Sicherheitsrates geht auf die sogenannte Yalta-Formel zurück, auf die sich im Februar 1945 US-Präsident Franklin D. Roosevelt, der britische Premier Winston Churchill und der sowjetische Staatschef Josef Stalin während ihrer Verhandlungen um die europäische Nachkriegsordnung geeinigt hatten. Ihre drei Mächte sollten gemeinsam mit Frankreich und der Republik China dem künftigen Sicherheitsrat als ständige Mitglieder (kurz *„Permanent Five"* oder P5) angehören, ergänzt um sechs (nunmehr zehn) nichtständige Mitglieder, die den Rest der Staatengemeinschaft repräsentieren sollten. Damit sollten die fünf wichtigsten Siegermächte des Zweiten Weltkrieges in die Verantwortung für eine neue Weltordnung auf der Grundlage der UN-Charta eingebunden werden [...].

Für diese Bereitschaft verlangten die Großen Fünf aber auch einen Preis: Der Sicherheitsrat sollte keine gegen ihre eigenen Interessen gerichteten Entscheidungen treffen können. Art. 27 (3) der Charta legt daher fest, dass Beschlüsse des Sicherheitsrates [...] der Stimmen von neun Mitgliedern einschließlich sämtlicher ständigen Mitglieder bedürfen. Damit fällt jedem ständigen Mitglied ein Vetorecht zu, mittels dessen jegliche Entscheidung des Rates blockiert werden kann. Gerade diese Vetoregelung unterstreicht [...], dass es sich beim Sicherheitsrat [...] um ein zutiefst politisches Gremium handelt, dessen Mitglieder zunächst ihre nationalen Interessen verfolgen. Einigungen zugunsten kollektiver Güter wie Frieden, internationale und zunehmend auch menschliche Sicherheit kommen vor allem dann zustande, wenn die Mitgliedstaaten sich davon auch eigene Vorteile erhoffen. [...] Insgesamt lässt sich sagen, dass der Sicherheitsrat immer dann entscheidungsstark und handlungsfähig ist, wenn die P5 sich rasch einigen können [...].

Sven Bernhard Gareis, Weichenstellung für die Vereinten Nationen: Wie kann der Sicherheitsrat reformiert werden?, in: Der (europäische Föderalist), Helsinki: Manuel Müller/Finnish Institute of International Affairs, 15.07.2016, https: //www.foederalist.eu/2016/07/sven-gareis-vereinte-nationen-sicherheitsrat-reform.html (Zugriff: 28.05.2024)

INTERNET

WES-118496-134
Zur Arbeitsweise des Sicherheitsrates siehe: Film: Einfach erklärt: Die UN und der Sicherheitsrat

Simulation: „Isla-Complicada"-Konflikt im UN-Sicherheitsrat

LERNWEG

Stellen Sie sich vor, der UN-Sicherheitsrat kommt zusammen, um auf der Basis verschiedener Resolutionsentwürfe über den Konflikt auf „Isla Complicada" zu beraten. Anders als in der Realität (siehe M1, M2) entscheiden im Rahmen dieser Simulation allein die P5. Die Länge der Resolutionsentwürfe wird aus Zeitgründen vorgegeben (siehe „Vorbereitung").

Vorbereitung der Simulation

Lesen Sie sich erneut in den Konflikt auf „Isla Complicada" ein (S. 110, M1) und schauen Sie sich Beispiele für Resolutionen des Sicherheitsrates an (siehe Randspalte). Bereiten Sie in Gruppen aus verschiedenen Perspektiven (siehe unten) Resolutionsentwürfe vor (Länge: max. ¾ DIN-A4-Seite).

Perspektiven

Russland unterstützt Regierungschef Débil und ist gegen eine Einmischung in den Konflikt.
China hat der amtierenden Regierung in der Vergangenheit Kredite in Milliardenhöhe gewährt und ist an einem baldigen Ende des Konflikts interessiert.
Die USA sind auf der Seite Zainos. Sie sehen in ihm den Nachfolger des aktuellen Präsidenten Débil.
Großbritannien und Frankreich fordern ein Ende der Gewalt und baldige Neuwahlen.

Durchführung der Simulation

1. Vorstellung der Resolutionsentwürfe
2. Aussprache/ Diskussion im Plenum
3. „Rückzug": Beratung in Gruppen und (ggf.) Änderung der Entwürfe
4. Präsentation und Diskussion der (veränderten) Entwürfe
5. Abstimmung über einzelne Entwürfe (Veto = wird nicht angenommen; Enthaltungen möglich)

Auswertung der Simulation

Beurteilen Sie den Verlauf der Simulation. War sie aus Ihrer Sicht realistisch/„erfolgreich"? Wie wirksam/umsetzbar/tragfähig ist die gemeinsame Resolution? Welche Schwierigkeiten der Konsensfindung im Sicherheitsrat sind deutlich geworden? Hat die Simulation Ihnen geholfen, die Arbeit des Sicherheitsrates (siehe M1, M2) besser zu verstehen?

INTERNET

WES-118496-135
Beim deutschen Übersetzungsdienst der Vereinten Nationen können aktuelle Resolutionen eingesehen werden.

1 Beschreiben Sie ausgehend von den Informationen aus der Grafik in M1 mögliche Schwierigkeiten der Entscheidungsfindung innerhalb des UN-Sicherheitsrates.

2 Geben Sie die Informationen aus M2 zur Zusammensetzung sowie zu den Aufgaben, Funktionen und Herausforderungen des UN-Sicherheitsrates wieder.

3 Stellen Sie die Eskalationsstufen (M2, Z. 7–19) des UN-Sicherheitsrates dar.

4 Erklären Sie, warum der UN-Sicherheitsrat „seine Aufgaben in der Friedenssicherung immer wieder nur unzureichend erfüllen [...] konnte" (M2, Z. 22–24).

5 Führen Sie die Simulation durch. Berücksichtigen Sie die Eskalationsstufen (Aufg. 3). HILFE

BEGRIFF

Fachkonzepte
Demokratie
Macht
Frieden

QUERVERWEIS

Wie reagierte die UNO auf den russischen Angriff?
S. 29, M8

M3 Unliebsame Mitglieder einfach rauskicken?

Zeichnung: Nel, 25.02.2022

GLOSSAR

Multilateralismus

INFO

Einem im Zuge des Ukrainekriegs vielfach geforderten **Ausschluss Russlands aus dem Sicherheitsrat** oder einer **Änderung der Charta zur Abschaffung oder Einschränkung des Vetorechts** müsste auch Russland als ständiges Mitglied des UN-Sicherheitsrates zustimmen.

INTERNET

WES-118496-136
Link zum Video: UN-Sicherheitsrat: Russland legt Veto ein – China enthält sich (euronews, Okt. 2022)

M4 Situation im Sicherheitsrat: „Schwer zu ertragen, aber richtig?"

Natürlich ist es nur schwer zu ertragen, wenn [mit Sergej Lawrow] ausgerechnet der Außenminister des Landes, das ein Nachbarland überfallen hat und die Charta der Vereinten Nationen mit Füßen tritt, [im April 2023] als Präsident des UN-Sicherheitsrats über Multilateralismus und internationale Zusammenarbeit fabuliert, während seine Soldaten Gräueltaten gegen Zivilisten begehen und die Ukraine verwüsten. Und natürlich ist es auch verständlich, wenn gerade die Ukraine den Aggressor Russland am liebsten ganz aus dem wichtigsten UN-Gremium werfen würde. Aber so einfach ist es eben nicht. Wer auf die Einhaltung einer regelbasierten Ordnung pocht, muss für sich auch Regeln akzeptieren, die ihm nicht passen – und scheinen sie noch so anachronistisch. Die Zusammensetzung des UN-Sicherheitsrats spiegelt die Ordnung nach dem Ende des Zweiten Weltkriegs und des Kolonialzeitalters wider. Russland hat 1991 die Position der UdSSR in allen internationalen Organisationen übernommen – ausdrücklich auch den ständigen Sitz im UN-Sicherheitsrat. So wollten es die sowjetischen Teilrepubliken damals. Aus diesem Grund ist Russland genauso zu Recht Vetomacht in diesem wichtigsten UN-Gremium, wie die USA, China, Großbritannien und Frankreich. Ob das im Jahr 2023 noch sinnvoll ist, ist eine ganz andere Frage. Und solange die nicht gelöst wird, ist es nun einmal so, dass auch Russland alle 15 Monate für einen Monat den Vorsitz im Sicherheitsrat übernimmt. [...] Dass ausgerechnet gerade jetzt auch von westlicher Seite der Ruf nach einer Reform des Gremiums wieder lauter wird, ist verständlich – aber auch ziemlich wohlfeil. [...] [A]uch die vier anderen ständigen Mitglieder werden einen Teufel tun und freiwillig Teile ihrer Macht abgeben und den Sicherheitsrat erweitern oder gar ihren Sitz aufgeben. Es ist also zum großen Teil eine Scheindiskussion, die [...] geführt wird. [...] Die Vereinten Nationen sind gegründet worden, um einen gemeinsamen Ort und Institutionen zu haben, um im Gespräch zu bleiben und Positionen auszutauschen – seien sie noch so gegensätzlich. In gewisser Weise sollte man also froh sein, dass Russland weiterhin am Tisch der Weltgemeinschaft sitzt, auch und gerade im UN-Sicherheitsrat. So schwer zu ertragen das auch im Einzelnen manchmal ist. Denn was wäre die Alternative?

Peter Mücke, Schwer zu ertragen, aber richtig, in: Tagesschau.de, Hamburg: Norddeutscher Rundfunk, 25.04.2023, https://www.tagesschau.de/kommentar/russland-un-sicherheitsrat-101.html (Zugriff: 28.05.2024)

M5 „Sicherheitsrat im Wesentlichen ein Theater"

Aus einem ZDF-Interview mit Richard Gowan, UN-Direktor der International Crisis Group zur Rolle Russlands im UN-Sicherheitsrat während des russischen Angriffskriegs auf die Ukraine. Er berät die Vereinten Nationen und ist Experte für Europäische Sicherheit, Peacekeeping und den UN-Sicherheitsrat.

ZDFheute: *Herr Gowan, welche Rolle [spielt] [...] der UN-Sicherheitsrat in dieser Situation?*

Richard Gowan: Der Sicherheitsrat hat innerhalb eines Jahres etwa 50 Sitzungen der Ukraine gewidmet. Aber Russland hat dort ein Veto, und das bedeutet, dass der Rat in diesem Konflikt letztlich nur eine Nebenrolle spielt. Der Sicherheitsrat ist im Wesentlichen ein Theater. Er ist ein Ort, an dem die Amerikaner, die Europäer und natürlich die Ukrainer dem russischen Botschafter in die Augen schauen und ihn direkt für das Vorgehen seiner Regierung kritisieren können. Es gibt aber nicht viele Anzeichen dafür, dass der Sicherheitsrat eine Lösung des Konflikts erarbeiten kann. Die Russen nutzen den Sicherheitsrat, um mit Desinformation vor allem funktionierende Social-Media-Inhalte zu produzieren. Wir wissen, dass Bilder, in denen Russland die Ukraine beschuldigt, das Völkerrecht zu verletzen, viral gehen. Und die Russen wissen, dass der Sicherheitsrat Desinformation zusätzliches Gewicht verleiht. [...]

Viele Menschen fragen sich mittlerweile: Warum brauchen wir die UN noch, wenn sie in einem solchen Konflikt so wenig erfolgreich scheint?

Ich finde es ziemlich irritierend, wenn Europäer so tun, als hätten sie gerade erst entdeckt, dass die UN Probleme hat. Wissen Sie, die UN hat Probleme in Afrika, sie hat Probleme in Asien. Es ist ein bisschen frustrierend, wenn die Europäer sich nur dann für die UN interessieren, wenn in Europa Krieg herrscht. Vielleicht hätten wir den Problemen der UN früher Aufmerksamkeit schenken sollen.

Sehen Sie eine Chance, dass sich etwas am UN-System ändert?

Ich denke, viele Länder würden gerne eine neue Regelung sehen, die das Vetorecht im Sicherheitsrat einschränkt, damit Russland sein Veto nicht dazu nutzen kann, dass seine Angriffe nicht verurteilt werden können. [...] Vor dem Ukrainekrieg hätte ich gesagt, die Chance auf eine Reform des Rates liegt bei einem Prozent. Jetzt ist sie vielleicht auf fünf Prozent gestiegen, was ein großer Sprung ist. Aber in Wirklichkeit sind die Chancen für eine Reform verschwindend gering geblieben.

Sitzung des UN-Sicherheitsrats, 24.02.2023

Johannes Hano im Gespräch mit Richard Gowan, „Sicherheitsrat im Wesentlichen ein Theater", in: ZDF heute, Mainz: Zweites Deutsches Fernsehen, 22.02.2023, https://www.zdf.de/nachrichten/politik/un-direktor-richard-gowan-interview-russland-ukraine-krieg-100.html (Zugriff: 28.05.2024)

M6 Aussagen eines Völkerrechtsexperten

„Es ist leider oft wichtiger, dass Kernakteure mit militärischer und geopolitischer Macht die Gremien der Vereinten Nationen nutzen, als diese Institutionen demokratisch und gerecht auszugestalten. […] Jenseits des jetzigen Krieges wäre es problematisch, die Atom- und Militärmacht Russland von der aktiven Teilnahme am Sicherheitsrat auszuschließen."

Daniel Naujocks, zitiert nach: Susanne Lingemann, Moskaus Ausschluss aus UN-Rat realistisch? , in: ZDF heute, Mainz: Zweites Deutsches Fernsehen, 07.01.2023, https://www.zdf.de/nachrichten/politik/un-vereinte-nationen-russland-mitgliedschaft-ausschluss-kiew-100.html (Zugriff: 01.07.2024)

1. Analysieren Sie die Karikatur (M3) hinsichtlich ihrer Aussageabsicht.
2. Vergleichen Sie die Positionen Peter Mückes (M4) und Richard Gowans (M5) zur Rolle des UN-Sicherheitsrates im Ukrainekrieg.
3. Setzen Sie sich ausgehend von Ihren bisherigen Ergebnissen mit den Aussagen des Völkerrechtsexperten Daniel Naujocks (M6) auseinander.
4. Der UN-Sicherheitsrat – blockiert, aber alternativlos? Nehmen Sie Stellung. HILFE

3.5 UN-Mechanismen – noch zeitgemäß?

BEGRIFF

Fachkonzepte
Konflikt
Wirksamkeit
Sicherheit
Frieden

INFO

Sogenannte **„Blauhelmeinsätze“** gelten grundsätzlich als „klassisches“ *Peacekeeping* im Sinne von Kap. VI der UN-Charta. Die Präsenz der unparteiischen Friedenstruppen soll dazu dienen, Spannungen in einem Konflikt abzubauen und Verhandlungslösungen den Weg zu ebnen.

GLOSSAR

Blauhelmsoldaten

M1 Blauhelmeinsätze

① Kosovo UNMIK
Ziel: Sicherheit, Stabilität und Menschenrechte fördern
Einsatz seit Juni 1999
Mitarbeiter: 352
Budget: 44 Mio. US-Dollar

② Zypern UNFICYP
Ziel: politische Einigung, Waffenstillstand überwachen, humanitäre Maßnamen
Einsatz seit März 1964
Mitarbeiter: 1.017
Budget: 58 Mio. US-Dollar

③ Libanon UNIFIL
Ziel: Waffenstillstand überwachen, Versorgung der Bevölkerung gewährleisten
Einsatz seit März 1978
Mitarbeiter: 10.365
Budget: 510 Mio. US-Dollar

④ Nahost UNTSO
Ziel: Stabilität fördern, Waffenstillstand überwachen
Einsatz seit Mai 1948
Mitarbeiter: 380
Budget: 37 Mio. US-Dollar*

⑤ Syrien (Golan) UNDOF
Ziel: Waffenstillstand und Rückzugsabkommen überwachen
Einsatz seit Mai 1974
Mitarbeiter: 1.331
Budget: 66 Mio. US-Dollar

Blauhelme im Einsatz – UN-Missionen weltweit

⑥ Indien/Pakistan UNMOGIP
Ziel: Waffenstillstand zwischen beiden Ländern
Einsatz seit Januar 1949
Mitarbeiter: 104
Budget: 11 Mio. US-Dollar*

⑦ Sudan (Abyei) UNISFA
Ziel: Demilitarisierung, Grenze beobachten, humanitäre Hilfe gewährleisten
Einsatz seit Juni 2011
Mitarbeiter: 3.388
Budget: 281 Mio. US-Dollar

ausgewählte Ziele
Mitarbeiter: Soldaten, Beobachter, Polizei etc.
Budget in Mio. US-Dollar: jeweils Juli 2021 bis Juni 2022 bzw. *Januar bis Dezember 2021
Quelle: UN
Stand: November 2023 oder jüngster verfügbarer

50612EX Globus 016681

⑪ Westsahara MINURSO
Ziel: Unabhängigkeits-Referendum für Westsahara vorbereiten
Einsatz seit April 1999
Mitarbeiter: 468
Budget: 61 Mio. US-Dollar

⑩ Zentralafr. Republik MINUSCA
Ziel: Bevölkerung schützen, Stabilität fördern
Einsatz seit April 2014
Mitarbeiter: 18.448
Budget: 1.117 Mio. US-Dollar

⑨ Dem. Rep. Kongo MONUSCO
Ziel: Bevölkerung schützen, Stabilität und Frieden vorantreiben
Einsatz seit Juli 2010
Mitarbeiter: 17.793
Budget: 1.123 Mio. US-Dollar

⑧ Südsudan UNMISS
Ziel: Bevölkerung und Menschenrechte schützen, Friedensabkommen voranbringen
Einsatz seit Juli 2012
Mitarbeiter: 17.954
Budget: 1.202 Mio. US-Dollar

M2 Wie haben sich Friedensmissionen verändert?

Die schutzbedürftigen Adressaten [von UN-]Friedensmissionen sind heute kaum noch Staaten, aber immer häufiger deren Bevölkerungen. Mit dieser Neubestimmung der Sicherheitsproblematik als existenzielle Bedrohung des einzelnen Menschen sind die Grenzen zwischen den sicherheitspolitischen und den humanitären Aufgaben und Einsätzen der Vereinten Nationen verschwommen, mitsamt der Regeln, denen sie jeweils folgen sollten.
Das klassische *Peacekeeping* galt der Überwachung von Waffenstillständen oder der Einrichtung von Pufferzonen zwischen den Konfliktparteien. Es erfolgte auf Beschluss des Sicherheitsrats, setzte die Zustimmung aller Konfliktbeteiligten voraus und beschränkte sich auf leicht bewaffnete militärische Einheiten, Polizisten oder ziviles Personal [...]. Der Einsatz von Waffengewalt durfte lediglich der Selbstverteidigung dienen.
Die vermeintliche Neutralität der Einsätze muss allerdings ebenso wie die Vorstellung, dass es sich dabei nicht um Interventionen handelt, als eine Fiktion betrachtet werden. Mit ihrer Aufgabe, die streitenden Parteien auseinander zu halten und eine Ausweitung des Konflikts zu vermeiden, um zur Stabilisierung der Konfliktsituation beizutragen, ergriffen Friedensmissionen schon immer auch und unausweichlich Partei. [...]
Solange sich die friedenssichernden Operationen auf Einsätze beschränkten, bei denen die Konfliktparteien bereits gewillt waren, einen zwischen ihnen bestehenden Konflikt nicht weiter eskalieren zu lassen, reichte die klassische Geschäftsgrundlage („mit Zustimmung und ohne Gewalt“) noch aus, ebenso für Einsätze mit dem Ziel der Friedenskonsolidierung [...] (*Peacekeeping*).
Diese Geschäftsgrundlage [...] bot [jedoch] keine Möglichkeit mehr für humanitäre Interventionen zum Schutz von Bevölkerungen in Bürgerkriegssituationen [...].

Klaus-Dieter Wolf, Die UNO, München: C.H. Beck, 2016, S. 70–73

M3 Überschaubare Erfolge der UN, zum Beispiel in Mali

Der Erfolg von Friedensmissionen der Vereinten Nationen ist durchwachsen – insbesondere in afrikanischen Ländern [...] sind die [UN] kaum in der Lage, die allgemeine Sicherheit zu gewährleisten, kritische Sicherheitslagen zu stabilisieren oder auch nur Zivilpersonen zu schützen. [...] „Die Blauhelme sind durchweg daran gescheitert, den Kreislauf der Gewalt in diesen Ländern zu durchbrechen und die Ursachen zu beseitigen, die zu ihrem Einsatz geführt haben", kritisiert Adib Saani, Geschäftsführer des *Jatikay Center for Human Security and Peace Building* [in Ghana]. Ein gutes Beispiel hierfür sei Mali: „Die Gewalt scheint täglich zuzunehmen, und die Mission dort wirkt regelrecht hilflos. [...] Es scheint [...] oft, als würden [die UN-Truppen] nicht ihr Bestes tun. Doch das hat mehr mit den Beschränkungen des Mandats [zu tun] als damit, wie effektiv die eingesetzten Truppen oder Missionen selbst sind." Politische Instabilität macht die Dinge nicht einfacher, betont Saani. Es könne nichts Neues geschaffen werden, solange es an effektiven demokratischen Systemen fehle. [...]

In Mali hat sich die Bevölkerung zwischenzeitlich gegen die dortige UN-Friedensmission MINUSMA gewandt. Viele beschuldigen die Truppen, die Spannungen sogar zu verschärfen. Die Beziehungen haben sich so weit verschlechtert, dass der Außenminister des Landes die UN [...] dazu aufforderte, ihre Truppen umgehend abzuziehen. Vor dem UN-Sicherheitsrat behauptete Außenminister Abdoulaye Diop, die Mission MINUSMA entwickle sich zu einem „Teil des Problems bei der Verschärfung interkommunaler Spannungen".

Laut [Fidel Amakye Owusu, Analyst beim *Conflict Research Consortium for Africa*] tragen auch Regierungen wie die von Mali dazu bei, den Erfolge der Missionen zu gefährden. So zögen es Malis militärische Machthaber vor, der dschihadistischen Bedrohung im Land durch die Gruppe Wagner, einer mehrheitlich aus russischen Söldnern bestehenden Privatarmee, zu begegnen. [...] Doch es sind nicht nur vermeintliche Misserfolge, die am Ansehen der Blauhelme kratzen. Immer wieder werden ihnen auch Menschenrechtsverletzungen vorgeworfen. [...] [Hinzu] komme ein weiteres Vertrauensproblem, erklärt Saani: „Manche glauben, dass die westlichen Mächte sich die Situation zunutze machen, um ihre Autorität und Kontrolle über die Länder wiederzuerlangen, in die sie Friedensmissionen entsenden."

Trotz dieser Probleme spielen die Missionen weiterhin eine wichtige Rolle, sagt Mohamed Amara von der Universität der Humanwissenschaften (ULSHB) in Malis Hauptstadt Bamako. Er macht sich Sorgen, dass der Abzug von Friedenstruppen nach dem Scheitern einer Mission für das Gastgeberland zu noch größeren Problemen führen. Im Falle Malis befürchtet er, dass es der Regierung schwerfallen wird, die durch den Abzug entstandene Lücke zu füllen. „Man darf nicht vergessen, dass MINUSMA in gewisser Weise als Puffer zwischen den malischen Behörden und dem Rest des Hoheitsgebiets dient. Wenn MINUSMA abzieht, müssen alle von MINUSMA besetzten Sicherheitsposten ersetzt werden", warnt Amara. [...]

Um ein gewisses Vertrauen zurückzugewinnen und erfolgreich zu sein, müssten lokale Akteure stärker in die Durchführung der Missionen eingebunden sein, meint Saani. Auch Owusu ist überzeugt, dass die Blauhelme ohne Reformen nur wenig erreichen können. „Künftige UN-Missionen müssen vielleicht neu definiert werden, vielleicht so, dass ihr Mandat erweitert wird oder dass ihre Unterstützung flexibler wird", sagt er.

Isaac Kaledzi, Warum sind Blauhelme in Afrika so unbeliebt?, Bonn: Deutsche Welle, 30.06.2023, https://p.dw.com/p/4TH6T (Zugriff: 28.05.2024)

1 Analysieren Sie die Grafik in M1 hinsichtlich der Lage und Dauer der Einsätze.

2 Arbeiten Sie aus M2 und M3 Herausforderungen von UN-Friedensmissionen heraus. **HILFE**

3 Setzen Sie sich ausgehend von Ihren Ergebnissen mit der Frage auseinander, ob die auf dieser Doppelseite thematisierten UN-Mechanismen zur Friedenssicherung noch zeitgemäß sind.

BEGRIFF

Fachkonzepte
Sicherheit
Menschenrechte
Frieden

M4 UN-Schutzverantwortung – „Responsibility to protect" (R2P)

a) Die drei „Säulen" von R2P

1. Jeder Staat hat die Verantwortung, seine Bevölkerung vor Völkermord, Kriegsverbrechen, ethnischen Säuberungen und Verbrechen gegen die Menschlichkeit zu schützen.	2. Die internationale Gemeinschaft hat die Aufgabe, Staaten bei der Wahrnehmung dieser Verantwortung zu unterstützen.	3. Wenn ein Staat zum Schutz seiner Bevölkerung nicht fähig oder willens ist, oder gar selbst Massenverbrechen verübt, geht die Schutzverantwortung auf die internationale Gemeinschaft über. Sie ist dann in der Pflicht, angemessene diplomatische, humanitäre oder andere friedliche Mittel zum Schutz von Zivilisten zu ergreifen. Erst wenn derartige Maßnahmen aussichtslos erscheinen, darf und muss die internationale Gemeinschaft bereit sein, auch Zwangsmaßnahmen zu ergreifen. Neben Sanktionen können hierzu auch durch den UN-Sicherheitsrat mandatierte Interventionen zum Schutz der Zivilbevölkerung zählen.

Was ist die Schutzverantwortung bzw. die „Responsibility to Protect"?, Berlin: Genocide Alert e. V., https://www.genocide-alert.de/projekte/schutzverantwortung-responsibility-protect/ (Zugriff: 28.05.2024)

b) Kriterien einer militärischen Intervention im Sinne der R2P

1. Die Bedrohungslage muss ein extremes Ausmaß erreichen […].
2. Der primäre Zweck der Intervention muss darin bestehen, menschliches Leiden zu beenden […].
3. Alle nichtmilitärischen Optionen müssen ausgeschöpft sein […].
4. Die Intervention muss hinsichtlich ihres Umfangs, ihrer Dauer und Intensität auf das erforderliche Minimum begrenzt sein […].
5. Die Konsequenzen des militärischen Eingreifens dürfen nicht nachteiliger sein als die Folgen eines Nichthandelns […].
Der Anwendungsbereich wurde auf vier Fälle beschränkt: Völkermord, Kriegsverbrechen, ethnische Säuberung und Verbrechen gegen die Menschlichkeit.

*Michael Radunski, Schutzverantwortung für die Bevölkerung, in: Frankfurter Allgemeine Zeitung online, 12.04.2012, https://www.faz.net/aktuell/politik/syrien-und-libyen-schutzverantwortung-fuer-die-bevoelkerung-11714635-p2.html (Zugriff: 28.05.2024) (verändert) (*ausführlicher Nachweis S. 255)*

M5 Hintergründe und Entwicklung von R2P

INTERNET

WES-118496-137
Hintergründe zum Völkermord in Ruanda und zum Massaker in Srebrenica

[A]ls sich in Ruanda im Frühjahr 1994 ein in seiner Geschwindigkeit fast beispielloser Völkermord abspielt […], blieben die in Ruanda stationierten UN-Blauhelmtruppen in ihren Kasernen.

[…] Juli 1995. Bosnisch-serbische Truppen rücken in die UN-Schutzzone Srebrenica im Osten Bosnien-Herzegowinas ein. […] Machtlos stehen die UN-Blauhelme da, als in einer vom UN-Sicherheitsrat eingerichteten Schutzzone Tausende Menschen massakriert werden und auch die Blauhelme selbst von den bosnischen Serben immer wieder bedroht werden. […]

Wenn es mit Blauhelmen nicht geht, dann müssen es eben Kampftruppen richten – das war für viele die Schlussfolgerung aus Srebrenica.

[…] Auf Initiative Kanadas wird 2001 die „*International Commission on Intervention and State Sovereignty*" eingerichtet [, die das Konzept „R2P" entwickelt, das] beim Weltgipfel der Vereinten Nationen 2005 in New York ohne Abstimmung verabschiedet wird. [Es ist] gegenüber dem ursprünglichen Entwurf deutlich abgeschwächt: Es enthält eine Absichtserklärung der Staatengemeinschaft, einzelne Mitglieder dabei zu unterstützen, Massenverbrechen auf ihrem Territorium zu verhindern und ein entsprechendes Frühwarnsystem der Vereinten Nationen zu entwickeln. Auch ein militärisches Eingreifen der internationalen Gemeinschaft lässt das Konzept zu. Allerdings nicht, wie ursprünglich diskutiert, ohne Zustimmung des UN-Sicherheitsrats. Völkerrechtlich bleibt also alles beim Alten.

Ulrike Köppfchen, Rest in Peace, Responsibility to Protect?, in: Deutschlandfunk Kultur, Köln: Deutschlandradio, 19.02.2018, https://www.deutschlandfunkkultur.de/internationale-gemeinschaft-und-kriegseinsaetze-rest-in.976.de.html?dram:article_id=411148 (Zugriff: 28.05.2024)

M6 15 Jahre UN-Schutzverantwortung – eine Bilanz

In der breiten Öffentlichkeit wurde das Konzept der Schutzverantwortung erst ab 2011 diskutiert, im Kontext der Libyen-Intervention und der Gräueltaten in Syrien. Kurz darauf wurde ihr bereits das frühe Ende bescheinigt. Schließlich hatten die NATO und ihre Verbündeten in Libyen ihr UN-Mandat überdehnt. Anstatt militärische Gewalt nur zum Schutz der Zivilbevölkerung vor der libyschen Regierung anzuwenden, hatten sie im Bürgerkrieg Partei ergriffen und das Regime [des libyschen Machthabers Gaddafi] gestürzt. Der Vorwurf unrechtmäßiger Einmischung wurde laut. In Syrien stand die Staatengemeinschaft dann tatenlos daneben, während aus der gewaltsamen Niederschlagung regierungskritischer Demonstrationen ein brutaler Bürgerkrieg erwuchs, in dem das Regime nicht einmal vor dem Einsatz chemischer Waffen zurückschreckte.
Beide Konflikte betten sich ein in einen breiteren Trend: [...] Eine verschwindend geringe Zahl von Kriegen ist heute noch „klassischer" zwischenstaatlicher Natur. Mehr als drei Viertel sind bewaffnete Konflikte zwischen verschiedenen nichtstaatlichen Gewaltakteuren oder den jeweiligen nationalen Regierungen und bewaffneten Gruppen im Land. Hinzu kommen noch internationalisierte innerstaatliche Konflikte, in denen die Parteien Unterstützung von anderen Staaten erhalten („Stellvertreterkrieg"). Viele der großen Gewaltkonflikte sind durch massive Gewalt gegen Zivilistinnen und Zivilisten geprägt. Es kommt zu Angriffen auf Gesundheitseinrichtungen, Massakern an den Bewohnern ganzer Dörfer, sexualisierter Gewalt. [...]
Die Gründe für dieses Scheitern der Staatengemeinschaft in der Reaktion auf Massenverbrechen sind vielfältig: [...] Viele Staaten unterstützen zwar rhetorisch die Idee hinter der Schutzverantwortung, stehen aber internationaler Einmischung in ihre inneren Angelegenheiten weiter kritisch gegenüber und wollen ihre Souveränität geschützt sehen. Die Intervention der NATO in Libyen 2011 dient ihnen als negatives Beispiel.
Zudem ist der UN-Sicherheitsrat durch Interessenkonflikte der Großmächte immer wieder blockiert. Die zunehmende Fragmentierung der Konfliktlandschaft erschwert eine effektive internationale Konfliktbearbeitung.
Gleichzeitig schwächt der weltweite Aufschwung populistisch-nationalistischer Strömungen den Multilateralismus im Allgemeinen. Die Bereitschaft zu kollektivem, gegebenenfalls gar militärischem Handeln, um „entfernten Fremden" zu helfen, sinkt zunehmend.
Dies zeigt sich auch daran, wie der UN-Sicherheitsrat die Schutzverantwortung in seiner Arbeit aufgreift. Zwar bezog er sich zwischen 2005 und Ende 2019 über 80-mal in Resolutionen auf dieses Konzept, mandatierte dabei aber überwiegend souveränitätsfreundliche, unterstützende Maßnahmen wie Friedenssicherung, Vermittlung oder Hilfe bei Stabilisierung und Staatsaufbau. Libyen bleibt bis dato der einzige Fall, in dem der Sicherheitsrat Mitgliedstaaten ermächtigt hat, ohne die Zustimmung des betroffenen Staates Gewalt anzuwenden, um die Zivilbevölkerung zu schützen.
Die R2P erweist sich somit nicht als wirksames Instrument zum Schutz der Verfolgten, sondern eher als Richtlinie, dass der Sicherheitsrat im Angesicht von Massenverbrechen irgendetwas tun müsse. Dabei beschränkt er sich jedoch zu häufig auf eine reine Diskussion der Angelegenheit.

Gregor Hofmann, Früher handeln statt später bedauern, in: Neue Gesellschaft. Frankfurter Hefte, Berlin: Friedrich-Ebert-Stiftung, 05.05.2020, https://www.frankfurter-hefte.de/artikel/frueher-handeln-statt-spaeter-bedauern-2958/ (Zugriff: 28.05.2024)

INTERNET
WES-118496-138
Hintergründe zur Konfliktentwicklung in Libyen und zum Krieg in Syrien

1 Beschreiben Sie das Konzept R2P (M4).
2 Fassen Sie die Hintergründe der Entstehung von R2P zusammen (M5).
3 Arbeiten Sie zentrale Hürden der Anwendung von R2P heraus (M5, M6). HILFE
4 R2P – ein gescheitertes Konzept oder ein wirksames Instrument zur Konfliktprävention? Nehmen Sie ausgehend von Ihren Ergebnissen Stellung.

3.6 Reform der UN – dringend nötig, aber utopisch?

BEGRIFF

Fachkonzepte
Demokratie
Macht
Sicherheit
Frieden

M1 Vielfältige Auswahl im UN-Souvenirshop

Zeichnung: Nel, 25.09.2014

M2 Ständiger Sitz im Sicherheitsrat – eine Chance für die „zweite Liga"?

Die [...] Vollversammlung der Vereinten Nationen in New York [habe als] einst wichtigste[r] Termin im diplomatischen Kalender der Welt [...] drastisch an Bedeutung verloren, wird [...] geunkt: Neben dem russischen zeigte auch Chinas Präsident dem Ereignis [im September 2023] die kalte Schulter – und nicht einmal Frankreichs Staats- und Großbritanniens Regierungschef hielten ihre Präsenz für nötig. Trotzdem schwören Diplomatinnen und Diplomaten weiter auf den traditionellen Termin: Das Wesentliche finde nicht vor der grünen Marmorwand im Auditorium, sondern in den zahlreichen persönlichen Begegnungen am Rande des internationalen Gipfels statt, heißt es. [...]

Zumindest als Gradmesser internationaler Befindlichkeiten ist der Massenauftrieb der Staatenlenker und Staatenlenkerinnen noch immer beispiellos. Und angesichts der Abwesenheit einiger Alphatierchen kam der zweiten Liga [im September 2023] umso größere Bedeutung zu – also afrikanischen Staatschefs etwa aus Nigeria, Kenia oder Mosambik. Deren Botschaften klangen auffallend ähnlich: „Wir Afrikaner wollen keine Almosen oder Wohltätigkeit", so Kenias Präsident William Ruto: „Vielmehr wollen wir mit dem Rest der globalen Gemeinschaft zusammenarbeiten, um jedem Menschen eine Chance auf Sicherheit und Wohlstand zu geben." Afrika sei „der Schlüssel zur Zukunft der Welt", gab sich Nigerias Präsident Bola Tinubu überzeugt: Nach Jahrhunderten von „Ausbeutung und Unterwerfung" nehme der Kontinent wieder seine Stellung als „Stätte des menschlichen Fortschritts" ein, so Südafrikas Präsident Cyril Ramaphosa.

Das neue afrikanische Selbstbewusstsein kommt nicht ganz überraschend. In der neuen Konfrontation zwischen Ost und West kommt dem 54 Staaten zählenden Erdteil wieder neue politische Bedeutung zu: Nicht zufällig wurden die Afrikanische Union (AU) jüngst in die G20 und weitere zwei afrikanische Staaten in das BRICS-Bündnis aufgenommen. Die neue wirtschaftliche Bedeutung des Kontinents ergibt sich aus seinem riesigen Potenzial erneuerbarer Energie – und seinem rasanten Bevölkerungswachstum. Schon Mitte dieses Jahrhunderts werden in Nigeria mehr Menschen als in den USA leben: Ein Markt, den niemand vernachlässigen kann.
Was dem Erdteil noch fehlt, ist ein ständiger Sitz im UN-Sicherheitsrat: ein Skandal, den alle als solchen bezeichnen, aber niemand zu ändern bereit ist. Auch Afrikas vermeintlich bester Freund China nicht, das wie Russland, Frankreich oder Großbritannien um sein Vetorecht bangt. Zwar verliehen die Staatschefs des Kontinents ihrer Forderung auch in diesem Jahr wieder Nachdruck, doch wie seit Jahrzehnten bereits vergebens.

Johannes Dieterich, Das neue afrikanische Selbstbewusstsein bei der UN-Generalversammlung, in: Der Standard online, 27.9.2023, https://www.derstandard.de/story/3000000188632/das-neue-afrikanische-selbstbewusstsein-bei-der-un-generalversammlung (Zugriff: 28.05.2024)

INFO

G20
Die Gruppe der Zwanzig besteht aus 19 Staaten sowie der EU und der Afrikanischen Union. Die G20 umfasst nach eigenen Angaben die wichtigsten Industrie- und Schwellenländer und bildet ein informelles Forum für wirtschaftliche Zusammenarbeit.

BRICS-Bündnis
ist ein ebenfalls informeller Zusammenschluss von Staaten, ursprünglich der Schwellenländer **B**rasilien, **R**ussland, **I**ndien, **C**hina und **S**üdafrika. Er wurde 2024 erweitert um Ägypten, Äthiopien, Iran und die Vereinigten Arabischen Emirate (BRICS+). Ziel des Zusammenschlusses ist es, ein Gegengewicht zu westlichen Staaten zu bilden.

M3 Veto eingebaut

Zeichnung: Heiko Sakurai, 04.10.2016

1 Analysieren Sie ausgehend von Ihren Vorkenntnissen aus Kapitel 3 die Karikatur (M1) hinsichtlich ihrer Aussageabsicht zur UNO in der internationalen Friedenssicherung. HILFE

2 Geben Sie Aussagen zur Entwicklung und Reform der UNO wieder (M2).

3 Analysieren Sie ausgehend von Ihren Vorkenntnissen zum UN-Sicherheitsrat (Kap. I.3.4) die Karikatur (M3) hinsichtlich ihrer Aussageabsicht zur Arbeit des Sicherheitsrats.

M4 Ein Reformvorschlag für den UN-Sicherheitsrat

Während in anderen Bereichen bestehende Systeme an die geänderten Umstände angepasst werden, wird bei einer Reform des Sicherheitsrats entweder eiligst auf die schiere Unmöglichkeit verwiesen. Oder man flüchtet sich in gut gemeinte „Mini-Reformen", wie die Erhöhung der Rechenschaftspflicht bei Anwendung eines Vetos. Anstatt die Probleme an der Wurzel zu packen, wirken solche Reformen kontraproduktiv, indem sie dem Status quo indirekt mehr Legitimität verleihen. Wenn auch das Unmöglichkeitsargument nachvollziehbar klingen mag, rechtfertigt es nicht, sich nicht mit der Thematik auseinanderzusetzen. [...]

Unser Vorschlag soll nicht an den Grundstrukturen des Sicherheitsrats rütteln: So unterscheiden wir weiterhin zwischen ständigen und nichtständigen Mitgliedern und verleihen den ständigen bei Abstimmungen ein höheres Gewicht. Auch die regionalen Verteilkriterien zur Vergabe der Sitze im Sicherheitsrat sollen beibehalten werden. [...] Ziel unserer Reformvorschläge sind die Einführung einer Abstimmungsregel mit weniger Blockierungspotenzial sowie die Erhöhung der Repräsentativität und Legitimität des Sicherheitsrats. Es darf nicht sein, dass beispielsweise Indien mit einer Bevölkerung von 1,4 Milliarden weniger Gewicht hat als seine frühere Kolonialmacht Großbritannien mit 60 Millionen. Unser Vorschlag hat drei Elemente:

Erstens eine Erhöhung der Mitgliederzahl. [...] In unserem Vorschlag würden die ständigen Sitze von fünf auf zehn und die nichtständigen von zehn auf 15 erhöht. Der Sicherheitsrat bestünde neu anstatt aus 15 aus 25 Staaten.

Zweitens eine Bestimmung der ständigen Mitglieder auf der Basis objektiver Kriterien. Hier bieten sich die Bevölkerungszahl, das BIP und die freiwilligen Beiträge an das UN-Budget an. Aus unserer Sicht wäre es gerechtfertigt, die Bevölkerungszahl gleich zu gewichten wie die beiden Kriterien BIP und freiwillige Beiträge zusammen, die ihrerseits unter sich das gleiche Gewicht hätten: also 50 Prozent, 25 Prozent, 25 Prozent. Je nach Gewichtung dieser Kriterien resultiert natürlich eine andere Rangliste von Staaten. Interessanterweise würde es Russland – ein P5-Staat – aber in keiner der von uns analysierten zahlreichen Gewichtungsvarianten unter die ersten zehn Plätze schaffen. Das Land hat eine zu kleine Bevölkerung, und sein BIP entspricht lediglich jenem einer Mittelmacht, zum Beispiel Spanien. [...] Gesicherte Plätze gäbe es [hingegen] für die USA, China, Indien und insbesondere auch Deutschland. Die uneingeschränkte Anwendung der Kriterienregel hätte jedoch zur Folge, dass nicht alle fünf UN-Regionen ständig im Sicherheitsrat vertreten wären: Afrika und Osteuropa würden fehlen. Um dieses Manko zu beheben, braucht es eine zusätzliche Bedingung: Jede Region soll mindestens einen ständigen Sitz erhalten. Damit würden es Russland als osteuropäischer und Nigeria als afrikanischer Repräsentant in den P10-Klub schaffen. [...]

Drittens eine Überarbeitung der Abstimmungsregel. Die heutige Einstimmigkeitsregel (Vetorecht) für die P5 kann natürlich nicht auf die P10 ausgedehnt werden. Sonst würde der Rat noch mehr blockiert. Für die Beschlussfassung schlagen wir vor, dass im 25er-Klub nur das einfache Mehr nötig ist (13), ergänzt durch die Zusatzbedingung, dass höchstens zwei der P10 ablehnen dürfen. Mit anderen Worten: drei der P10 könnten einen Beschluss verhindern. Das „Vetorecht" würde damit moderat eingeschränkt. Ein „Fall Russland", in dem ein Mitglied griffige Maßnahmen gegen sich selbst mit einem alleinigen Veto verhindern kann, wäre unmöglich. Auch die zahlreichen chinesisch-russischen sogenannten Doppelpack-Vetos würden künftig nicht mehr ausreichen.

So weit, so gut, aber wie bringt man eine solche Reform durch? Sie bedingt eine Änderung der UN-Charta und muss darum letztlich von den fünf heutigen Vetomächten genehmigt werden. Diese scheinen – wie alle bisherigen Reformversuche zeigen – wenig Lust zu verspüren, ihre 1945 erworbenen Privilegien aufzugeben. [...] So uneinig sie beim brutalen russischen Feldzug gegen die Ukraine auch sein mögen, es wäre keinem der P4 in den Sinn gekommen, das russische Veto grundsätzlich infrage zu stellen. [...] In allen bisherigen Reformabsichten hat man [daher] wegen des

Vetorechts stets ein Scheitern antizipiert. Das Vetorecht käme in einem Reformprozess aber erst ganz am Schluss zum Tragen. Gemäß Artikel 109 der Charta könnten die Reformvorschläge in einer sogenannten „Allgemeinen Konferenz" mit einer Zweidrittelmehrheit der Mitglieder der Generalversammlung zur Annahme empfohlen werden. Die P5 könnten also nicht verhindern, dass die Vorschläge auf den Tisch gebracht werden. Erst die Ratifikation könnten sie verweigern und damit ein Reformvorhaben sabotieren.

Zum diplomatischen Druck: Von den vorgeschlagenen Änderungen profitieren viele Länder: Afrika erhält den seit Langem geforderten ständigen Sitz. Ebenso die G4-Staaten Brasilien, Deutschland, Indien und Japan. Und kein aktueller P5-Staat würde seinen Sitz verlieren. Die potenziellen Gewinner sollten sich zusammentun und auf einer Reform bestehen. Als Ultima Ratio könnten sie einen Boykott der Sicherheitsratssitzungen erwägen. Es bräuchte nur sieben Mitglieder, die den Sitzungen fernblieben, um den Rat beschlussunfähig zu machen.

Der russische Angriff auf die Ukraine sollte genutzt werden, eine Reformdebatte zu lancieren. Dazu braucht es kreative Lösungsvorschläge, die Neues propagieren, ohne sich den Realitäten der internationalen Politik zu verschließen. Unser Vorschlag bewahrt, was bewahrt werden kann, bringt aber eine höhere Repräsentativität und eine Zusammensetzung des Sicherheitsrats, die auf objektiven Kriterien beruht. Eine solche hätte zur Folge, dass der afrikanische Kontinent, aber auch das bevölkerungsreichste Land Indien oder das europäische Schwergewicht Deutschland in den UN entsprechend ihrer weltpolitischen Bedeutung vertreten wären. Dies trifft insbesondere für Deutschland zu, das seit dem Ukrainekrieg eine EU-Führungsrolle übernehmen musste und dem auch in der NATO über kurz oder lang mehr Verantwortung auferlegt werden dürfte. Die vorgeschlagene Abstimmungsregel führt zudem dazu, dass dem Geburtsfehler der UN – dem Vetorecht – endlich etwas entgegengehalten wird.

Michael Ambühl /Nora Meier/Daniel Thürer, Eine Reform des UN-Sicherheitsrats ist möglich, Berlin: Deutsche Gesellschaft für die Vereinten Nationen e. V., 26.10.2023, https://dgvn.de/meldung/debatte-eine-reform-des-un-sicherheitsrats-ist-moeglich (Zugriff: 28.05.2024)

M5 Macht eine Reform wirklich alles einfacher?

Zeichnung: Oliver Schopf

QUERVERWEIS

Ein Foto der **„Non-Violence"-Skulptur** des schwedischen Künstlers Carl Frederik Reuterswärd vor dem UN-Hauptgebäude in New York findet sich auf S. 6.

1 Analysieren und erörtern Sie den Reformvorschlag aus M4 mithilfe des Lernwegs (S. 124). Beziehen Sie in Ihr persönliches Urteil zur Reform (7. Schritt) M5 ein.

Analyse und Erörterung von Reformvorschlägen

Internationale Organisationen und Zusammenschlüsse sind komplexe Gebilde. Die Entscheidungsfindung gestaltet sich oftmals schwierig. Sie bewegt sich im Spannungsfeld von Subsidiarität (Lösung von Problemen auf der untersten politischen Ebene) bzw. nationalstaatlicher Souveränität und Supranationalität (Abgabe nationaler Souveränität an internationale Organisationen). Häufig werden daher Reformvorschläge diskutiert, um die Arbeit solcher Organisationen und Zusammenschlüsse – z. B. die NATO, die Europäische Union oder die Vereinten Nationen – effizienter und gerechter zu gestalten und deren Handlungsfähigkeit auch und insbesondere in Krisenzeiten sicherzustellen. Um solche Reformvorschläge genauer zu analysieren und zu erörtern, können Sie die folgenden Schritte und Leitfragen nutzen.

Schritt 1:
Wie wird die Notwendigkeit einer Reform begründet? Informieren Sie sich und notieren Sie wesentliche Aspekte sowie gegebenenfalls auch, wer die Reform vorschlägt oder fordert.

Schritt 2:
Was genau soll reformiert werden? Wie wurde in diesem Bereich bislang gearbeitet und entschieden und wo setzt die Reform an? Nutzen Sie z. B. eine Tabelle:

Status Quo	Reformvorschlag
• … • …	• … • …

Schritt 3:
Welche Akteure bzw. Personengruppen wären von der Reform betroffen? Welche Interessen haben sie in diesem Zusammenhang? Nutzen Sie z. B. eine Tabelle:

Akteur(e)	Interesse(n)
• … • …	• … • …

QUERVERWEIS
MODELL
Politisches Urteilen
S. 69

Schritt 4:
Was spricht für die Effizienz (z. B. politische Durchsetzbarkeit, Wirksamkeit, unerwünschte Nebenfolgen, Aufwand/Ertrag) und Legitimität (z. B. Partizipation, Gerechtigkeit, Gleichheit, Sicherheit, Freiheit) der Reform?

Schritt 5:
Was spricht gegen die Effizienz und Legitimität der Reform?

Schritt 6:
Wie überzeugungsstark sind die Pro- und Kontra-Argumente aus Schritt 4 und 5?
Welche Argumente stehen sich (in etwa) gleichberechtigt gegenüber?
Wägen Sie ab!

Schritt 7:
Zu welcher Position kommen Sie persönlich? Ist der Reformvorschlag effizient und legitim oder ineffizient und illegitim?

Die UNO in der internationalen Friedenssicherung

Die UN-Charta: Ziele und Prinzipien der UNO

Die **UN-Charta** bildet die Grundlage unserer heutigen Völkerrechtsordnung. Als höchstes Ziel der UNO wird darin die Wahrung des Weltfriedens und der internationalen Sicherheit genannt. Frieden soll durch Diplomatie und weltweite Kooperation erreicht werden. Streitigkeiten sollen friedlich beigelegt werden. Es gilt ein „Allgemeines Gewaltverbot“ (Artikel 2).

Wesentliche Organe der UNO im Bereich Friedenssicherung

Der **UN-Sicherheitsrat** ist für die Wahrung des Weltfriedens zuständig. Seine Entscheidungen sind für alle Mitgliedstaaten rechtlich bindend. Im Sicherheitsrat sitzen fünf mit einem Vetorecht ausgestattete ständige Mitglieder (auch *„Big Five“*, *„Permanent Five“* oder nur „P5“ genannt). Außerdem hat der Sicherheitsrat zehn nichtständige Mitglieder ohne Vetorecht.
Die **Generalversammlung** ist ein bedeutsames multilaterales Forum und Schauplatz wichtiger weltpolitischer Debatten. An der Spitze des u. a. für die Koordinierung von Friedensmissionen zuständigen **UN-Sekretariats** steht der Generalsekretär, der als UN-Chefdiplomat Stimme und Gesicht der UNO ist. Er kann die Aufmerksamkeit des Sicherheitsrates auf Situationen lenken, die seiner Ansicht nach den Weltfrieden gefährden. Den **Internationalen Gerichtshof** können Mitgliedstaaten bei Streitigkeiten zwischen Staaten anrufen. Sie sind ihm aber nicht automatisch unterworfen.

Chancen und Grenzen des UN-Sicherheitsrates in der internationalen Friedenssicherung

Die **Handlungsmöglichkeiten** des UN-Sicherheitsrats im Bereich internationaler Friedenssicherung lassen sich grob in **Konfliktprävention**, **Konfliktintervention** und **Konfliktkonsolidierung** gliedern. Staaten dürfen laut UN-Charta in ihrer territorialen Integrität nicht verletzt werden. Zudem gilt das „Allgemeine Gewaltverbot“ (Art. 2). Allerdings haben die UN-Mitgliedstaaten erstens ein Selbstverteidigungsrecht (Art. 51) und zweitens kann Gewalt auf dem Gebiet eines Staates nach ausdrücklicher Ermächtigung durch den UN-Sicherheitsrat (Art. 39 ff.) erlaubt werden. Auf der Grundlage sogenannter „Eskalationsstufen“ entscheidet der Sicherheitsrat, ob eine Gefährdung oder ein Bruch des Weltfriedens vorliegt. Grenzen der Wirksamkeit bestehen vor allem mit Blick auf die mangelnde **Effizienz** der Mittel des UN-Sicherheitsrats bei Blockadehaltungen von ständigen Mitgliedern.

Friedensmissionen im Wandel

UN-Peacekeeping ist multidimensionaler, komplexer und robuster geworden. Es findet immer häufiger auch ohne Zustimmung der Konfliktparteien Anwendung. Waffengewalt darf nicht länger nur zu Zwecken der Selbstverteidigung eingesetzt werden. Einerseits – so zumindest die Hoffnung – können Zivilisten so besser geschützt und die Ziele eines Mandats auch offensiv verteidigt werden. Anderseits führt die Militarisierung von Friedensmissionen dazu, dass **„Blauhelme“** selbst zu Akteuren des Konflikts werden können.

Die internationale Schutzverantwortung „R2P“

Das Konzept **„Responsibility to Protect“ (R2P)** besagt: Jeder Staat ist auch weiterhin zunächst selbst dafür verantwortlich, die eigene Zivilbevölkerung vor Verbrechen gegen die Menschlichkeit zu beschützen. Kann oder will ein Staat dem aber nicht nachkommen, geht diese Verantwortung auf die internationale Gemeinschaft über. Als letztes Mittel darf diese auch militärisch eingreifen.

Reformbedarf der UNO und des UN-Sicherheitsrats

Insbesondere der UN-Sicherheitsrat wird als „exklusiver Club“ kritisiert, da er nicht mehr die internationalen Machtkonstellationen widerspiegele und zu oft blockiert sei. Eine **Abschaffung des Vetorechts** oder eine **Aussetzung in Fällen von „R2P“** erscheint aufgrund der dafür notwendigen Zustimmung der „P5“ illusorisch. Eine **Erhöhung der Repräsentativität** des Sicherheitsrats durch die Schaffung neuer ständiger und/oder nichtständiger Sitze (mit oder ohne Vetorecht) wird häufiger diskutiert. Für eine grundlegende Reform existieren hohe Hürden. Zudem konnte man sich bisher nicht auf einen konkreten Reformansatz einigen.

4. Deutsche Außen- und Sicherheitspolitik

4.1 Folgt die deutsche Außenpolitik überzeugenden Prinzipien?

BEGRIFF

Fachkonzepte
Frieden
Konflikt
Sicherheit

GLOSSAR

Grundgesetz (GG)

M1 Was bedeutet „Außen- und Sicherheitspolitik"?

INFO

Die **Wahrung des Friedens** ist im Grundgesetz an verschiedenen Stellen zu finden. Auf dieser Basis wird die deutsche Außenpolitik als Friedenspolitik bezeichnet. Historisch begründet werden kann diese Ausrichtung mit den negativen Erfahrungen der nationalsozialistischen Gewaltherrschaft.

M2 Normative Bindung der Außenpolitik durch das Grundgesetz

Präambel
Im Bewusstsein seiner Verantwortung vor Gott und den Menschen, von dem Willen beseelt, als gleichberechtigtes Glied in einem vereinten Europa dem Frieden der Welt zu dienen, hat sich das Deutsche Volk kraft seiner verfassungsgebenden Gewalt dieses Grundgesetz gegeben. [...]

Artikel 1
(1) Die Würde des Menschen ist unantastbar. Sie zu achten und zu schützen ist Verpflichtung aller staatlichen Gewalt.
(2) Das Deutsche Volk bekennt sich darum zu unverletzlichen und unveräußerlichen Menschenrechten als Grundlage jeder menschlichen Gemeinschaft, des Friedens und der Gerechtigkeit in der Welt. [...]

Artikel 23
(1) Zur Verwirklichung eines vereinten Europas wirkt die Bundesrepublik Deutschland bei der Entwicklung der Europäischen Union mit, die demokratischen, rechtsstaatlichen, sozialen und föderativen Grundsätzen und dem Grundsatz der Subsidiarität verpflichtet ist und einem diesem Grundgesetz im wesentlichen vergleichbaren Grundrechtsschutz gewährleistet. [...]

Artikel 24
(1) Der Bund kann durch Gesetz Hoheitsrechte auf zwischenstaatliche Einrichtungen übertragen. [...]
(2) Der Bund kann sich zur Wahrung des Friedens einem System gegenseitiger kollektiver Sicherheit einordnen; er wird hierbei in die Beschränkungen seiner Hoheitsrechte einwilligen, die eine friedliche und dauerhafte Ordnung in Europa und zwischen den Völkern der Welt herbeiführen und sichern. [...]

Artikel 25
Die allgemeinen Regeln des Völkerrechtes sind Bestandteil des Bundesrechtes. Sie gehen den Gesetzen vor und erzeugen Rechte und Pflichten unmittelbar für die Bewohner des Bundesgebietes.
Artikel 26
(1) Handlungen, die geeignet sind und in der Absicht vorgenommen werden, das friedliche Zusammenleben der Völker zu stören, insbesondere die Führung eines Angriffskrieges vorzubereiten, sind verfassungswidrig. Sie sind unter Strafe zu stellen. [...]

M3 „Deutschland – ein weltweit verlässlicher Partner“

Militärische Konflikte, Terrorismus, Klimawandel, Umweltkatastrophen oder irreguläre Migration – all das hat Auswirkungen auf Frieden und Sicherheit weltweit. [...]
Deutschland verfolgt eine werteorientierte Außen- und Sicherheitspolitik. Das heißt, die Bundesregierung setzt sich mit ihren außen- und sicherheitspolitischen Instrumenten für die Grundsätze der freiheitlich-demokratischen Grundordnung und die Grundsätze des Völkerrechts ein.
Die Bundesregierung engagiert sich aktiv, um Krisen und Konflikte zu verhindern und zu bewältigen, die die Sicherheit Deutschlands und seiner Verbündeten gefährden. Deutsche Sicherheitsinteressen ergeben sich daneben aus der Einbindung in die multinationalen Strukturen der Vereinten Nationen, der NATO und der Europäischen Union. Aber auch wirtschaftliche Verflechtungen und die Abhängigkeit von Ressourcen als Hochtechnologiestandort und Exportnation werden berücksichtigt. [...]
Politische, diplomatische, wirtschaftliche, polizeiliche, humanitäre und soziale Maßnahmen sind neben militärischen Optionen unabdingbar für einen vernetzten Ansatz, um Krisen zu verhindern oder zu lösen. Auch deshalb hat Deutschland in den vergangenen Jahren sein Verteidigungsbudget erhöht und die Mittel für die Entwicklungshilfe angehoben: Die Bundeswehr muss leistungsfähig und gut ausgestattet sein, um Freiheit und Demokratie in Deutschland und bei den Bündnispartnern zuverlässig schützen und Sicherheit gewährleisten zu können. [...]
Die Bundesrepublik ist zudem einer der größten Geber humanitärer Hilfe weltweit und ein Vorreiter in der zivilen Krisenprävention, bei Mediation und Stabilisierung. [...] Das Bundesministerium für wirtschaftliche Zusammenarbeit und Entwicklung fördert weltweit den Umbau hin zu einer nachhaltigen, klima- und naturverträglichen Wirtschaftsweise und es stärkt Frieden, Freiheit und Menschenrechte.
Außerdem beteiligt sich Deutschland mit Zivilpersonal, Polizistinnen und Polizisten sowie Soldatinnen und Soldaten an vielen UN-Friedensmissionen – ein wichtiger Bestandteil der deutschen Außen- und Friedenspolitik. [...]
Abrüstung, Rüstungskontrolle und die Nichtverbreitung von Waffen nehmen einen herausgehobenen Stellenwert in der deutschen Außen- und Sicherheitspolitik ein. Deutschland tritt engagiert [...] für die Stärkung bestehender internationaler Verträge und Vereinbarungen und für deren Weiterentwicklung ein.

Deutschland. Ein weltweit verlässlicher Partner, Berlin: Presse- und Informationsamt der Bundesregierung, 12.03.2024, https://www.bundesregierung.de/breg-de/themen/sicherheit-und-verteidigung/sicherheit-und-verteidigung-2018150 (Zugriff: 07.08.2024)

1 Diskutieren Sie im Kurs, welche Bereiche für Sie in der deutschen Außen- und Sicherheitspolitik die größte Bedeutung haben (M1).
2 Arbeiten Sie Merkmale der Außenpolitik angesichts der verfassungsrechtlichen Grundlagen im Grundgesetz heraus. Beachten Sie besonders die Präambel (M2).
3 Analysieren Sie das Spannungsfeld zwischen den Grundgesetzzielen (M2). HILFE
4 Erläutern Sie Grundzüge der deutschen Außen- und Sicherheitspolitik (M3).
5 Erörtern Sie, welche Bereiche der Außenpolitik Ihrer Ansicht nach im Vordergrund politischer Bemühungen stehen sollten.

4.2 Muss sich die Außenpolitik neu ausrichten?

BEGRIFF

Fachkonzepte
Konflikt
Frieden
Sicherheit

M1 „Zeitenwende"?

Zeichnung: Thomas Plaßmann, Febr. 2022

M2 Ein Krisenkanzler in der „Zeitenwende"

GLOSSAR

North Atlantic Treaty Organization (NATO)

INFO

Das **Zwei-Prozent-Ziel der NATO** besagt, dass jeder Mitgliedstaat der NATO 2 % seines Bruttoinlandsprodukts für Verteidigung ausgeben soll. Siehe auch S. 149, M9.

Olaf Scholz ist [am 27.02.2022] seit 81 Tagen als Bundeskanzler im Amt, als er das Ruder in der Außen- und Sicherheitspolitik seiner Regierung herumreißt: „Sehr geehrte Frau Präsidentin, verehrte Kolleginnen und Kollegen, liebe Mitbürgerinnen und Mitbürger. Der 24. Februar 2022 markiert eine Zeitenwende in der Geschichte unseres Kontinents."

Was bedeutet diese Zeitenwende für die Rolle Deutschlands in der Welt? [...] Die Zeitenwende [...] hat eine Vorgeschichte, die sich in Monaten, Jahren oder Jahrzehnten bemessen lässt. [...] Der fluchtartige Rückzug der NATO aus Afghanistan im Sommer 2021, wenige Wochen vor der Bundestagswahl in Deutschland, offenbarte geopolitische und militärische Schwächen des Westens. In Moskau, Peking, Teheran, Istanbul registrierte man ein Machtvakuum. Auch diese Zäsur aber war nur Teil eines tieferen, weiter zurückgehenden Epochenbruchs. [...]

Der Epochenwandel, der das Ende der Nachkriegsordnung bedeutete, vollzieht sich als lange Abfolge von umwälzenden Ereignissen und historischen Zäsuren. Doch die deutsche Außen- und Sicherheitspolitik ändert sich nicht in dem Tempo, in dem sich die Welt um Deutschland herum verändert.

„Deutschland leidet bis heute an einer Liebesbeziehung mit dem Status quo", sagt der ehemalige Spitzendiplomat Wolfgang Ischinger. [...] Deutschland sei [2014] noch als „verlorene Nation" der NATO bezeichnet worden [...]. „Manche sahen Deutschland sogar als strategisches schwarzes Loch im Herzen der Allianz, von dem keine Impulse mehr ausgingen." [Im gleichen Jahr] marschieren russische Truppen auf der Krim ein. Doch die Politik reagiert träge. In den Großen Koalitionen Angela Merkels opponiert die SPD offen gegen das Zwei-Prozent-Ziel der NATO.

Auch Ende 2021 ist das Thema Außen, Sicherheit und Verteidigung im Koalitionsvertrag der von Olaf Scholz geführten Ampelregierung eines der letzten Kapitel. Es ist von Werten, Multilateralismus, Menschenrechten und feministischer Außenpolitik die Rede. Die neue Koalition setzt auf *Soft Skills*, auf die Mittel einer weichen Diplomatie, die deutsche Außenpolitik in der Nachkriegszeit geprägt hat. „Mir ist aufgefallen, dass sehr viel Kontinuität war", sagt Christoph Heusgen, ehemaliger außenpolitischer Berater Angela Merkels über das außen- und sicherheitspolitische Regierungsprogramm der Ampelkoalition. Doch Heusgen fällt im Kern der Verteidigungspolitik auch ein neuer Akzent auf.

„Als jemand, der aus der Außen- und Sicherheitspolitik kommt, fand ich sehr positiv, dass in den Koalitionsvertrag Stimmen aufgenommen wurden, die vorher unmöglich waren, nämlich im Blick auf die nukleare Teilhabe. Dass Deutschland wieder an diesem zentralen

Element des NATO-Bündnisses teilnimmt. Das war 2017 nicht möglich und 2021 ist es aufgenommen worden, dass wir jetzt auch bei dem Thema bewaffnete Drohnen weiter sind.“ […] Die überlange Abhängigkeit vom russischen Gas verändert die geopolitischen Gewichte und zwingt auch der Bundesregierung eine neue Rolle auf. Reisen des Kanzlers und des Wirtschaftsministers, die einst Türen für die deutsche Exportwirtschaft öffnen sollten, werden zu Einkaufstouren bei Öl- und Gasproduzenten in Kanada, am Golf, in Saudi-Arabien. […]

Während amerikanische und britische Geheimdienste bereits öffentlich erklären, Putin sei fest zur Invasion der Ukraine entschlossen, weckt der Kanzler kurz vor Beginn der Invasion noch Hoffnungen auf eine diplomatische Lösung in letzter Minute […]. Doch Putin macht ernst. Knapp eine Woche nach dem Besuch des Bundeskanzlers [in Moskau] unterzeichnet der russische Präsident das Dekret zur Anerkennung der [sogenannten] Volksrepubliken [Donezk und Lugansk in der Ostukraine]. Es ist der Auftakt zum Angriff auf die Ukraine.

QUERVERWEIS

1.3 Der Krieg in der Ukraine im Fokus einer vertieften Konfliktanalyse
S. 23–37

Stephan Detjen, Als Krisenkanzler in der Zeitenwende, in: Deutschlandfunk, Köln: Deutschlandradio, 26.09.2022, https://www.deutschlandfunk.de/zeitenwende-deutsche-aussenpolitik-100.html (Zugriff: 17.08.2024)

M3 Möglichkeiten und Grenzen deutscher Außenpolitik

Die Rahmenbedingungen der deutschen Außenpolitik haben sich durch den russischen Angriffskrieg in der Ukraine grundsätzlich verschlechtert, auch wenn in einzelnen Bereichen, etwa der Zusammenarbeit in der EU, Fortschritte leichter möglich erscheinen. Gleichzeitig bleiben die Ziele, wie europäische Integration, Verankerung in der westlichen Welt, Stärkung von Völkerrecht und Menschenrechten, Förderung des wirtschaftlichen Wohlstands, Bekämpfung von globaler Armut und den Folgen des Klimawandels, dieselben. Geändert hat sich deren Gewichtung. Das gilt insbesondere für das Verhältnis von wirtschaftlichen und sicherheitspolitischen Interessen. In der Folge müssen auch Beziehungen zu einzelnen Staaten neu geordnet werden, vor allem zu Russland und China.

Das führt zu wachsenden Anforderungen an die deutsche Außenpolitik und Gefahren einer Überdehnung von Ansprüchen und Erwartungen. Deutschland ist zwar eine führende Industrienation, aber im globalen Maßstab mit einem Anteil von etwas über einem Prozent der Weltbevölkerung nur eine kleinere Mittelmacht. Enge Zusammenarbeit in der EU und mit anderen westlichen Partnern vergrößert das Potenzial deutscher Außenpolitik, ist aber nicht ohne Hindernisse und Risiken. Letzteres gilt insbesondere für die Bearbeitung der großen globalen Herausforderungen, wie der Bekämpfung des Klimawandels.

Auch nach der „Zeitenwende“ bleibt die Aussage […] zutreffend, dass sich die großen Herausforderungen unserer Zeit nur in internationaler Kooperation bewältigen lassen. Die deutsche Außenpolitik kann dazu, insbesondere im Rahmen der EU, einen starken Beitrag leisten. Wichtig dafür bleibt die Orientierung an Werten wie Frieden, Freiheit, Menschenrechten, Demokratie, Rechtsstaatlichkeit und Nachhaltigkeit, bei gleichzeitiger Bereitschaft, gemeinsame Ziele mit allen Staaten zu verfolgen, die dazu bereit sind, auch wenn sie diesen Werten nicht in allen Punkten genügen.

INTERNET

WES-118496-141
Film: Einfach erklärt: Menschenrechte

Michael Brzoska, Zeitenwende: Wie groß ist die Herausforderung für die deutsche Außenpolitik?, in: Politikum, 3/2022, Frankfurt a. M.: Wochenschau Verlag, S. 20 f.

1 Diskutieren Sie, welche Botschaft die Karikatur vermitteln will (M1).

2 Stellen Sie wichtige Entwicklungen in der Weltpolitik vor 2022 dar (M2). **HILFE**

3 a) Erläutern Sie die Schwerpunktsetzungen der deutschen Außen- und Sicherheitspolitik im System kollektiver Sicherheit seit 2022 (M2).
b) Beurteilen Sie die Schwerpunktsetzungen (M2).

4 Erläutern Sie Grundzüge der Neuausrichtung der Außen- und Sicherheitspolitik (M3).

5 Erörtern Sie Möglichkeiten und Grenzen der Außen- und Sicherheitspolitik in transnationalen Zusammenhängen (M3).

4.3 Deutschlands Unterstützung für die Ukraine – unstrittig?

BEGRIFF

Fachkonzepte
Macht
Sanktionen
Frieden

QUERVERWEIS

I.1.3 Der Krieg in der Ukraine im Fokus einer vertieften Konfliktanalyse
S. 23–37

M 1 Wie sieht die Bevölkerung die Unterstützung der Ukraine?

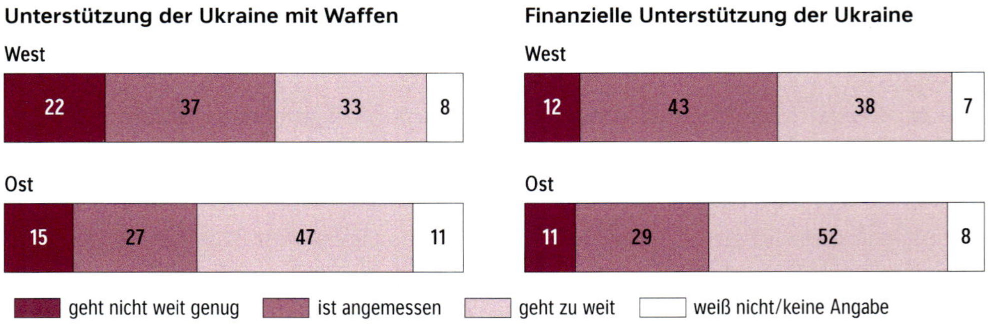

Grundgesamtheit: Wahlberechtigte in Deutschland; Werte in %
Quelle: ARD-DeutschlandTREND Januar 2024, infratest dimap
50613EX

Die Deutschen sind sich laut einer Befragung zwar der möglichen Konsequenzen eines russischen Sieges über die Ukraine bewusst, aber sie sind immer weniger bereit, die Ressourcen bereitzustellen und die politischen Kosten zu tragen, um diesen zu verhindern. Das geht aus einer Umfrage für den *Munich Security Index 2024* hervor [...]. Demnach sehen 56 Prozent der Befragten das Risiko weiterer Angriffe Russlands auf andere Länder, sollte die Ukraine den Krieg nicht gewinnen. 48 Prozent stimmen der Aussage zu, dass „Europa nur dann sicher sein wird, wenn Russland den Krieg verliert.“
Nur 19 Prozent widersprechen dieser Aussage. Die Zustimmungswerte nehmen allerdings rapide ab, sobald es um konkrete politische Konsequenzen geht. Waren im Mai 2022 noch 46 Prozent dafür, mehr Kriegsflüchtlinge als bisher aufzunehmen, sind es in der jüngsten Umfrage nur noch 25 Prozent. [...]
Eine ähnliche Entwicklung zeigt sich bei den Zustimmungswerten, ob Deutschland mehr schwere Waffen als bisher liefern sollte. [...] „Natürlich hat sich die Ausgangslage stark verändert: Im Frühling 2022 wurde noch debattiert, ob Deutschland der Ukraine überhaupt schwere Waffen liefern sollte; im Herbst 2023 ging es unter anderem um die Lieferung von Marschflugkörpern“, sagte Leonard Schütte, *Senior Researcher* bei der Münchner Sicherheitskonferenz.

dts-Nachrichtenagentur, Bereitschaft der Deutschen zur Unterstützung der Ukraine sinkt, in: Ad hoc News, Berlin, 08.02.2024, https://www.ad-hoc-news.de/politik/die-deutschen-sind-sich-laut-einer-befragung-zwar-der-moeglichen/64735136 (Zugriff: 07.08.2024)

M 2 „Wie stellst du dir so ein Ende des Waffengangs vor?“

Süddeutsche Zeitung: Herr Schulze Wessel, was ist falsch an der Ukraine-Politik von Olaf Scholz?
Martin Schulze Wessel: Ganz einfach: Es gibt zwar viele Bekenntnisse, die Ukraine zu unterstützen, die konkrete Hilfe kommt dann aber immer halbherzig, zu spät oder gar nicht. Das beginnt bei den berühmten 5.000 Helmen und endet bei der Verweigerung, Taurus-Raketen zu liefern. Das hat Russland Zeit verschafft und die Möglichkeit gegeben, seine Angriffe auf die ukrainische Armee und die Zivilbevölkerung massiv zu erhöhen.
Sie sind der Ansicht, Deutschland hätte die liefern sollen?
Schulze Wessel: Ja, weil Taurus geeignet ist, die russischen Nachschubwege zu treffen und damit den Zustrom von russischen Soldaten und Munition auf das Schlachtfeld zu begrenzen, was Kampfhandlungen verringern würde. All dem verweigert sich die Bundesregierung. [...]

[Scholz hat] ja auch formuliert: „Die Ukraine darf den Krieg nicht verlieren, Russland darf ihn nicht gewinnen.“ So unvernünftig klingt das doch nicht.

Schulze Wessel: Na ja, es läuft eben nur auf einen nicht endenden Krieg heraus. Und das ist humanitär und auch politisch-strategisch problematisch.

Warum?

Schulze Wessel: Weil man so die Ukraine de facto ausbluten lässt. Wenn man Russlands Aggression nicht entschieden entgegentritt, stachelt man den imperialen Ehrgeiz Putins an – über die Ukraine hinaus. [...]

Frau Schwan, Sie wirken sehr gelassen, dürften aber völlig anderer Meinung sein als Herr Schulze Wessel, oder?

Gesine Schwan: Tja, vor allem schätze ich das Verhalten von Olaf Scholz und dem Vorsitzenden der SPD-Bundestagsfraktion Rolf Mützenich ganz anders ein.

Inwiefern?

Schwan: Der Eindruck der Halbherzigkeit und des Hinterherhinkens entsteht nicht, weil sie nichts riskieren wollen, also weil sie es sich nicht mit Russland verderben wollen und Rücksicht nehmen auf innerparteiliche Strömungen. Der Eindruck entsteht, weil sie bei diesem Krieg mehr im Blick haben müssen als nur das Verhältnis der Ukraine zu Russland und Fragen des Waffennachschubs. [...]

Warum wollte Putin Ihrer Ansicht nach bislang nicht verhandeln?

Schwan: Weil er offensichtlich noch fest daran glaubt, große Teile der Ukraine erobern zu können. Und weil es auch nicht wirklich einen Weg zurück gibt für ihn. Er hat ganz Russland auf Kriegswirtschaft umgestellt und ein totalitäres System installiert. Ein Ende des Krieges würde auch seine politische Macht infrage stellen. Ich sehe bei ihm keinen rationalen Grund, warum er aufhören sollte. Auch das macht die Sache so kompliziert.

Wenn man aber zu diesem Schluss kommt, erscheint stärkerer Gegendruck doch sinnvoll?

Schwan: Die Frage ist, von wem der Gegendruck kommen muss. Ich glaube nicht, dass ihn ein stärkerer militärischer Gegendruck des Westens aus dem Amt kippt. Von innen ist auch wenig zu erwarten. Er hat die ganze Gesellschaft auf diesen neuen großen vaterländischen Krieg gegen den Westen eingeschworen und alle Kritiker kaltgestellt, vertrieben oder sogar ermorden lassen. Er wird dem russischen Volk wohl den bitteren Weg bis zum Ende zumuten. Bis auch er selbst untergeht.

Wenn es keinen Druck von innen gibt und der aus dem Westen auch nichts bewirken kann, welcher Druck ist dann nötig?

Schwan: Der Druck muss aus China, Brasilien und Südafrika kommen. [...] Putin wird ja ohne Druck nicht aufhören, selbst wenn die Ukraine noch mehr Unterstützung erhält. Russland hat große Ressourcen. Die Ressourcen des Westens sind rein materiell natürlich viel größer, aber wir sind Demokratien, wir können und wollen unsere Menschen nicht so leicht aufs Schlachtfeld schicken wie er. Das ist die Asymmetrie.

Schulze Wessel: Diese Asymmetrie haben wir alle zu spät realisiert. Es hat nach dem 24. Februar 2022 Stimmen gegeben, die sagten, dass Russland gar nicht in der Lage sei, einen Krieg zu führen, weil sein Bruttosozialprodukt gerade einmal so groß sei wie das Italiens. Jetzt sehen wir, dass es auch auf anderes ankommt [...] – beispielsweise auf die Fähigkeit einer Diktatur, das Land schnell auf Kriegswirtschaft umzustellen. Und ich stimme dir zu, dass es notwendig ist, den globalen Süden zu gewinnen. Nur ist das eine Langzeitstrategie. [...] Eine baldige Hilfe ist von den Ländern des globalen Südens nicht zu erwarten.

INFO

Die Politologin und SPD-Politikerin **Gesine Schwan** war Professorin an der FU Berlin und Präsidentin der Viadrina-Universität in Frankfurt (Oder), seit 2014 ist sie Vorsitzende der Grundwertekommission der SPD. **Martin Schulze Wessel** ist Professor für die Geschichte Ost- und Südosteuropas an der Münchner Ludwig-Maximilians-Universität, im Dezember war er Mitinitiator des Aufrufs „Krieg in der Ukraine: ‚Wir müssen mehr tun!‘“

Text und Info: „Wie stellst du dir so ein Ende des Waffengangs vor?“, Interview von Lothar Müller und Jens-Christian Rabe mit Gesine Schwan und Martin Schulze Wessel, in: Süddeutsche Zeitung, 12.04.2024, Nr. 85, S. 10 f. (Info verändert)

1 **Wählen Sie eine Aufgabe aus:**
- a) Beschreiben Sie differenziert die Meinungen zur Unterstützung der Ukraine (M1).
- b) Geben Sie die Kontroverse um die Unterstützung der Ukraine wieder (M2).

2 Erläutern Sie Hintergründe der Kontroverse (M2). HILFE

3 Erörtern Sie, welche Argumente bezüglich der Unterstützung der Ukraine in Ihren Augen am überzeugendsten sind.

4.4 Kann die Bundeswehr ihren Auftrag erfüllen?

BEGRIFF

Fachkonzepte
Macht
Sicherheit
Frieden

M 1 Die Bundeswehr im Verfassungsgefüge

Artikel 87 a GG
(1) Der Bund stellt Streitkräfte zur Verteidigung auf. [...]
(2) Außer zur Verteidigung dürfen die Streitkräfte nur eingesetzt werden, soweit dieses Grundgesetz es ausdrücklich zulässt.

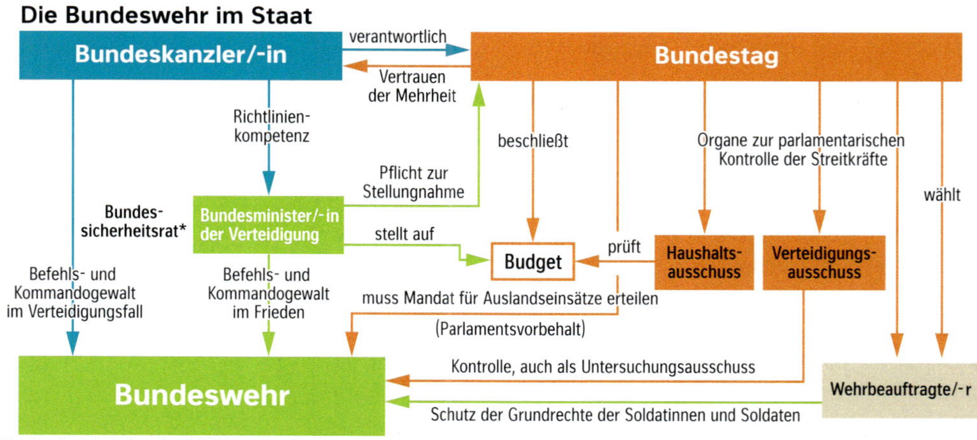

*Der Bundessicherheitsrat ist ein Kabinettsausschuss unter Leitung der Bundeskanzlerin/des Bundeskanzlers zur Entscheidung ressortübergreifender Fragen der Sicherheits- und Verteidigungspolitik

Quelle: in Anlehnung an Horst Pötzsch, Die Deutsche Demokratie; sowie GG Art. 12a, 24, 45a/b, 80a, 87a/b, 115b

50618EX

M 2 Besonderheit Parlamentsarmee

Die Fokussierung der Streitkräfte auf ihren **Kernauftrag der Landes- und Bündnisverteidigung** ist festgehalten in den Verteidigungspolitischen Richtlinien, die im November 2023 von Verteidigungsminister Boris Pistorius und Generalinspekteur Carsten Breuer vorgelegt wurden. [...] Der Auftrag der Bundeswehr ist demzufolge die Verteidigung. Im Kalten Krieg bedeutete das, einen unmittelbaren Angriff auf die Bundesrepublik Deutschland und ihre Partner in der NATO abzuwehren. Es ging um den Schutz des Bündnisgebietes und seiner Bevölkerung vor einem potenziellen Aggressor. Dies ist auch heute wieder der Kern des Auftrages der Bundeswehr.
Darüber hinaus leistet die Bundeswehr an der Seite ihrer Partner ihren Beitrag im internationalen Krisenmanagement und zur gesamtstaatlichen Krisen- und Risikovorsorge. Auch unterstützt sie zivile Behörden in Katastrophenfällen [...] im Inland. Aber auch neue Herausforderungen, wie zum Beispiel Cyberbedrohungen, der internationale Terrorismus oder hybride Angriffe, sind verstärkt in das Blickfeld der Streitkräfte gerückt.
Die Bundeswehr ist eine **Parlamentsarmee.** Grundlegende Entscheidungen treffen die Abgeordneten des Deutschen Bundestages. Im Grundgesetz ist die Budgethoheit des Parlamentes verankert: Die Abgeordneten entscheiden, wie viel Geld die Bundeswehr bekommt und wofür sie es ausgeben darf. Sollen bewaffnete Kräfte der Bundeswehr eingesetzt werden, muss auch das generell vorher vom Bundestag gebilligt werden. [...] Zudem wacht die Wehrbeauftragte des Bundestages darüber, dass die Rechte der Soldatinnen und Soldaten gewahrt werden.

Auftrag und Aufgaben der Bundeswehr, Berlin: Bundesministerium der Verteidigung, https://www.bundeswehr.de/de/ueber-die-bundeswehr/auftrag-aufgaben-bundeswehr (Zugriff: 24.10.2024)

INFO

Generalinspekteur der Bundeswehr ist als ranghöchster Soldat der truppendienstliche Vorgesetzte aller Soldatinnen und Soldaten sowie als militärischer Berater der Bundesregierung Teil der Leitung des Bundesverteidigungsministeriums.

M3 Grundzüge deutscher Sicherheitspolitik

a) Verpflichtung und Ziele deutschen Regierungshandelns sind die Wahrung von Freiheit, Sicherheit und Wohlstand unserer Bürgerinnen und Bürger sowie die Förderung von Frieden und die Stärkung des Rechts. Deutsche Sicherheitspolitik ist wertegebunden und interessengeleitet. Die objektive Richtschnur für die Formulierung unserer nationalen Interessen bilden

- die Werteordnung unseres Grundgesetzes, insbesondere die Menschenwürde und die sonstigen Grundrechte, Demokratie, Rechtsstaatlichkeit, sowie
- die Bestimmungen des europäischen Rechts und des Völkerrechts, insbesondere zum Schutz universaler Menschenrechte und zur Wahrung des Friedens.

Unsere sicherheitspolitischen Interessen werden zudem maßgeblich bestimmt durch unsere geografische Lage in der Mitte Europas und die Mitgliedschaft in der EU, unsere wirtschaftliche Leistungsfähigkeit und Handelsabhängigkeit, unsere Bereitschaft zu verantwortungsbewusstem Engagement sowie das Friedensgebot nach Artikel 26 des Grundgesetzes.
In der Zusammenschau ergeben sich die folgenden sicherheitspolitischen Interessen Deutschlands:

- Schutz der Bürgerinnen und Bürger sowie der Souveränität und territorialen Integrität unseres Landes,
- Schutz der territorialen Integrität, der Souveränität sowie der Bürgerinnen und Bürger unserer Verbündeten,
- Aufrechterhaltung der regelbasierten internationalen Ordnung auf der Grundlage des Völkerrechts,
- Wohlstand unserer Bürgerinnen und Bürger durch Prosperität unserer Wirtschaft und freien sowie ungehinderten Welthandel,
- Förderung des verantwortungsvollen Umgangs mit begrenzten Ressourcen und knappen Gütern in der Welt,
- Vertiefung der europäischen Integration und Festigung der transatlantischen Partnerschaft.

Bundesministerium der Verteidigung (Hrsg.), Weißbuch 2016 zur Sicherheitspolitik und zur Zukunft der Bundeswehr, Berlin, Juni 2016, https://www.bmvg.de/resource/blob/13708/015be272f8c0098f1537a491676bfc31/weissbuch2016-barrierefrei-data.pdf (Zugriff: 16.08.2023)

b) Der Krieg ist nach Europa zurückgekehrt. Deutschland und seine Verbündeten müssen sich wieder mit einer militärischen Bedrohung auseinandersetzen. Die internationale Ordnung wird in Europa und rund um den Globus angegriffen. Wir leben in einer Zeitenwende.
Diese Zeitenwende verändert die Rolle Deutschlands und der Bundeswehr fundamental. Als bevölkerungsreichstes und wirtschaftlich starkes Land in der Mitte Europas tragen wir Verantwortung. Wir müssen Rückgrat der Abschreckung und kollektiven Verteidigung in Europa sein. Unsere Bevölkerung, aber auch unsere Partner in Europa, Nordamerika und der Welt erwarten von uns, dass wir uns dieser Verantwortung stellen.

Bundesministerium der Verteidigung (Hrsg.), Verteidigungspolitische Richtlinien 2023, Bonn, November 2023, S. 6, https://www.bmvg.de/resource/blob/5701724/5ba8d8c460d931164c7b00f49994d41d/verteidigungspolitische-richtlinien-2023-data.pdf (Zugriff: 16.06.2024)

1 Beschreiben Sie anhand von M1 die Stellung der Bundeswehr im Verfassungsgefüge der Bundesrepublik. HILFE

2 Arbeiten Sie heraus, inwiefern die Tatsache, dass die Bundeswehr eine Parlamentsarmee ist, von besonderer Bedeutung für Bundeswehreinsätze ist (M2). HILFE

3 Erklären Sie die Besonderheiten der Grundlagen deutscher Sicherheitspolitik als Teil internationaler Bündnisse zur Friedenssicherung (M3 a) und b)).

4 Erörtern Sie, inwiefern die Werteordnung des Grundgesetzes die „objektive Richtschnur für die Formulierung unserer nationalen Interessen bilden“ (M3 a), Z. 7 ff.) sollte.

M4 Die Bundeswehr in der „Zeitenwende“

„In der Zeitenwende wird die Bedeutung der Bundeswehr für unser Land besonders sichtbar. Wieder sichtbar. Und es wird deutlich: Wir müssen unsere Bundeswehr wieder auf Landes- und Bündnisverteidigung ausrichten und ihre Einsatz- und Abschreckungsfähigkeit spürbar erhöhen – damit wir auch morgen noch in Frieden und Freiheit leben können.“

Rede des Bundesministers der Verteidigung Boris Pistorius anlässlich des Feierlichen Gelöbnisses zum 20. Juli im Bendlerblock Berlin, 20. Juli 2023

„Wir müssen Landesverteidigung und Bündnisverteidigung neu denken. Wir müssen langfristig die Rolle und die Aufgaben der Bundeswehr in einer multipolaren Welt neu denken. Kurz: der Zeitenwende die Gedankenwende folgen lassen. Alle Strukturen und Prozesse müssen dem übergeordneten Ziel der Wehrhaftigkeit und, für den Fall der Streitkräfte, der Kriegstüchtigkeit dienen. Wichtig ist, dass wir dabei ein hohes Maß an Flexibilität und Agilität für die Bundeswehr der Zukunft erreichen.“

Rede des Generalinspekteurs der Bundeswehr Carsten Breuer anlässlich der „Zeitenwende on tour“ im Cyber Innovation Hub der Bundeswehr am 13. Juli 2023 in Berlin

GLOSSAR

Multipolarität

Ziate aus: Bundesministerium der Verteidigung (Hrsg.), Verteidigungspolitische Richtlinien 2023 (siehe M3 b)), S. 7 f., (verändert = Namen ergänzt)

M5 „Unsere Wehrhaftigkeit erfordert eine kriegstüchtige Bundeswehr“

Mit der Nationalen Sicherheitsstrategie hat die Bundesregierung die strategische Kursbestimmung für die deutsche Sicherheits- und Verteidigungspolitik vorgenommen.
Unser gemeinsames Ziel ist es, in unserem Land auch künftig in Frieden, Freiheit und Sicherheit leben zu können. Hierfür müssen wir wehrhaft und resilient sein. Unsere Wehrhaftigkeit ist eine gesamtstaatliche und gesellschaftliche Aufgabe, weil Bedrohungen mit allen Instrumenten der Integrierten Sicherheit begegnet werden muss. Die Bundeswehr ist ein Kerninstrument unserer Wehrhaftigkeit gegen militärische Bedrohungen. Hierzu muss sie in allen Bereichen kriegstüchtig sein. Das bedeutet, dass ihr Personal und ihre Ausstattung auf die Wahrnehmung ihrer fordernden Aufträge ausgerichtet sind. Maßstab hierfür ist jederzeit die Bereitschaft zum Kampf mit dem Anspruch auf Erfolg im hoch intensiven Gefecht. Nur so wird Abschreckung glaubwürdig und Frieden gewährt. Deutschlands Sicherheit bleibt dabei untrennbar der unserer europäischen Partner und transatlantischen Verbündeten verbunden.

INFO

resilient
widerstandsfähig, fähig, Krisen ohne Beeinträchtigungen zu überstehen

Bundesministerium der Verteidigung (Hrsg.), Verteidigungspolitische Richtlinien 2023 (siehe M3 b)), S. 9

M6 Kriegstüchtig oder friedenstüchtig?

Boris Pistorius ist ein sehr beliebter Politiker. Ihm ist in den zehn Monaten seit seinem Amtsantritt etwas gelungen, was auf diesem Posten schon lange niemandem mehr gelungen ist: Er konnte sich Achtung und Respekt erwerben. Er ist also ein tüchtiger Verteidigungsminister – genauer gesagt, er war es, bis er sich soeben mit genau diesem Wort vergaloppiert hat. „Wir müssen kriegstüchtig werden“, hat er gefordert. Das ist eine gefährliche Forderung. Und sie wird nicht dadurch besser, dass der Minister erklärt, dass „wir die Bundeswehr und die Gesellschaft dafür aufstellen“ müssen.
Carsten Breuer, der Generalinspekteur der Bundeswehr, hat vor ein paar Monaten schon

etwas Ähnliches propagiert und von einem großen „Mindset-Wechsel“ gesprochen. Er meinte damit: Die Denkweisen und Verhaltensmuster der Menschen, ja ihre innere Haltung zum Krieg müssten sich ändern. Deutschland solle sich, das war sein Anliegen, wieder an den Krieg gewöhnen, zumindest daran, dass Krieg droht. Das sei doch schließlich der Sinn der Wehrverfassung im Grundgesetz. Wirklich? Wirklich nicht! Zwar heißt es dort: „Der Bund stellt Streitkräfte zur Verteidigung auf.“ [...] Aber dort stand und steht das Wort Verteidigung, nicht das Wort Krieg.

Der Gehalt der deutschen Verfassung und deutsche Staatsräson sind Völkerverständigung und Friedensdenken. Das soll so bleiben, das muss so bleiben; und eine Kriegstüchtigkeitsdiskussion [...] anzuzetteln, ist eine Beleidigung für die Mütter und Väter des Grundgesetzes. [...]

In Meinungsumfragen stehen sich, wenn es um den Krieg in der Ukraine geht, zwei Positionen etwa gleich stark gegenüber – „Waffenlieferungen ja“ und „Waffenlieferungen nein“. Pistorius ist es in seinen ersten Monaten gelungen, sich Achtung auf beiden Seiten zu erwerben: Da sind ehemalige Bundeswehrgeneräle, die Militaristen a. D., die sagen, dass Waffenlieferungen diesen Krieg nur verlängern, und deshalb für einen Verhandlungsfrieden werben. Und da sind junge Grüne als Pazifisten a. D., die Zurückhaltung bei der Lieferung des von der Ukraine bestellten Geräts als „Gewürge“ bezeichnen. [...]

Mit seiner Kriegstüchtigkeitsforderung hat [Pistorius] einen schweren Fehler gemacht. Dieses Wort „Krieg“ ist nicht einfach ehrlich, es ist einfach gefährlich. Tüchtigkeit – das ist kein Wort, das man mit Krieg verbinden darf. [...] Er sollte es korrigieren. Er ist nicht dann ein tüchtiger Verteidigungsminister, wenn und weil er möglichst markant das Wort „Krieg“ wagt. Ein Verteidigungsminister muss nicht den Krieg wagen, sondern den Frieden, und er muss alles dafür tun, ihn zu erhalten; dazu gehören natürlich militärische Mittel; er muss daher dafür sorgen, dass die Verteidigungskraft ausreichend groß ist.

Kriegstüchtigkeit ist etwas anderes als Verteidigungstüchtigkeit. [...] Das Wort Kriegstüchtigkeit aktiviert und optimiert alte Denk- und Verhaltensmuster, es führt zu einem positiven Bild vom Krieg, es bricht der ständigen Aufrüstung Bahn und behauptet, das sei „tüchtig“. [...] Die Europäische Union hat den Friedensnobelpreis 2012 nicht erhalten, weil sie kriegstüchtig werden, sondern weil sie friedensmächtig sein will und sein soll – und weil sie auf Vertrauen, Austausch und Begegnung gesetzt hat.

Boris Pistorius ist ein geschichtsbewusster Mensch. Er weiß, dass der „Mindset“ dieser Bundesrepublik die Demokratie und die Rechtsstaatlichkeit sind. [...] Das ist wichtig für die Verteidigungskraft eines demokratischen Rechtsstaats. Wenn diese Werte infrage gestellt werden, leidet diese Verteidigungskraft. [...] Die Verteidigungsbereitschaft hängt also daran, wie sehr die Bürgerinnen und Bürger sich mit dem Gemeinwesen identifizieren. Die Bundesrepublik braucht keinen nationalistischen Stolz, sondern demokratischen Stolz.

[...] Zur Friedenstüchtigkeit gehört heute die Betonung von Diplomatie und ihr mit militärischer Unterstützung gepaarter Wille, dem Krieg in der Ukraine und damit dem Flüchtlingselend ein rasches Ende zu setzen. Zur Kriegstüchtigkeit gehört die Verteufelung von Nachdenklichkeit und Besonnenheit; zu ihr gehört es, diejenigen, die vor einer Eskalationsspirale warnen, als Putin-Freunde zu denunzieren.

Heribert Prantl, Friedenstüchtig, in: Süddeutsche Zeitung online, 09.11.2023, https://www.sueddeutsche.de/meinung/pistorius-kriegstuechtig-verteidigung-ukraine-putin-kommentar-1.6300507 (Zugriff: 07.08.2024)

1 Schildern Sie spontan Ihre Eindrücke, die die Zitate bei Ihnen hervorrufen (M4).

2 Beschreiben Sie die Kernelemente der Nationalen Sicherheitsstrategie (M5).

3 Erläutern Sie die Kritik, die in M6 am Begriff der „Kriegstüchtigkeit“ und der damit verbundenen Grundhaltung geübt wird. HILFE

4 **Zusatzaufgabe:** Nehmen Sie Stellung zu der Kritik: „Das Wort Kriegstüchtigkeit aktiviert und optimiert alte Denk- und Verhaltensmuster, es führt zu einem positiven Bild vom Krieg“ (M6, Z. 65–67).

5 Erörtern Sie, wie die Verteidigungsfähigkeit und Wehrhaftigkeit der Bundesrepublik Deutschland im System kollektiver Sicherheit am ehesten erreicht werden können.

M7 Die Entwicklung der Personalstärke der Bundeswehr

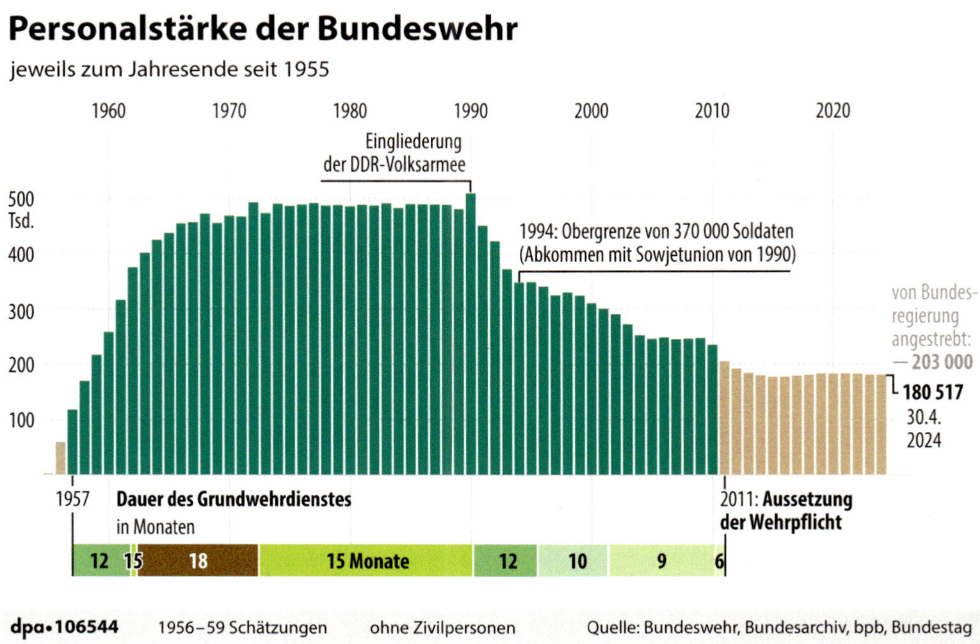

M8 Die Debatte um die Wehrpflicht

Seit Russlands Angriff auf die Ukraine wird verstärkt über eine neue Wehrpflicht diskutiert. Verteidigungsminister Pistorius will nun mehr Freiwillige gewinnen. Über ihre Bereitschaft zum Dienst sollen junge Menschen per Fragebogen Auskunft geben. [...] Kann es dafür vor dem Hintergrund einer neuen Bedrohungslage durch den Überfall Russlands auf die Ukraine politische Mehrheiten in Deutschland geben? [...]

Die neuen Pläne von Verteidigungsminister Boris Pistorius (SPD) sehen zwar nicht die Wiedereinführung eines Wehrpflichtmodells vor, können aber als Vorbereitung darauf verstanden werden – denn Pistorius will die vor 13 Jahren ausgesetzte Erfassung von Wehrfähigen wieder aufbauen.

Zur Pflicht wird für junge Männer allerdings vorerst nur, in einem Fragebogen Auskunft über ihre Bereitschaft und Fähigkeit zum Bundeswehrdienst zu geben und sich bei Auswahl einer Musterung zu stellen. Der Fragebogen soll auch an junge Frauen geschickt werden – für sie ist die Antwort aber freiwillig.

Militärplaner gehen dabei davon aus, dass pro Jahr rund 400.000 Menschen den Fragebogen ausfüllen müssen, ein Viertel davon könnte Interesse bekunden, heißt es. Vorgesehen ist, dann rund 40.000 Kandidaten zur Musterung zu bestellen. [...]

Der Reservistenverband der Bundeswehr hält eine Wiedereinführung der Wehrpflicht für unumgänglich. Deutschland sei ohne Wehrpflicht nicht verteidigungsfähig, meint der Präsident des Verbands, Patrick Sensburg. Neben einer gut ausgebildeten und ausgestatteten Truppe brauche es eine ebenso gut ausgebildete und ausgestattete Reserve. [...] Sonst drohe die Einsatzbereitschaft „auf ein Maß zu sinken, das kaum zu verantworten wäre".

Durch eine Wehrpflicht wäre die Bundeswehr auch stärker in der Gesellschaft verankert, argumentiert Marineinspekteur Jan Christian Kaack: „Ich glaube, dass eine Nation, die in diesen Zeiten resilienter werden muss, ein besseres Verständnis hat, wenn wir eine Durchmischung mit den Soldaten haben."

Verteidigungsminister Pistorius hatte sich in der Vergangenheit ähnlich geäußert: „Früher saßen an jedem zweiten Küchentisch Wehrpflichtige. Auch dadurch gab es immer eine Verbindung zur Zivilgesellschaft“, sagte er der „Süddeutschen Zeitung“. Für CSU-Chef Markus Söder stärkt die Wehrpflicht „die Bindung junger Menschen an Staat und Gesellschaft“.

Eine Wiedereinführung der Wehrpflicht würde massiv in die Selbstbestimmung der davon Betroffenen eingreifen – in allen Parteien der Regierungskoalition gibt es deutlichen Widerspruch. So setzt sich SPD-Chef Lars Klingbeil dafür ein, bei der Rekrutierung weiterhin auf Freiwilligkeit zu setzen und die Bundeswehr dafür attraktiver zu machen.

Für den Ersten Parlamentarischen Geschäftsführer der FDP, Johannes Vogel, wäre die Rückkehr zur Wehrpflicht ein Hindernis „auf dem Weg zur Profi-Bundeswehr“. Vogel greift damit ein zweites Argument gegen die Wehrpflicht auf: Zur effektiven Landesverteidigung sind Wehrpflichtige heute womöglich gar nicht mehr in der Lage.

So argumentiert auch Florian Kling, Hauptmann der Reserve: Er hält Wehrpflichtige angesichts der Komplexität bei Ausrüstung, Material und Waffensystemen nicht mehr für geeignet, den Dienst an der Waffe zu verrichten. [...]

Gegner der Wehrpflicht geben außerdem zu bedenken, dass eine Wiedereinführung umfangreich vorbereitet werden muss: Kasernen müssen neu gebaut oder erweitert werden, mehr Ausbilder und militärische Ausrüstung wären nötig. Um das System wieder in Gang zu setzen, werden demnach zweistellige Milliardenbeträge benötigt. [...]

Im Falle eines militärischen Angriffs auf Deutschland würden sich laut einer Umfrage nur rund fünf Prozent der Bundesbürger zum Kriegsdienst melden. Jeder Zehnte wäre zumindest darauf eingestellt, das Land mit der Waffe in der Hand zu verteidigen. Laut der YouGov-Erhebung im Auftrag der dpa will fast jeder vierte Deutsche im Kriegsfall so schnell wie möglich das Land verlassen. Auch andere Zahlen belegen eine große Zurückhaltung bei der Bereitschaft zur Teilnahme an militärischen Einsätzen. Die Zahl der Kriegsdienstverweigerer in der Bundeswehr ist seit dem Angriff auf die Ukraine sprunghaft angestiegen.

M9 Die Entwicklung der Wehrdienstleistenden

Freiwillig Wehrdienstleistende in Deutschland

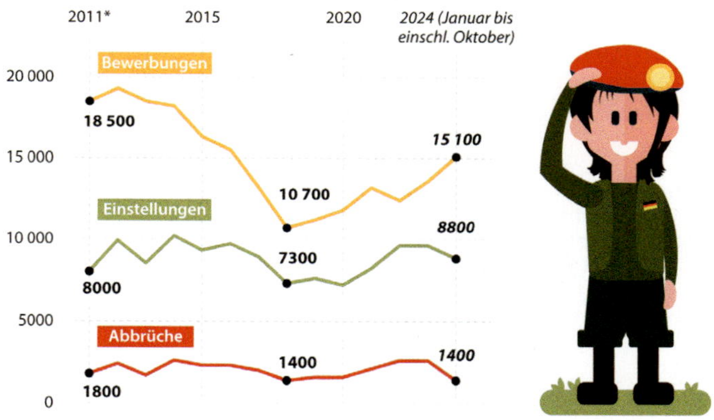

*2. Halbjahr; der freiwillige Wehrdienst bekam erst mit der Aussetzung der Wehrpflicht ab 1. Juli 2011 größere Bedeutung

Globus 017330 — Werte gerundet — Quelle: Bundesministerium der Verteidigung

ahe, Pistorius will Wehrfähigkeit junger Menschen erfassen, in: Deutschlandfunk, Köln: Deutschlandradio, 29.06.2024, https://www.deutschlandfunk.de/wehrpflicht-debatte-bundeswehr-100.html (Zugriff: 16.08.2023)

1 Beschreiben Sie die Entwicklung der Personalstärke der Bundeswehr sowie die Wehrdienstzeiten von 1955 bis heute (M7).

2 Erläutern Sie historische Hintergründe für die Veränderungen der Personalstärke und die Strukturveränderungen (M7).

3 Geben Sie die Debatte um unterschiedliche Wehrpflichtmodelle wieder (M8). HILFE

4 **Wählen Sie eine Aufgabe aus:**

a) Beurteilen Sie Vor- und Nachteile der unterschiedlichen Vorschläge (M8). Berücksichtigen Sie dabei die Entwicklung der Zahlen der Wehrdienstleistenden (M9).

b) Nehmen Sie persönlich Stellung zu den Vorschlägen (M8).

4.5 Vertiefung: Ist Deutschland gut gegen Cyberangriffe gewappnet?

M1 Hybride Kriegsführung

SPIEGEL ONLINE DER SPIEGEL SPIEGEL TV
Anmelden
POLITIK
Schlagzeilen | Wetter | DAX 11.753,13 | TV-Programm | Abo
Nachrichten > Politik > Ausland > Bundeswehr > Bundeswehr: Fake-News-Attacke gegen deutsche Soldaten in Litauen

Nato-Einsatz in Litauen

Russland attackiert Bundeswehr mit Fake-News-Kampagne

Die Bundeswehr ist bei ihrer Baltikum-Mission Ziel einer perfiden Kampagne geworden. Nach SPIEGEL-Informationen wurden offenbar aus Russland Gerüchte über eine angebliche Vergewaltigung durch deutsche Soldaten gestreut.

Von Matthias Gebauer

Bundeswehr
@bundeswehrInfo

Der Twitter Account von Team Luftwaffe wurde gehackt. Ab jetzt sind mögliche Tweets, Direct Messages und Reaktionen nicht von der #Luftwaffe. Wir halten euch auf dem Laufenden.

Folge ich
Team Luftwaffe
@Team_Luftwaffe Folgt Dir

9:35 nachm. · 26. Jan. 2023 · 60.284 Mal angezeigt

BEGRIFF

Fachkonzepte
Macht
Konflikt
Sicherheit

QUERVERWEIS

Hybride Kriegsführung – die jüngste Variante neuer Kriege
S. 51, M9

M2 Wie Cyberangriffe unsere Sicherheit beeinflussen

„Das Erste, was in einem Krieg stirbt, ist die Wahrheit", betont Brigadegeneral Rainer Simon, Kommandeur der Schule der Informationstechnik der Bundeswehr in Feldafing. [...] Die sogenannte hybride Kriegsführung vervielfacht die Möglichkeiten von Staaten, sich gegenseitig anzugreifen. Dadurch verkompliziert sich der Umgang mit Sicherheit im weltweiten Gefüge. Auch die europäische Außenpolitik und Sicherheitspolitik muss sich an die neuen internationalen Ordnungen anpassen. [...]
„Seit dem Ersten Weltkrieg kann man nichts mehr getrennt betrachten", sagt Rainer Simon. Im Falle eines Krieges müssen sich Staaten heute auf eine hybride Kriegsführung einstellen. Das bedeutet, dass der Krieg in verschiedensten Dimensionen und nicht ausschließlich auf dem Land, dem Wasser oder in der Luft ausgetragen wird. Staaten müssen sich überlegen, auf welchen Ebenen sie bedroht werden können, und sich entsprechend darauf vorbereiten. Denn kriegsführende Staaten wenden politische, militärische, wirtschaftliche, mediale und cybertechnische Maßnahmen an, um ihre Ziele zu erreichen. Im Ukrainekrieg betreibt der russische Aggressor auf politischer und medialer Ebene Propaganda und beeinflusst das eigene Volk mit gezielter Desinformation. [...] Hybride Kriegsführung verwischt rechtliche und moralische Grenzen, „operiert in Grauzonen" und „kennt keinen Grenzpunkt zwischen Wahrheit und Lüge", verdeutlicht Rainer Simon.
Da die Grenzen zwischen Wahrheit und Lüge nicht mehr existieren, übernimmt die Desinformation in der hybriden Kriegsführung eine wesentliche Rolle. [...] Mit Fake News über den Verlauf des Krieges versucht Russland, auch die westliche Staatengemeinschaft in die Irre zu führen und zu destabilisieren. [...] Die Sensibilisierung für Fake News und der richtige Umgang mit ihnen ist dementsprechend eine weitere wichtige Aufgabe der nationalen Sicherheitspolitik westlicher Staaten.
Eine weitere Bedrohung für die Sicherheit eines Landes kommt aus dem Weltraum, sagt Rainer Simon. Cyberattacken zwischen Ländern haben in den vergangenen Jahren enorm zugenommen. Meistens bekommt die Bevölkerung davon nichts mit, da die nationalen Sicherheitsbehörden rechtzeitig eingreifen. Gefährlich sind Cyberattacken insbesondere dann, wenn die kritische Infrastruktur angegriffen wird. [...] Die Ortung von Smartphones gegnerischer Soldatinnen und Soldaten macht beispielsweise die Wege von Truppen sichtbar und diese anfälliger für Angriffe. [...] Aufgabe der Sicherheitspolitik und der nationalen Verteidigungseinrichtungen ist es, die kritische Infrastruktur gemeinsam auf den Ernstfall vorzubereiten.

[...] Auch internationaler Terrorismus, religiöser Fanatismus, Streit um Ressourcen und der Klimawandel bedrohen Staaten heute auf vielen Ebenen. Um auf Krisen reagieren zu können und sich besser davor zu schützen, „gilt es, die Krisenerkennungsmechanismen zu intensivieren und sich einen Überblick über die Gesamtlage zu machen", sagt Rainer Simon. Insbesondere der internationale Austausch von Nachrichtendiensten und der Schutz der kritischen Infrastruktur müssen verbessert werden. [...] Auch Umweltkatastrophen und Terroranschläge sollten geübt werden, da diese die Sicherheitspolitik auch in Zukunft maßgeblich beeinflussen werden. „Ein gesamtstaatlicher und internationaler Ansatz ist erforderlich", meint Rainer Simon, „um sich bestmöglich auf Krisen jeglicher Art vorzubereiten."

In Bezug auf den Ukrainekrieg ist aufgefallen, dass Abhängigkeiten von anderen Staaten den Schutz der Infrastruktur gefährden. Energielieferungen beeinflussen die Wirtschaft und die Bevölkerung eines Landes und müssen auch unabhängig von anderen Ländern funktionieren. [...]

Es reiche nicht, nur die Abwesenheit von Krieg als „sicher" zu betrachten. Der Schutz der kritischen Infrastruktur muss soweit gewährleistet sein, dass Deutschland auch ohne Unterstützung anderer Staaten zumindest vorläufig weiterhin funktioniert. Dafür sollten Städte, Verwaltung, IT-Wesen, Energieversorger, Wasser- und Lebensmittelhandel sowie das Finanzwesen zusammenarbeiten. Erst wenn Energielieferungen, das Gesundheitsnetzwerk und finanzielle Strömungen zumindest teilweise unabhängig sind, ist die Infrastruktur widerstandfähig genug, um als sicher zu gelten.

Pauline Wanner, Hybride Kriegsführung im 21. Jahrhundert (Tagungsbericht), Tutzing: Akademie für Politische Bildung, 14.03.2023, https://www.apb-tutzing.de/news/2023-03-14/hybride-kriegsfuehrung-cyberangriff-propaganda-desinformation-russland-ukraine-nato (Zugriff: 17.06.2024)

M3 Wie kann wirksamer Schutz gegen Cyberattacken aussehen?

Die digitale Verwundbarkeit der Gesellschaft macht diese zum beliebten Ziel für Cyberangriffe. Staatliche wie nichtstaatliche Akteure gehören gleichermaßen zu den Urhebern dieser Attacken. Ihre Methoden sind vielfältig, die Bedrohungsszenarien nehmen zu. [...]

Neben der territorialen Unversehrtheit und der Souveränität Deutschlands hat die deutsche Sicherheits- und Verteidigungspolitik [daher] eine zusätzliche Aufgabe zu lösen: die Sicherheit Deutschlands im Cyberraum zu verteidigen. [...]

In ihrer Cyber-Sicherheitsstrategie hat [die Bundesregierung] Maßnahmen zum Schutz von Informations- und Kommunikationstechnik festgelegt. Der Kooperation der Ressorts unter Einbindung relevanter gesellschaftlicher Gruppen wird dabei ein hoher Stellenwert eingeräumt. Besonders wichtige Gremien sind das Nationale Cyber-Abwehrzentrum und der Nationale Cyber-Sicherheitsrat.

Um das Innovationspotenzial der IT-Gründerszene gezielt für sich nutzbar machen und eine aktive Rolle im sogenannten digitalen Startup-Ökosystem einzunehmen, hat die Bundeswehr als Schnittstelle zwischen ihr und der Startup-Szene einen *Cyber Innovation Hub* gegründet.

Cybersicherheit, Berlin: Bundesministerium der Verteidigung, https://www.bmvg.de/de/themen/cybersicherheit (Zugriff: 03.12.2024)

1 Schildern Sie Ihre Eindrücke zu den Screenshots in M1.
2 Beschreiben Sie die vielfachen Möglichkeiten hybrider Kriegsführung (M2).
3 Erklären Sie am Beispiel des Ukrainekriegs, wie sich die Sicherheitslage auch in Deutschland verändert hat (M2). HILFE
4 Erläutern Sie Maßnahmen, um sich gegen Cyberattacken zu schützen (M2, M3).
5 **Zusatzaufgabe:** Entwickeln Sie Möglichkeiten, wie wirksamer Schutz gegen Cyberangriffe organisiert werden könnte (M2, M3).

4.6 Ist die EU ein ernstzunehmender sicherheitspolitischer Akteur?

BEGRIFF

Fachkonzepte
Partizipation
Konflikt
Macht

GLOSSAR

Europäische Union (EU)
Gemeinsame Außen- und Sicherheitspolitik (GASP)
Gemeinsame Sicherheits- und Verteidigungspolitik (GSVP)
Vertrag von Lissabon

M 1 Alle an einem Strang?

Zeichnung: Gerhard Mester, 2018

M 2 Gemeinsame Sicherheits- und Verteidigungspolitik der EU

Die Mitgliedstaaten der Europäischen Union haben in den vergangenen Jahren Strukturen geschaffen, um ihre Außen- und Sicherheitspolitik zu harmonisieren und gemeinsame Einsätze zur Konfliktverhütung und Stabilisierung durchzuführen. [...]
Mit ihren Einsätzen auf dem Balkan, in Afrika oder den maritimen Missionen hat die Europäische Union bewiesen, dass sie ihrem Anspruch, Sicherheit und Stabilität zu fördern, gewachsen ist. [...] Deutschland übernimmt zunehmend eine Führungsrolle bei der Weiterentwicklung der Gemeinsamen Sicherheits- und Verteidigungspolitik (GSVP). [...]
Die Europäische Sicherheits- und Verteidigungspolitik ist seit 1999 ein eigenständiges Politik- und Handlungsfeld. [...] Nach den Regeln des Vertrags von Lissabon (Art. 42 bis 46) gestalten die einzelnen Mitgliedstaaten die Gemeinsame Sicherheits- und Verteidigungspolitik [...] im Konsensprinzip.

GSVP: Gemeinsame Sicherheits- und Verteidigungspolitik: Sicherheits- und Verteidigungspolitik in der EU, Berlin: Bundesministerium der Verteidigung, https://www.bmvg.de/de/themen/sicherheitspolitik/gsvp-sicherheits-verteidigungspolitik-eu (Zugriff: 07.08.2024)

M 3 Lähmt die EU sich selbst?

Die weltpolitische Lage hat sich für Europa in den letzten Jahren dramatisch verschlechtert. Südlich und östlich von Europa mehren sich die Konflikte, Russland und China zeigen zunehmend expansive Tendenzen, und die USA sind als Partner immer weniger verlässlich.
Vor diesem Hintergrund ist bemerkenswert, dass die Handlungsfähigkeit der Gemeinsamen Außen- und Sicherheitspolitik (GASP) noch immer weit hinter dem zurückfällt, was man von Europa angesichts der Größe seines Binnenmarktes erwarten würde. Häufig wird hierfür das Einstimmigkeitsprinzip verantwortlich gemacht. Eine Auswertung der Daten zur GASP zeigt jedoch, dass sich die Mitgliedstaaten offenkundig mit Maßnahmen symbolischer Politik zufriedengeben. Dieser Zustand wird weder durch Einführung einfacher Mehrheitsentscheidungen noch durch bloße politische Willenserklärungen der Regierungen zu

überwinden sein. Der Dialog zur Zukunft Europas sollte als Gelegenheit verstanden werden, der außenpolitischen Handlungsunfähigkeit durch eine Vergemeinschaftung der GASP abzuhelfen. [...]
Die EU solle laut [dem ehemaligen Hohen Vertreter für die europäische Außen- und Sicherheitspolitik Josep] Borrell, die Sprache der Macht lernen und geopolitisch mit mehr Realismus und innerer Einigkeit handeln. Eine eigensinnige Außenpolitik der Mitgliedstaaten schade ihnen selbst und der Union. In ihrer Rede zur Lage der Union im September 2020 hatte die Kommissionspräsidentin [Ursula von der Leyen] gefordert, in der GASP im Falle von Menschenrechtsverletzungen qualifizierte Mehrheitsentscheidungen bei Ratsbeschlüssen einzuführen und restriktive Maßnahmen zu treffen, also Sanktionen. [...]
Wenige dieser Forderungen wurden bislang erfüllt. Die mangelnde außenpolitische Handlungsfähigkeit zeigt sich in den Resultaten der intergouvernementalen Entscheidungsverfahren. [...] Außenpolitische Blockaden sind zahlreich. [...] Auch zwischen den Mitgliedstaaten dominiert Uneinigkeit.

Annegret Bendiek/Minna Ålander/Paul Bochtler, GASP: Von der Ergebnis- zur Symbolpolitik. Eine datengestützte Analyse, in: SWP-Aktuell, Nr. 86, Nov. 2020, Berlin: Stiftung Wissenschaft und Politik, S. 1 f., https://www.swp-berlin.org/10.18449/2020A86/ (Zugriff: 03.12.2024)

GLOSSAR

intergouvernemental

M4 Schwächen der Verteidigungsfähigkeit der EU

Blickt man nun angesichts der dramatischen Eskalation im Konflikt um die Ukraine auf die Europäische Sicherheitslage, hat sich diese [...] grundlegend verschlechtert. Mit dem russischen Angriff auf die Ukraine hat Wladimir Putin die europäische Friedensordnung zerstört und eine neue geostrategische Lage geschaffen. [...] „Aus der euro-atlantischen Sicherheitsordnung ist eine Sicherheitsunordnung geworden", so die SWP in ihrer Analyse nach Ausbruch des Krieges. Der russische Angriff auf die Ukraine werde über den militärischen Konflikt hinaus schwerwiegende Folgen für die euro-atlantische Sicherheit haben. Gespräche mit Russland über Fragen der euro-atlantischen Sicherheitsordnung seien vorerst obsolet. NATO und EU müssten sich auf weitere russische Provokationen und auf die Möglichkeit einer Eskalation über das Gebiet der Ukraine hinaus einstellen, so Margarete Klein von der SWP. Moskaus Aggressionen gegen die Ukraine seien dahingehend motiviert, neo-imperialistische und revisionistische Ziele zu erreichen [...]. Inwiefern hat die Europäische Union Möglichkeiten, auf diese neue Lage zu reagieren? [...]
Auch die im Krieg gegen die Ukraine aufgebaute nukleare Drohkulisse gibt Anlass zur Sorge und rief die EU-Staaten auf den Plan, weitere sicherheitspolitische Schritte gemeinsam anzugehen. So haben Deutschland und 14 weitere europäische NATO-Staaten (Großbritannien, Norwegen, Finnland, Estland, Lettland, Litauen, Belgien, Niederlande, Ungarn, Slowakei, Tschechien, Bulgarien, Rumänien, Slowenien) im Oktober 2022 als Antwort auf die zunehmende Bedrohungslage den Ausbau eines europäischen Raketenabwehrschirms beschlossen. Weitere Länder könnten noch hinzustoßen. [...]
Defizite gibt es bislang sowohl im Bereich ballistischer Raketen, die auf ihrer Flugbahn große Höhen erreichen, aber auch bei der Abwehr von Drohnen und Marschflugkörpern, die unter anderem auch mit Atomsprengköpfen bestückt werden können. Über die neue Initiative sollen unter anderem auch gemeinsam neue Waffensysteme eingekauft werden, die dann insgesamt in der Lage sind, ein möglichst großes Gebiet abzudecken.

Martin Große Hüttmann, Die EU als globaler Akteur, Stuttgart: Landeszentrale für politische Bildung Baden-Württemberg, https://www.europaimunterricht.de/aussen-sicherheits-verteidigungspolitik-europa#c68023 (Zugriff: 07.08.2024)

INFO

SWP
Die Stiftung Wissenschaft und Politik (SWP) ist eine unabhängige wissenschaftliche Einrichtung, die die Bundesregierung, den Bundestag sowie Wirtschaft und Medien in außenpolitischen Fragen berät.

Revisionismus
bezeichnet eine Politik, die auf die Änderung von völkerrechtlichen oder verfassungsrechtlichen Regelungen abzielt, auch darauf, eine Grenzziehung rückgängig zu machen.

1. Analysieren Sie die Botschaft der Karikatur (M1).
2. Stellen Sie die Grundzüge der Gemeinsamen Außen- und Sicherheitspolitik (GASP) der EU im System kollektiver Sicherheit dar (M2, M3).
3. Erläutern Sie die genannten Defizite der GASP (M3, M4).
4. Erörtern Sie die Strategien der EU gegen die russische Aggression (M4). HILFE

M5 Der „Strategische Kompass“ der EU

Um künftig schneller und flexibler zu gemeinsamen Entscheidungen zu kommen, hat die Europäische Union am 21. März 2022 einen „Strategischen Kompass” angenommen, der die Union bis zum Jahr 2030 zu einem Anbieter von Sicherheit machen und ihre strategische Souveränität stärken soll. Die Europäische Union will nun auch zur Militärmacht werden und bekommt eine neue militärische Eingreiftruppe mit bis zu 5.000 Soldaten. Deutschland will den Kern der Truppe stellen. [...]
Mit dem Kompass sollen im Kern drei Fragen beantwortet werden [...]:

- Mit welchen Herausforderungen und Bedrohungen ist die EU heute und in naher Zukunft konfrontiert?
- Wie kann sie ihre Ressourcen für deren Bewältigung besser bündeln?
- Und wie kann sie den Einfluss Europas als regionaler und globaler Akteur stärker als bislang geltend machen?

[...] Die EU versucht seit Jahren, die [...] „Lücke” zwischen hohen Erwartungen und den tatsächlichen Kapazitäten der EU in der Sicherheitspolitik [...] durch neue Institutionen und Instrumente zu schließen. Das war und ist notwendig, es reicht aber offensichtlich nicht aus, um eine wirkliche „europäische” Außen- und Sicherheitspolitik zu organisieren.
Die Europäische Union und ihre Mitgliedstaaten haben erkannt, dass es auch einen gemeinsamen, also wirklich europäischen „Blick” auf die internationalen Konfliktherde und globalen Herausforderungen geben muss. Nur dann kann die EU, so ist man in Brüssel überzeugt, geschlossen auftreten und mit einer Stimme sprechen. Der „Strategische Kompass“ der EU schreibt nicht nur gemeinsame sicherheits- und verteidigungspolitische Ziele fest, sondern weist der EU also auch eine bestimmte Richtung, in die sie gehen soll, und gibt ihr eine Orientierung.

Martin Große Hüttmann, Die EU als globaler Akteur (siehe M4)

M6 Kann sich Europa ohne die USA verteidigen?

QUERVERWEIS
Mehr Europa in der NATO?
S. 149, M9

Aus Sicht der Politikwissenschaftlerin Jana Puglierin droht den Europäern ein [...] Problem, es liegt im Bereich der konventionellen Verteidigung. Sie sieht die Gefahr, dass die Amerikaner ihr Engagement in Europa auf Eis legen. Die Leiterin des Berliner Büros des *European Council on Foreign Relations* (ECFR) verweist auf „*Dormant NATO*“, ein Papier, das in Washington Wellen geschlagen hat. „Da geht es darum, dass die konventionelle Verteidigung Europas durch die Europäer allein gewährleistet wird.“
Das Rückgrat von Europas Verteidigung wäre gebrochen. Amerikanische Soldaten würden aus Europa abgezogen und mit ihnen Fähigkeiten wie Aufklärung, Lufttransport, die schnelle Einsatzfähigkeit von Kampftruppen mit großen Munitionsvorräten. Im Grunde alles, woran es „den meisten europäischen Streitkräften mangelt“, so Puglierin.
Der Mangel soll behoben werden mit einer massiven Aufrüstung. Während des Kriegs in der Ukraine gab es einen beispiellosen Anstieg der Verteidigungsausgaben in den NATO-Mitgliedstaaten. 380 Milliarden Dollar werden es nach NATO-Angaben allein 2024 sein, fast zwei Drittel der Mitgliedsländer stecken dann mindestens zwei Prozent ihrer Wirtschaftskraft ins Militär.
Das Geld allein wird es aber nicht richten, befürchtet Puglierin. Solange die nationalen Regierungen den Ehrgeiz haben, ihre eigenen Panzer, U-Boote und Haubitzen zu produzieren, bleibt es mit der Zusammenarbeit auf dem Schlachtfeld schwierig. „Die Koordinierung des europäischen Beschaffungswesens funktioniert kaum“, auch wenn die nationalen Verteidigungsbudgets gestiegen seien. „Da behalten nationale Reflexe die Oberhand.“
Ein europäischer Panzer für alle – noch ist das Zukunftsmusik. Im Moment muss erst einmal ein großes Loch gestopft werden. [...] „Wir wissen, dass unsere Freunde in der Ukraine sofortige Hilfe benötigen“, sagt [die US-Botschafterin bei der NATO, Julianne Smith] [...]. Und macht klar, was Amerika hofft und auch erwartet: dass dieses Mal die Europäer einspringen.

„Ich denke, dass die Unterstützung sowohl von Deutschland wie auch von der Europäischen Union kommt.“ Damit man in der Ukraine vor Ort spüre, dass die Hilfe fortgesetzt wird.

Helga Schmidt, Kann sich Europa ohne die USA verteidigen?, in: Tagesschau.de, Hamburg: NDR, 15.02.2024, https://www.tagesschau.de/ausland/europa/sicherheitspolitik-europa-nato-100.html (Zugriff: 07.08.2024)

M7 Mangelnde Entscheidungsfähigkeit in der EU?

Zeichnung: Waldemar Mandzel, 16.09.2016

M8 Mehrheitsentscheidungen …

Pro	Kontra
… beschleunigen die Entscheidungsfindung.	… könnten die Einheit der EU schwächen.
… begrenzen den Einfluss „trojanischer Pferde“, also der EU-Staaten, die Interessen von Drittstaaten vertreten.	… können nach innen als fehlende Akzeptanz und nach außen als fehlende Entschlossenheit gedeutet werden.
… ermöglichen die Bildung von Koalitionen innerhalb der EU.	… vergrößern das Risiko, dass Minderheitsvoten diskriminiert werden.
… bewahren die EU vor einer Politik des kleinsten gemeinsamen Nenners.	… können Mitgliedstaaten insgesamt marginalisieren.
… verhindern die Selbstblockade der EU-Außenpolitik.	… schwächen die demokratische Legitimität von Entscheidungen.

Nach: Europäisches Parlament EPRS, PE 659.451, Januar 2021 (Übersetzung Dr. Martin Große Hüttmann), in: Martin Große Hüttmann, Die EU als globaler Akteur (siehe M4) (verändert)

1 Erklären Sie den „Strategischen Kompass“ der EU (M5).

2 Erläutern Sie die Probleme der EU im Bereich der konventionellen Verteidigung (M6).

3 Erörtern Sie, inwiefern der „Strategische Kompass“ Grundlage einer Neuorientierung der EU ist (M5).

4 Erklären Sie die Probleme, die mit einer gemeinsamen europäischen Verteidigungspolitik verbunden sind (M6, M7, M8). HILFE

5 **Zusatzaufgabe:** Führen Sie eine Pro-und-Kontra-Debatte zur Frage von Mehrheitsentscheidungen in der EU-Außenpolitik durch (M7, M8).

4.7 Kann die NATO für Frieden sorgen?

BEGRIFF

Fachkonzepte
Macht
Interesse
Frieden
Sicherheit

INTERNET

WES-118496-142
Film: Einfach erklärt:
Die NATO

M1 Die Mitgliedstaaten der NATO

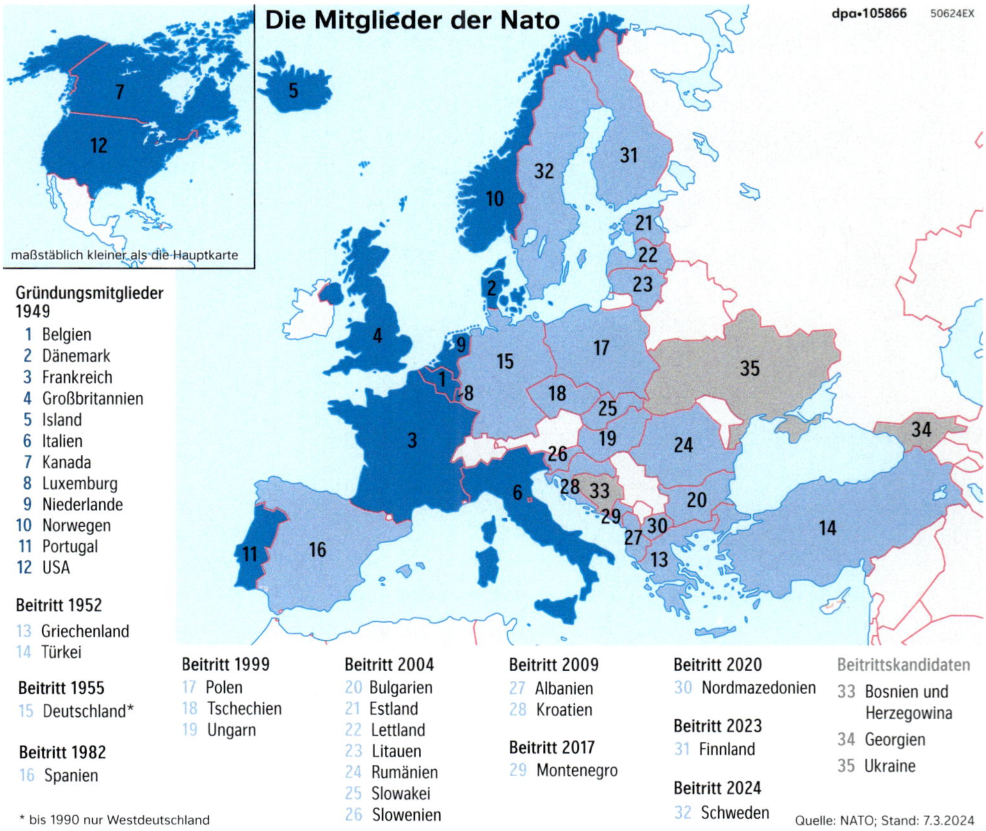

M2 Der Nordatlantikvertrag

QUERVERWEIS

UN-Charta
S. 104, M2

Washington DC, 4. April 1949

Die Parteien dieses Vertrags bekräftigen erneut ihren Glauben an die Ziele und Grundsätze der Satzung der Vereinten Nationen und ihren Wunsch, mit allen Völkern und Regierungen in Frieden zu leben. Sie sind entschlossen, die Freiheit, das gemeinsame Erbe und die Zivilisation ihrer Völker, die auf den Grundsätzen der Demokratie, der Freiheit der Person und der Herrschaft des Rechts beruhen, zu gewährleisten. Sie sind bestrebt, die innere Festigkeit und das Wohlergehen im nordatlantischen Gebiet zu fördern. Sie sind entschlossen, ihre Bemühungen für die gemeinsame Verteidigung und für die Erhaltung des Friedens und der Sicherheit zu vereinigen. Sie vereinbaren daher diesen Nordatlantikvertrag:

Artikel 1

Die Parteien verpflichten sich, in Übereinstimmung mit der Satzung der Vereinten Nationen, jeden internationalen Streitfall, an dem sie beteiligt sind, auf friedlichem Wege so zu regeln, dass der internationale Friede, die Sicherheit und die Gerechtigkeit nicht gefährdet werden, und sich in ihren internationalen Beziehungen jeder Gewaltandrohung oder Gewaltanwendung zu enthalten, die mit den Zielen der Vereinten Nationen nicht vereinbar sind.

[...]

Artikel 5
Die Parteien vereinbaren, dass ein bewaffneter Angriff gegen eine oder mehrere von ihnen in Europa oder Nordamerika als ein Angriff gegen sie alle angesehen werden wird; sie vereinbaren daher, dass im Falle eines solchen bewaffneten Angriffs jede von ihnen in Ausübung des in Artikel 5 der Satzung der Vereinten Nationen anerkannten Rechts der individuellen oder kollektiven Selbstverteidigung der Partei oder den Parteien, die angegriffen werden, Beistand leistet, indem jede von ihnen unverzüglich für sich und im Zusammenwirken mit den anderen Parteien die Maßnahmen, einschließlich der Anwendung von Waffengewalt, trifft, die sie für erforderlich erachtet, um die Sicherheit des nordatlantischen Gebiets wiederherzustellen und zu erhalten.
Vor jedem bewaffneten Angriff und allen daraufhin getroffenen Gegenmaßnahmen ist unverzüglich dem Sicherheitsrat Mitteilung zu machen. Die Maßnahmen sind einzustellen, sobald der Sicherheitsrat diejenigen Schritte unternommen hat, die notwendig sind, um den internationalen Frieden und die internationale Sicherheit wiederherzustellen und zu erhalten.

Der Nordatlantikvertrag, 04.04.1949, NATO, https://www.nato.int/cps/en/natohq/official_texts_17120.htm?selectedLocale=de (Zugriff: 08.07.2024)

M3 Veränderungen in Europa nach 1989/1990

1989	Maueröffnung in Berlin
1990	Wiedervereinigung Deutschlands; Ende der Deutschen Demokratischen Republik (DDR)
1991	Auflösung der Sowjetunion und des Warschauer Pakts; alle Truppen der Sowjetarmee verlassen die DDR; die NATO bleibt bestehen; das vereinigte Deutschland bleibt in der NATO.
1992	Der Vertrag über Konventionelle Streitkräfte in Europa legt Obergrenzen für die Anzahl schwerer Waffensysteme in Europa fest.
1996	Die ehemaligen Sowjetrepubliken Ukraine, Belarus und Kasachstan übergeben ihre Atomwaffen an Russland.
1997	Grundakte über gegenseitige Beziehungen, Zusammenarbeit und Sicherheit zwischen der NATO und der Russischen Föderation; NATO und Russland bezeichnen sich darin nicht länger als Gegner.
1999	Polen, Tschechien und Ungarn werden entsprechend ihren Anträgen NATO-Mitglieder.
1999	NATO-Luftangriffe im Kosovokrieg gegen Serbien unter Beteiligung der Bundeswehr
2001	Die NATO ruft nach den Anschlägen vom 11. September in New York den Bündnisfall aus.
2002	Der NATO-Russland-Rat wird eingerichtet.
2004	Litauen, Lettland, Estland, Bulgarien, Rumänien, Slowakei, Slowenien werden NATO-Mitglieder.
2007	Russlands Präsident Putin bezeichnet die Osterweiterung der NATO als eine Gefährdung der russischen Sicherheitslage.
2009	Albanien und Kroatien werden NATO-Mitglieder.
2014	Russland annektiert die Krim und in der Ostukraine beginnen Kämpfe zwischen Separatisten und ukrainischer Armee. Russland will so die Westintegration und Europäisierung der Ukraine verhindern. Die NATO stellt die militärische Zusammenarbeit mit Russland ein.
2016	Die NATO beschließt eine Aufrüstungsinitiative zur Sicherung der Ostflanke des Bündnisses. Sie soll der Abschreckung Russlands dienen.
2017	Montenegro wird NATO-Mitglied.
2020	Nordmazedonien wird NATO-Mitglied.
2022	Beginn des Angriffskriegs Russlands gegen die gesamte Ukraine.
2023/24	Finnland und Schweden werden NATO-Mitglieder.

Autorentext

INFO

Die **Sowjetunion** (auch: Union der Sozialistischen Sowjetrepubliken/UdSSR) bestand von 1922 bis 1991. Ihr Gebiet erstreckte sich über Osteuropa und den Kaukasus bis nach Zentral- und Nordasien. Als Einparteienstaat wurde sie zentralistisch von Kommunistische Partei der Sowjetunion (KPdSU) regiert.

Der **Warschauer Pakt** war von 1955 bis 1991 ein Militärbündnis der kommunistischen Staaten Osteuropas unter Führung der Sowjetunion im Kalten Krieg zwischen Ost und West.

1. Beschreiben Sie die geografische Ausdehnung der NATO in Europa (M1, M3).
2. Analysieren Sie das grundlegende Selbstverständnis der NATO (M2).
3. Erörtern Sie, inwieweit Artikel 5 des NATO-Vertrages eine verbindliche Beistandsverpflichtung darstellt (M2). HILFE

INFO

Der **Ungarn-Aufstand** war ein aus Studentenprotesten hervorgegangener landesweiter Aufstand für demokratische Reformen und Unabhängigkeit im Herbst 1956, der von sowjetischen Truppen gewaltsam niedergeschlagen wurde.

Der **Prager Frühling** bezeichnet den Versuch der tschechoslowakischen Kommunistischen Partei im Frühjahr 1968, liberale Reformen zu verwirklichen. Diese Reformbestrebungen wurden im August 1968 durch Truppen des Warschauer Pakts unter Führung der Sowjetunion ebenfalls gewaltsam niedergeschlagen.

QUERVERWEIS

I.1.3 Der Krieg in der Ukraine im Fokus einer vertieften Konfliktanalyse S. 23–37

M4 Die weltpolitische Lage Anfang der 1990er-Jahre

Vertreter aus verschiedenen osteuropäischen Staaten drängten bereits 1991 auf einen schnellen NATO-Beitritt. Politiker aus Ungarn und der Tschechoslowakei etwa äußerten bei Besuchen im NATO-Hauptquartier in Brüssel die Sorge, dass die Sowjetunion ihre Demokratiebewegungen ähnlich brutal niederschlagen könnte wie den Ungarn-Aufstand von 1956 oder wie beim Prager Frühling 1968. Vor dem Hintergrund der zerfallenden Sowjetunion war die Sorge groß, dass in Moskau Vertreter eines harten politischen Kurses an die Macht kämen, die den Auflösungsprozess mit Gewalt stoppen könnten.

Eine NATO-Erweiterung war in dieser Phase im Westen umstritten. Der damalige US-Präsident Bill Clinton erteilte entsprechenden Plänen noch 1993 eine Absage. [...] Der russische Präsident Boris Jelzin zeigte noch im Jahr 1993 „Verständnis" für das Ansinnen Polens, der NATO beizutreten, entwickelte sich aber in den folgenden Jahren zu einem entschiedenen Gegner der Osterweiterung. Innerhalb vieler osteuropäischer Länder gab es einen erheblichen politischen Druck auf einen baldigen NATO-Beitritt. Grund dafür war mangelndes Vertrauen in eine dauerhafte politische Zuverlässigkeit und demokratische Entwicklung Russlands.

NATO-Osterweiterung, Bonn: Bundeszentrale für politische Bildung, 24.03.2022, https://www.bpb.de/kurz-knapp/hintergrund-aktuell/506585/nato-osterweiterung/ (Zugriff: 08.07.2024)

M5 Die NATO-Osterweiterung – ein Wortbruch des Westens?

NATO-Osterweiterung. Seit 35 Jahren geistert dieses Wort durch die Osteuropapolitik. Russische Politiker benutzen es gern in Zusammenhang mit einem angeblichen Wortbruch des Westens – auch Putin. Er rechtfertigt damit auch seinen Krieg gegen die Ukraine. Angeblich habe sich die NATO nie nach Osten ausweiten dürfen. Aber stimmt das?

„Es ist ganz klar, es gibt nichts im Völkerrecht, was die Aggression Russlands rechtfertigen würde", erklärt Paulina Starski, Professorin für Verfassungs- und Völkerrecht an der Universität Freiburg. Putin habe für seinen Einmarsch in die Ukraine die „Sprache des Völkerrechts missbraucht", sagt Anne Peters, Direktorin am Max-Planck-Institut für ausländisches öffentliches Recht und Völkerrecht.

Dennoch führt der Kreml immer wieder Scheingründe für den Einmarsch in die Ukraine an. Einer der prominentesten: Russland habe sich gegen die Osterweiterung der NATO verteidigen müssen. In seiner Ansprache ans Volk am Abend vor Kriegsbeginn im Februar 2022 sagte Putin, die NATO müsse sich in Europa auf den Stand von 1997 zurückziehen. Ein möglicher NATO-Beitritt der Ukraine sei „eine direkte Bedrohung für die Sicherheit Russlands". Der Westen breche das Versprechen, die NATO nicht nach Osten zu erweitern, behauptete Putin schon 2007 auf der Münchener Sicherheitskonferenz.

Auch in Sozialen Netzwerken findet diese Sichtweise Unterstützung. Beim ehemaligen FPÖ-Politiker Heinz-Christian Strache klang das wenige Tage vor Kriegsbeginn auf Facebook so: „Seit dem Zusammenbruch der Sowjetunion gibt es eine NATO-Osterweiterung, Stück für Stück in Richtung der Grenzen Russlands. Obwohl damals – vor allem auch im Rahmen der deutschen Wiedervereinigung – zugesagt wurde, dies von Seiten der NATO zu unterlassen." Markus Haintz, Anwalt aus dem Coronaleugner-Netzwerk, schrieb am 24. Februar [2022], dem ersten Tag des russischen Angriffskriegs, auf Twitter: „Die NATO hat an der russischen Grenze nichts zu suchen und war, ist und wird wohl auch noch für lange Zeit ein Kriegsbündnis sein, wenn wir das nicht stoppen." Bis heute stellen auch prorussische Telegram-Kanäle, die Desinformation und Propaganda streuen, die NATO-Osterweiterung als legitimen Kriegsgrund dar.

Die Behauptung um die angeblich unrechtmäßige Ausdehnung der NATO Richtung Osteuropa wird schon seit Jahrzehnten wiederholt. Ein zentrales Motiv darin lautet, der Westen habe Russland immer wieder zugesichert, es werde keine Osterweiterung der NATO geben.

Nicht nur Putin, sondern auch seine Amtsvorgänger behaupteten das bereits. Klar ist aber: Einen völkerrechtlich verbindlichen Vertrag, der eine solche Abmachung enthält, gibt es nicht. Im Gegenteil: Russland hat sich durch mehrere Verträge dazu verpflichtet, die staatliche Souveränität anderer Länder zu akzeptieren, insbesondere die der Ukraine.

Matthias Bau/Steffen Kutzner, NATO-Osterweiterung: Was Russland und der Westen vereinbarten – und was nicht, Essen: CORRECTIV, 12.12.2022, https://correctiv.org/faktencheck/hintergrund/2022/12/12/nato-osterweiterung-was-russland-und-der-westen-vereinbarten-und-was-nicht/ (Zugriff: 08.07.2024)

M6 Die NATO und Russland – von der Kooperation zur Gegnerschaft

Im Verhältnis zwischen Russland und der NATO ist die Vision einer Partnerschaft (Strategisches Konzept der NATO 2010) der offenen Gegnerschaft gewichen. Zwischen 1991 und 2014 hatten beide Seiten in verschiedenen institutionellen Formaten wie dem NATO-Russland-Rat zusammengearbeitet – vom Austausch zu Militärdoktrinen bis zur Ausrüstung der afghanischen Streitkräfte. Bereits nach der illegalen Annexion der Krim [2014] durch Russland hatte die NATO die praktische Kooperation auf ziviler und militärischer Ebene auf Eis gelegt. [...] Im Kern geht es um gegensätzlich unvereinbare Vorstellungen zur normativen und institutionellen Ausgestaltung der europäischen Sicherheitsordnung. Seit den 1990er-Jahren fordert Moskau eine neue Sicherheitsarchitektur, die die militärische Rolle der USA in Europa drastisch reduziert und Russland ein formales Mitspracherecht bei allen Sicherheitsfragen des Kontinents und damit auch indirekt ein Vetorecht gegenüber zentralen Entscheidungen der NATO einräumt. Darauf zielen auch die Entwürfe für Sicherheitsverträge mit den USA und der NATO ab, die Russland im Dezember 2021 vorlegte. Danach sollte sich die NATO nicht nur verpflichten, keine weiteren Länder mehr aufzunehmen, sondern auch ihre militärischen Aktivitäten in den seit 1999 neu beigetretenen Mitgliedstaaten gänzlich einstellen. Dies zeigt, dass es Moskau nicht um die Etablierung eines kooperativen Sicherheitssystems für ganz Europa geht, sondern um die Sicherung einer direkten Einflusszone (postsowjetischer Raum) und die Etablierung einer militärischen Pufferzone (östliches NATO-Gebiet).

M7 Die militärische Sicherung des östlichen Bündnisgebietes

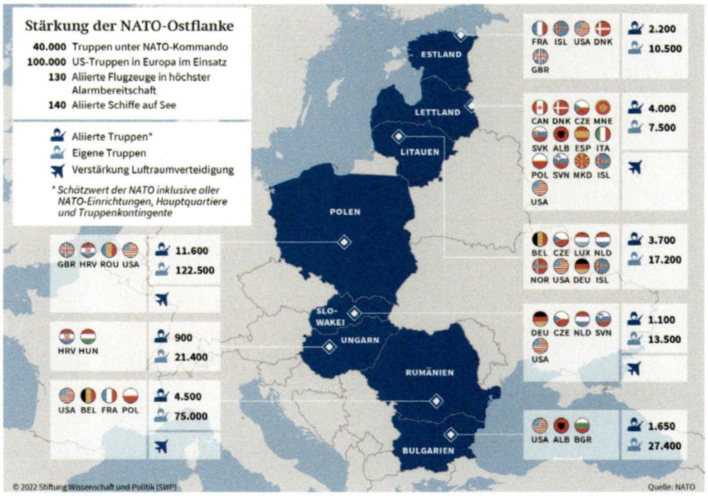

Margarete Klein, Russland: Großmachtstreben und Konfrontation mit dem Westen, in: Informationen zur politischen Bildung, Heft 353, 4/2022, Bonn: Bundeszentrale für politische Bildung, S. 53

1. Beschreiben Sie die unterschiedlichen Interessenlagen, die Anfang der 1990er-Jahre bezüglich einer NATO-Erweiterung formuliert wurden (M4).
2. Analysieren Sie die NATO-Osterweiterung angesichts der Interessen der Beitrittsländer und Russlands (M3, M4, M5). HILFE
3. Nehmen Sie Stellung zum russischen Narrativ bezüglich der NATO-Osterweiterung (M5, M6). HILFE
4. Charakterisieren Sie das Verhältnis zwischen der NATO und Russland (M6, M7).
5. Beurteilen Sie die die sicherheitspolitische Lage in Europa (M6, M7).

QUERVERWEIS

Operatorentraining „charakterisieren“
S. 150–151

M8 Das neue strategische Konzept der NATO

Der NATO-Gipfel von Madrid im Juni 2022 hat eine umfassende Neuausrichtung der Allianz auf den Weg gebracht. [...] Der russische Angriffskrieg gegen die Ukraine wirkte dabei teils als Auslöser (Norderweiterung), teils als Katalysator, der Entwicklungen beschleunigt, die sich bereits seit Langem abzeichnen (militärische Neuaufstellung). Ausgangspunkt für diese Beschlüsse ist die Feststellung, dass Russland derzeit die größte Bedrohung darstellt. Folglich priorisiert die NATO jetzt klar kollektive Verteidigung im euroatlantischen Raum, während das zuvor dominierende internationale Krisenmanagement (etwa in Afghanistan) an Bedeutung verliert. Dieser Fokus wird das kommende Jahrzehnt prägen. Deutschland hat dafür einen Führungsanspruch formuliert. Um ihn umzusetzen, muss sich die Bundeswehr mit Blick auf Ausstattung, Einsatzbereitschaft und Finanzierung besser aufstellen. [...]

Fünf Themen dominierten die Agenda: die Verabschiedung eines neuen Strategischen Konzepts; der Beitritt Finnlands und Schwedens; die Neuaufstellung der Abschreckungs- und Verteidigungsfähigkeiten; die Erhöhung des Gemeinschaftsbudgets sowie die Verstetigung der Unterstützungsleistungen für die Ukraine. Im Schatten dieser großen Themen arbeiteten die Alliierten zahlreiche weitere Fragen ab, die sich aus dem neuen Strategischen Konzept ergaben; sie betrafen etwa den Umgang mit den Folgen des Klimawandels, die EU-NATO-Kooperation, den Umgang mit chemischen, biologischen und nuklearen Waffen sowie mit hybriden Bedrohungen, nicht zuletzt Initiativen zur Innovation in der Verteidigungsindustrie. [...]

Das neue Strategische Konzept [...] zeigt Kontinuität, indem es trotz langer Kontroversen an den drei NATO-Kernaufgaben festhält: kollektive Verteidigung; Krisenprävention und -management; kooperative Sicherheit. Sie werden nun jedoch anders gewichtet – kollektive Verteidigung hat Priorität. Unterschiede im Vergleich zu 2010 sind vor allem die kritischere Behandlung Russlands, die erstmalige Erwähnung Chinas und die Aufnahme neuer Themen (wie Klimawandel) und neuer Bedrohungen (wie disruptive Technologien).

China [...] wird als Herausforderung definiert. [...] Aufgenommen wurde [...] die Sorge der

INFO

Disruptive Technologien sind neue Produkte oder Dienstleistungen, die bestehende Produkte, Strukturen und ganze Märkte radikal verändern.

NATO-Strategie 2022

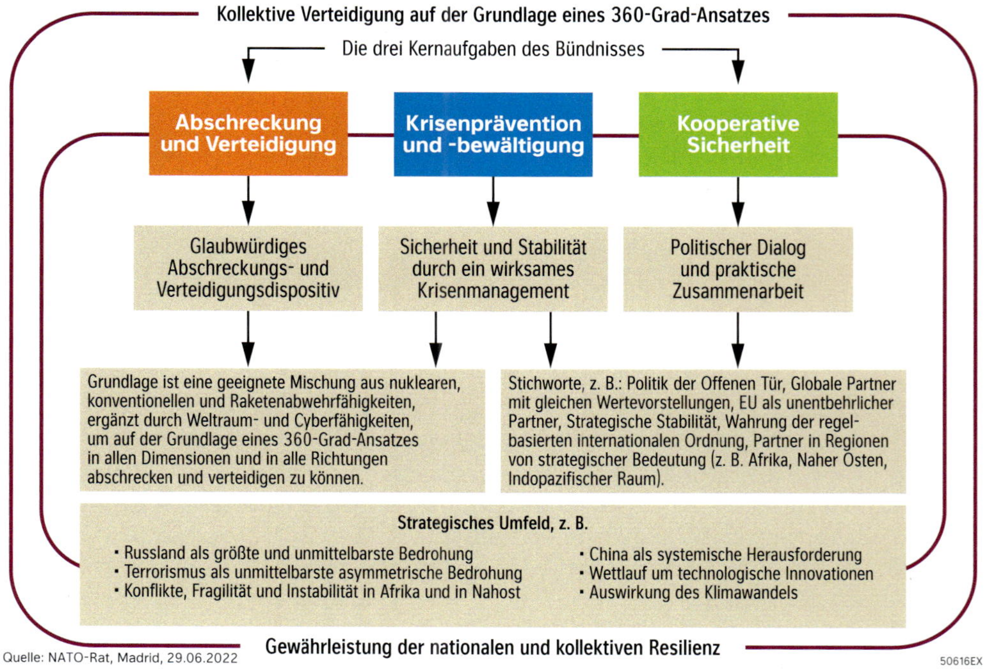

Quelle: NATO-Rat, Madrid, 29.06.2022

USA vor einer zunehmenden Zusammenarbeit Russlands mit China. Die Herausforderung durch China ist weniger eine direkte militärische Bedrohung, sondern erwächst aus dem Versuch des Landes, die internationale Ordnung nach eigenen Vorstellungen umzuformen und zu dominieren. Dazu gehören etwa „böswillige hybride und Cyberoperationen“, konfrontative Rhetorik und Desinformation. Daher bestätigt das Konzept, dass hybride Bedrohungen und solche im Cyber- und Weltraum die Beistandsklausel (Artikel 5) auslösen können.

Claudia Major/Göran Swistek, Die Nato nach dem Gipfel von Madrid, in: SWP-Aktuell 2022/A 49, Berlin: Stiftung Wissenschaft und Politik, 28.07.2022, https://www.swp-berlin.org/10.18449/2022A49/ (Zugriff: 07.08.2024)

M9 Mehr Europa in der NATO?

[Beim NATO-Gipfel 2022] in Madrid ist es den Alliierten gelungen, trotz großer Differenzen politische Geschlossenheit zu demonstrieren. Das ist auch nötig: Erst wenn die NATO-Staaten politisch überzeugend nach innen und außen vermitteln können, dass sie füreinander einstehen, wird das militärische Beistandsversprechen glaubwürdig.

Besonders ermutigend waren die starke politische Unterstützung der USA und die Verstärkung ihrer militärischen Präsenz in Europa. Dies sollte jedoch nicht darüber hinwegtäuschen, dass [...] weiterhin der Indopazifik in der US-Verteidigungspolitik Priorität genießt, wie die kürzlich verabschiedete Nationale Verteidigungsstrategie belegt. [...]

Langfristig müssen sich die Europäer daher auf eine Verteidigung mit immer geringeren US-Beiträgen vorbereiten. Das heißt, sie müssen ihre NATO-Beiträge verbessern und erhöhen, sodass sie zukünftig mindestens 50 Prozent der NATO-Planungen leisten. Eine militärische Verteidigung Europas ohne konventionelle und nukleare Beiträge der USA und deren politische Führung ist in den kommenden 10 bis 15 Jahren unrealistisch. Die Europäer können aber ihre Beiträge sukzessive steigern. Die Beschlüsse von Madrid sind folglich vor allem Hausaufgaben für die Europäer – und insbesondere für die, die wie Deutschland aufgrund ihres wirtschaftlichen und politischen Gewichts die Allianz prägen.

GLOSSAR

Bruttoinlandsprodukt (BIP)

Verteidigungsausgaben in Prozent des BIP

basierend auf den Preisen und Wechselkursen von 2015

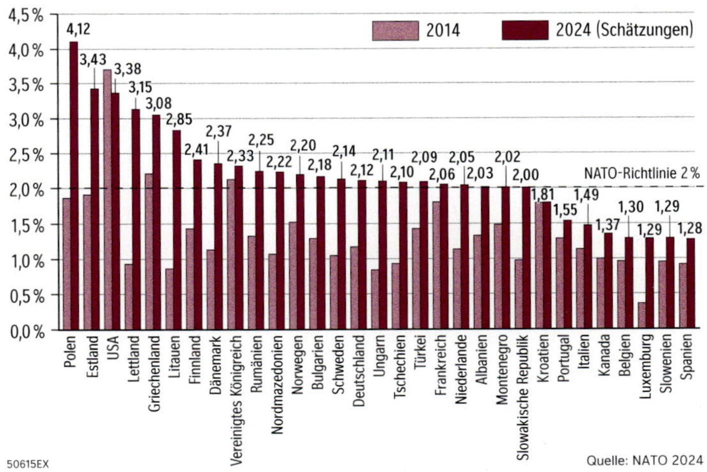

Claudia Major/Göran Swistek, Die Nato nach dem Gipfel von Madrid (siehe M8)

1 Fassen Sie die Kernpunkte des neuen strategischen Konzepts und der Herausforderungen für die NATO zusammen (M8).

2 Analysieren sie die unterschiedliche Bedeutung der Kernaufgaben der NATO (M8). **HILFE**

3 **Zusatzaufgabe:** Nehmen Sie Stellung dazu, wie die NATO ihr Verhältnis zu China einschätzt (M8).

4 Erörtern Sie die zukünftige Bedeutung der NATO vor dem Hintergrund der aktuellen Weltlage (M8).

5 Beurteilen Sie die Rolle, die die Europäer und besonders Deutschland zukünftig in internationalen Zusammenhängen spielen könnten. Berücksichtigen Sie auch die Höhe der Verteidigungsausgaben der einzelnen NATO-Mitgliedstaaten (M9).

Operator „charakterisieren“ (Anforderungsbereich II)

Definition:
Sachverhalte in ihren Eigenarten beschreiben, typische Merkmale kennzeichnen und diese dann gegebenenfalls unter einem oder mehreren bestimmten Gesichtspunkten zusammenführen

Was heißt das genau?

Beim Operator „charakterisieren“ sollen Sie die Eigenarten eines Sachverhaltes beschreiben. Die Eigenarten haben besondere Merkmale, die dem vorliegenden Sachverhalt oder Problem zukommen. Sie müssen darauf achten, die Eigenarten deutlich aufzuzeigen und am Material zu belegen. Die typischen Merkmale sollen daraus abgeleitet und möglichst fachbegrifflich gekennzeichnet werden. Zwischen den herausgefundenen Merkmalen sollten Sie eine Verbindung nach selbst erkannten, bestimmten Gesichtspunkten herstellen.

Im ersten Arbeitsschritt beschreiben Sie das Spezifische des Sachverhalts, das im Material enthalten ist.

Im zweiten Schritt nehmen Sie die eigentliche Charakterisierung vor, indem sie die typischen besonderen Merkmale hervorheben.

Im dritten Schritt führen Sie Ihre Ergebnisse unter einem oder mehreren Gesichtspunkten zusammen, indem Sie diese strukturiert, das heißt nach Sachgesichtspunkten geordnet darstellen.

Checkliste zum „Charakterisieren“

TIPP

Nutzen Sie die Checkliste zur Planung und beim Schreiben als Orientierungshilfe. Sie können Ihren Text auch mithilfe der Checkliste von Mitschülerinnen und Mitschülern korrigieren lassen und ihn im Anschluss überarbeiten. Die Aspekte/Kriterien der Checkliste können Sie ggf. in Absprache mit Ihrer Lehrkraft anpassen. Eine bearbeitbare Vorlage findet sich unter:

WES-118496-143

	✓ bzw. ++ + o – -- und Verbesserungstipps
Einleitung:	
Ist eine aufgabenbezogene Einleitung mit einer knappen Skizzierung des Sachverhalts bzw. der Auffassung einer Autorin/eines Autors zu einer Sache vorhanden?	
Hauptteil:	
Sind wesentliche Eigenarten des Sachverhalts erfasst?	
Sind typische Merkmale gekennzeichnet und hervorgehoben?	
Können die beschriebenen Sachverhalte/Probleme unter sinnvollen Gesichtspunkten zusammengeführt werden?	
Sind Bezüge auf das Material mit Zeilenbelegen versehen?	
Liegt eine eigenständig strukturierte Darstellung vor?	
Schluss:	
Liegen reflektierte Schlussfolgerungen im Rahmen des jeweiligen politischen, ökonomischen oder gesellschaftlichen Sachverhalts vor?	
Sprachlicher Ausdruck und sprachliche Richtigkeit:	
Wird Fachsprache sicher und korrekt verwendet?	
Ist der sprachliche Ausdruck stilistisch angemessen?	
Werden die Regeln in den Bereichen Rechtschreibung, Zeichensetzung und Grammatik beachtet?	

Möglicher Lösungsansatz zu S. 147, Aufgabe 4 (in gekürzter Form):

Im Text und im Schaubild wird die Entwicklung des Verhältnisses zwischen der NATO und Russland nach Ende des Kalten Krieges beschrieben und gekennzeichnet, dass sich dieses in den vergangenen Jahren bis heute dramatisch verschlechtert hat.	aufgabenbezogene Einleitung mit Bezug auf den Sachverhalt
Eine Partnerschaft zwischen der NATO und Russland, die zwischen 1991 und 2014 von beiden Seiten angestrebt und bereits praktiziert wurde, ist der offenen Gegnerschaft gewichen.	Hervorhebung der zentralen Erkenntnis zum Sachverhalt
Die Annexion der ukrainischen Krim durch Russland markiert das Ende der Kooperation auf ziviler und militärischer Ebene (Z. 9–12). Schon seit den 1990er-Jahren verlangte Russland die Mitsprache bei allen Sicherheitsangelegenheiten in Europa und damit indirekt ein Vetorecht gegenüber Entscheidungen der NATO (Z. 16–23). Dementsprechend forderte Russland auch im Dezember 2021 die Einstellung aller militärischen Aktivitäten der NATO in Osteuropa (Z. 23–30). Demgegenüber verstärkte die NATO ihre militärische Präsenz in Osteuropa erheblich (Schaubild von 2022).	Beschreibung der Eigenarten der Entwicklung des Verhältnisses Belege mit Zeilenangaben
Russlands Strategie unter Putin ist seit geraumer Zeit, den Einfluss der NATO und der USA in Europa zurückzudrängen. Russland hat kein Interesse mehr an einem kooperativen Sicherheitssystem in Europa, sondern will seinen direkten Einfluss vergrößern. Der Krieg gegen die Ukraine ist der militärische Ausdruck dafür. Alle kooperativen Institutionen und Verträge sind ausgesetzt. Die NATO reagiert auf diese Bedrohung mit der militärischen Stärkung der Ostflanke in den nach 1991 beigetretenen NATO-Mitgliedstaaten.	Kennzeichnung der typischen Merkmale des Verhältnisses
Während Russland aggressiv expansionistisch vorgeht, verstärkt die NATO ihre Verteidigungsaktivitäten durch militärische Präsenz in den osteuropäischen NATO-Staaten. Eine Dominanz militärischer Aktivitäten und eines militärischen Denkens bestimmt das NATO-Russland-Verhältnis heute.	Zusammenführung unter einem Gesichtspunkt
Es ist eine massive politische und militärische Gegnerschaft entstanden, die auf gegensätzlich unvereinbaren Vorstellungen beruht und unüberwindbar scheint.	Schlussfolgerung unter dem Gesichtspunkt einer konfrontativen Gegnerschaft
Insgesamt lässt sich feststellen, dass eine Kooperation zwischen der NATO und Russland angesichts der militärischen Lage in Osteuropa (Ukraine und darüber hinaus) nur schwer vorstellbar ist und sogar weitere Kriegsgefahren in Europa möglich erscheinen.	Fazit

Formulierungshilfen

Sachverhalte in ihren Eigenarten beschreiben
Wertet man … aus, dann ergibt sich …
Besondere Eigenarten sind …
Typische Merkmale kennzeichnen
Besonders fällt auf, dass …
Auffällig ist, dass …
Heraussticht, dass …
Hervorgehoben werden muss …
Zusammenführung der Merkmale unter bestimmten Gesichtspunkten
Abschließend/Zusammenfassend lässt sich festhalten/feststellen/sagen, dass …
Insgesamt zeigen die Merkmale und Eigenarten, dass …
Diese Gesichtspunkte …

4.8 Ist die deutsche Außen- und Sicherheitspolitik aktuellen Entwicklungen gewachsen?

BEGRIFF

Fachkonzepte
Frieden
Sicherheit
Konflikt

GLOSSAR

Globalisierung
Schwellenländer
Volkswirtschaft

M1 Außen- und Sicherheitspolitik im Konflikt

M2 Die deutsche Außen- und Sicherheitspolitik bis 2022

Als weltweit aktive Wirtschaftsnation ist Deutschland grundlegend an institutionalisierten multilateralen Kooperationsformaten auf der europäischen wie der globalen Ebene interessiert. Tatsächlich hat die Bundesrepublik jahrzehntelang von einer solchen internationalen Ordnung profitiert, ohne allzu viel zu deren Ausgestaltung und Aufrechterhaltung beitragen zu müssen. Es herrschte die Überzeugung vor, dass die Globalisierung ein internationales System hervorgebracht hat, dessen Akteure in vielfältigen gegenseitigen Abhängigkeitsverhältnissen zueinanderstehen, die Kooperation mit wachsendem Nutzen belohnen und deren Aussetzung oder Verweigerung mit Nachteilen bestrafen. Die deutsche Politik vertraute auf die Bereitschaft der übrigen Akteure, dieser Rationalität ebenfalls zu folgen – und auf die Stärke und Innovationskraft der Wirtschaft des Landes. Konflikte konnten so durch Regeln, Institutionen, Interessenausgleich und Kompromisse verhindert oder beigelegt werden, harte Machtmittel wie insbesondere das Militär wurden dagegen skeptisch bis ablehnend betrachtet. Die Bundesrepublik Deutschland konnte sich so als Zivilmacht mit sehr begrenzten machtpolitischen Ambitionen und Fähigkeiten erfolgreich in der Spitzengruppe der großen Volkswirtschaften etablieren.

Diese oft blauäugige Wahrnehmung der Welt verdrängte indes, dass sich Mächte wie China oder Russland, aber auch Schwellenländer wie Indien oder Brasilien nicht als gleichberechtigte Mitglieder einer im Wesentlichen vom politischen Westen geschaffenen Ordnung betrachteten und ihre Gestaltungsansprüche auch zunehmend machtpolitisch untermauerten. China setzte dabei vor allem auf seine wirtschaftliche Kraft, Russland auf die fortschreitende Militarisierung seiner Außenbeziehungen und schließlich den Einsatz von Gewalt.

Während der Coronavirus-Pandemie, die sich seit 2020 global verbreitet hat, und schließlich mit Russlands zweiter Aggression nach 2014 in der Ukraine am 24. Februar 2022 wurden die Schattenseiten eines zu großen Vertrauens in die stabilisierenden Effekte der Globalisierung überdeutlich: Verletzlichkeit und Abhängigkeit von Partnern, die anderen Rationalitäten folgen. Mit Blick auf China waren es [...] Lieferkettenprobleme etwa im Bereich von Speicherchips, die das Maß der Angewiesenheit auf einen zunehmend schwierigeren Partner aufzeigten. Viel drastischer fällt dieser Zusammenhang am Beispiel Russlands ins Auge, das mit seinem Überfall auf die Ukraine das Ende der Energiepartnerschaft mit Europa bewusst einkalkulierte. In ganz Europa und insbesondere in Deutschland zeigt sich jetzt aber auch, welche ökonomischen, politischen und sozialen Kosten mit der Beendigung eines solchen Abhängigkeitsverhältnisses verbunden sind.

Zudem verdeutlichte die russische Aggression die weitgehende Abhängigkeit Deutschlands wie Europas von den USA, wenn es um Fragen der Sicherheit und Verteidigung geht. Hier muss es als Glücksfall für Europa gelten, dass während dieser weltpolitischen Krise mit Joe Biden eine Persönlichkeit das Amt des US-Präsidenten bekleidet, die den Wert der transatlantischen Partnerschaft hochschätzt und der Ukraine sowie bedrängten NATO-Partnern erhebliche Unterstützung zukommen lässt. Dies entbindet Deutschland und Europa jedoch nicht von der Aufgabe, erheblich größere Anstrengungen im Verteidigungsbereich zu unternehmen, um sich auch selbst gegen wieder wachsende militärische Bedrohungen abzusichern.

INFO

Im November 2024 wurde bei der **US-Präsidentenwahl** (der ehemalige Präsident) Donald Trump wieder zum Präsidenten gewählt. Er ist seit 20.01.2025 im Amt.

Sven Bernhard Gareis, Zeitenwende: neue Ansätze für die deutsche Außen- und Sicherheitspolitik, in: Informationen zur politischen Bildung, Heft 353, 4/2022, Bonn: Bundeszentrale für politische Bildung, S. 76 f.

M3 Herausforderungen und Akzeptanz

Die verschiedenen Herausforderungen und die mit diesen verbundenen Akteure der internationalen Sicherheitspolitik wirken sich auch auf Deutschland und seine Bemühungen um Freiheit, Sicherheit und Wohlstand seiner Gesellschaft aus. Als Ausgangspunkt für die Erörterung der möglichen Ansätze einer neuen Außen- und Sicherheitspolitik Deutschlands sollen [...] drei Bündel von Herausforderungen bzw. handlungsleitenden Interessen vorgestellt werden:

- Zuerst geht es um die Bewahrung der Sicherheit und Handlungsfähigkeit des Landes und seiner Institutionen sowie um den Zusammenhalt der Gesellschaft auf der Grundlage der freiheitlich-demokratischen Grundordnung. Dabei stehen Ansätze zur nationalen Resilienzbildung gegen externe Bedrohungen im Vordergrund.
- Zum Zweiten werden Wege zur Selbstbehauptung Deutschlands als Teil eines freien und demokratischen Europas in einer sich herausbildenden Weltordnung betrachtet. Den dort entstehenden Machtzentren und -dynamiken kann nur eine in ihrer internationalen Handlungsfähigkeit gestärkte Europäische Union gegenübertreten. Daran entscheidend mitzuwirken, wird eine wesentliche Aufgabe der deutschen Politik bleiben.
- Drittens schließlich wird zu betrachten sein, wie eine multilaterale internationale Ordnung aufrechterhalten oder wiederhergestellt werden kann. Dies ist ein für Deutschland wie die EU gleichermaßen wichtiges politisches und wirtschaftliches Ziel, welches wiederum nur gemeinsam erreicht werden kann.

Die Bewältigung dieser Herausforderungen wird Land und Gesellschaft aber auch deutliche Anpassungen ihrer strategischen Kultur abverlangen – also jenes dauerhaften, fest im kollektiven Bewusstsein einer Nation verwurzelten Sets an Normen, Werten und Handlungsmaximen, welche ihre Selbstwahrnehmung und ihr internationales Verhalten prägen. [...]
In Demokratien hängt der außenpolitische Kurs eines Landes entscheidend vom Rückhalt in der eigenen Bevölkerung ab. Diesen immer wieder neu zu gewinnen und zu erhalten, ist ebenfalls die Aufgabe, aber auch die Kunst politischer Führung. [...]
Der Wert einer [...] Strategie besteht idealerweise darin, dass sie einen klaren Maßstab formuliert, anhand dessen die praktische Politik des Landes beurteilt werden kann. Für die oft zaudernde und mit wenig Mut zur Positionierung ausgestattete deutsche Außen- und Sicherheitspolitik ist dies zweifellos ein Wagnis.

Sven Bernhard Gareis, Zeitenwende (siehe M2), S. 77, 79

1 Schildern Sie, welche Assoziationen die beiden Fotos bei Ihnen auslösen (M1).

2 Beschreiben Sie Grundlagen und Grundausrichtungen der deutschen Außen- und Sicherheitspolitik bis 2022 (M2).

3 Erläutern Sie die Herausforderungen einer neuen Außen- und Sicherheitspolitik Deutschlands als Teil internationaler Bündnisse (M3).

4 Erörtern Sie die Erfolgsaussichten der Ansätze einer neuen Außen- und Sicherheitspolitik Deutschlands angesichts aktueller politischer Entwicklungen (M3). HILFE

Deutsche Außen- und Sicherheitspolitik

Grundzüge der deutschen Außen- und Sicherheitspolitik

Die **deutsche Außen- und Sicherheitspolitik als Teil internationaler Bündnisse** hat sich seit dem Ende des Kalten Krieges Anfang der 1990er-Jahre fundamental verändert: Schien die Welt zunächst in eine Phase der friedlichen Koexistenz überzugehen, so verschärften sich seit Beginn dieses Jahrtausends die globalen Konflikte zusehends. Der Anschlag auf das World Trade Center in New York im Jahr 2001, der Afghanistankrieg bis 2021, weltweite terroristische Anschläge, die Kriegslagen im Nahen Osten und vor allem der Krieg Russlands gegen die Ukraine veränderten die sicherheitspolitische Lage in Europa und der Welt grundlegend. Die deutsche Außen- und Sicherheitspolitik musste sich immer wieder auf neue Herausforderungen einstellen.

Die Bindung der Politik an das **Friedenspostulat des Grundgesetzes** sowie die **internationalen Bündnisverpflichtungen** bilden dabei das Rückgrat für politische Entscheidungen. Vor allem der aggressive Krieg Russlands gegen die Ukraine seit 2022 führt zu einer **Neujustierung der deutschen Außen- und Sicherheitspolitik**. Landesverteidigung, Verteidigung der Freiheit und Demokratie an der Seite freiheitlich-demokratischer Staaten und die Unterstützung des angegriffenen Staates Ukraine stehen im Vordergrund.

Ständige **weitere Aufgaben** der deutschen Außen- und Sicherheitspolitik zur **Friedenssicherung** sind weltweite humanitäre Hilfen, zivile Krisenprävention, das Engagement gegen Armut und Hunger und für gesunde Menschen in einer gesunden Umwelt, klima- und naturverträgliche Wirtschaftsweisen und der Einsatz für Frieden, Freiheit und Menschenrechte. Deutschland beteiligt sich an vielen **UN-Friedensmissionen** und setzt sich für Abrüstung, Rüstungskontrolle und die Nichtverbreitung von Waffen ein.

Die Bundeswehr

Die Bundeswehr ist durch die **verfassungsrechtlichen Grundlagen** den **Grundwerten des Grundgesetzes** verpflichtet: der Wahrung von Freiheit, Menschenwürde, Sicherheit und Wohlstand sowie der Förderung von Frieden und der Stärkung des Rechts. Deutsche Sicherheitspolitik ist wertegebunden und interessengeleitet.

Die sicherheitspolitischen Interessen werden maßgeblich bestimmt durch die geografische Lage in der Mitte Europas und durch die **Systeme kollektiver Sicherheit**, wie die **Mitgliedschaft in der EU und in der NATO**.

Besonders in den Blick genommen wird seit dem Überfall Russlands auf die Ukraine die **Landes- und Bündnisverteidigung**, die gegenüber weltweiten Einsätzen Priorität bekommen hat. Die Souveränität und territoriale Integrität des Landes ist die Maßgabe des Handelns und die Aufrechterhaltung der regelbasierten internationalen Ordnung auf der Grundlage des Völkerrechts. Neben der Erhöhung des Verteidigungshaushaltes steht im Mittelpunkt der Diskussionen um die Bundeswehr die Frage, ob eine allgemeine Wehrpflicht wieder eingeführt werden soll.

Eine Vertiefung der **europäischen Integration** und die Festigung der **transatlantischen Partnerschaft** sind für die deutsche Außen- und Sicherheitspolitik und besonders für die Bundeswehr von existenzieller Bedeutung.

Cyberangriffe als neue Gefahr

Die Abwehr von Angriffen im Cyberraum ist vermehrt Aufgabe und Herausforderung der euroatlantischen und so auch der deutschen Außen- und Sicherheitspolitik. **Urheber** von Cyberangriffen können sowohl **Staaten** als auch **nichtstaatliche Akteure**, wie etwa terroristische oder kriminelle Netzwerke, sein.

Im Rahmen **hybrider Kriegsführung** sehen sich Staaten zunehmend Cyberangriffen durch andere Staaten ausgesetzt. Die Angriffe richten sich insbesondere auf **kritische Infrastrukturen**, wie die Stromversorgung oder die Telekommunikation. Auch auf die **Bundeswehr** wurden bereits Cyberattacken verübt.

In der hybriden Kriegsführung werden politische, wirtschaftliche, militärische, mediale und cybertechnische Mittel kombiniert. Im Zuge dessen sind **Desinformationskampagnen**, die über soziale Netzwerke geführt werden, von großer Bedeutung. Durch Falschinformationen („Fake News") und ideologisch einseitige bzw. propagandistische Darstellungen wird versucht, die öffentliche Meinung zu beeinflussen und dadurch die Gesellschaften zu destabilisieren und zu spalten. Von diesen Desinformationskampagnen sind insbesondere liberale Demokratien betroffen.
Die Bundesregierung hat in ihrer **Cyber-Sicherheitsstrategie** Schutzmaßnahmen gegen Cyberangriffe festgelegt und verschiedene Gremien eingerichtet, um die beteiligten Ressorts und gesellschaftlichen Akteure zu koordinieren. Zugleich wird auf internationaler Ebene insbesondere im Rahmen der NATO an wirksamen Schutzmaßnahmen gearbeitet.

Die NATO

1949 als **westliche Militärallianz** gegen die Sowjetunion gegründet, veränderte die NATO in den vergangenen 75 Jahren entsprechend den unterschiedlichen Herausforderungen und Bedrohungen ihr Gesicht. Die Strategie war während des Kalten Krieges bis 1990 gegen die Sowjetunion und den Warschauer Pakt ausgerichtet. Gleichzeitig wuchs die NATO von ursprünglich 10 Mitgliedern bis 1990 auf 16 Mitglieder an.
Nach dem Zerfall der Sowjetunion und der Auflösung des Warschauer Pakts stellte sich die **NATO international als Kriseninterventionsmacht** neu auf. NATO-Einsätze erfolgten in vielen Teilen der Erde.
Ende der 1990er-Jahre und zu Beginn des 21. Jahrhunderts wurden viele Länder des ehemaligen Warschauer Pakts aus Osteuropa in die NATO aufgenommen, die dadurch vor allem einen Schutz gegen Russland erwarteten. Mittlerweise hat die NATO 32 Mitgliedsländer.
Wurde zuweilen während der Phase der friedlichen Koexistenz zwischen den ehemaligen Blockkontrahenten die Notwendigkeit des Bündnisses infrage gestellt, so hat die NATO spätestens seit dem Überfall Russlands auf die Ukraine erweiterte Aufgaben. Die Verteidigung des Bündnisses und die militärische Unterstützung der Ukraine haben seitdem Priorität. Die **Lastenverteilung bezüglich der Militärausgaben** zwischen den einzelnen Mitgliedstaaten und die **stärkere Verantwortung der Europäer** für die Sicherheit sind Gegenstände der Auseinandersetzungen innerhalb der NATO-Staaten und bergen Konfliktstoff.

Die Europäische Union

Die **Macht der EU** beruht nicht auf militärischen Mitteln, wie sie die USA, Russland oder China haben, sondern ihre Attraktivität beruht auf **Wohlstand und Werten** wie Demokratie und Sicherheit. Gerade diese Werte waren und sind die Garantie dafür, dass in der EU seit Jahrzehnten Frieden herrscht.
1993 wurde im Vertrag von Maastricht eine **Gemeinsame Außen- und Sicherheitspolitik** (**GASP**) der EU als **System kollektiver Sicherheit** festgeschrieben. Ziel der GASP ist es, Unabhängigkeit, Sicherheit und Unversehrtheit der Union zu wahren. Nach den Regeln des Vertrags von Lissabon gestalten die einzelnen Mitgliedstaaten die **Gemeinsame Sicherheits- und Verteidigungspolitik** (**GSVP**) im Konsensprinzip.
Durch viele Konflikte und Kriege in unmittelbarer Nähe der EU, die seit den 1990er-Jahren entstanden sind, stellt sich die Frage, welche sicherheits- und friedenspolitische Rolle die EU international spielen will. In der **internationalen Zusammenarbeit** stimmt sich die EU mit ihren **Partnerstaaten** wie den USA und **internationalen Organisationen** wie den UN politisch ab und versucht, gemeinsam mit ihnen Krisen und Kriege zu lösen.
Angesichts der dramatischen Eskalation im Konflikt um die Ukraine hat sich die Sicherheitslage der EU grundlegend verschlechtert, denn der russische Angriff auf die Ukraine hat schwerwiegende Folgen für die euro-atlantische Sicherheit. Die EU muss sich auf die Möglichkeit einer Eskalation über das Gebiet der Ukraine hinaus einstellen, ohne dafür militärisch gerüstet zu sein. Die EU-Staaten sind immer noch angewiesen auf den militärischen Schutz durch die USA. Zukünftig wird die Notwendigkeit gesehen, die eigenen politischen Fähigkeiten in den Konflikten zu erhöhen.

+ 5. Die Entwicklungspolitik Deutschlands im Wandel

5.1 Die Agenda 2030 – eine utopische Zielsetzung?

BEGRIFF

Fachkonzepte
Sicherheit
Werte

INTERNET

WES-118496-151
Link zum Erklärvideo „Die Agenda 2030“ vom Bundesministerium für wirtschaftliche Zusammenarbeit und Entwicklung

GLOSSAR

Armut
Nachhaltigkeit
Vereinte Nationen

Erklärfilm: Von den Millenniumszielen zu den Sustainable Development Goals

M1 Entwicklungsziele der Weltgemeinschaft

M2 Die Agenda 2030

Die 2030-Agenda für Nachhaltige Entwicklung, die am 25. September 2015 beim UNO-Nachhaltigkeitsgipfel der Staats- und Regierungschefs verabschiedet worden ist, stellt einen Meilenstein der internationalen Zusammenarbeit dar. Mit den 17 Nachhaltigkeitszielen, den *Sustainable Development Goals* (SDGs), hat sich die Weltgemeinschaft erstmals auf einen universalen und alle drei Nachhaltigkeitsdimensionen einschließenden Katalog von festen Zeitzielen geeinigt, der die internationale Zusammenarbeit in zentralen Politikbereichen in den nächsten Jahrzehnten maßgeblich prägen wird.

Zielsetzung der 2030-Agenda ist es, die globale Entwicklung sozial, ökologisch und wirtschaftlich nachhaltig zu gestalten und somit die längst überfällige Transformation der Volkswirtschaften hin zu einer deutlich nachhaltigeren und inklusiveren Entwicklung kräftig voranzutreiben. Klimawandel, Verlust von Biodiversität, Armut, Hunger und häufig mit hohem Ressourcenverbrauch verbundenes Wirtschaften zeigen, dass weltweit umgesteuert werden muss. Die 2030-Agenda folgt hierbei dem Grundsatz, auch die Schwächsten und Verwundbarsten der Welt mitzunehmen („*leave no one behind*“), und hat den Anspruch, auch kommenden Generationen die Chance auf ein erfülltes Leben zu sichern.

In einem mehr als dreijährigen internationalen Vorbereitungsprozess wurde eine global ausgerichtete und auf alle Länder universell anwendbare Agenda mit anspruchsvollen Nachhaltigkeitszielen erarbeitet. Das Bundesumweltministerium und das Bundesentwicklungsministerium haben sich gemeinsam mit der gesamten Bundesregierung erfolgreich für eine ambitionierte Agenda eingesetzt, die den staatlichen, wirtschaftlichen und gesell-

schaftlichen Wandel in Richtung Nachhaltigkeit global und national vorantreibt.
Mit der 2030-Agenda werden zwei zuvor getrennte UN-Verhandlungsprozesse, der 1992 mit dem Erdgipfel begründete Rio-Prozess und der Prozess der Millenniumentwicklungsziele, unter dem Begriff „Transformation zu nachhaltiger Entwicklung“ zusammengeführt.

Die 2030-Agenda besteht aus folgenden Elementen: einer Präambel, einer politischen Deklaration, den 17 Zielen für nachhaltige Entwicklung, einem Abschnitt zu Umsetzungsmitteln und zur globalen Partnerschaft sowie einem Abschnitt zu *Follow-up* und Überprüfung.

INFO

Präambel
Einleitung zu einem Vertrag, in der z. B. Ziele des Vertrages erläutert werden

Die 2030-Agenda für Nachhaltige Entwicklung, Berlin: Bundesministerium für Umwelt, Naturschutz, nukleare Sicherheit und Verbraucherschutz, https://www.bmuv.de/themen/nachhaltigkeit/2030-agenda (Zugriff: 07.08.2024)

M3 Agenda 2030: eine Halbzeitbilanz der UN (2023)

Es ist an der Zeit, Alarm zu schlagen. Auf halber Strecke bis 2030 sind die Ziele für nachhaltige Entwicklung stark gefährdet. Nach einer vorläufigen Bewertung der rund 140 Zielvorgaben, für die Daten vorliegen, sind wir nur bei etwa 12 Prozent auf Kurs, bei mehr als der Hälfte trotz gewisser Fortschritte mäßig oder stark vom Kurs abgekommen und bei etwa 30 Prozent entweder nicht vorangekommen oder hinter das Basisjahr 2015 zurückgefallen:

Fortschrittsbewertung für die 17 Ziele auf der Grundlage der bewerteten Zielvorgaben – 2023 oder aktuellste Daten (in Prozent)

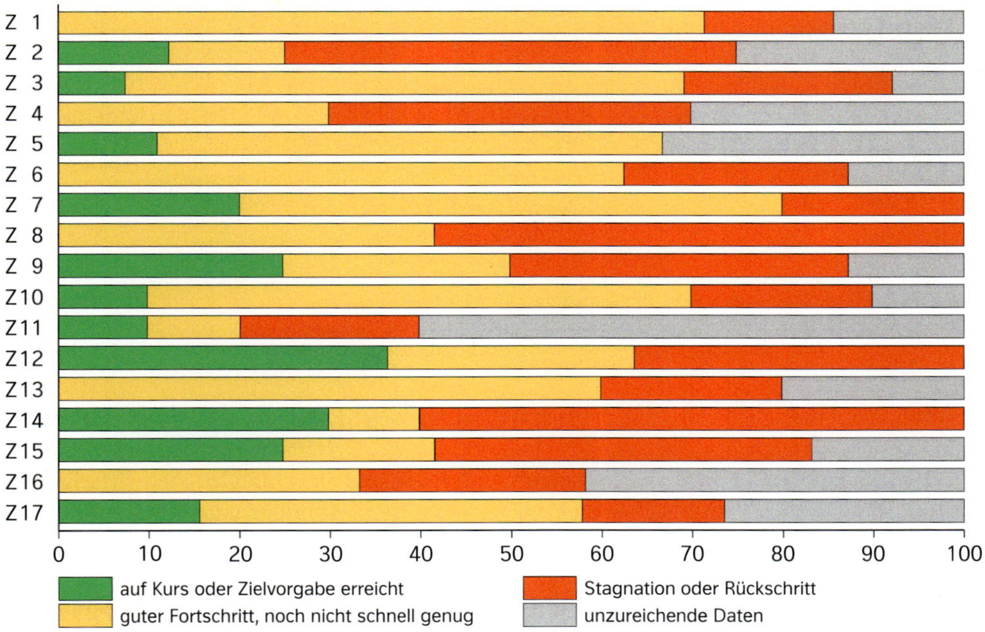

Quelle: Ziele für nachhaltige Entwicklung. Sonderausgabe des Berichts, New York: Vereinte Nationen, 2023, S. 8

48080EX © Westermann

QUERVERWEIS

Legende für Z1–Z17
S. 156, M1

1 Erstellen Sie eine Rangliste der für Sie persönlich am wichtigsten erscheinenden Entwicklungsziele in M1.

2 Fassen Sie die Kernüberlegungen der Agenda 2030 zusammen (M2).

3 Analysieren Sie M3 hinsichtlich des Umsetzungserfolgs der Agenda 2030.

4 Entwickeln Sie hypothesenartig Maßnahmen, mit denen besonders gefährdete Ziele der Agenda 2030 erreicht werden können. HILFE

5 **Zusatzaufgabe:** Ordnen Sie begründet passende Ziele der Agenda 2030 den Eckpunkten des zivilisatorischen Hexagons (S. 60 f., M2) zu.

5.2 Deutschlands Entwicklungspolitik – eine konsequente Umsetzung der Agenda 2030?

BEGRIFF

Fachkonzepte
Werte
Sicherheit
Frieden
Kooperation

GLOSSAR

Klimawandel
Lebensstandard
Menschenrechte

M1 Ansatzpunkte

a) „Männer und Frauen waren krank, weil sie arm waren, und sie wurden noch ärmer, weil sie krank waren und kränker, weil sei ärmer waren.“
Charles-Edward Amory Winslow (1877–1957, US-amerikanischer Experte für Public Health)

b) „Bildung schafft wirtschaftliche Entwicklung und Chancengleichheit.“
Autorentext

c) „Der Weg muss immer noch sein, den Entwicklungsländern [mit der Technik] eine Chance zu geben, in die industrielle Fertigung hineinzukommen.“
*Markus Wissen (*1965, Politikwissenschaftler an der Hochschule für Wirtschaft und Recht Berlin)*

Ausführlicher Nachweis der Zitate auf S. 255

M2 Leitbilder der deutschen Entwicklungspolitik

Autorengrafik nach: Die globalen Ziele für nachhaltige Entwicklung, Berlin: Bundesministerium für wirtschaftliche Zusammenarbeit und Entwicklung, https://www.bmz.de/de/agenda-2030 (Zugriff: 05.02.2025) (verändert = gekürzt)

M3 Motive der deutschen Entwicklungspolitik

a) „Entwicklungspolitik hilft allen Beteiligten“
Die Probleme der Gegenwart machen nicht an nationalen Grenzen halt. Klimawandel und Pandemien sind globale Phänomene und auch Terrorismus, Kriege und Bürgerkriege wirken grenzüberschreitend. Wenn wir unseren Lebensstandard in Europa erhalten wollen, müssen wir die Umwelt schonen, das Klima schützen und uns für weltweiten Frieden, Demokratie und Menschenrechte einsetzen. Entwicklungszusammenarbeit hilft, diese Herausforderungen zu bewältigen.
Durch die enge Verflechtung des Weltwirtschaftssystems wird unsere Volkswirtschaft von Krisen in anderen Ländern und Regionen stark beeinflusst. So hängt zum Beispiel das für Deutschland wichtige Exportgeschäft von Frieden und einer stabilen Weltwirtschaft ab. Gewaltsame Konflikte oder Finanz- und Wirtschaftskrisen in Europa, Afrika, Asien oder Südamerika führen auch in Deutschland zum Verlust von Arbeitsplätzen. Entwicklungszusammenarbeit, die darauf ausgerichtet ist, Frieden und Sicherheit sowie die Volkswirtschaften in den Kooperationsländern zu stabilisieren, stärkt auch die Sicherheit und die Wirtschaft in Deutschland und in den anderen Geberländern.
Entwicklungszusammenarbeit hilft allen Beteiligten. Durch sie entstehen kulturelle Beziehungen und wirtschaftliche Partnerschaften, die allen Seiten Gewinn bringen.
Deutschland war selbst einmal Empfängerland internationaler Hilfsprogramme. Unser

im Zweiten Weltkrieg stark zerstörtes Land erhielt zum Beispiel durch den Marshallplan Unterstützung in Milliardenhöhe aus den USA. Die Deutschen erlebten damals, wie wichtig und erfolgreich Hilfe sein kann. Den Wohlstand und die Werteordnung, die unser Land heute kennzeichnen, verdanken wir auch dieser vorausschauenden Nachkriegspolitik, die langfristige Entwicklung und Partnerschaft zur Grundlage hatte. Nicht zuletzt diese Erfahrung bewog die Bundesregierung, selbst in der Entwicklungspolitik aktiv zu werden und 1961 als erstes Land in Europa ein Entwicklungsministerium einzurichten.

Warum brauchen wir Entwicklungspolitik?, Berlin: Bundesministerium für wirtschaftliche Zusammenarbeit und Entwicklung, https://www.bmz.de/de/ministerium/grundsaetze-ziele/warum-entwicklungspolitik-59906 (Zugriff: 08.08.2024)

b) Entwicklungspolitik als Friedensbeitrag

Unser Engagement für Frieden und gesellschaftlichen Zusammenhalt folgt einem umfassenden Verständnis von Frieden, das über die Abwesenheit von Gewalt hinausgeht. Ziel ist eine nachhaltige Friedensordnung im Sinne eines positiven Friedens – mit sozialer Gerechtigkeit und Gleichberechtigung der Geschlechter, politischer, wirtschaftlicher und sozialer Teilhabe, ökologischem Handeln, Rechtsstaatlichkeit, Achtung, Schutz und Gewährleistung der Menschenrechte sowie der Bearbeitung der strukturellen Ursachen von Konflikten, Flucht und Vertreibung.

Gesellschaftlicher Zusammenhalt zeichnet sich für uns durch enge soziale Beziehungen (Vertrauen, Akzeptanz von Diversität, soziale Netzwerke) und eine grundlegende Verbundenheit mit einem übergeordneten Gemeinwesen (Zugehörigkeitsempfinden, Beteiligungsbereitschaft und -möglichkeit) aus. Weitere wichtige Elemente sind konstruktive Staat-Gesellschafts-Beziehungen (Vertrauen in staatliche Akteur*innen, Institutionen und Prozesse, politische Partizipation) sowie eine Orientierung am Gemeinwohl (Solidarität und Hilfsbereitschaft). Gesellschaftlicher Zusammenhalt wirkt damit sowohl zwischen Individuen und einzelnen Gruppen (horizontale Dimension) als auch in Hinblick auf die Beziehungen zwischen Staat und Gesellschaft (vertikale Dimension). Beides sind wichtige Voraussetzungen, um Konflikte friedlich miteinander zu lösen, sowie für wirtschaftliche und soziale Entwicklung, da so Entwicklungspotenziale gestärkt und Zukunftsperspektiven für alle Teile der Bevölkerung erschlossen werden.

Im Einklang mit diesem Verständnis ist es unser übergeordnetes Ziel, friedliche und inklusive Gesellschaften zu fördern, allen Menschen Zugang zu Recht und einer rechtsstaatlichen Justiz zu ermöglichen sowie leistungsfähige, rechenschaftspflichtige und inklusive Institutionen auf allen Ebenen zu stärken. Dabei verfolgen wir besonders im Bereich Flucht und Migration einen umfassenden entwicklungs- und menschenrechtsorientierten sowie gendergerechten Ansatz.

Frieden und gesellschaftlicher Zusammenhalt, Berlin/Bonn: Bundesministerium für wirtschaftliche Zusammenarbeit und Entwicklung, Juni 2024, S. 16, https://www.bmz.de/resource/blob/216820/kernthemenstrategie-frieden-und-gesellschaftlicher-zusammenhalt.pdf (Zugriff: 08.08.2024)

INFO

Marshallplan
(*European Recovery Program*, ERP) 1947 vom damaligen US-Außenminister George C. Marshall verkündetes Wiederaufbauprogramm der USA für die (west-)europäischen Staaten nach dem Zweiten Weltkrieg

QUERVERWEIS

Positiver und negativer Friedensbegriff
S. 57, M4

1 Arbeiten Sie entwicklungspolitische Handlungsfelder aus den Zitaten in M1 heraus und ergänzen Sie weitere, die Ihnen wichtig erscheinen.

2 Ordnen Sie die Leitbilder deutscher Entwicklungspolitik (M2) in den Kontext der Agenda 2030 (S. 156 f.) ein. HILFE

3 Erläutern Sie als Vertreterin bzw. Vertreter des Bundesministeriums für wirtschaftliche Zusammenarbeit und Entwicklung (BMZ) gegenüber den sprechenden Personen aus M1 die Ziele und Strategie deutscher Entwicklungspolitik (M3). HILFE

4 Arbeiten Sie heraus, wieso Entwicklungspolitik auch gleichzeitig „Außenpolitik“ (und „Wirtschaftspolitik“) ist (M3).

5 Überprüfen Sie, ob bzw. inwieweit sich die Agenda 2030 in der Rahmensetzung deutscher Entwicklungspolitik wiederfindet. HILFE

6 **Zusatzaufgabe:** Überprüfen Sie, ob bzw. inwieweit Bestandteile des zivilisatorischen Hexagons (S. 60 f., M2) in der deutschen Entwicklungspolitik Beachtung finden.

5.3 Instrumente deutscher Entwicklungspolitik – passgenaue Vielfalt oder verschwenderische Fragmentierung?

BEGRIFF

Fachkonzepte
Werte
Effizienz
Kooperation

GLOSSAR

Multilateralismus

M1 Fragen an das Entwicklungsministerium

48084EX © Westermann

F

Erklärfilm: Träger der Entwicklungszusammenarbeit

M2 Organisation deutscher Entwicklungspolitik

Bilateral

- Technische Zusammenarbeit (Gesellschaft für Internationale Zusammenarbeit/GIZ)
- Finanzielle Zusammenarbeit (KfW Entwicklungsbank)
- Zivilgesellschaftliche Organisationen (Kirchen, Stiftungen etc.)

Multilateral

- Weltbankgruppe
- Regionalbanken (Asien, Afrika etc.)
- UN-Fonds und Programme (United Nations Population Fund/UNFPA etc.)

Nach: Michael Bohnet, Geschichte der deutschen Entwicklungspolitik, 2. Aufl., Stuttgart: utb, 2019, S. 39 (verändert)

M3 Große Instrumentenvielfalt

Das deutsche System der Entwicklungszusammenarbeit (EZ) ist im internationalen Vergleich in vielerlei Hinsicht besonders, wenn nicht gar einzigartig. Neben seiner beinahe weltweiten Präsenz und seiner institutionellen Besonderheiten – mit einem eigenen Ministerium für wirtschaftliche Zusammenarbeit und Entwicklung, zwei großen staatlichen Durchführungsorganisationen, politischen Stiftungen und einer Vielzahl von kirchlichen und anderen Nichtregierungsorganisationen – zeichnet sich das deutsche EZ-System insbesondere auch durch seine Instrumentenvielfalt aus. Allein die beiden großen Durchführungsorganisationen der staatlichen EZ, die KfW Entwicklungsbank und die [...] Deutsche Gesellschaft für Internationale Zusammenarbeit (GIZ) verfügen über ein umfangreiches Instrumentarium, das in dieser Vielfalt von keinem anderen Geberland angeboten wird. Mit ca. 17.000 Mitarbeiterinnen und Mitarbeitern ist die staatliche deutsche EZ zudem in ihren Partnerländern personell deutlich stärker vertreten als die meisten anderen bilateralen und multilateralen Geber. [...]

Die Finanzielle Zusammenarbeit (FZ) unterstützt Partner durch Zuschüsse, Entwicklungskredite, Förderkredite, Bürgschaften und Beteiligungen. Das Instrumentarium der staatlichen Technischen Zusammenarbeit

(TZ) umfasst neben Finanzierungen, Sachgütern, Trainings und Studienreisen allein fünf verschiedene Instrumente der personellen Zusammenarbeit: die sogenannten Langzeitfachkräfte, Kurzzeitfachkräfte, Nationale Fachkräfte, Entwicklungshelferinnen und Entwicklungshelfer und Integrierte Fachkräfte, jedes mit unterschiedlichen Vertragsformen und Instrumentenprofilen.

Diese Instrumentenvielfalt – insbesondere die der personellen Zusammenarbeit – wird unter anderem damit gerechtfertigt, dass die deutsche EZ besonders werteorientiert arbeite und deshalb ihre Partner – außer durch finanzielle Ressourcen – in erster Linie durch Ideen und Menschen unterstütze. Zumindest in den staatlichen EZ-Institutionen wird die Instrumentenvielfalt daher gemeinhin als besondere Stärke der deutschen EZ angesehen, durch welche diese in der Lage sei, auf unterschiedlichste Bedarfe einzugehen und ihre Partner flexibel in einem Mehrebenenansatz zu unterstützen. In dem Maße, in dem sich der traditionelle Ressourcen- und Wissenstransfer durch die EZ zusehends zu einem globalen Wettbewerb unter traditionellen Gebern wie auch einer wachsenden Zahl neuer Akteure um die besten Ideen und Politiken wandelt, erscheint dies ein zukunftsfähiges Konzept.

Die Instrumente der deutschen Entwicklungszusammenarbeit: Zukunftsfähige Vielfalt oder weiterhin reformbedürftige Überdiversifizierung?, Bonn: German Institute of Development and Sustainability, 18.05.2017, https://blogs.idos-research.de/2017/05/18/die-instrumente-der-deutschen-entwicklungszusammenarbeit-zukunftsfaehige-vielfalt-oder-weiterhin-reformbeduerftige-ueberdiversifizierung/ (Zugriff: 08.08.2024)

M4 Eingeschränkte Handlungsfähigkeit

Kern [der] Kritik ist, dass die deutsche EZ fragmentiert und überdiversifiziert sei, sowohl in Hinblick auf die Zahl der mit ihr befassten Institutionen, der Partnerländer, der unterstützten Sektoren und eben der eingesetzten Instrumente. Dies führe dazu, dass die deutsche EZ in ihrer Strategie- und externen Koordinationsfähigkeit stark eingeschränkt sei, da sie für Partner wie auch andere Geber oftmals verwirrend und nur schwer nachvollziehbar sei, stark angebots- anstatt nachfrageorientiert arbeite, hohe interne Koordinationskosten mit sich bringe und die politische Steuerungsfähigkeit des BMZ gegenüber den Umsetzungsorganisationen beschränkt sei. Was für die einen also eine wertvolle Instrumentenvielfalt darstellt, die eine passgenaue Unterstützung der Partner mit bedarfsgerechten Lösungsansätzen erlaubt, gilt den anderen als ineffiziente Fragmentierung, die es der deutschen EZ erschwert, ihre Partner in enger Koordination mit anderen nachfrage- und bedarfsorientiert zu unterstützen.

Gleichzeitig verändern sich angesichts wachsender und komplexer werdender globaler Herausforderungen die Anforderungen an das internationale EZ-System und insbesondere an bilaterale Geber. Die Bewältigung dieser Herausforderungen im Rahmen der Agenda 2030 macht zunehmend gemeinsame, sektor- und regionenübergreifende Lösungsansätze in Kooperation mit unterschiedlichsten Partnern erforderlich. Damit stellt sich die Frage, inwiefern das deutsche EZ-System mit seinen vielfältigen Instrumenten geeignet ist, die neuen Herausforderungen zu meistern. [...]

Dabei zeigt sich eine auffällige Diskrepanz zwischen der Wirksamkeitseinschätzung einzelner Vorhaben und Instrumente einerseits und Einschätzungen der Gesamtperformanz der deutschen EZ-Institutionen andererseits.

Die Instrumente der deutschen Entwicklungszusammenarbeit (siehe M3) (verändert)

INFO

fragmentiert
hier: Die deutsche EZ nutze viele kleine Teilinstrumente.

überdiversifiziert
hier: Die Instrumente deutscher EZ seien zu vielfältig.

1 Angenommen, die Person in M1 denkt über deutsche Entwicklungspolitik nach. Formulieren Sie Fragen, die sie an den/die Entwicklungsminister/-in haben könnte.

2 Recherchieren Sie arbeitsteilig zu den in M2 aufgeführten Organisationen. HILFE

3 Fassen Sie positive und negative Aspekte der Instrumentenvielfalt deutscher Entwicklungszusammenarbeit zusammen (M3 und M4). HILFE

4 Erörtern Sie, ob die deutsche EZ ihre Instrumentenvielfalt reduzieren sollte. HILFE

5.4 Akteure deutscher Entwicklungspolitik – zu viele weitere „Entwicklungsminister“ oder sinnvolle Aufgabenverteilung?

BEGRIFF

Fachkonzepte
Interesse
Effizienz
Effektivität
Kooperation

M 1 Problemstellung lösen

Zu viele Köche verderben den Brei! ⟷ Willst du weit gehen, gehe gemeinsam.

M 2 Akteure der deutschen Entwicklungszusammenarbeit

a) Finanzierung:

Die öffentlichen Entwicklungsleistungen (*Official Development Assistance*, ODA) und die sonstigen öffentlichen und privaten Leistungen zugunsten von Entwicklungsländern der Bundesrepublik Deutschland beliefen sich im Jahr 2022 auf über 50 Milliarden Euro. [...]

INFO

Hinweis
Weitere kleinere Beiträge werden in M2 a) nicht aufgeführt.

Entwicklungsleistungen aus Deutschland 2022	
Bereiche	**Mittel in Milliarden (%-Anteil)**
ODA (Official Development Assistance)	33,9 (100 %)
Bundesministerium für wirtschaftliche Zusammenarbeit und Entwicklung	13,7 (40,5)
Auswärtiges Amt	4,9 (14,5)
Bundesministerium für Finanzen	1,4 (4,18)
Bundesministerium für Wirtschaft und Klimaschutz	0.8 (2,4)
Bundesministerium für Bildung und Forschung	0,4 (1,16)
Weitere Ministerien	0,4 (1,16)
ODA-anrechenbarer Anteil aus EU-Haushalt	3,35 (9,88)
Bundesländer	1,84 (5,4)
anrechenbare ODA-Aufwendung für Geflüchtete	4,6 (13,5)
private Entwicklungszusammenarbeit (Brot für die Welt, Ärzte ohne Grenzen …)	1,7
Weitere private Direktinvestitionen an Entwicklungsländer	21,7

Nach: Öffentliche Entwicklungsleistungen, Wiesbaden: Statistisches Bundesamt (Destatis), https://www.destatis.de/DE/Themen/Staat/Oeffentliche-Finanzen/Entwicklungszusammenarbeit/leistungen-entwicklungszusammenarbeit.html (Zugriff: 08.08.2024) (verändert = Angaben reduziert)

INFO

Bruttonationaleinkommen erfasst alle Einkommen der Inländer und gebietsansässigen Wirtschaftseinheiten, unabhängig davon, ob dieses Einkommen im Inland erzielt wurde oder aus dem Ausland zufließt.

TOP 10 DAC*-Geberländer 2023
ODA in Prozent des Bruttonationaleinkommens (BNE)

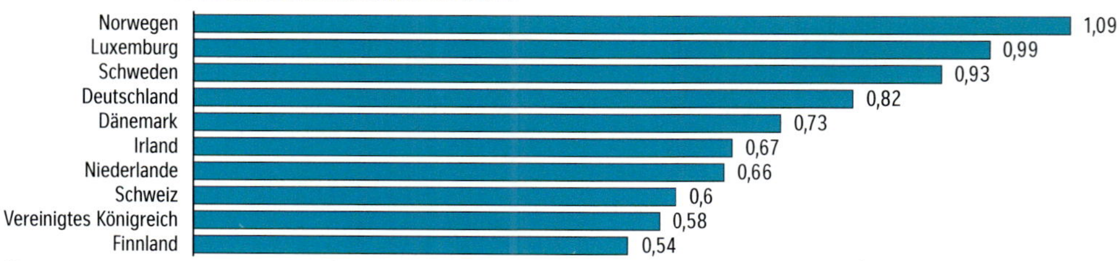

*Development Assistance Committee = Ausschuss für Entwicklungshilfe der Organisation für wirtschaftliche Zusammenarbeit und Entwicklung (OECD)
Quelle: OECD, Official Development Assistance (ODA)

48121EX © Westermann

b) Organisationsstruktur

Entwicklungspolitik ist eine multifunktionale Querschnittsaufgabe, die primär im Schnittpunkt der Außenpolitk (einschließlich Sicherheitspolitk) und Wirtschaftspolitik liegt. Darüber hinaus wirken auch die Finanz-, Forschungs-/Technologie-, Agrarpolitk und vermehrt die Umweltpolitik ein.

Mit der Zuständigkeit für Planung, Kontrolle der Umsetzung und Evaluation der Entwicklungshilfe bildet das 1961 im Rahmen von Koalitionsverhandlungen geschaffene Bundesministerium für wirtschaftliche Zusammenarbeit (BMZ; 1993 erweiterter Name „für wirtschaftliche Zusammenarbeit und Entwicklung“) das organisatorische Zentrum der Entwicklungspolitik. Es diente zunächst der Koordinierung der ursprünglich beim Auswärtigen Amt (AA) und beim Bundeswirtschaftsministerium (BMWi) angesiedelten Entwicklungspolitik.

Trotz allmählicher Ausweitung seiner Kompetenzen (1964 technische, 1972 Kapitalhilfe, 1998 Entwicklungshilfe der EU und Mitglied im Bundessicherheitsrat) blieben diese begrenzt. Vereinbarungen über bilaterale Hilfe bedürfen der Zustimmung des Auswärtigen Amtes. Die Federführung für Handelsfragen liegt beim Bundeswirtschaftsministerium, und über die Mitwirkung im Internationalen Währungsfond (IWF) nimmt auch das Bundesfinanzministerium (BMF) international Einfluss. In wichtigen Feldern wie humanitäre/Katastrophenhilfe und globale Umweltbelange ist das BMZ neben den führenden Ressorts (AA, Bundesministerium für Umwelt, Naturschutz und nukleare Sicherheit – BMU) lediglich beteiligt.

Uwe Andersen, Entwicklungspolitik, in: Ders. /Wichard Woyke (Hrsg.), Handwörterbuch des politischen Systems der Bundesrepublik Deutschland, 8., aktual. Aufl., Heidelberg: Springer VS, 2021 (verändert = Abkürzungen teils aufgelöst)

GLOSSAR

Internationaler Währungsfond (IWF)

M3 Zeit für eine Reform?

Neben dem BMZ leisten derzeit 14 Ressorts ODA-Beiträge. Es gibt also in Deutschland neben dem „großen Entwicklungsminister“ 14 weitere mittlere, kleinere oder kleinste Entwicklungsminister.

Auf Weisung des Bundeskanzleramtes sollte unter Federführung des BMZ ein Koordinierungs- und Abstimmungsgremium auf Staatssekretärsebene „Kohärenz und Transparenz der deutschen Entwicklungszusammenarbeit“ eingerichtet werden, natürlich unter Einschluss der KfW. Auch alle 14 ODA-Ressorts sollten daran teilnehmen und dieses Gremium sollte jährlich tagen. Unter dieser Ebene könnten alle zwei Monate Abstimmungsgespräche auf Abteilungsleiterebene stattfinden, bei denen die wichtigsten ODA-Ressorts vertreten sind, sprich das Auswärtige Amt, das Bundesministerium für Umwelt, Naturschutz und Reaktorsicherheit, das Staatsministerium Kultur und Medien, das Bundesministerium für Bildung und Forschung und das für Ernährung und Landwirtschaft.

Das Silodenken muss überwunden werden. Eine entwicklungspolitische, SDG-gemäße Kohärenzprüfung der ODA-Projekte der 14 Ressorts ist überfällig. Die Verabschiedung und Umsetzung der Agenda 2030 für nachhaltige Entwicklung verlangt auch mutige organisatorische Konsequenzen.

Michael Bohnet, Geschichte der deutschen Entwicklungspolitik, 2., überarb. und erw. Aufl., Stuttgart: utb, 2019, S. 261

INFO

Kohärenz
hier: Die Entwicklungspolitik solle zusammenhängender und koordinierter erfolgen.

KfW
Kreditanstalt für Wiederaufbau; 1948 gegründete deutsche Förderbank, die im Auftrag des Bundes und der Länder weltweit zur Verbesserung der wirtschaftlichen, sozialen und ökologischen Lebensbedingungen beitragen soll.

Silodenken
Fokussierung einzelner Abteilungen/Ressorts nur auf den eigenen Bereich

1 Stellen Sie sich vor, Sie wollen ein Problem lösen. Wie ist ihre Herangehensweise? Positionieren Sie sich mithilfe von M1.

2 **a)** Erläutern Sie, welche Akteure in Deutschland Entwicklungspolitik betreiben (M2). HILFE

b) Arbeiten Sie Probleme heraus, die sich aus M2 für die deutsche Entwicklungspolitik ergeben könnten.

3 Stellen Sie die in M3 vorgeschlagene Reform der Organisationsstruktur dar.

4 Nehmen Sie Stellung zum Reformvorschlag in M3.

QUERVERWEIS

LERNWEG
Positionslinie
S. 83

5.5 Wirtschaftliche Kooperation – entwicklungspolitischer Erfolg oder unfaire Partnerschaft?

BEGRIFF

Fachkonzepte
Kooperation
Macht
Markt
Effizienz
Werte

INFO

EPAs
(*Economic Partnership Agreements* = Wirtschaftspartnerschaftsabkommen) sind Handels- und Entwicklungsabkommen zwischen der EU und afrikanischen, karibischen und pazifischen Staaten (siehe auch S. 166, M4 b)).

M1 Berechtigte Kritik?

Transparent der globalisierungskritischen Organisation Attac auf einer Demonstration, 2017

M2 Die Idee der wirtschaftlichen Kooperation

Hintergrundinformation zu Begriffskritik und -entwicklungen
Bezeichnungen wie „Entwicklungsländer“ bzw. „Schwellenländer“ und „Industrieländer“ werden zunehmend durch die Begriffe „Globaler Süden“ und „Globaler Norden“ abgelöst. Diese Begriffe sollen auf Ungleichheiten in der globalisierten Welt aufmerksam machen, ohne eine wertende Hierarchisierung vorzunehmen. Sie sind nicht strikt geografisch zu verstehen, sondern zielen auf benachteiligte bzw. privilegierten Positionen von Ländern. So werden z. B. Australien und Neuseeland zum Globalen Norden gezählt. Auch an diesen Begriffen gibt es jedoch Kritik, vor allem weil sie zu stark vereinfachten und nicht differenziert genug seien.

Autorentext

a) Der Begriff Entwicklungshilfe wurde seit den 1950er-Jahren verwendet, um die Gewährung von Hilfsleistungen eines Geberlandes an ein Empfängerland zu bezeichnen. Der Begriff betonte die Hilfsbedürftigkeit von Entwicklungsländern und reduzierte sie weitgehend auf eine Rolle als Leistungsempfänger. Maßstäbe oder Untersuchungen zur Effektivität und Effizienz der eingesetzten Leistungen gab es nicht.
Im heutigen Konzept der Entwicklungszusammenarbeit der Bundesregierung sind Länder und Organisationen, mit denen sie entwicklungspolitisch zusammenarbeitet, keine Empfänger von Hilfsleistungen, sondern gleichberechtigte Partner.

Von der Entwicklungshilfe zur Entwicklungszusammenarbeit, Berlin: Bundesministerium für wirtschaftliche Zusammenarbeit und Entwicklung, https://www.bmz.de/de/ministerium/geschichte/von-entwicklungshilfe-zu-entwicklungszusammenarbeit-96652 (Zugriff: 08.08.2024)

b) Die Grundlage der staatlichen Entwicklungszusammenarbeit sind offizielle Vereinbarungen zwischen Deutschland und seinen Kooperationsländern. Sie werden bei Regierungsverhandlungen getroffen, die in der Regel im Abstand von etwa zwei Jahren stattfinden. Bei diesen Verhandlungen werden gemeinsam Strategien für die Zukunft entwickelt, und es wird der Umfang der finanziellen und technischen Zusammenarbeit abgestimmt. Die Ergebnisse der Verhandlungen werden in völkerrechtlich bindenden Verträgen festgeschrieben. Die zwischen den Regierungen vertraglich abgesprochene Zusammenarbeit ist die eine Säule der deutschen Entwicklungszusammenarbeit.

Ihre zweite Säule sind die Aktivitäten, die von nichtstaatlichen Organisationen initiiert und in den Kooperationsländern umgesetzt werden – zum Beispiel von den Kirchen, von politischen Stiftungen und von sehr vielen Nichtregierungsorganisationen (NROs). Auch diese Form der deutschen Entwicklungszusammenarbeit wird vom Staat finanziell unterstützt. Die Verantwortung für die Durchführung der Projekte tragen die nichtstaatlichen Trägerorganisationen. Sie behalten trotz der staatlichen Zuschüsse ihre volle Eigenständigkeit.

Der direkte Weg zum Partner, Berlin: Bundesministerium für wirtschaftliche Zusammenarbeit und Entwicklung, https://www.bmz.de/de/ministerium/arbeitsweise/bilaterale-entwicklungszusammenarbeit-19654 (Zugriff: 08.08.2024)

M3 Das Allgemeine Präferenzsystem der EU

Der Zweck des Allgemeinen Präferenzsystems (APS) besteht darin, Entwicklungsländern und -gebieten durch eine Senkung der Zölle auf ihre Waren den Zugang zum EU-Markt zu erleichtern. Die Union gewährte ursprünglich einseitige Zollpräferenzen, damit Entwicklungsländer zusätzliche Exporterlöse erzielen, die dann in ihre eigene nachhaltige Entwicklung investiert werden können. Im Zuge der Reform von 2012 wurde die APS-Regelung stärker auf die Länder ausgerichtet, die besonders der Hilfe bedürfen, d. h. die am wenigsten entwickelten Länder. Zugleich wurden aber auch die drei Komponenten der Regelung beibehalten.

Die erste Komponente ist die Standard-APS-Regelung. Dabei handelt es sich um eine eigenständige Handelsregelung, in deren Rahmen die EU mittels ermäßigter Zollsätze oder Nullzollsätze für bestimmte ausländische Waren einen Präferenzzugang zum EU-Markt ohne Gegenseitigkeitsbedingung gewährt.

Die zweite Komponente (APS+) ist eine als konkreter Anreiz konzipierte Sonderregelung: Gefährdeten Ländern, die internationale Übereinkommen in den Bereichen Menschen- und Arbeitnehmerrechte sowie Umweltschutz und gute Regierungsführung ratifiziert und umgesetzt haben, werden damit Zollvergünstigungen gewährt.

Die dritte Komponente ist die Initiative „Alles außer Waffen" (*Everything But Arms* – EBA). Damit erhalten die 48 am wenigsten entwickelten Länder einen zoll- und kontingentfreien Zugang zum EU-Markt für alle Waren mit Ausnahme von Waffen und Munition.

Wolfgang Igler, Handelsregelungen für Entwicklungsländer, Europäisches Parlament, 04/2024, https://www.europarl.europa.eu/factsheets/de/sheet/162/handelsregelungen-fur-entwicklungslander (Zugriff: 08.08.2024)

INFO

Präferenzzugang
Zollermäßigung bzw. -freiheit von Fertig- und Halbfertigerzeugnissen sowie landwirtschaftlichen Verarbeitungserzeugnissen aus Entwicklungsländern in der EU

1 Formulieren Sie die Kritik, die mit dem Transparent beabsichtigt sein könnte (M1).

2 Fassen Sie die Grundüberlegungen der wirtschaftlichen Kooperation aus Sicht des Bundesministeriums für wirtschaftliche Zusammenarbeit und Entwicklung zusammen (M2).

3 Fassen sie die Grundüberlegungen des Allgemeinen Präferenzsystems der EU zusammen (M3). **HILFE**

M4 Kritik an der Handelspolitik der EU

QUERVERWEIS

II.2 Leitbilder europäischer Außenhandelspolitik
S. 196–215

a) Gründe dafür [, dass sich in den meisten afrikanischen Staaten der Aufbau von Märkten äußerst problematisch gestaltet,] liegen auch in der europäischen Handelspolitik. Bestehende Handelsschranken, wie z. B. hohe Einfuhrabgaben und die Zahlung von Agrarsubventionen in Industrieländern, stellen große Hindernisse für Handel und Wirtschaftswachstum und damit für Wege aus Armut und Hunger dar.
Die europäische Agrar- und Handelspolitik gefährdet die Existenz der Kleinbäuerinnen und Kleinbauern in Afrika und verschärft damit Armut und Hunger. Durch bi- und multilaterale Handelsabkommen drängt die EU viele afrikanische Länder zu einer weitreichenden Marktöffnung für europäische subventionierte Agrarprodukte. Subventionierte Exporte aus der EU, aber auch aus den USA überschwemmen ungehindert heimische Märkte in Afrika. So ist in Westafrika importierter Reis billiger als lokal produzierter. Ausländisches Milchpulver in Burkina Faso, importierte Tomatenpaste und Billig-Geflügelteile in Ghana, Togo und Kamerun verdrängen die lokal produzierten Güter zunehmend von den lokalen Märkten.
Gleichzeitig werden afrikanische Exportprodukte, wie Bananen und Kakao, mit hohen Zollbarrieren belegt, sodass der Export dieser Waren erschwert wird. Die Produktion lohnt sich für die Bauern dann lediglich noch für den Eigenbedarf. Viele Länder Afrikas werden dabei immer abhängiger von ausländischen Produkten und vom Weltmarkt. [...]
Ein Schlüssel für die Überwindung von Armut ist ein von Handel und Investitionen getragenes Wirtschaftswachstum. Eine Beseitigung des Ungleichgewichts im Welthandelssystem und Investitionen in die langfristige Entwicklung des Handelssektors sind notwendig, damit Afrika Armut und Hunger besiegen kann.

Handel und Wirtschaft, Berlin: Gemeinsam für Afrika e. V., https://www.gemeinsam-fuer-afrika.de/handel-und-wirtschaft/ (Zugriff: 08.08.2024)

b) [Der Wirtschaftswissenschaftler Robert] Kappel kritisiert auch die nach wie vor hohen Subventionen, die die EU an ihre Landwirte bezahlt. Damit sei die EU zwar zum größten Exporteur von Nahrungsmitteln weltweit geworden, nur müssten diese dann auch von Afrika zu konkurrenzlosen Preisen importiert werden. Der Klimawandel, den vor allem die Industrieländer verursachen, verschärfe die Abhängigkeit von Importen weiter, wenn durch Dürren oder Überschwemmungen in Afrika häufiger die Ernten ausbleiben, so Kappel.
Agrarexperte Francisco Mari von der Organisation „Brot für die Welt“ wirft der europäischen Handelspolitik vor, mit ihren Wirtschaftspartnerschaften mehr Schaden angerichtet als Nutzen gestiftet zu haben. Die *Economic Partnership Agreements*, kurz EPA, verhandelt die EU seit vielen Jahren mit afrikanischen Staaten einzeln, Grundprinzip ist die Liberalisierung und Öffnung der Märkte. Afrikanische Staaten sollen zollfrei in die EU exportieren können, im Gegenzug müssen sie mehr oder weniger zollfrei Importe aus der EU zulassen. Sperrt sich ein Land, übt die EU auch mal Druck aus.
Beispiel Kenia: Als das ostafrikanische Land sich weigerte, das EPA mit der Europäischen Union zu unterzeichnen, war die EU nicht mehr bereit, wichtige kenianische Exportgüter wie Blumen, grüne Bohnen und andere Agrarprodukte zollfrei einzuführen. Die Folge: Container wurden nicht mehr verschifft, die Ware verdarb. Francisco Mari: „Daraufhin war der Druck der Exporteure so groß, dass die kenianische Regierung dann doch entschieden hat, sozusagen mit der eigenen Wirtschaftsunion zu brechen, und das EPA unterzeichnet und auch ratifizieret hat, damit wenigstens diese Zollfreiheit erhalten wird.“

Alexander Göbel, Noch keine Kooperation auf Augenhöhe, in: Deutschlandfunk, Köln: Deutschlandradio, 16.02.2022, https://www.deutschlandfunk.de/eu-afrika-beziehungen-100.html (Zugriff: 08.08.2024)

4 Erläutern Sie die Kritik an der EU-Handelspolitik in M4. **HILFE**
5 Nehmen Sie vor dem Hintergrund von M1 bis M4 Stellung zu der Leitfrage in der Überschrift dieses Kapitels.

5.6 Wie tragfähig ist das Konzept „Hilfe zur Selbsthilfe“?

BEGRIFF

Fachkonzepte
Kooperation
Effizienz
Partizipation
Effektivität

M1 Konfuzius sagt ...

„Gib einem Mann einen Fisch und du ernährst ihn für einen Tag. Lehre einen Mann zu fischen und du ernährst ihn für sein Leben.“

M2 Hilfe zur Selbsthilfe

Benachteiligten Menschen Hilfe zur Selbsthilfe zu geben heißt, sie in ihren eigenen Initiativen und Anstrengungen zu unterstützen, damit sie [...] ihre Probleme und täglichen Herausforderungen selbst [...] bewältigen können. Das langfristige Ziel dabei: die Lebensbedingungen spürbar und nachhaltig verbessern. Das beinhaltet auch, die Menschen von Anfang an in alle Entscheidungen und Maßnahmen einzubeziehen. Die Annahme dahinter: Jeder Mensch hat das Grundbedürfnis und die Fähigkeit, die eigene Lebenslage und das Umfeld zu verbessern – vorausgesetzt, der Person werden angemessene soziale Chancen geboten.

Hilfe zur Selbsthilfe, Bonn: German Doctors e. V., https://www.german-doctors.de/de/ueber-uns/schwerpunkte-unserer-arbeit/hilfe-zur-selbsthilfe (Zugriff: 08.08.2024)

M3 Beispielprojekte

a) Hilfe durch Sachunterstützung:
Women For Women hat es sich zum Ziel gesetzt, in Kenia und Uganda [...] in Not geratenen Frauen nachhaltige Hilfe zur Selbsthilfe anzubieten. Mit der Bereitstellung einer Milchkuh wird ihnen der Start in eine solide Existenz ermöglich. [...]
Aus ökonomischer Sicht erwirtschaftet eine Kuh schon ab dem ersten Tag eine Rendite. Und das, sieht man von der Anschaffung ab, bei nahezu null Kosten. Erworben werden nur sogenannte *Local Cows*. Deren Milchleistung ist zwar deutlich geringer als die „normaler“ Milchkühe. Dafür sind sie umso robuster, pflegeleichter, bezüglich Nahrung viel anspruchsloser und können somit auch auf sehr kargen Böden oder brachliegenden Feldern gehalten werden. [...] [M]eistens sind die Bewohner der ländlichen Regionen sowieso schon von klein auf mit der Haltung und dem Umgang von Kühen vertraut.

1. Absatz: Unser Ziel, 2. Absatz: Warum Kühe? Tuttlingen: Women For Women e. V., https://womenforwomen.de/zielsetzung/ bzw. https://womenforwomen.de/warum-kuehe/ (Zugriff: 08.08.2024)

b) Hilfe durch Mikrokredite:
Ein Mikrokredit kann einkommensschwachen Familien helfen, ihr Einkommen zu steigern. Mittelfristig hat dies Auswirkungen auf viele Lebensbereiche. Denn Armut bedeutet nicht nur Geldmangel. Ein höheres Einkommen ermöglicht Familien zum Beispiel, sich besser zu ernähren, ihre Kinder zur Schule zu schicken oder Gesundheitsdienste in Anspruch zu nehmen. Mikrofinanzierung ist als Instrument der Entwicklungszusammenarbeit deshalb einmalig, weil es Menschen hilft, sich selbst zu helfen.

Mikrokredit erfolgreich ermöglichen, Hamburg: Plan International Deutschland e. V., https://www.plan.de/familieneinkommen/mikrofinanzierung.html?sc=IDQ25100 (Zugriff: 20.11.2024)

1 Erläutern Sie anhand eines konkreten Beispiels, was mit dem Satz in M1 gemeint ist.

2 Charakterisieren Sie die Ansätze in M3 a) und b) als „Hilfe zur Selbsthilfe“ (M2).

3 a) Recherchieren Sie ausgehend von M3 weitere Ansätze der „Hilfe zur Selbsthilfe“. HILFE
b) Entwickeln Sie eine begründete Einschätzung zur Tragfähigkeit dieses Konzepts.

5.7 Schwächen Mittelkürzungen das Friedensziel der Entwicklungspolitik?

BEGRIFF

Fachkonzepte
Konflikt
Frieden
Sicherheit
Knappheit

M1 Menschliche Sicherheit

„Letztlich ist menschliche Sicherheit ein Kind, das nicht stirbt, eine Krankheit, die sich nicht ausbreitet, ein Arbeitsplatz, der nicht gestrichen wird, eine ethnische Spannung, die sich nicht in Gewalttätigkeiten entlädt, ein Dissident, der nicht zum Schweigen gebracht wird. Wer von menschlicher Sicherheit spricht, macht sich nicht Sorgen über Waffen, sondern über das Leben und die Würde des Menschen."

Human Development Report 1994, New York: United Nations Development Programme, New York/Oxford: Oxford University Press, p. 22 (engl.), zitiert nach: Frieden und Entwicklung, Berlin: Deutsche Gesellschaft für die Vereinten Nationen e. V., https://frieden-sichern.dgvn.de/friedenssicherung/frieden-entwicklung (Zugriff: 20.11.2024)

M2 Deutsches Engagement in der Praxis

INFO

Bis 2024 waren in **Niger deutsche Bundeswehrsoldaten zur Friedenssicherung** insbesondere im Nachbarstaat Mali stationiert. Mit der Machtübernahme des nigrischen Militärs konnte die Bundesregierung keine Einigung mit Niger über den weiteren Einsatz der Bundeswehr erzielen, sodass die Soldaten abgezogen wurden.

Niger ist eines der am wenigsten entwickelten Länder der Welt: Die Lebenserwartung ist gering, die Geburtenrate die höchste weltweit, angemessene Ernährung ist nicht gesichert, die Gesundheits- und Grundbildungssysteme sind schwach. Staatliche Einnahmen können wichtige Kernfunktionen der Regierung nicht finanzieren. Gleichzeitig sieht Niger sich schweren Belastungen ausgesetzt: durch Terrorismus und organisierte Kriminalität, durch Flüchtlinge aus den Nachbarstaaten Nigeria und Mali, aber auch durch die klimawandelbedingte Erosion von Land und Weideflächen, anhaltende Dürre und durch den Wegfall saisonaler Arbeitsmöglichkeiten in Nordafrika. Die potenzielle Krise liegt in einer drohenden Instabilität des Landes, die verheerende Auswirkungen auf die Region hätte. Um eine weitere Verschlechterung der Lage abzuwenden und die mögliche Eskalation zu einer gewaltsam ausgetragenen Krise zu verhindern, haben Deutschland und die EU der nigrischen Regierung Unterstützung angeboten.

Neben humanitärer Hilfe legt die Bundesregierung einen Schwerpunkt auf die Bereiche gute Regierungsführung, langfristige Ernährungssicherung sowie Gesundheit und Grundbildung. Daneben haben Ausstattungs- und Ausbildungsmaßnahmen für die Streit- und Sicherheitskräfte […] der Bundesregierung zum Ziel, staatliche Präsenz in allen Regionen zu erhöhen und durch ein sicheres Umfeld die Voraussetzungen für friedliches Zusammenleben und wirtschaftliches Engagement zu verbessern.

Die deutsche Unterstützung im Schwerpunkt Dezentralisierung und gute Regierungsführung dient der Stärkung der kommunalen Strukturen des Landes. Sie zielt auf die Verbesserung der Beziehungen zwischen Staat und Gesellschaft, das heißt eine Erhöhung von Legitimität, eine Verbesserung der Versorgungs- und administrativen Leistungsfähigkeit sowie der gesellschaftlichen Kapazitäten, um Konflikte friedlich auszutragen. Die Lebensbedingungen sollen überdies durch Maßnahmen zur Stärkung der produktiven Landwirtschaft, Ernährungssicherung (insbesondere durch Gewinnung von Flächen für Land und Weidewirtschaft) und durch den Aufbau des Gesundheitssystems verbessert werden.

All diese Maßnahmen dienen dazu, die Handlungsfähigkeit der nigrischen Regierung zu stärken, zur Verbesserung der Lebensbedingungen und der Sicherheitslage beizutragen, die Gewährleistung der Menschenrechte und die Gleichstellung der Geschlechter zu befördern und so das Vertrauen in staatliche Strukturen zu stärken.

Krisen verhindern, Konflikte bewältigen, Frieden fördern. Leitlinien der Bundesregierung, Berlin: Auswärtiges Amt, Juni 2017, https://www.auswaertiges-amt.de/blob/1213498/d98437ca3ba49c0ec6a461570f56211f/krisen-verhindern-data.pdf (Zugriff: 08.08.2024)

M3 Kritik an der Finanzierung

Massive Kürzungen in der Entwicklungszusammenarbeit und humanitären Hilfe sind in Zeiten multipler weltweiter Krisen nicht akzeptabel. Zehn NGOs kritisieren die heute vom Bundestag beschlossenen Haushaltskürzungen für das Jahr 2024, die das Bundesministerium für wirtschaftliche Zusammenarbeit und Entwicklung (BMZ) und das Auswärtige Amt (AA) besonders hart treffen.

Es ist beschlossen: Der BMZ-Etat sinkt 2024 auf 11,22 Milliarden Euro, das sind 940 Millionen Euro weniger im Vergleich zum Vorjahr. Besonders einschneidend ist hier die Kürzung für die Krisenbewältigung (Übergangshilfe), die um 200 Millionen Euro gesenkt wird. Die humanitäre Hilfe im Auswärtigen Amt wird um rund 500 Millionen Euro auf 2,23 Milliarden Euro gekürzt. Diese Kürzungen stehen im Widerspruch zu der im Koalitionsvertrag eingegangenen Verpflichtung, mindestens 0,7 Prozent der Wirtschaftskraft in die Entwicklungszusammenarbeit zu investieren. Damit hat sich die Ampelkoalition von dem Vorhaben verabschiedet, die Ausgaben für Krisenprävention, humanitäre Hilfe und Entwicklungszusammenarbeit im gleichen Verhältnis wie die Ausgaben für Verteidigung zu erhöhen.

Die Kürzungen für humanitäre Hilfe und Entwicklungszusammenarbeit bedeuten für Millionen Menschen weltweit, insbesondere in Krisenregionen, eine dramatische Verschlechterung ihrer Lebensgrundlage. Nach UN-Angaben werden dieses Jahr knapp 300 Millionen Menschen auf humanitäre Hilfe angewiesen sein. Diese Zahl hat sich zwischen 2014 und 2023 vervierfacht. Hinter Zahlen und Statistiken stehen individuelle Schicksale und Menschen, deren Leben oft durch extreme Gefahren, anhaltende Unsicherheit und ein hohes Maß an Armut beeinflusst wird. Insbesondere Mädchen und Frauen sowie andere vulnerable Gruppen sind besonders stark von Krisen und somit den Kürzungen betroffen.

In einem gemeinsamen Appell an die Bundesregierung fordern zehn humanitäre und entwicklungspolitische Organisationen eine ausreichende und stabile Finanzierung für humanitäre Hilfe und Entwicklungszusammenarbeit weltweit:

„Wir schlagen Alarm: Obwohl der Bedarf für humanitäre Hilfe weltweit auf eine Rekordhöhe von fast 300 Millionen Menschen gestiegen ist, beschließt die Bundesregierung drastische Einsparungen. Diese Kürzungen werden Deutschlands Fähigkeit, auf aktuelle und neu auftretende globale Krisen zu reagieren, erheblich einschränken. Die Kürzungen in der Entwicklungszusammenarbeit und der humanitären Hilfe sind ein Einknicken der Ampelkoalition. Das ist nicht nur kurzsichtig, sondern strategisch unklug. Das Ziel, 0,7 Prozent der deutschen Wirtschaftskraft in die Entwicklungszusammenarbeit zu investieren, muss auch in Krisenzeiten eingehalten werden. Finanzielle Kürzungen werden humanitäre Hilfsorganisationen und Entwicklungsorganisationen daran hindern, einen wirksamen und nachhaltigen Beitrag zur Bewältigung der vielfältigen globalen Herausforderungen, wie den Klimawandel und den Anstieg an bewaffneten Konflikten, zu leisten. Solidarität ist kein *nice to have*, sondern eine Notwendigkeit."

IRC Deutschland gGmbH, NGOs kritisieren Kürzungen in der Entwicklungszusammenarbeit und humanitären Hilfe, Berlin: NRC Flüchtlingshilfe Deutschland gGmbH, 02.02.2024, https://www.nrc-hilft.de/neuigkeiten/2024/ngos-kritisieren-kurzungen-in-der-entwicklungszusammenarbeit-und-humanitaren-hilfe/ (Zugriff: 08.08.2024)

GLOSSAR

Nichtregierungsorganisation

1 Arbeiten Sie aus dem Zitat M1 Bereiche heraus, die für die „menschliche Sicherheit" entscheidend sind. HILFE

2 Arbeiten Sie aus M2 heraus,
a) auf welche Risikofaktoren die Maßnahmen in Niger einwirken sollen,
b) welche Maßnahmen konkret ergriffen wurden. HILFE

3 Geben Sie die Kritik am Haushalt 2024 wieder (M3).

4 „Das ist nicht nur kurzsichtig, sondern strategisch unklug" (M3, Z. 60 f.). Nehmen Sie Stellung zu dieser Kritik an der deutschen Haushaltpolitik. HILFE

Die Entwicklungspolitik Deutschlands im Wandel

Ziele und Strategien

Die Entwicklungspolitik Deutschlands orientiert sich stark an den **Nachhaltigkeitszielen der Agenda 2030** der Vereinten Nationen. Die Agenda 2030 hat die Zielsetzung, die globale Entwicklung sozial, ökologisch und wirtschaftlich nachhaltig zu gestalten. Die daraus entstandenen 17 Nachhaltigkeitsziele (*Sustainable Development Goals*, SDGs) konnten bis jetzt allerdings nicht oder nicht vollständig erreicht werden.
Im **Mittelpunkt der Leitbilder deutscher Entwicklungspolitik** steht die **Würde des Menschen**, um die sich die weiteren **Leitbilder „den Planeten schützen“**, **„globale Partnerschaften aufbauen“**, **„Frieden fördern“** und **„Wohlstand für alle fördern“** gruppieren.
Strategisch ist es für Deutschland aufgrund der weltweiten wirtschaftlichen Verflechtungen wichtig, eine nachhaltige Entwicklung zu fördern, um auch die eigene Volkswirtschaft zu unterstützen. Hierzu sind zwei Faktoren von entscheidender Bedeutung: **stabile ökonomische Verhältnisse** sowie **Frieden und Sicherheit in Kooperationsländern**.

Instrumente und Akteure

Um ihre Ziele zu erreichen, verfügt die deutsche Entwicklungspolitik über eine Reihe von Instrumenten, wie ein eigenes **Bundesministerium für wirtschaftliche Zusammenarbeit und Entwicklung** und verschiedene **staatliche Organisationen** zur Durchführung von Entwicklungsprojekten sowie **zivilgesellschaftliche Organisationen** wie Kirchen und Stiftungen.
Die **Instrumentenvielfalt** ist **umstritten**, da sie zwar auf der einen Seite durch ihren hohen Personalaufwand flexibel und situativ Unterstützung leisten kann, auf der anderen Seite aber die Kräfte der Entwicklungspolitik fragmentiert und damit ineffektiv erscheinen lässt.
Auch die **Vielzahl staatlicher Akteure in der Entwicklungspolitik** stößt häufig auf **Kritik**. Zwar existiert als Zentrum das Bundesministerium für wirtschaftliche Zusammenarbeit und Entwicklung. Mit Blick auf die Verteilung der offiziellen Entwicklungshilfe (ODA) wird aber deutlich, dass **neben dem BMZ noch 14 weitere Ressorts** an der Entwicklungspolitik beteiligt sind, was erneut zu ineffektiven Synergieverlusten führen kann.

Handlungsfelder

Die Begrifflichkeit der **Entwicklungshilfe** hat sich gewandelt hin zur **Entwicklungszusammenarbeit**. Dieser Begriffswechsel soll verdeutlichen, dass die Bundesrepublik nicht mehr als „Geberland“ gegenüber „Hilfsempfängern“ auftritt, sondern eine **Kooperation auf Augenhöhe** anstrebt. Dazu werden offizielle Vereinbarungen mit den Partnerländern getroffen, die auf eine möglichst effiziente Entwicklung dieser Partnerländer abzielen.
Als Teil der Europäischen Union ist Deutschland aber auch der **europäischen Handelspolitik** verpflichtet und prägt diese mit. Der Zugang zum EU-Markt stellt dabei ein wichtiges Instrument zur Unterstützung weniger entwickelter Volkswirtschaften dar. Mit dem **Allgemeinen Präferenzsystem (APS)** schafft die EU einen erleichterten Zugang für Entwicklungsländer zum EU-Markt. Kritisch wird allerdings u. a. gesehen, dass der Präferenzzugang größtenteils für verarbeitete Produkte gewährt wird und nicht für unverarbeitete Waren, z. B. aus der Landwirtschaft. Gleichzeitig subventioniert die EU die eigene Landwirtschaft, was ihr einen Exportvorteil verschafft.
Ein weiterer Baustein der Entwicklungszusammenarbeit ist das Konzept der **„Hilfe zur Selbsthilfe“**, das heimische Betriebe in Entwicklungsländern in die Lage versetzen soll, mit einer Starthilfe eigenständig Entwicklungserfolge zu erzielen.

Zukunftsaussichten

Zwar ist die deutsche Entwicklungspolitik darauf bedacht, nachhaltige Entwicklungserfolge zu erzielen und damit Frieden und Sicherheit auch in Krisenregionen zu schaffen. Die **aktuellen Sparpläne im Bereich der Entwicklungszusammenarbeit** im Haushalt 2024 werfen jedoch Fragen im Hinblick auf das Erreichen dieser Ziele auf.

Innenpolitische Maßnahmen zur Bekämpfung von Terrorismus in der Diskussion

Die folgende Klausur bietet Ihnen die Möglichkeit, eine Klausur mit Semesterübergriff (hier in das erste Semester (12/1)) zu üben. Idealerweise formulieren Sie die Lösung der Klausur in vollständigen Sätzen mithilfe der Formulierungshilfen in Einzelarbeit aus und nutzen die Lösung (siehe Webcode/QR-Code) zur Einordnung Ihres Ergebnisses.
Sie sollten sich für die Lösung dieser Übungsaufgaben ca. zwei Stunden Zeit nehmen (Zeit für den Abgleich mit dem Erwartungshorizont nicht eingerechnet), eine sogenannte „Vorabitur-Klausur" ist in der Regel noch länger, erkundigen Sie sich bei Ihrer Lehrkraft.
Leiten Sie abschließend (für sich) drei konkrete Verbesserungsmöglichkeiten aus der Klausurübung ab.

QUERVERWEIS

Operatorentraining
Zusammenfassen, S. 44–45
Erläutern, S. 84–85
Stellung nehmen, S. 108–109

INTERNET

WES-118496-161
Klausurtext (PDF) und Erwartungshorizont zu dieser Klausur

1 Fassen Sie die Textaussagen in Bezug auf die Ausweitung der Befugnisse von deutschen Sicherheitsbehörden zusammen (M1). (30 %)

2 Erläutern Sie ausgehend vom Material Einflussmöglichkeiten der Verfassungsorgane Bundesregierung, Bundestag und Bundesrat auf den politischen Entscheidungsprozess. (40 %)

3 Nehmen Sie ausgehend vom Material und mit Bezug auf Ziele und Strategien terroristischer Gruppierungen Stellung zu Joachim Herrmanns (CSU) Forderung: „Wir brauchen dringend mehr Befugnisse für unsere Sicherheitsbehörden" (Z. 12 f.). (30 %)

M1 Sarah Beham: Kampf gegen Terrorismus: Zwischen Sicherheit und Freiheit

Der vereitelte Anschlag auf die israelische Botschaft in Berlin hat die Sicherheitsdebatte weiter entfacht. Vor allem Unionspolitiker – auch aus Bayern – fordern jetzt mehr Rechte für Sicherheitsbehörden.

Ein mutmaßlicher IS-Anhänger soll einen Anschlag auf die israelische Botschaft in Berlin geplant haben – er wurde noch am Wochenende festgenommen, sitzt in Untersuchungshaft. Bundeskanzler Olaf Scholz (SPD) reagierte auf X (ehemals Twitter): „Ich danke unseren Sicherheitsbehörden, die einen feigen Anschlagsplan verhindert haben".
Doch: Die entscheidende Information hierzu kam nicht vom inländischen Nachrichtendienst – es war der Hinweis eines ausländischen Geheimdienstes, der einen Terroranschlag in Deutschland verhindert hatte. Das war auch schon bei dem aus Syrien geflohenen Palästinenser der Fall, der im November 2021 in einem ICE in Bayern auf Fahrgäste eingestochen und drei Menschen verletzt hatte.
Bayerns Innenminister Joachim Herrmann (CSU) betont daher auf BR24-Anfrage: „Wir brauchen dringend mehr Befugnisse für unsere Sicherheitsbehörden."
Herrmann spielt auf das sogenannte Sicherheitspaket der Ampelregierung an. Erst vergangenen Freitag hatte der Bundestag das Paket verabschiedet. Unter anderem kommen damit mehr Messerverbote – und auch die Sicherheitsbehörden sollen mit dem Paket mehr Rechte bekommen. Sie sollen im Kampf gegen den Terrorismus die Befugnis erhalten, in bestimmten Fällen biometrische Daten im Internet abzugleichen.

INFO

biometrische Daten
Es werden Daten zu z. B. körperlichen und verhaltenstypischen Merkmalen einer Person gewonnen, die u. a. deren eindeutige Identifikation ermöglichen.

Der Abgleich von Gesichtern und Stimmen mittels automatisierter Anwendungen sollte jedoch nur mit gerichtlicher Genehmigung des Präsidenten des Bundeskriminalamtes (BKA) oder seiner Vertretung erlaubt sein.

Einigen Ländern geht das bisherige Paket der Ampel nicht weit genug. Der Bundesrat – also die Bundesländer, darunter auch Bayern – hat daher vergangene Woche Teile des Sicherheitspakets der Ampelregierung gestoppt. Sie fordern noch mehr Rechte für die Sicherheitsbehörden.

So auch Bayerns Innenminister Herrmann. Er meint: Der biometrische Abgleich mit öffentlichen Fotos wäre ein Fortschritt, doch die Ampelregierung schließe die Echtzeit-Gesichtserkennung im öffentlichen Raum aus, obwohl die EU dies erlaube. „Übertriebener Datenschutz darf nicht dazu führen, Täter vor der Strafverfolgung zu schützen“, so Herrmann. Und weiter: „Diejenigen, die meinen, mehr Befugnisse der Sicherheitsbehörden würden weniger Freiheit bedeuten, sind jedenfalls auf dem Holzweg. Denn Angst vor Verbrechen kann unsere Freiheit viel mehr beschränken.“

Auch die bayerische Bundestagsabgeordnete und Innenpolitikerin Andrea Lindholz von der CSU kritisiert auf BR24-Anfrage: „Es ist beispielsweise nicht nachvollziehbar, warum den Strafverfolgungsbehörden ein Internet-Abgleich etwa von Fahndungsfotos nur bei besonders schweren Straftaten erlaubt sein soll – bei schweren Straftaten wie Raub, Erpressung oder Brandstiftung dagegen nicht.“

Bundeskanzler Olaf Scholz (SPD) hat die CDU/CSU scharf für ihre Ablehnung des Sicherheitspakets im Bundesrat kritisiert. Er sei „sehr empört“, dass die Maßnahmen zur Terrorismusbekämpfung vorerst blockiert sind, er halte das für „unverantwortlich“, wie eine Regierungssprecherin jetzt in Berlin sagte.

Offen bleibt, wie es bei den blockierten Maßnahmen weitergeht: Ein Vermittlungsausschuss könnte angerufen werden, um zwischen Bundestag und Bundesrat einen Kompromiss zu finden. Bundesinnenministerin Nancy Faeser von der SPD kündigte Gespräche mit den Ländern an.

Weitere Stimmen aus der Union werden jetzt laut – mit Forderungen, die über das eigentliche Sicherheitspaket hinausgehen. Stichwort: Vorratsdatenspeicherung, also das Speichern von Kommunikationsdaten wie Anrufprotokollen und E-Mail-Verkehr über einen bestimmten Zeitraum – auch dann, wenn kein konkreter Verdacht besteht.

Sarah Beham, Kampf gegen Terrorismus: Zwischen Sicherheit und Freiheit, München: Bayerischer Rundfunk, 21.10.2024, https://www.br.de/nachrichten/deutschland-welt/kampf-gegen-terrorismus-zwischen-sicherheit-und-freiheit,URqoOGC (Zugriff: 25.11.2024)

Formulierungshilfen

zu Aufgabe 1 (Zusammenfassung):
Einleitungssatz: In dem vorliegenden Artikel „…“ von … [Autorin/Autor], der am … in … erschienen ist, geht es um …
Die Autorin/Der Autor … legt in ihrem/seinem auf/in … [Medium] erschienenen Artikel „…“ vom … [Datum] … [Thema des Textes] dar.
In Bezug auf … [Aspekt der Aufgabenstellung] äußert sie/er … /werden … Aussagen über … gemacht/getroffen.
Hauptteil (*hier: mögliche Verben, um sprachliche Distanz herzustellen*): Die Autorin/Der Autor fordert …/konstatiert …/stellt … dar/zeigt … auf/…
… [Name der Person] weist darauf hin, dass …/macht darauf aufmerksam, dass …/kritisiert …/
Im Einzelnen geht er/sie darauf ein, dass …

Zu Aufgabe 2 (Erläuterung ausgehend vom Material):
Einleitungssatz: Die Autorin/Der Autor … erwähnt in ihrem/seinem Artikel … [Aspekt nach Aufgabenstellung aufgreifen].
Hauptteil: Dazu führt er/sie aus, dass …/Dazu wird ausgeführt, dass …
Ausgehend von diesen Aussagen wird ersichtlich, dass …
Diese Textaussagen verweisen auf ….
Es wird (beispielhaft) deutlich, dass …
Das Beispiel … verweist auf …/zeigt …
In diesem Zusammenhang steht auch …/ist … zu verstehen.
Weitere Möglichkeiten o. Ä. [siehe Aufgabenstellung] bestehen hinsichtlich …
Über die im Material genannten Aspekte o. Ä. hinaus, gibt es folgende … [Aspekte im Sinne der Aufgabenstellung].
Schlussteil: Ausgehend von diesen Aspekten/… zeigt sich …

Zu Aufgabe 3 (Stellungnahme ausgehend vom Material):
Einleitungssatz: In dem vorliegenden Artikel/Beitrag/… äußert … die Aussage/These … /wirft … die Frage nach … auf.
Ihrer/Seiner Auffassung nach ergibt sich … aus der Notwendigkeit …
Zentral für … ist die Tatsache/Frage/…
Hauptteil: Für diese Position/Haltung/… spricht …/Diese Sicht kann gestützt werden durch …
Das Kriterium … berücksichtigend/Den Wert … zugrunde legend, ergibt sich, dass …/lässt sich festhalten, dass …
Gegen diese Sicht/Aussage/… spricht/kann angeführt werden, dass …/Einschränkend lässt sich sagen, dass…
Effizient/Legitim scheint …
Schlussteil: Ich befürworte …/lehne … ab/unterstütze die Aussage teilweise, da …
Unterschiedliche Perspektiven berücksichtigend komme ich zu dem Schluss, dass …
Bedeutsam/Entscheidend ist für mich (letztlich) …/Die Werte/Kriterien … spielen dabei für mich eine besondere Rolle. Ich priorisiere …, da …
Zukunftsorientiert stellt sich noch die Frage nach …/Aktuelle Entwicklungen wie … zeigen, dass zukünftig … [Ausblick geben]

Allgemeiner Hinweis: Achten Sie darauf, Ihre Aussagen durch konkrete **Zeilenangaben** zu belegen.

II
%

Freihandel
Protektionismus

COSCO HAMBURG

WTO AGREEMENT
ON FISHERIES SUBSIDIES
CELEBRATING MEMBERS THAT HAVE RATIFIED
13th WTO MINISTERIAL CONFERENCE ABU DHABI - UAE
2024

Chancen und Risiken weltwirtschaftlicher Verflechtungen

„Willkommen in der Heimat der Seltenen Erden“

1 Wählen Sie zwei Abbildungen dieser Doppelseite aus und stellen Sie Zusammenhänge zu „ökonomischer Globalisierung“ her.

2 Entwickeln Sie ausgehend von den Abbildungen Thesen zu Chancen und Risiken von Globalisierung/weltwirtschaftlicher Verflechtungen. Bringen Sie Ihre Thesen in eine sinnvolle Ordnung und greifen Sie diese im Verlauf des Unterrichts auf.

3 Was ist Ihnen in Bezug auf die zukünftige Gestaltung der ökonomischen Globalisierung besonders wichtig? Nehmen Sie ausgehend von ausgewählten Abbildungen Stellung.

4 **Zusatzaufgabe:** Suchen Sie eine Abbildung, die Sie der Sammlung noch hinzufügen würden wollen, und begründen Sie Ihre Auswahl.

1. Merkmale der ökonomischen Globalisierung

1.1 Globalisierung – ein fortschreitender Prozess?

BEGRIFF

Fachkonzepte
Effizienz
Markt
Kooperation

INTERNET

WES-118496-211
Film: Einfach erklärt: Globalisierung

GLOSSAR

Globalisierung

M1 Wandel im Handel?

M2 Wie entwickelt sich der weltweite Handel?

Entwicklung des grenzüberschreitenden Warenhandels
Index (1960=1), in konstanten Preisen, Entwicklung in Prozent, weltweit 1960 bis 2022

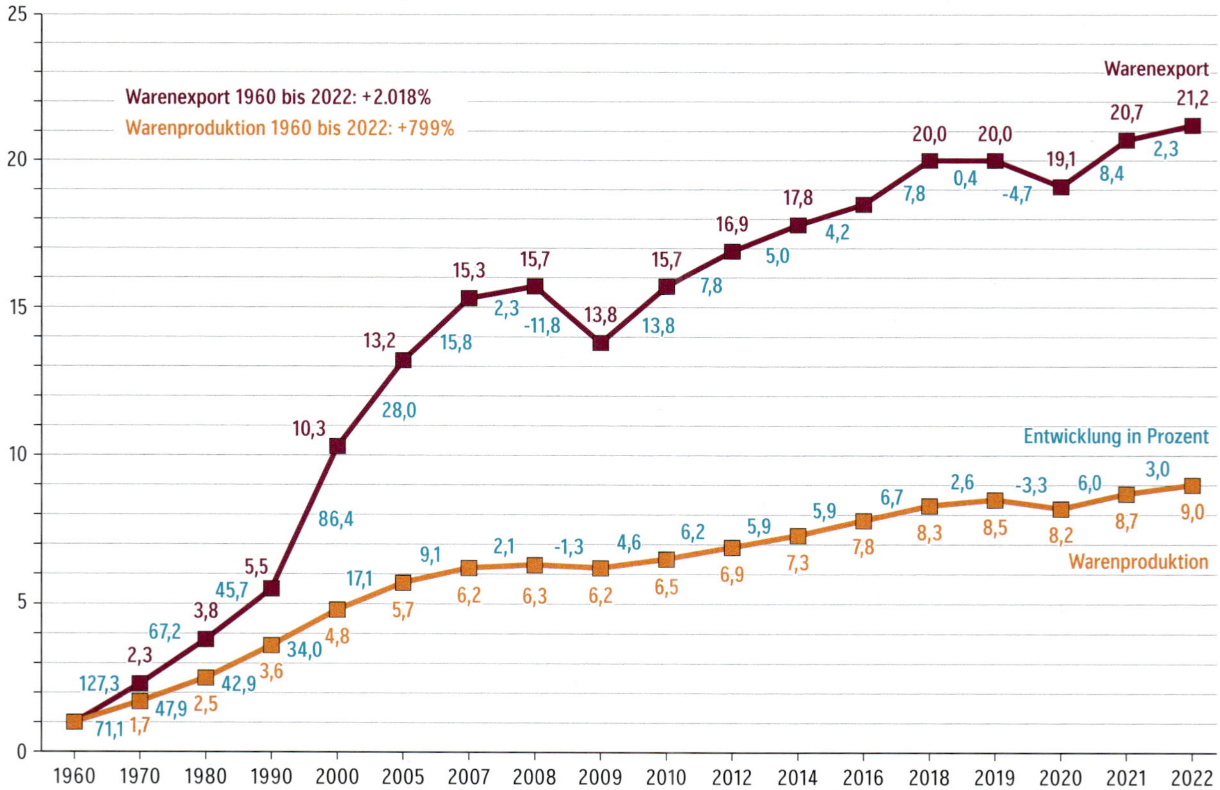

Quelle: World Trade Organization (WTO), eigene Berechnungen; nach: Bundeszentrale für politische Bildung, Bonn, 2023

Nach Angaben der *United Nations Conference on Trade and Development* (UNCTAD) stieg der prozentuale Anteil der Warenexporte und -importe am weltweiten BIP von 19,0 Prozent im Jahr 1970 auf 50,9 Prozent im Jahr 2008 (2022: 50,4 Prozent). Deutschland hat als „Exportnation" eine überdurchschnittlich hohe Außenhandelsquote – im 5-Jahres-Durchschnitt 2018 bis 2022 lag sie bei 71,6 Prozent.

Entwicklung des Warenhandels, Bonn: Bundeszentrale für politische Bildung, 29.09.2023, https://www.bpb.de/kurz-knapp/zahlen-und-fakten/globalisierung/52543/entwicklung-des-warenhandels/ (Zugriff: 19.11.2024)

INFO

Zur Grafik M3
Die Handelsströme von und nach Afrika sowie von und nach Russland sind hier nicht dargestellt, können aber auf der interaktiven Grafik bei der Bundeszentrale für politische Bildung angesehen werden (siehe Webcode/QR-Code).

M3 Globale Handelsströme

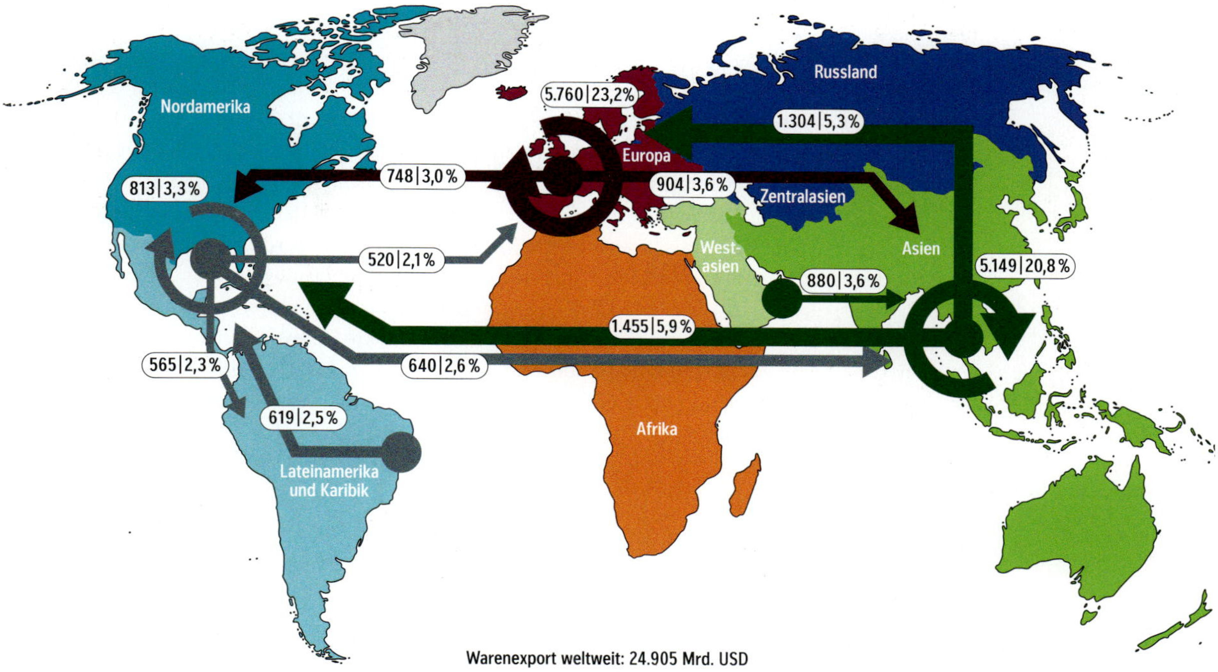

Quelle: United Nations Conference on Trade and Development (UNCTAD): Online-Datenbank: UNCTADstat (10/2023); nach: Bundeszentrale für politische Bildung, Bonn, 10.02.2024

Die Hälfte der weltweit exportierten Waren wurde im Jahr 2022 zwischen den hier dargestellten Regionen – also interregional – gehandelt (50,1 Prozent). Die andere Hälfte entfiel auf den Warenexport, der innerhalb der einzelnen Regionen zwischen den Staaten – also intraregional – gehandelt wurde (49,9 Prozent). Bezogen auf die jeweilige Region ist die Bedeutung des intraregionalen Handels in Europa am höchsten: Mehr als zwei Drittel des Warenexports Europas wurden im Jahr 2022 innerhalb Europas exportiert (68,9 Prozent).

Intra- und Interregionaler Handel, Bonn: Bundeszentrale für politische Bildung, 10.02.2024, https://www.bpb.de/kurz-knapp/zahlen-und-fakten/globalisierung/247690/intra-und-interregionaler-handel/ (Zugriff: 19.11.2024)

INTERNET

WES-118496-212
Links zur interaktiven Grafik M3 sowie zum Video „Zahlen und Fakten: Globalisierung – Gewinner und Verlierer" bei der Bundeszentrale für politische Bildung

1 Stellen Sie anhand von M1 Möglichkeiten und Grenzen internationalen Handels im Verlauf der historischen Entwicklung dar.

2 Beschreiben Sie die Entwicklung des Welthandelsvolumens (M2) sowie die Welthandelsströme (M3). **HILFE**

GLOSSAR

Brexit
Multilateralismus

QUERVERWEIS

Protektionismus
Kap. II.2.2, S. 200 f.
(siehe auch Glossar)

M4 Was treibt die Globalisierung an?

Trotz der jüngst verschärften Debatten über die Offenheit der Märkte und die Globalisierung ist die Weltwirtschaft weiterhin stark internationalisiert. Dies zeigen etwa die Daten zum weltweiten Warenhandel, der zwischen 1960 und 2017 mit Faktor 19 wuchs, während sich die globale Warenproduktion „lediglich“ versiebenfachte. Noch rasanter ist die Entwicklung der grenzüberschreitenden Finanzströme: So stieg der Devisenumsatz von 120 Mrd. US-Dollar pro Handelstag 1979/80 auf 5.067 Mrd. im Jahr 2016.

[...] Maßgeblich angetrieben wird die Entwicklung durch Innovationen. Neben der modernen Informations- und Kommunikationstechnologie zählt *The Economist* etwa die Verbreitung des Containers als Transportmedium zu den wichtigsten Globalisierungstreibern.

Einen zweiten entscheidenden Faktor spielt die Politik: Seit dem Zweiten Weltkrieg öffneten zahlreiche Länder schrittweise ihre Märkte im Rahmen von multilateralen Welthandelsrunden, durch regionale Freihandelsabkommen oder die Liberalisierung des Kapitalverkehrs. In weiten Teilen Europas führte der EU-Binnenmarkt zu einem Abbau der Grenzen für Güter, Dienstleistungen, Arbeit und Kapital. Wichtige Meilensteine der Globalisierung stellten zudem die Reform- und Öffnungspolitik Chinas seit Ende der 1970er-Jahre und der Fall des Eisernen Vorhangs nach 1989 dar. Insbesondere seit der globalen Wirtschafts- und Finanzkrise verstärken sich jedoch wieder protektionistische Ansätze, wie z. B. die jüngere US-Handelspolitik und die Brexit-Entscheidung zeigen. [...]

Auf der praktischen Ebene wird die Globalisierung vor allem durch international agierende Unternehmen realisiert, die Güter und Dienstleistungen exportieren und/oder in ausländische Märkte investieren, um vor Ort neue Abnehmer zu finden und/oder kostengünstig Ressourcen zu erschließen.

Rainer Hillebrand/Lutz H. Schminke, Wirtschaft international, in: Praxis Politik 3/2019, Braunschweig: Westermann, S. 4 f.

M5 Einbindung Deutschlands in internationalen Handel?

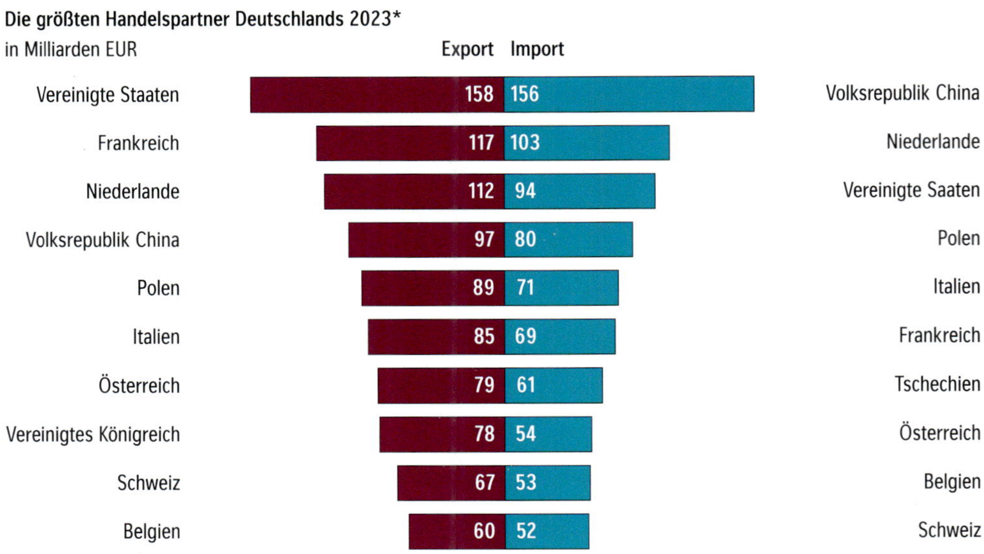

*vorläufiges Ergebnis

Quelle: Statistisches Bundesamt (Destatis), Wiesbaden, 2024

M6 Kommen Slowbalisation und Deglobalisierung?

Die Globalisierung war schon vor der Coronakrise und der Zeitenwende erschöpft. Bis zur globalen Finanzmarktkrise war der Welthandel fast jedes Jahr deutlich schneller gewachsen als die Weltwirtschaftsleistung, die Globalisierung schritt also kräftig weiter voran. Doch seit Anfang der 2010er-Jahre ging es mit der internationalen Handelsintegration im Warenhandel nicht recht weiter. Der Welthandel wuchs in mehreren Jahren langsamer oder kaum schneller als die Weltwirtschaftsleistung. […] Die Zeitschrift *The Economist* hat dafür den Begriff Slowbalisation geprägt. […]

Bei dem teils auch populistisch überhöhten Begriff der Deglobalisierung ist […] Zurückhaltung angebracht und die Entwicklung der Globalisierung muss differenzierter betrachtet werden.

Auch immer wieder auftretende Krisen haben die Globalisierung verlangsamt. Nach der globalen Finanzmarktkrise kam die Euro-Schuldenkrise, die Krim-Invasionssanktionen gegen Russland, das Brexit-Referendum und schließlich der Protektionismus der Trump-Administration. […]

Die Coronakrise und die Zeitenwende nach dem russischen Einmarsch in der Ukraine wirken als weitere Belastungsfaktoren. Denn beide Krisen haben gezeigt, dass internationale Integration auch Abhängigkeiten schafft. Tatsächlich zeigt eine Studie, dass die globale Wirtschaft eng verflochten ist: Jede Weltregion ist mindestens zu einem Viertel mit Blick auf wichtige Produkte auf eine andere Region angewiesen.

Die Globalisierung wird sich durch die aktuellen Entwicklungen verändern. Es wird aber vermutlich weniger zu einer Deglobalisierung kommen als vielmehr zu einer anderen Form der Globalisierung, wenn der Handel diversifiziert wird. Diversifizierung bedeutet nicht unbedingt weniger Handel, wenn sie nicht zu einem Reshoring nach Deutschland führt, was bislang nur sehr selten der Fall war. Allerdings scheint die Rückverlagerung laut Umfragen zuletzt etwas zugenommen zu haben. Die gleiche Umfrage zeigt, dass rund zwei Drittel der deutschen Industrieunternehmen ihre Lieferstrukturen stärker diversifiziert haben. Es werden also wahrscheinlich mehr Partner in die globalen Handelsstrukturen eingebunden. Das kann auch eine gute Nachricht sein. […]

Problematisch könnte für das deutsche Exportmodell eine weitere Entwicklung sein: Geopolitische Rivalitäten erhöhen die Unsicherheit sowie die Wahrscheinlichkeit von Handelskriegen, Protektionismus und gegenseitigen Sanktionen. Generell zeigt sich eine Zunahme der globalen Handelsbarrieren.

[…] Vor allem Sanktionen spielten bei dem Zuwachs eine Rolle. […] Aber auch verteilungspolitische Überlegungen können diese Abschottungstendenzen angetrieben haben. So wurden zum Beispiel in den USA Handelsbarrieren errichtet, um die heimische Wirtschaft zu fördern und die Verlierer der Globalisierung besserzustellen.

Diese Gemengelage erhöht für deutsche Unternehmen den Anreiz, wichtige Absatzmärkte wie die USA und China weniger mit Exporten und mehr mit Produktion vor Ort zu bedienen. Die Unternehmen springen quasi über die bestehende oder befürchtete Handelsmauer. Dieser Trend kann mittelfristig zu einer Schwächung der Produktionsbasis in Deutschland führen.

Jürgen Matthes, Was eine veränderte Globalisierung für das deutsche Exportmodell bedeutet, in: Makronom – Online-Magazin für Wirtschaftspolitik, Berlin, 24.05.2023, https://makronom.de/was-eine-veraenderte-globalisierung-fuer-das-deutsche-exportmodell-bedeutet-44193 (Zugriff: 19.11.2024)

INFO

Deglobalisierung beschreibt den Prozess, in dem sich Staaten ökonomisch weiter voneinander entfernen – eine Gegenbewegung zur Globalisierung.

Diversifizierung ist ein Prinzip, bei dem bestimmte Risiken verteilt werden. Dazu richtet beispielsweise ein Unternehmen seine Produktion und Lieferketten neu aus.

Reshoring beschreibt die Rückverlagerung von Produktionsstätten aus Schwellenländern in Industriestaaten.

QUERVERWEIS

„Zeitenwende“
S. 128 f., M2

1 Erläutern Sie ausgehend von M4 Ursachen der ökonomischen Globalisierung.

2 Analysieren Sie M5 im Hinblick auf die Verflechtung Deutschlands im internationalen Handel.

3 Erläutern Sie ausgehend von M6 Entwicklungstendenzen der ökonomischen Globalisierung. HILFE

4 Erörtern Sie ausgehend von M6 zukünftige Chancen und Risiken für die deutsche Wirtschaft im Rahmen der ökonomischen Globalisierung.

1.2 Theorien des internationalen Handels – einander ergänzende Erklärungen?

BEGRIFF

Fachkonzepte
Arbeitsteilung/ Spezialisierung
Effizienz
Markt
Kooperation

M 1 Deutschland – Import und Export nach Warengruppen

Quelle: Statistisches Bundesamt (Destatis), GENESIS-Online, Statistischer Bericht: Außenhandel, Wiesbaden; nach: Bundeszentrale für politische Bildung, Bonn, 2024

48134EX © Westermann

Adam Smith (1723–1790), schottischer Moralphilosoph und Aufklärer

GLOSSAR

Produktionsfaktoren

M 2 Adam Smith: Absolute Kostenvorteile

Der Vorteil des internationalen Austauschs liegt auf der Hand, wenn es sich um Güter handelt, die jeweils nur in einem Land vorkommen. Man spricht hier von Nicht-Verfügbarkeiten. Die Ursache ist eine unzureichende Menge oder Qualität der benötigten Produktionsfaktoren im betreffenden Land. Aufgrund unterschiedlicher Beschaffenheit des Faktors Boden, zu dem auch Klima und Rohstoffausstattung zählen, können einige Staaten manche Güter nicht selbst herstellen oder anbieten, Beispiele sind Erdöl oder tropische Früchte. Solche natürlichen Produktionsvoraussetzungen sind, wenn überhaupt, nur mit großem Kostenaufwand zu verändern. So müssten beispielsweise erst Gewächshäuser gebaut werden, um Bananen in Deutschland anbauen zu können.

Aber auch wenn zwei Länder die gleichen Güter produzieren können, beispielsweise Kohle und Weizen, liegen oft erhebliche absolute Kostenunterschiede bei der Herstellung vor (bedingt zum Beispiel durch unterschiedliche Abbautiefen oder Klimazonen). Dann ist es für jedes der Länder von Vorteil, sich auf das Gut zu spezialisieren, bei dem es absolute Kostenvorteile aufweist, und einen Teil seiner Produktion zu exportieren sowie das im Inland nur sehr viel teurer herstellbare andere Gut zu importieren. Beide Staaten transferieren dadurch Produktionsfaktoren aus den jeweiligen kostenmäßig unterlegenen Bereichen in diejenigen, in denen sie Kostenvorteile haben. Auf diese Weise kann die Gesamtproduktion beider Länder gesteigert werden, was einen Wohlfahrtsgewinn darstellt.

Bereits der Gründervater der Nationalökonomie, der schottische Philosoph Adam Smith (1723–1790), hat diese Vorteile der Spezialisierung durch internationale Arbeitsteilung 1776 in einem anschaulichen Beispiel begründet:

„Ein Familienvater der weitsichtig handelt, folgt dem Grundsatz, niemals etwas herzustellen zu versuchen, was er sonst wo billiger kaufen kann. So sucht der Schneider nicht seine Schuhe selbst zu machen, er kauft sie vielmehr vom Schuhmacher. Dieser wiederum wird nicht eigenhändig seine Kleider nähen, sondern lässt sie vom Schneider anfertigen. Auch der Bauer versucht sich weder an dem einen noch an dem anderen, er kauft beides jeweils vom Handwerker. Alle finden, dass es im eigenen Interesse liegt, ihren Erwerb uneingeschränkt auf das Gebiet zu verlegen, auf dem sie ihren Nachbarn überlegen sind, und den übrigen Bedarf mit einem Teil ihres Erzeugnisses oder, was dasselbe ist, mit dem Erlös daraus, zu kaufen. Was aber vernünftig im Verhalten einer einzelnen Familie ist, kann für ein mächtiges Königreich kaum töricht sein. Kann uns also ein anderes Land eine Ware liefern, die wir selbst nicht billiger herzustellen imstande sind, dann ist es für uns einfach vorteilhafter, sie mit einem Teil unserer Erzeugnisse zu kaufen, die wir wiederum günstiger als das Ausland herstellen können." (Der Wohlstand der Nationen, zit. nach der von H.C. Recktenwald herausgegebenen Ausgabe, 6. Aufl. München 1993, S. 371 f.).

Christian Meyer/Anna Lena Mees/Klaus-Peter Kruber, Theoretische Grundlagen des internationalen Handels, in: Informationen zur politischen Bildung, Bonn: Bundeszentrale für politische Bildung, 27.08.2008, https://www.bpb.de/shop/zeitschriften/izpb/internationale-wirtschaftsbeziehungen-299/8194/theoretische-grundlagen-des-internationalen-handels/ (Zugriff: 19.11.2024)

M3 David Ricardo: Komparative Kostenvorteile

David Ricardo (1772–1823), englischer Nationalökonom

[...] [David Ricardos] Theorie des komparativen Vorteils hat Eingang in alle Lehrbücher der Handelstheorie gefunden. Das Grundprinzip ist allerdings nicht so leicht verständlich. Der Nobelpreisträger Paul Samuelson bezeichnete es als ein Theorem, das selbst intelligenten Menschen nicht immer auf Anhieb einleuchtet.

Im Kern besagt die Theorie, dass ein Land auch dann erfolgreich am internationalen Handel teilnehmen kann, wenn es bei allen Produkten Kostennachteile gegenüber anderen Ländern hat. Umgekehrt lohnt es sich auch für Länder, die alle Produkte billiger herstellen können als andere, Handel mit den weniger wettbewerbsfähigen Ländern aufzunehmen und sich zu spezialisieren.

Ricardo erklärt seine Überlegungen am Beispiel des Handels mit Wein und Tuch zwischen Portugal und England. Angenommen, zwischen beiden Ländern gibt es keine Arbeitsteilung und keinen Handel. Dann stellen beide Länder beide Produkte her. England benötigt für die Produktion von 1000 Rollen Tuch 100 Arbeiter und für die Herstellung von 1000 Fässern Wein 120 Arbeiter. Portugal dagegen kommt mit 90 Arbeitern für 1000 Rollen Tuch und 80 Arbeitern für 1000 Fässer Wein aus. Insgesamt produzieren beide Länder zusammen 2000 Rollen Tuch und 2000 Fässer Wein.

Obwohl die Portugiesen bei Wein und Tuch jeweils einen absoluten Kostenvorteil (weniger benötigte Arbeitskräfte) haben, lohnt es sich für sie, sich auf die Produktion von Wein zu spezialisieren und den Briten die Herstellung von Tuch zu überlassen, das sie dann von dort importieren. Der Grund: Die Arbeitskräfte können in der portugiesischen Weinproduktion produktiver (kostengünstiger) eingesetzt werden als in der Tuchproduktion. Umgekehrt benötigt England für die Tuchproduktion weniger Arbeiter (100) als für die Weinproduktion (120).

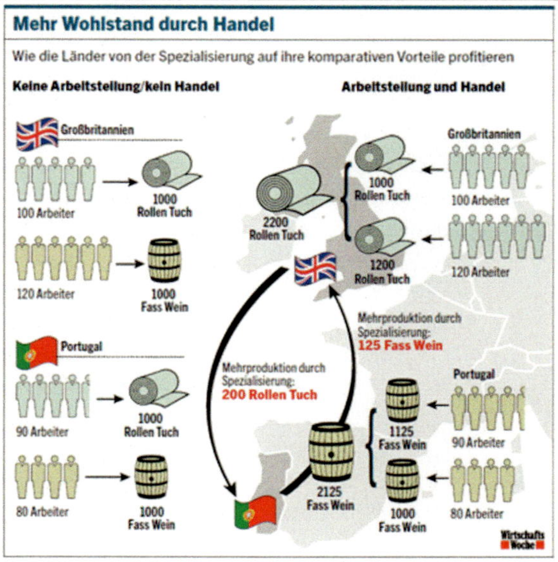

Wenn sich Portugal auf seine komparativen Vorteile beim Wein konzentriert und die Tuchproduktion aufgibt, können die 90 Arbeiter aus der Tuchproduktion ins Weinsegment wechseln. Sind sie dort ebenso produktiv wie die schon eingesetzten Arbeiter, die pro Kopf 12,5 Fässer produzieren (1000 Fässer geteilt durch 80 Arbeiter), so können sie 1125 Fässer Wein zusätzlich produzieren. Insgesamt stellt Portugal dadurch 2125 Fässer Wein her, 125 mehr als beide Länder zuvor zusammen erzeugt haben. In England dagegen werden die aus der Weinproduktion ausscheidenden 120 Arbeiter in der Tuchproduktion eingesetzt. Bei gleicher Produktivität wie die dort schon arbeitenden Beschäftigten, die 10 Rollen je Kopf erzeugen (1000 Rollen geteilt durch 100 Arbeiter) können sie 1200 Rollen Tuch zusätzlich herstellen. England produziert somit 2200 Rollen Tuch, 200 mehr als beide Länder zuvor zusammen. Indem sich jedes Land auf das Gut spezialisiert, das es relativ zu anderen Gütern im eigenen Land kostengünstiger herstellen kann, lenkt es seine Arbeitskräfte in die produktivste Verwendung. Der Handel mit dem anderen Land sichert dann die Versorgung mit dem selbst nicht mehr produzierten Gut. Auf diese Weise können auch Länder an der internationalen Arbeitsteilung teilnehmen, die in der Produktion aller Güter absolute Kostennachteile gegenüber anderen Ländern haben. Handel ist kein Nullsummenspiel, bei dem die einen gewinnen, was die anderen verlieren – sondern schafft eine Win-win-Situation. Allerdings setzt das voraus, dass Arbeitskräfte, die in der Branche mit komparativen Nachteilen entlassen werden, sofort einen Job in dem Sektor mit komparativen Vorteilen finden und dort ebenso produktiv sind wie die vorhandenen Arbeiter.

Malte Fischer, David Ricardo – der Freihändler, in: Wirtschaftswoche online, 04.12.2011, https://www.wiwo.de/politik/konjunktur/david-ricardo-der-freihaendler/5886714.html (Zugriff: 19.11.2024)

M4 Intraindustrieller Handel

Die bisherigen Erklärungsansätze gehen von einer Spezialisierung der Länder entsprechend den komparativen Kostenunterschieden der gehandelten Güter aus. Der größte Teil des Handels der Industrieländer untereinander lässt sich damit aber heute kaum erklären. Immer bedeutender wird der Handel mit vergleichbaren Gütern derselben Art, die sowohl im- als auch exportiert werden (intraindustrieller Handel). Dieser Handel konzentriert sich vor allem auf entwickelte Länder mit ähnlicher Wirtschaftsstruktur; hier macht er häufig über zwei Drittel des gesamten Außenhandels aus.

Wesentliche Ursachen sind subjektive Vorlieben (Präferenzen) der Nachfrager und Produktdifferenzierung seitens der Anbieter. Durch technische oder ästhetische Modifikationen, begleitet von Werbung und anderen Marketingmaßnahmen, versuchen Anbieter, ihr Produkt von anderen abzuheben und das Interesse der Nachfrager auf sich zu ziehen. Ziel ist es, Marktsegmente zu schaffen und mit der eigenen Marke zu besetzen.

Kaufkräftige und anspruchsvolle Konsumenten schätzen ein differenziertes Angebot, das ihnen vielfältige Auswahlmöglichkeiten eröffnet: Neben deutschen Käsesorten kaufen einheimische Kunden auch französischen oder italienischen Käse, viele deutsche Autokäufer schätzen Renault oder Fiat, und zahlreiche französische Autofahrer entscheiden sich für Volkswagen oder BMW.

Christian Meyer/Anna Lena Mees/Klaus-Peter Kruber, Theoretische Grundlagen des internationalen Handels (siehe M2)

1 Entwickeln Sie hypothetische Erklärungsansätze für die Handelsbilanzen in ausgewählten Warengruppen (M1). **HILFE**

2 a) Vergleichen Sie Smiths und Ricardos Erklärungen für internationalen Handel (M2 und M3). **HILFE**

b) Erläutern Sie ausgehend von Aufgabe 2 a) den Begriff „internationale Arbeitsteilung".

3 Arbeiten Sie die Erklärungen für intraindustriellen Handel heraus (M4).

4 Überprüfen Sie, welche ökonomischen Erklärungsansätze die Handelsbilanzen bei ausgewählten Warengruppen (M1) erklären können.

1.3 Helfen Handelstheorien, aktuelle Entwicklungen zu verstehen?

M1 Rahmenbedingungen für Handelsbeziehungen

Sicherheitsstandards
Exportbeschränkungen
Marktzugänge
Produktionskosten
Infrastrukturkosten
Marktgröße
Wechselkurse
Zollregelungen
Mengenbeschränkungen

BEGRIFF

Fachkonzepte
Arbeitsteilung/Spezialisierung
Effizienz
Markt
Kooperation

M2 Chinas Exporte verschärfen Krise in der Chemieindustrie

Die Chemieindustrie kommt 2024 nicht aus der wirtschaftlichen Schwäche und wird auf absehbare Zeit weiter an einem massiven Überangebot leiden. Getrieben wird dies vor allem von China. Weil es im Inland an Nachfrage fehlt, exportiert China Chemikalien in Rekordhöhe und forciert so deren Preisverfall.
Das zeigt eine Datenanalyse des branchenführenden Marktforschers ICIS und des Handelsblatts. Betroffen von den Folgen sind vor allem Deutschland und Europa. Die Überkapazitäten finden sich vor allem in der Basischemie, etwa bei einfachen Massenkunststoffen.
Nach Angaben von ICIS hat China seit 2020 riesige Mengen an neuen Kapazitäten in diesem Segment in Betrieb genommen und drängt damit jetzt zunehmend auf den Weltmarkt. Dort aber ist die Nachfrage weiterhin schwach, denn der erhoffte globale Aufschwung blieb bisher aus. Das drückt auf die Preise und damit auf die Gewinnspannen der Basischemie-Hersteller. Betroffen in Deutschland ist beispielsweise der Dax-Konzern BASF . […]
Bei BASF zeigen sich die aktuellen Probleme der Chemieindustrie beispielhaft: Die höheren Gaspreise haben die energieintensive Produktion in Deutschland deutlich teuer gemacht. Zwar sind die Strom- und Gaspreise zuletzt wieder gesunken. Nach Berechnungen von ICIS liegen sie aber weiterhin über dem langjährigen Durchschnitt zwischen den Jahren 2012 und 2020.

Bert Fröndhoff, Chinas Exporte verschärfen Krise in der Chemie-Industrie, in: Handelsblatt online, 29.08.2024, https://www.handelsblatt.com/unternehmen/industrie/auch-basf-betroffen-chinas-exporte-verschaerfen-krise-in-der-chemie-industrie/100061450.html (Zugriff: 19.11.2024)

M3 Importe von Bekleidung gesunken

Im Zeitraum Januar bis September 2023 wurde Bekleidung im Wert von 27,8 Milliarden Euro nach Deutschland importiert. Damit gingen die Importe um 14,1 % gegenüber dem Vorjahreszeitraum zurück. Mehr als die Hälfte (53,3 %) der Bekleidungsimporte Deutschlands kamen von Januar bis September 2023 aus drei Staaten: Wichtigstes Lieferland war China mit einem Anteil von 21,2 % (5,9 Milliarden Euro) an den gesamten Bekleidungsimporten nach Deutschland, gefolgt von Bangladesch mit Importen in Höhe von 5,6 Milliarden (Anteil von

20,3 %) und der Türkei mit einem Wert von 3,3 Milliarden Euro (Anteil von 11,8 %). [...] Bereits vor 10 Jahren – im Jahr 2013 – belief sich der Anteil der drei größten Lieferländer von Bekleidung nach Deutschland auf 53,2 % [...]. Besonders die Importe von Bekleidung aus Bangladesch wurden in den letzten 10 Jahren immer wichtiger für den deutschen Markt. Der Anteil Bangladeschs an den gesamten deutschen Bekleidungsimporten hatte im Jahr 2013 nur bei 12,1 % gelegen und stieg auf einen Anteil von 20,3 % im Zeitraum Januar bis September 2023 an.

Aus Deutschland wurde von Januar bis September 2023 Bekleidung im Wert von 18,6 Milliarden Euro exportiert. Das waren 0,3 % mehr als im vergleichbaren Vorjahreszeitraum. Mehr als zwei Drittel (67,5 %) der Exporte von Bekleidung waren jedoch nicht deutschen Ursprungs, sondern sogenannte Re-Exporte, wurden also in anderen Staaten produziert und ohne weitere Be- oder Verarbeitung von Deutschland ins Ausland wieder ausgeführt. Die aus Deutschland exportierte Bekleidung ging vor allem in unsere Nachbarstaaten [...].

Importe von Bekleidung von Januar bis September 2023 um 14,1 % gegenüber Vorjahreszeitraum gesunken, Pressemitteilung Nr. 434 vom 13. November 2023, Wiesbaden: Statistisches Bundesamt (Destatis), https://www.destatis.de/DE/Presse/Pressemitteilungen/2023/11/PD23_434_51.html (Zugriff: 19.11.2024)

M4 Das Chip-Wettrennen

Keine Digitalisierung ohne Mikrochips. Diese Erkenntnis ist so simpel wie weitreichend. In einer zunehmend protektionistischen Welt ist der Zugang zu Mikrochips zum Sicherheitsfaktor geworden.

Um die Vorherrschaft in diesem Wirtschaftsfeld liefern sich China, die USA und die EU einen Wettlauf. Dabei fördern alle mit immer größeren Summen die Chipherstellung.

China hat angekündigt, seine Firmen mit knapp 45 Milliarden Euro zu unterstützen – es ist der dritte Fonds dieser Art seit 2014. Auch die USA investieren kräftig: 2022 kündigten die Vereinigten Staaten Beihilfen in Höhe von 48,5 Milliarden Euro an, die Privatwirtschaft will 184 Milliarden Euro in den Chipsektor stecken. Die EU ist ebenfalls bereit, große Summen zu investieren. Der 2023 in Kraft getretene *EU Chips Act* hat ein Volumen von 43 Milliarden Euro. Zudem fördern die Mitglieder selbst. Deutschland plant Investitionen von 50 Milliarden Euro [...]. Diese Investitionen sind auch nötig, denn Europa steht auf dem Chipmarkt unter Druck: Nur 8 Prozent des globalen Marktvolumens entfallen 2024 auf die EU, 25 Prozent auf Nord- und Südamerika und die Region Asien-Pazifik kommt auf 58 Prozent.

Die Europäer sind daher auf Importe angewiesen. Der Saldo wurde dabei – abgesehen von einer Phase nach der Coronapandemie – kontinuierlich größer: Im März 2024 führte die EU Mikrochips im Wert von 4,7 Milliarden Euro ein. Der Export belief sich nur auf 2,8 Milliarden Euro. Europa versucht daher, mittels seiner Subventionen Unternehmen dazu zu bewegen, Standorte auf dem Kontinent zu eröffnen.

Das Chip-Wettrennen, Köln: Institut der deutschen Wirtschaft Köln e. V., 13.08.2024, https://www.iwd.de/artikel/das-chip-wettrennen-628377/ (Zugriff: 19.11.2024)

1 Stellen Sie dar, welche der Rahmenbedingungen für Handel (M1) in den theoretischen Erklärungsansätzen (Kapitel II.1.2) Berücksichtigung finden.

2 Fassen Sie wesentliche Informationen zu Rahmenbedingungen und Entwicklungen des Handels in den verschiedenen Warengruppen (M2 bis M4) zusammen. HILFE

3 Erklären Sie die in M2 bis M4 beschriebenen Handelssituationen mit den theoretischen Erklärungsansätzen für internationalen Handel (Kapitel II.1.2). HILFE

4 **Zusatzaufgabe:** Überprüfen Sie, welche der in M1 genannten Aspekte prägend für die jeweiligen Handelssituationen sind (M2 bis M4).

5 Erörtern Sie, inwieweit die theoretischen Erklärungsansätze (Kapitel II.1.2) die in M2 bis M4 beschriebenen Handelssituationen erklären können.

1.4 Globalisierte Direktinvestitionen – Chance oder Risiko?

M1 Von Wolfsburg in die Welt – wozu?

BEGRIFF

Fachkonzepte
Interesse
Markt
Wettbewerb
Kooperation

INFO

Direktinvestitionen sind Kapitalanlagen eines Unternehmens im Ausland, z. B. bei Beteiligung an ausländischen Unternehmen oder beim Aufbau eigener Produktionsstätten.

M2 Unternehmen – warum international aktiv?

Die meisten Unternehmen sind international aktiv. Dies gilt insbesondere für deutsche Unternehmen, die zum Teil mehr als 50 Prozent ihrer Umsätze außerhalb von Deutschland erzielen. Im Einzelnen sind hier insbesondere zu nennen: Unternehmen der Automobilindustrie oder des deutschen Maschinenbaus. [...]
Es gibt aktive Motive für Auslandsaktivitäten, wie die Erschließung neuer Marktchancen und um Skaleneffekte zu erzielen. Vielleicht gibt es Spitzenprodukte oder spezielle Dienstleistungen, welche unter Umständen auf Technologieführerschaft oder exklusivem Know-how beruhen. Natürlich gibt es auch persönliche Motive des Managements. Ferner stellen günstigere Produktions- und Verwaltungskosten sowie eventuelle Steuervorteile Anreize dar.
Andererseits gibt es passive Motive, wenn ausländische Konkurrenten auf den Heimatmärkten aktiv werden, insgesamt der Wettbewerbsdruck steigt oder die Binnennachfrage zurückgeht. Überproduktion und die Nutzung freier Kapazitäten stellen weitere Ursachen dar. Unternehmen können auch ihren Kunden bei der Internationalisierung folgen, wie z. B. die Zulieferer von Automobilproduzenten OEM oder Dienstleister wie Werbeagenturen oder Personalberatungen. Der Mangel an Ressourcen (qualifizierte Mitarbeiter, Rohstoffe, Fertigungsanlagen, Kapital) kann ebenfalls ein Grund für Internationalisierung sein.

Rainer Hillebrand/Lutz H. Schminke, Wirtschaft international, in: Praxis Politik 3/2019, Braunschweig: Westermann, S. 7

INFO

Skaleneffekte sind Kostenvorteile, die in Unternehmen durch sinkende Produktionskosten pro Stück entstehen.

OEM (*Original Equipment Manufacturer* = Originalgerätehersteller), hier: Fahrzeughersteller

Hauptmotiv deutscher Industrieunternehmen für Auslandsinvestitionen (in %)

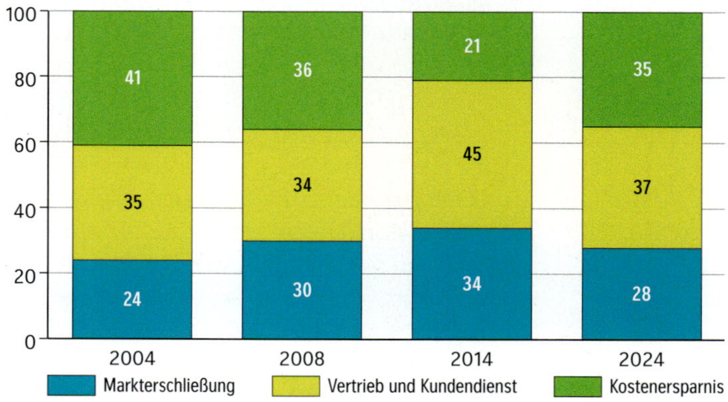

Quelle: DIHK-Konjunkturumfrage, Sonderauswertung Auslandsinvestitionen, 2024 48133EX © Westermann

1 Formulieren Sie Hypothesen zu den Gründen der Auslandsproduktion von Volkswagen (M1).

2 Fassen Sie die Informationen zu Motiven von Unternehmen für ausländische Direktinvestitionen zusammen (M2).

M3 Direktinvestitionen – Treibstoff für Arbeitsplätze und Wohlstand?

Deutsche Unternehmen erschließen mit ihren ausländischen Direktinvestitionen weltweit neue Absatzmärkte. Gleichzeitig investieren Unternehmen aus anderen Ländern am Standort Deutschland. Beides stärkt die deutsche Wirtschaft, sichert Arbeitsplätze und fördert den Wohlstand. [...]

Deutschland profitiert erheblich von der internationalen wirtschaftlichen Verflechtung. Ausdruck dieser starken Einbindung sind neben den deutschen Exporten auch die Bestände deutscher Direktinvestitionen (*Foreign Direct Investment*, FDI) im Ausland, die sich seit 2010 auf rund 258 Milliarden Euro mehr als verdoppelt haben. Durch ihr erfolgreiches Engagement im Ausland nutzen die Unternehmen Standortvorteile und sichern so Arbeitsplätze und Wettbewerbsfähigkeit zu Hause in Deutschland. Über die mit ihren Auslandsinvestitionen verbundenen Beteiligungen an über 41.000 Unternehmen realisiert die deutsche Wirtschaft einen jährlichen Auslandsumsatz (2021: 3,2 Billionen Euro), der ihre Exporte (2021: 1,3 Billionen Euro) um mehr als das Doppelte übersteigt. FDI sorgen so dafür, dass Deutschland wettbewerbsfähig bleibt. Sie helfen zudem, hohe Arbeits- und Sozialstandards in Entwicklungsländern zu etablieren.

Der Erfolg der deutschen Industrie basiert aber zunehmend auch auf Investitionen aus dem Ausland. FDI sind in Deutschland Treibstoff für Wachstum, Wohlstand und Arbeitsplätze. Ausländische Unternehmen betreiben durch ihre Beteiligungen Produktionsstätten und stärken Geschäftsverbindungen zu deutschen Partnern. Durch solche Investitionen werden Arbeitsplätze gesichert und geschaffen. [...]

Ausländische Investoren waren 2021 mit einem Investitionsbestand in Höhe von 615 Milliarden Euro in Deutschland engagiert. Damit sind sie an rund 17.000 Unternehmen in Deutschland beteiligt und für rund 3,2 Millionen Arbeitsplätze hierzulande verantwortlich. [...]

Leider ist seit einigen Jahren zu beobachten, dass viele Staaten ausländische Direktinvestitionen immer stärker einschränken. Eine besondere Bedeutung hierbei hatten staatliche Investitionskontrollen zum Schutz der nationalen Sicherheit (*Investment Screening*). Der BDI trägt politische Vorsichtsmaßnahmen zum Schutz der öffentlichen Ordnung und nationalen Sicherheit mit. [...] Gleichwohl muss gesichert bleiben, dass ausländische Investitionen in Deutschland willkommen sind und dass Investitionskontrollen kein Instrument der Industriepolitik werden.

Treibstoff für Arbeitsplätze und Wohlstand, Berlin: Bundesverband der Deutschen Industrie e. V. (BDI), 17.07.2023, https://bdi.eu/themenfelder/aussenwirtschaft/auslaendische-direktinvestitionen#/artikel/news/treibstoff-fuer-arbeitsplaetze-und-wohlstand (Zugriff: 19.11.2024)

M4 Blockade von Direktinvestitionen in Deutschland?

Die Bundesregierung hat einem chinesischen Käufer Anfang Juli [2024] den Erwerb von MAN Energy Solutions, der Gas- und Dieselturbinensparte von Volkswagen, nicht genehmigt. Grund waren Sicherheitsbedenken in Bezug auf den Käufer, eine Tochtergesellschaft der China State Shipbuilding Corp, die unter anderem Kriegsschiffe für die chinesische Marine baut. Zu groß war die Sorge, dass deutsche Technik zur Modernisierung der weltgrößten Kriegsflotte eingesetzt würde.

Es gab eine Reihe weiterer investitionskontrollrechtlicher Untersagungen, die in den meisten Fällen chinesische Investitionen betrafen. So könnte der Eindruck entstehen, die Investitionskontrolle werde zunehmend als Mittel zur wirtschaftlichen Abkopplung vom Handelspartner China eingesetzt. Doch der Eindruck täuscht: Untersagt wird tatsächlich nur, was einen klaren Bezug zu kritischer Infrastruktur oder Technologie, Rüstung oder der besonders sensiblen Halbleiterindustrie hat. Der überwiegende Anteil der Investitionsvorhaben wird freigegeben.

[...] Stets im Fokus steht China. Das Reich der Mitte strebt mit ambitionierten Programmen wie „*Made in China 2025*“ oder der Neuen Seidenstraße (*Belt-and-Road-Initiative*, BRI) nach Einfluss auf den internationalen Handel. Zugleich unternimmt das Land den Versuch, sich als Technologieführer in Zukunfts- und Schlüsseltechnologien zu positionieren. Im Westen stößt das auf Argwohn – und führt vereinzelt zu Interventionen der Behörden. Deren Fokus auf Investitionsvorhaben chinesischen Ursprungs lässt sich nicht von der Hand weisen. Nahezu sämtliche öffentlich bekannten Untersagungsverfügungen betrafen bislang chinesische Käufer: die geplanten Übernahmen des Satellitentechnikunternehmens IMST, der Heyer Medical AG, eines Produktionsstandorts des Halbleiterherstellers Elmos, die Beteiligung am Hamburger Hafenterminal Tollerort – und nun eben auch MAN Energy Solutions. Andere Investitionsvorhaben chinesischen Ursprungs wurden zurückgezogen, um einer Untersagung zuvorzukommen [...].

Die zunehmend diskutierte Frage, wie wünschenswert eine Einflussnahme von Drittstaaten auf die heimische Wirtschaft ist, sollte nicht darüber hinwegtäuschen, dass globalisierter Handel und grenzüberschreitende Direktinvestitionen Wachstumschancen eröffnen und zu Wohlstand beitragen. Immer häufiger können Konstellationen am Markt beobachtet werden, in denen deutsche Technologieführer allein keine hinreichend großen Absatzmärkte erschließen können [...]. Der Wettbewerbsdruck von Unternehmen aus Staaten mit günstigeren Produktionskosten ist groß, ein Verkauf oder die Gründung von Gemeinschaftsunternehmen bezüglich Spitzentechnologiebereichen bietet hingegen die Chance, Werte zu erhalten und Wertschöpfung im Land zu erhalten. Das Übernahmeverbot der MAN Energy Solutions kann hierfür als Beispiel dienen: Volkswagen sah sich mangels eines alternativen Käufers dazu gezwungen, den Geschäftsbereich aufzugeben und die Produktion in Deutschland einzustellen.

*Frank Röhling/Uwe Salaschek, Von einer Blockade chinesischer Investoren kann keine Rede sein, in: Frankfurter Allgemeine Zeitung online, 26.09.2024, https://www.faz.net/pro/weltwirtschaft/weltwissen/handelspartner-china-einstieg-chinesischer-investoren-auf-dem-pruefstand-110002970.html (Zugriff: 19.11.2024) (*ausführlicher Nachweis S. 255)*

M5 Drohender Ausverkauf?

Zeichnung: Kostas Koufogiorgos, 16. Juni 2016

INFO

Kuka
Das Augsburger Unternehmen Kuka gehört zu den weltweit führenden Herstellern von Industrierobotern. Der chinesische Haushaltsgerätehersteller Midea übernahm Kuka 2016 zu etwa 95 %. Die damalige Bundesregierung hatte vergeblich versucht, die Übernahme des Herstellers in der Schlüsseltechnologie Robotik zu verhindern.

1 Erläutern Sie ausgehend von M3 ökonomische Auswirkungen von Direktinvestitionen für die deutsche Wirtschaft.

2 Erklären Sie die in M4 dargestellten Chancen und Risiken chinesischer Direktinvestitionen in Deutschland.

3 Nehmen Sie ausgehend von Ihren Ergebnissen Stellung zur Aussageabsicht der Karikatur M5.

1.5 Standortfaktoren – alle gleich wichtig?

BEGRIFF

Fachkonzepte
Interesse
Markt
Wettbewerb

INFO

Pitch
bezeichnet eine sehr kurze Präsentation einer Geschäftsidee vor einem möglichen Investor – oder auch vor Kunden und Mitarbeitern.

M1 Standortwettbewerb – kann unsere Region überzeugen?

Die Geschäftsführung eines bisher nur in Südkorea tätigen Herstellers von Elektro-Lastenfahrrädern sucht weltweit nach neuen Standorten für ihre recht personalintensive Produktion. Es gilt, neue Absatzmärkte zu erschließen, Transportkosten zu sparen, aber auch auf neue Zulieferer elektronischer Komponenten zuzugreifen. In Ihrer Gemeinde entsteht gerade ein neues Gewerbegebiet und Sie haben die Aufgabe, die Geschäftsführung in einem Pitch per Videocall von einer Unternehmensansiedlung in Ihrer Kommune zu überzeugen.

Autorentext

M2 Wie lassen sich Standortfaktoren unterscheiden?

Standortfaktoren nach Einflussbereich

Beschaffung	Arbeit	Produktion	Absatz
betrifft Räumlichkeiten, Versorgung des Betriebs mit Energie, Roh-, Hilfs- und Betriebsstoffen.	beschäftigt sich mit den potenziellen Arbeitnehmerinnen und Arbeitnehmern des Standortes.	meint Einflüsse auf Produktion und Fertigung.	betrifft den Absatz, den Verkauf und die Infrastruktur.

Nach: Standortfaktoren, in: BWL-Lexikon.de, Drage/Berlin: Kevin Schroer, https://www.bwl-lexikon.de/wiki/standortfaktoren/ (Zugriff: 03.01.2025) (verändert)

F
Erklärfilm: Harte und weiche Standortfaktoren

Harte und weiche Standortfaktoren*

Harte Faktoren, z. B.:
- Lage/Anbindung/Infrastruktur
- Verfügbarkeit von Ressourcen/Rohstoffen
- technische und natürliche Gegebenheiten
- Produktionsfaktoren
- Steuern/Subventionen
- Aufwendungen für Transport/Lohn/Miete/Grundstück/Energie
- staatliche Auflagen (z. B. Umweltschutz)
- Absatzmöglichkeiten
- Nähe zu unternehmensrelevanten Institutionen/Lieferanten
- Arbeitskräftepotenzial
- Kommunikationsnetz

Weiche Faktoren, z. B.:
- politische Situation
- demografische Faktoren (Durchschnittsalter, -einkommen, Bildungsniveau)
- Gehaltsniveau/Kaufkraft
- Konkurrenzsituation
- mögliche Kooperationspartner
- Mietspiegel
- Lebensqualität (Freizeit- und Kulturangebote, Bildungsangebot, medizinische Versorgung)
- öffentliches Ansehen/Standortimage

*Können je nach Branche und Geschäftskonzept abweichen. Bei harten Faktoren geht es vor allem um messbare Kriterien sowie finanzielle und rechtliche Rahmenbedingungen, bei weichen Faktoren häufig um subjektive Einschätzungen.

Standortwahl: Die 10 besten Standortfaktoren für Unternehmen, Neuss: Verband der Vereine Creditreform e. V., https://www.creditreform.de/aktuelles-wissen/praxisratgeber/standortfaktoren-unternehmen (Zugriff: 03.01.2025) (verändert)

M3 Welche Bedeutung haben Standortfaktoren für Staaten?

Internationaler Standortwettbewerb bezieht sich auf den Wettstreit zwischen verschiedenen Ländern oder Regionen um wirtschaftliche Ressourcen, insbesondere Investitionen von Unternehmen. Dabei versuchen die Standorte, durch politische, wirtschaftliche und soziale Maßnahmen attraktiv für in- und ausländische Unternehmen zu sein, um so Wachstum und Beschäftigung zu fördern.

Wichtige Faktoren, die den internationalen Standortwettbewerb beeinflussen, sind die Steuerpolitik, die Qualität der Infrastruktur, das Bildungssystem, rechtliche Rahmenbedingungen, die Verfügbarkeit qualifizierter Arbeitskräfte sowie ökonomische Stabilität und Sicherheit. Zudem spielen Faktoren wie Innovationsförderung, die Effizienz der öffentlichen Verwaltung und kulturelle Aspekte eine Rolle.

Um ihre Wettbewerbsfähigkeit zu verbessern, setzen Länder und Regionen auf verschiedene Strategien wie Steueranreize, Subventionen, die Schaffung von Sonderwirtschaftszonen, Deregulierung und die Förderung von Forschung und Entwicklung. Diese Maßnahmen sollen nicht nur bestehende Unternehmen anlocken und halten, sondern auch Neugründungen und internationale Investitionen fördern.

Der internationale Standortwettbewerb wird kritisch gesehen, wenn er zu einem *„Race to the bottom“* führt, bei dem Standards und Regelungen (zum Beispiel im Umweltschutz oder bei Arbeitsrechten) gesenkt werden, um wirtschaftlich attraktiver zu sein. Diese Praxis kann langfristig negative soziale und ökologische Auswirkungen haben. Zudem kann die starke Fokussierung auf ausländische Direktinvestitionen die Entwicklung lokaler Unternehmen und Branchen vernachlässigen.

In der globalisierten Welt ist der internationale Standortwettbewerb ein bedeutender Faktor für die wirtschaftliche Entwicklung. Er erfordert jedoch eine ausgewogene Politik, die sowohl wirtschaftliche Vorteile maximiert als auch nachhaltige und sozial verantwortliche Entwicklung fördert.

Internationaler Standortwettbewerb, in: Wirtschaft und Schule, Köln: Institut der deutschen Wirtschaft Köln/ JUNIOR gGmbH, https://www.wirtschaftundschule.de/ wirtschaftslexikon/i/internationaler-standortwett bewerb (Zugriff: 19.11.2024)

M4 Welche Standortfaktoren erscheinen Unternehmen wichtig?

Bedeutung der Standortfaktoren in Prozent
Anteil von Unternehmen aller Branchen, die die Bedeutung dieses Faktors als „hoch“ bewerten

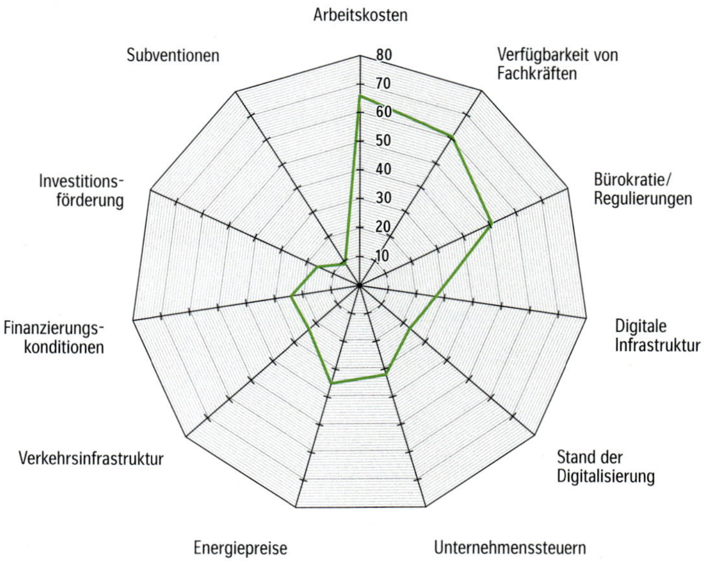

Daten: IW-Report 10/2024, Köln: Institut der deutschen Wirtschaft Köln e. V., 19.02.2024, S. 9

1 Gedankenexperiment: Entwickeln Sie zu M1 ein Statement zur Standortqualität Ihrer Region.

2 Erläutern Sie die unterschiedliche Klassifizierung von Standortfaktoren (M2).

3 Beurteilen Sie ausgehend von M4 die Bedeutung unterschiedlicher Standortfaktoren für den Fahrradhersteller in M1. HILFE

4 Erläutern Sie mithilfe von M3 das Spannungsverhältnis, das sich aus dem internationalen Standortwettbewerb ergibt.

1.6 Ist Deutschland im Standortwettbewerb zukunftsfähig?

BEGRIFF

Fachkonzepte
Interesse
Markt
Wettbewerb

INTERNET

WES-118496-213
Link zur interaktiven Grafik beim *International Institute for Management Development*

M1 Standortranking – überraschend?

World Competitiveness Ranking 2024

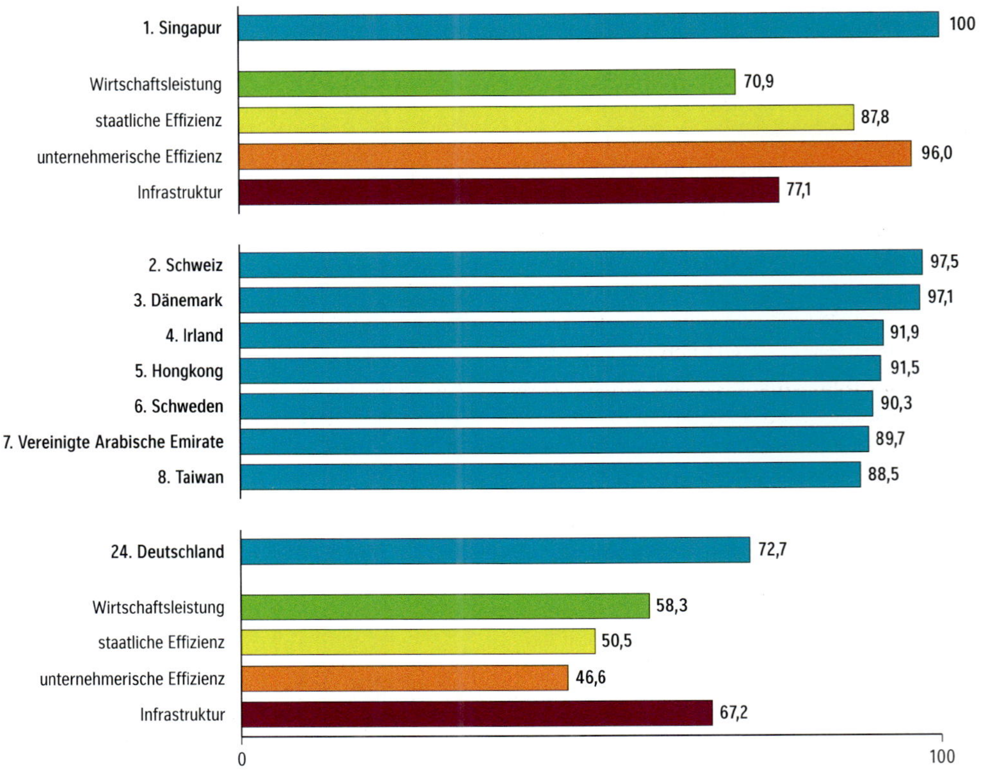

Auszug des Rankings aus insgesamt 67 Ländern

Quelle: IMD International Institute for Management Development, 2024

M2 Absteiger Deutschland?

Es kommt nicht überraschend: In der neuesten Rangliste der Standort-Wettbewerbsfähigkeit ist Deutschland weiter nach hinten gerutscht – auf Platz 24 von 67. Damit gehört unser Land nicht mehr der globalen Spitzengruppe, sondern allenfalls dem oberen Mittelfeld der nationalen Standorte in der Welt an. Im Jahr 2014 lag Deutschland noch auf Platz 6, ein beispielloser Niedergang – vor allem, wenn man ihn mit unseren direkten Nachbarn, der Schweiz und Dänemark vergleicht, die aktuell auf den Plätzen 2 und 3 rangieren – mit ganz ähnlicher industrieller Basis und wirtschaftlicher Struktur.

Woran liegt‘s? Natürlich nicht an den klassischen Stärken des Standorts Deutschland, die weiterhin vorhanden sind: gute Ausbildung der Beschäftigten und noch immer relativ – wenn auch abnehmend – die Verfügbarkeit von Fachkräften. Hinzu kommen der verlässliche gesetzliche Rahmen und eine stabile politische Struktur. Und selbst die Infrastruktur wird noch immer als recht ordentlich angesehen, auch wenn in dieser Hinsicht in den letzten Jahren besonders viel an Boden verloren ging, vor allem wegen des wachsenden Rückstands in der Digitalisierung und der zunehmend maroden Verkehrswege.

Ganz schlecht sieht es dagegen bei den gesetzlichen und mentalen Rahmenbedingungen aus: Die Produktionskosten gelten als nicht wettbewerbsfähig, ebenso wie das Steuersystem. Hinzu kommt ein politisches und gesellschaftliches Klima, das im globalen Vergleich nicht als unternehmerfreundlich wahrgenommen wird. Dahinter steht wahrscheinlich nicht zuletzt der Ruf Deutschlands als extrem bürokratischen Land [...].

All dies spricht mit zunehmender Dringlichkeit für einen radikalen Schnitt in der Wirtschaftspolitik: hin zu Strukturreformen für mehr Wachstum, weg von konsumtiven Ausgaben zu mehr Investitionen, und zwar ohne Steuerhöhung sowie unter Wahrung der finanzpolitischen Stabilität einschließlich der Schuldenbremse. [...]

Fazit: Es bedarf dringend einer Wirtschaftswende. Je früher, desto besser.

Karl-Heinz Paqué, Absteiger Deutschland?, Potsdam: Friedrich-Naumann-Stiftung für die Freiheit, https://www.freiheit.org/de/wirtschaft-absteiger-deutschland (Zugriff: 19.11.2024)

INFO

Die **Friedrich-Naumann-Stiftung für die Freiheit** ist eine der FDP nahestehende politische Stiftung.

M3 Deutschland ist nicht der „kranke Mann Europas“

Ist Deutschland wieder der „kranke Mann Europas“? Seit Wochen geistert dieser Begriff durch die Debatte. Tatsächlich gibt es Anlass zur Sorge. Deutschland ist das einzige Land nennenswerter Größe, für das sich in diesem Jahr eine Rezession abzeichnet. Dazu kommen ein Mangel an Arbeitskräften, hohe Energiekosten, eine übermäßige Regulierungsdichte und wirtschaftspolitische Fehler der vergangenen zwölf Jahre, die das Wachstumspotenzial schwächen. Aber dennoch ist die Diagnose vom „kranken Mann“ weit übertrieben. [...]

Den Pessimisten, die heute lautstark den Abstieg Deutschlands beklagen, unterlaufen oftmals zwei Fehler. Erstens verwechseln sie die kurzfristige Talfahrt der Konjunktur, die von Schocks von außen und einer schwachen Güternachfrage auf den Weltmärkten getrieben wird, mit dem langfristigen Trendwachstum, das sich aus den heimischen Angebotsbedingungen ergibt. Die besonders ausfuhrabhängige deutsche Konjunktur wird sich – wie üblich – bald wieder beleben [...].

Zweitens verkennen sie die eigentliche Stärke der deutschen Wirtschaft. Deutschland verdankt seinen Wohlstand nicht einer Spezialisierung auf bestimmte Güter wie Autos oder Chemikalien, die mal mehr oder weniger gefragt sind. Die Besonderheit Deutschlands und einiger anderer Regionen Mitteleuropas ist der Mittelstand. Angeleitet oftmals von ihren Gründerfamilien, sind diese vielen kleinen und mittleren Unternehmen die Weltmeister der Marktnischen, ständig auf der Suche nach neuen Möglichkeiten und bereit zum Wandel. Sie haben über Jahrzehnte bewiesen, dass ihnen die Ideen nicht ausgehen. Sie können sich auch an große Schocks, neue Preise und einen raschen Wandel der auf dem Weltmarkt gefragten Produktpalette anpassen. [...]

Deutschland ist nicht der „kranke Mann Europas“. Allerdings sollten Politik und Öffentlichkeit die zugespitzte Diskussion über die aktuelle Schwäche als Weckruf verstehen. Wenn sie dies tun, können einige Reformen das Land wieder spürbar voranbringen. Ansonsten könnte Deutschland im Zeitablauf tatsächlich weiter gegenüber anderen Staaten Europas zurückfallen.

*Holger Schmieding, Deutschland ist nicht der „kranke Mann Europas“, in: Frankfurter Allgemeine Zeitung online, 17.08.2023, https://www.faz.net/aktuell/wirtschaft/mehr-wirtschaft/standort-wettbewerb-deutschland-ist-nicht-der-kranke-mann-europas-19107521.html (Zugriff: 19.11.2024) (*ausführlicher Nachweis S. 255)*

GLOSSAR

Konjunktur

INFO

Holger Schmieding ist Chefvolkswirt der privaten Berenberg Bank.

1 Analysieren Sie die Grafik (M1, Webcode/QR-Code) im Hinblick auf die Situation Deutschlands im internationalen Standortwettbewerb.

2 Vergleichen Sie die Analysen zu Deutschlands Situation im Standortwettbewerb (M2, M3).

3 Entwickeln Sie ausgehend von für Sie relevanten Standortfaktoren (S. 188, M2) eine eigene Einschätzung zum Wirtschaftsstandort Deutschland in Form einer Netzgrafik (S. 189, M4). HILFE

QUERVERWEIS

Operatorentraining „vergleichen“
S. 192–193

Operator „vergleichen“ (Anforderungsbereich II)

Definition:
Gemeinsamkeiten, Ähnlichkeiten und Unterschiede von Sachverhalten kriterienorientiert darlegen

Was heißt das genau?

Der Operator „vergleichen“ bezieht sich in der Regel auf Haltungen, Positionen, Meinungen oder Faktendarstellungen in zwei vorgegebenen Materialien, wie z. B. Texten, Statistiken oder Karikaturen. Oft werden dabei unterschiedliche Materialien kombiniert, z. B. soll eine Karikaturaussage mit Textaussagen verglichen werden. Einer der beiden Sachverhalte kann sich auch auf einen Unterrichtsgegenstand beziehen.

In der Einleitung benennen Sie beide Materialien und deren Thema oder Hauptaussage. In der Darstellung im Hauptteil gehen Sie auf Gemeinsamkeiten, Ähnlichkeiten und Unterschiede ein, indem Sie passende Vergleichskriterien heranziehen. Beziehen Sie sich mit direkten Zitaten oder indirekten Bezügen explizit auf die Materialien und formulieren Sie im Sachstil ohne Wertungen. Beenden Sie Ihre Darlegung mit einem Fazit, in dem Sie Gemeinsamkeiten, Ähnlichkeiten und Unterschiede fachbegrifflich fundiert zusammenfassen.

Hinweis: Bezieht sich der Operator „vergleichen“ in einer Klausur auf zwei Materialien, von denen eines zum Beispiel im Rahmen einer Zusammenfassung schon bei einer vorhergehenden Aufgabe vorgestellt wurde, wird in der Regel erwartet, dass das zweite Material, das verglichen werden soll, vorgestellt wird – mit einem formalen Einleitungssatz und einer Beschreibung der Karikatur oder Statistik oder Formulierung einer Aussageabsicht eines Textes.

Checkliste zum „Vergleichen“

	✓ bzw. ++ + o – –– und Verbesserungstipps
Einleitung:	
Werden die zu vergleichenden Materialien vorgestellt und ein Bezug auf den Operator hergestellt?	
Wird ein neues Material gegebenenfalls inhaltlich beschrieben (z. B. eine Karikatur)?	
Hauptteil:	
Werden Kriterien des Vergleichs benannt und zur Strukturierung der Bearbeitung genutzt?	
Werden Gemeinsamkeiten, Ähnlichkeiten und Unterschiede sachlich richtig herausgestellt?	
Werden direkte oder indirekte Materialbezüge hergestellt?	
Fazit:	
Wird ein klares Fazit zu Gemeinsamkeiten, Ähnlichkeiten und Unterschieden gezogen?	
Sprachlicher Ausdruck und sprachliche Richtigkeit:	
Wird Fachsprache sicher und korrekt verwendet?	
Ist der sprachliche Ausdruck stilistisch angemessen und sachlich formuliert?	
Werden die Regeln in den Bereichen Rechtschreibung, Zeichensetzung und Grammatik beachtet?	

TIPP

Nutzen Sie die Checkliste zur Planung und beim Schreiben als Orientierungshilfe. Sie können Ihren Text auch mithilfe der Checkliste von Mitschülerinnen und Mitschülern korrigieren lassen und ihn im Anschluss überarbeiten. Die Aspekte/Kriterien der Checkliste können Sie ggf. in Absprache mit Ihrer Lehrkraft anpassen. Eine bearbeitbare Vorlage findet sich unter:

WES-118496-214

Möglicher Lösungsansatz zu S. 191, Aufgabe 2 (in gekürzter Form)

Die beiden Texte, M2 („Absteiger Deutschland?" von Karl-Heinz Paqué) und M3 („Deutschland ist nicht der ‚kranke Mann Europas'" von Holger Schmieding), analysieren Deutschlands Situation im internationalen Standortwettbewerb aus unterschiedlichen Perspektiven. Dabei gibt es Ähnlichkeiten, aber auch klare Gegensätze.

aufgabenbezogene Einleitung mit Nennung der Materialien

Die beiden Autoren analysieren die aktuelle Situation Deutschlands im Standortwettbewerb unterschiedlich:

Paqué beschreibt den Abstieg Deutschlands von Platz 6 auf Platz 24 im internationalen Ranking als „beispiellose[n] Niedergang" (S. 190, M2, Z. 9). Seine Analyse hebt Defizite in den Bereichen … hervor. Schmieding dagegen widerspricht einer pessimistischen Sichtweise und lehnt den Begriff „kranker Mann Europas" als übertrieben ab (S. 191, M3, Z. 11 f.). Er sieht zwar Standortschwächen wie eine drohende Rezession und hohe Energiekosten, bewertet diese jedoch als vorübergehend. Langfristig erwartet er eine wirtschaftliche Wiederbelebung und verweist auf …

Gegenüberstellung von Unterschieden

Materialbezüge / Zeilenangaben

In beiden Texten werden unterschiedliche Ursachen für aktuelle wirtschaftliche Probleme in Deutschland angeführt.

Die Probleme Deutschlands beschreibt Paqué in M2 als hausgemacht: … Für Schmieding sind äußere Faktoren wie … maßgebliche Ursachen für die aktuelle wirtschaftliche Schwäche. Er hebt hervor, dass die langfristigen Stärken der deutschen Wirtschaft – insbesondere der Mittelstand – weiterhin intakt sind.

Verdeutlichung der Kriterien, die den Vergleich leiten

Auch die Zukunftsperspektiven analysieren die beiden Autoren unterschiedlich.

Paqué zeichnet ein düsteres Bild, indem er … Schmieding bleibt optimistischer, da er … Die aktuelle Schwäche sollte aber von der Politik als „Weckruf" verstanden, denn genau wie Paqué sieht auch Schmieding Reformbedarf (S. 191, M3, Z. 44–46), worin eine Gemeinsamkeit beider Analysen zu sehen ist.

Verweis auf Gemeinsamkeiten

Die konkreten Reformansätze unterscheiden sich allerdings bei beiden Autoren …

Beide Autoren sehen wirtschaftspolitische Reformen als wichtig an, um … Sie weisen beide auf Schwächen wie hohe Energiekosten und übermäßige Bürokratie hin. Darin sind Gemeinsamkeiten ihrer Analysen im Standortwettbewerb zu sehen.
Der zentrale Unterschied ihrer Analysen ist darin zu sehen, dass Paqué eine strukturelle und langfristige Krise sieht, die nur durch eine radikale Wirtschaftswende zu bewältigen ist. Schmieding hingegen bewertet die Lage …

Fazit zu zentralen Gemeinsamkeiten und Unterschieden

Formulierungshilfen

Gemeinsamkeiten/Ähnlichkeiten verdeutlichen	Unterschiede herausstellen
Gemeinsam ist beiden Positionen …	Deutliche Unterschiede zeigen sich hinsichtlich …
Hinsichtlich … [Kriterium] wird in gleicher Weise dargestellt, dass …	In M1 wird herausgestellt, dass … In M2 dagegen wird dargelegt, dass …
Als weitere Gemeinsamkeit lässt sich feststellen, dass … [Kriterium]	Ein weiterer Unterschied ist darin zu sehen, dass …
Ähnlich sehen die Autoren … [Kriterium]	Differenzen zeigen sich darin, dass …

Merkmale ökonomischer Globalisierung

Merkmale der ökonomischen Globalisierung

Der Begriff **ökonomische Globalisierung** beschreibt einen Entwicklungstrend der zunehmenden weltweiten wirtschaftlichen Verflechtung durch internationalen Handel mit Waren, Dienstleistungen, Informationen und Finanzprodukten. In Bezug auf den grenzüberschreitenden Warenhandel lässt sich seit dem Ende des Zweiten Weltkriegs ein massiver, nur von wenigen Einbrüchen unterbrochener, stetiger Anstieg des **Welthandelsvolumens** als ein Merkmal für Globalisierungsprozesse feststellen. Zudem wächst der grenzüberschreitende Handel deutlich schneller als die globale Warenproduktion, der Anteil der international gehandelten Güter an der Gesamtzahl produzierter Güter wächst also stetig. Vor diesem Hintergrund kann Globalisierung als ein Megatrend der ökonomischen Entwicklung vor allem seit den letzten Dekaden des 20. Jahrhunderts verstanden werden, der sich auch mit der Verringerung von Transportkosten und neuen Kommunikationsmöglichkeiten erklären lässt.
Eine Analyse globaler **Handelsströme** verdeutlicht die ökonomische Vernetzung der Welt in differenzierter Weise: Auffällig ist, dass intraregionaler Handel, der Handel mit Waren und Dienstleistung innerhalb einer Weltregion, nahezu den gleichen Anteil am Welthandel hat wie der interregionale Handel zwischen Asien, Europa und Amerika. Zudem fällt auf, dass Afrika im globalen Handel eine marginale Rolle spielt.
Mit Perspektive auf Deutschland lässt sich feststellen, dass Deutschland stark in die Globalisierung eingebunden ist, die USA und China die wichtigsten Handelspartner sind, die intraregionalen Handelspartner innerhalb der EU aber die weitaus größte Rolle bei Importen und Exporten spielen.
Globalisierungstendenzen lassen sich auch mit **Direktinvestitionen** beschreiben. Direktinvestitionen sind grenzüberschreitende Kapitalanlagen von Unternehmen im Ausland, mit denen sie sich z. B. an ausländischen Unternehmen beteiligen oder eigene Produktionsstandorte im Ausland aufbauen. Motive für Direktinvestitionen sind vor allem der Auf- bzw. Ausbau von Vertriebs- und Kundendienststrukturen am jeweiligen Ort, die Erschließung neuer Märkte und die Erwartung von Kostenersparnissen – z. B. durch wegfallende Transportkosten, geringere Lohnkosten. Aber auch die Nähe zu Ressourcen wie Fachkräften, Rohstoffen und Kapital kann Grund für ausländische Direktinvestitionen sein.
Direktinvestitionen werden nicht immer unkritisch betrachtet. Zwar kann man davon ausgehen, dass Direktinvestitionen deutscher Unternehmen im Ausland und ausländischer Unternehmen in Deutschland insgesamt zu Effizienzsteigerungen und wirtschaftlichem Wachstum führen können. Sie können aber auch zu Arbeitsplatzabbau und zu unerwünschtem Technologietransfer führen. Daher werden ausländische Direktinvestitionen vor allem aus China mittlerweile kritisch betrachtet und zum Teil politisch reglementiert. Dennoch gilt das Ausmaß an ausländischen Direktinvestitionen auch als Gradmesser für den Erfolg einer Volkswirtschaft im **globalen Standortwettbewerb**.

Ökonomische Erklärungsansätze für internationalen Handel

Theoretische Erklärungsansätze für den internationalen Handel gehen zurück auf die Klassiker der Handelstheorie Adam Smith und David Ricardo, die im Kontext ihrer von Handelsbeschränkungen geprägten Zeit in unterschiedlicher Weise darzustellen versuchten, dass freier Handel zwischen Volkswirtschaften für alle Beteiligten ökonomisch effizient sein muss.
Adam Smith legt mit seinem Theorem der **absoluten Kostenvorteile** den Grundstein für die These, dass freier Handel zwischen Volkswirtschaften notwendigerweise den globalen Wohlstand erhöhen muss. Er geht davon aus, dass gleichartige Waren in verschiedenen Volkswirtschaften mit unterschiedlichem Aufwand produziert werden müssen, da z. B. die natürlichen Ressourcen oder Bedingungen wie Qualifikation von Arbeitenden unterschiedlich sind. Er gelangt damit zu einer schlüssigen Rechnung, in der deutlich wird, dass es sinnvoll ist, wenn sich im Zusammenspiel von zwei Ländern jedes auf seine spezifischen Kompetenzen konzentriert, bei denen es Vorteile – eben absolute Kostenvorteile – gegenüber dem anderen Land hat.

So kann die Produktion eines spezialisierten Gutes in einem Land effizient gestaltet werden, das andere benötigte Gut sollte in dem anderen Land in größerer Zahl produziert und dann eingeführt werden. Internationale Arbeitsteilung ist entstanden.
David Ricardo erweitert die Theorie der absoluten Kostenvorteile, indem er mit einer zunächst etwas komplex erscheinenden Rechnung nachweist, dass internationaler Handel – und damit internationale Arbeitsteilung – sich auch für Volkswirtschaften lohnt, wenn einer der Handelspartner nur Kostennachteile gegenüber einem anderen Handelspartner hat, die relativen Nachteile sich aber bei verschiedenen Gütern unterscheiden. Mit dieser Theorie der **komparativen Kostenvorteile** erweitert Ricardo am Beginn des 19. Jahrhunderts das theoretische Verständnis dafür, wie internationaler Handel und internationale Arbeitsteilung zu effizienteren globalen Produktionsstrukturen führen können.
Moderne globale Handelsströme lassen sich mit den Kostenvorteilen aber kaum erklären, da zumindest zwischen Industrieländern vorwiegend gleichartige Güter gehandelt werden, z. B. Autos, die sowohl exportiert als auch importiert werden. Dieser **intraindustrielle Handel** lässt sich theoretisch mit unterschiedlichen Vorlieben der Nachfrager, die vielfältige Auswahlmöglichkeiten erwarten, und mit Produktdifferenzierungen durch die Anbieter erklären, die z. B. auf unterschiedliche Ausstattung der Autos mit Unterhaltungselektronik setzen.

Bedeutung von Standortfaktoren im internationalen Wettbewerb

Unternehmen wählen Standorte für Produktionsstätten nach unterschiedlichen Kriterien aus, indem sie eine Beurteilung von Standortfaktoren vornehmen, um Investitionsmöglichkeiten abzuwägen. Unter den Bedingungen der ökonomischen Globalisierung stehen die verschiedenen Volkswirtschaften in einem **globalen Wettbewerb**, wenn sie **ausländische Direktinvestitionen** anziehen und die Abwanderung einheimischer Unternehmen ins Ausland vermeiden wollen, um die eigene Volkswirtschaft ökonomisch zu stärken.
Die Bedeutung von einzelnen **Standortfaktoren im internationalen Wettbewerb** ist dabei von Branche zu Branche und von Land zu Land unterschiedlich. Wie sich ein Land im Standortwettbewerb positioniert, ist abhängig von wirtschafts- und sozialpolitischen Entscheidungen z. B. hinsichtlich Unternehmenssteuern, Subventionen, Forschungsförderung oder Mindestlöhnen. Aber auch politische Entscheidungen über die Ausgestaltung z. B. von Bildungswesen, analoger und digitaler Infrastruktur, ökologischer Standards etc. haben Auswirkungen auf die harten und weichen Standortfaktoren eines Landes.
Standortfaktoren haben so im internationalen Wettbewerb eine essenzielle Bedeutung für die zukünftigen Entwicklungsmöglichkeiten von Volkswirtschaften. Kritisch gesehen wird der Standortwettbewerb häufig, wenn er zu einem *„Race to the bottom"* führt, bei dem ausländische Direktinvestitionen durch Senkung z. B. von Steuern, Löhnen oder arbeits- und umweltrechtlichen Standards angezogen werden sollen.

2. Leitbilder europäischer Außenhandelspolitik

2.1 EU-Handelspolitik – Zölle auf E-Autos!

BEGRIFF

Fachkonzepte
Interesse
Wettbewerb
Konflikt

M 1 Ungeheuer aufgetaucht

Zeichnung: Martin Erl, 12.06.2024

M 2 Die EU macht Ernst bei E-Autos aus China

Deutschlands Nein hat nichts genutzt. Die Mehrheit der 27 EU-Länder stimmte Anfang Oktober für die Erhebung von Strafzöllen auf Elektroautos aus China. Die EU-Kommission in Brüssel hat die Aufschläge nun in Kraft gesetzt. Die Zölle gelten seit dem 30. Oktober 2024 und betragen bis zu 35 Prozent. Die Extra-Abgaben sollen für fünf Jahre gelten. Gleichzeitig sollen die Verhandlungen zwischen der EU und Peking weiterlaufen.

Die EU-Kommission will nicht alle E-Autos aus China gleich besteuern. Sie unterscheidet zwischen Herstellern, die bei der Prüfung der Importzölle mit der Kommission kooperiert und Informationen bereitgestellt haben, und solchen, die das ablehnten. Die Autos der kooperativen Hersteller werden mit knapp 20 Prozent Importzoll belegt, die anderen mit etwa 35 Prozent. Hinzu kommt der allgemeingültige EU-Einfuhrzoll von zehn Prozent.

Namentlich genannt wurden die chinesischen Hersteller BYD, Geely und SAIC. Für BYD gilt nun ein Importzoll von etwa 17 Prozent, für Geely von rund 19 Prozent und für den Volkswagen-Partnerkonzern SAIC von rund 35 Prozent. Auch alle anderen chinesischen Hersteller von Elektroautos sind betroffen, ebenso deutsche Autobauer, die in China produzieren. So stellt etwa VW-Tochter Cupra in China ein vollelektrisches SUV für Europa her; BMW produziert dort Elektro-Minis. Für diese Fahrzeuge deutscher Hersteller, die ein Joint Venture mit einem chinesischen Unternehmen haben, werden jetzt knapp 21 Prozent Importzoll fällig. [...]

Nach Ansicht der EU wird die gesamte Wertschöpfungskette bei der Produktion von Autobatterien und Elektroautos in China subventioniert. Dadurch können chinesische Hersteller ihre Produkte günstig anbieten, sie haben dadurch erhebliche Wettbewerbsvorteile auf dem Weltmarkt. Die EU sieht darin eine Wettbewerbsverzerrung und einen Verstoß gegen die Regeln der Welthandelsorganisation (WTO). Sie beruft sich darauf, dass die WTO-Regeln es erlauben, Importzölle zu verhängen.

INFO

Joint Venture
Kooperation/Partnerschaft von Unternehmen, um gemeinsam bestimmte Ziele zu erreichen

GLOSSAR

Subventionen

QUERVERWEIS

II.2.4 WTO – funktionierender Ordnungsrahmen für den Welthandel?
S. 204–207

Zuletzt hat die chinesische Wirtschaft geschwächelt. Eine der Ursachen war, dass die Binnennachfrage nachgelassen hatte. Doch produzierten chinesische Firmen weiterhin viel. Das führte zu einer Überproduktion. Um die Produkte zu verkaufen, mussten die Preise gesenkt werden. Dafür subventioniert der Staat die Unternehmen mit hohen Summen.
Die USA haben bereits Zölle auf verschiedene chinesische Produkte erhöht; die Importzölle auf Elektroautos sogar auf etwa 100 Prozent. Auch der Handelskonflikt zwischen der Europäischen Union und China beschränkt sich nicht nur auf E-Autos. Bereiche wie die Stahlindustrie oder die Medizintechnik sind ebenfalls betroffen.
[...] Der Verband der Automobilindustrie warnt vor negativen Auswirkungen von Strafzöllen. Dies sei „ein weiterer Schritt weg von globaler Zusammenarbeit", betont VDA-Präsidentin Hildegard Müller. Der potenzielle Schaden sei höher als der Nutzen des Instruments: „Drei von vier deutschen Autos gehen in den Export", erklärt die Lobbyistin. „Wir befürchten Rückstoßeffekte, die den Zugang zum chinesischen Markt erschweren, den wir für den Hochlauf von Elektromobilität brauchen."
China hatte in der Vergangenheit insbesondere mit höheren Zöllen auf große Verbrennungsmotoren aus der EU gedroht, die in die Volksrepublik importiert werden. Diese Maßnahme würde vor allem deutsche Autohersteller stark betreffen. [...]
Bis 2030 sollen 15 Millionen E-Autos auf deutschen Straßen fahren, damit die Klimaziele erreicht werden können. Nach Angaben des Kraftfahrt-Bundesamts waren es im April 2024 erst 1,46 Millionen. Um diese Zahl erheblich zu steigern, wäre ein breiteres Angebot an kleinen und erschwinglichen Elektroautos notwendig. Durch Strafzölle der EU gegen chinesische Hersteller würden E-Autos aus dem günstigen Segment für europäische Verbraucher teurer. Zwar will die EU unabhängiger von China werden und die eigene Produktion im Bereich der Elektromobilität ausbauen. Doch die deutsche Automobilindustrie produziert vor allem teure Autos.

INFO
VDA
Verband der Automobilindustrie

mg/ahe/jk/og, Die EU macht Ernst bei E-Autos aus China, in: Deutschlandfunk, Köln: Deutschlandradio, 30.10.2024, https://www.deutschlandfunk.de/china-elektroautos-eu-markt-zoll-100.html (Zugriff: 25.11.2024)

M3 Streit mit China über E-Autos – vor sinnvoller Einigung?

Im Zollstreit über die Einfuhr von E-Autos steuern die EU und China nach Angaben des Vorsitzenden im Handelsausschuss des Europäischen Parlaments auf eine Einigung zu. „Wir stehen kurz vor einer Lösung mit China, um die Zölle abzuschaffen", sagte der SPD-Politiker Bernd Lange am Freitag dem Sender ntv.
Demnach könnte China sich verpflichten, seine E-Autos in der EU zu einem Mindestpreis anzubieten. „Damit würde der Tatbestand der Wettbewerbsverzerrung durch unfaire Subventionen wegfallen, weshalb die Zölle ursprünglich eingeführt wurden", sagte Lange.
Die EU erhebt seit Oktober Zölle auf aus China importierte E-Autos. Die Bundesregierung lehnte die Maßnahme aus Sorge vor einem Handelskonflikt und möglichen Vergeltungsmaßnahmen gegen deutsche Hersteller ab, konnte sich aber nicht durchsetzen.

Reuters, Streit mit China über Zölle auf E-Autos offenbar kurz vor Einigung, in: Handelsblatt online, 22.11.2024, https://www.handelsblatt.com/politik/international/eu-streit-mit-china-ueber-zoelle-auf-e-autos-offenbar-kurz-vor-einigung/100090188.html (Zugriff: 25.11.2024)

1 Stellen Sie die Aussageabsicht der Karikatur (M1) dar. HILFE

2 Fassen Sie die Hintergründe der EU-Zollentscheidung (M2) zusammen.

3 Erläutern Sie ausgehend von M2 die Wirkung von Zöllen im internationalen Handel und mögliche Konsequenzen der EU-Zölle auf E-Autos.

4 Überprüfen Sie ausgehend von den bisherigen Ergebnissen die Wirksamkeit von Mindestpreisen für chinesische E-Autos in der EU (M3). HILFE

2.2 Freihandel oder Protektionismus – sich ausschließende Alternativen?

BEGRIFF

Fachkonzepte
Interesse
Wettbewerb
Konflikt
internationale Regime

M 1 Liebt die Wirtschaft die Freiheit?

Wahlplakat der FDP zur Europawahl 2024

INTERNET

WES-118496-221
Film: Einfach erklärt: Freihandel
Film: Einfach erklärt: Protektionsmus

M 2 Ziele und Instrumente der Freihandelspolitik

Der Abbau von Beschränkungen des Handels-, Kapital- und Personenverkehrs führt zu mehr Freihandel und wirtschaftlicher Integration. Ziel wirtschaftlicher Integration ist die Steigerung des Wohlstands der Bevölkerung durch eine bessere Verteilung der Ressourcen, vertiefte Arbeitsteilung und das Ausnutzen weiterer komparativer Vorteile, so etwa der Steigerung der produktiven Leistung der Gesamtheit durch einen vermehrten Wettbewerb und den dadurch verstärkten Zwang zu mehr Innovationen. [...]

Da das Ziel „Freihandel" nie in einem Schritt erreichbar sein wird, wird wirtschaftliche Integration überwiegend als dynamischer Prozess verstanden, der sich stufenweise vollzieht. Den Integrationsstufen entsprechen verschiedene Integrationsformen. Unterschieden werden die Formen einerseits danach, wie weit sie die Barrieren für ökonomische Aktivitäten zwischen den beteiligten Staaten abbauen, und andererseits danach, in welchem Ausmaß sie koordinierende und kooperierende Elemente (Liberalisierungsinstrumente) einführen.

Kooperieren nur zwei Länder miteinander, schließen sie bilaterale Handelsabkommen. [...] Schließen mehrere Länder untereinander Handelsverträge ab, kann es sich um bilaterale, plurilaterale oder multilaterale Abkommen handeln. [...]

Es werden folgende Integrationsstufen unterschieden:

Präferenzzone: Staaten vereinbaren in einem Handelsvertrag Vergünstigungen (z. B. Zollsenkungen, Abbau von Kontingenten) für den Handel mit bestimmten Produkten untereinander.

Freihandelszone: Zölle und andere Handelsschranken werden zwischen den Partnerländern aufgehoben. Gegenüber Drittländern setzt jedes Land weiterhin seine Zölle selbst fest. Um zu vermeiden, dass sich der Handel verstärkt über die Grenzen desjenigen Landes mit dem niedrigsten Zollsatz vollzieht, sind bei ungleichen Außenzöllen auch an den Binnengrenzen der Freihandelszone Zollkontrollen nötig. Ein Beispiel für eine Freihandelszone ist das 1994 in Kraft getretene Nordamerikanische Freihandelsabkommen (*North American Free Trade Agreement*, NAFTA) zwischen den USA, Kanada und Mexiko.

Zollunion: Zusammenschluss zweier oder mehrerer Staaten zur Liberalisierung des Handels untereinander und zur Festsetzung eines gemeinsamen Außenzolls gegenüber Drittländern. Beispiele sind der Deutsche Zollverein von 1834 und die Europäische Wirtschaftsgemeinschaft (EWG) von 1957.

Gemeinsamer Markt: Über den freien Warenverkehr hinaus werden Freizügigkeit der Arbeitskräfte (Niederlassungsfreiheit) und Dienstleistungsfreiheit sowie freier Kapitalverkehr vereinbart („Vier Freiheiten"). Ein gewisser Grad an wirtschaftlicher Harmonisierung (z. B. ein gemeinsamer Ordnungsrahmen der Wettbewerbspolitik) ist nötig, um zu verhindern, dass die Produktionsfaktoren nur in bestimmte Länder des Gemeinsamen Marktes abwandern. Ein Beispiel ist der Europäische Binnenmarkt (1993).

Wirtschaftsunion: In einer Wirtschaftsunion werden über den gemeinsamen Markt hinausgehend weitere Bereiche der Wirtschaftspolitiken zwischen den Staaten koordiniert oder auf gemeinsame Institutionen übertragen. Sie leitet über zur höchsten Stufe internationaler wirtschaftlicher Integration, in der die Mitgliedsländer ökonomisch gesehen nur noch Regionen der wirtschaftlichen Union sind.

Wirtschafts- und Währungsunion: Die Gemeinschaft führt eine gemeinsame Währung ein. Ein Beispiel ist die Europäische Wirtschafts- und Währungsunion (1999). Geld- und Währungspolitik werden auf Gemeinschaftsinstitutionen übertragen. Der damit verbundene Verzicht auf nationale Geldpolitik und Einschränkungen der Finanz- und wirtschaftspolitischen Souveränität erfordern eine politische Integration. Spätestens in dieser Phase sind so viele Bereiche von gemeinsamer Politik erfasst, dass sie langfristig nicht ohne politische Integration tragfähig ist.

Regionale wirtschaftliche Integration verhilft zum Abbau protektionistischer Maßnahmen und schafft Handelserleichterungen für die beteiligten Staaten. Sie kann jedoch Nachteile für die Länder bewirken, die nicht an der Integration beteiligt sind. Es lassen sich zwei Effekte beobachten: Zum einen zeigt sich ein Anstieg des Handels zwischen den beteiligten Staaten (handelsschaffender Effekt). Zum anderen kann es dazu kommen, dass bisher günstigere Handelspartner, die nun außerhalb der Gemeinschaft liegen, durch weniger günstige Handelspartner aus der Gemeinschaft ersetzt werden (handelsumlenkender Effekt). Daher sind Integrationen als problematisch zu betrachten, wenn nur wenige Länder von bilateralen Vereinbarungen und Handelserleichterungen profitieren und sie andererseits ihre Märkte vor Importen dritter Handelspartner abschotten. In diesem Fall überwiegen die handelsumlenkenden die handelsschaffenden Wirkungen.

M3 Wirksamkeit des Freihandels?

Anteil ausgewählter Freihandelszonen am weltweiten nominalen Bruttoinlandsprodukt in Prozent

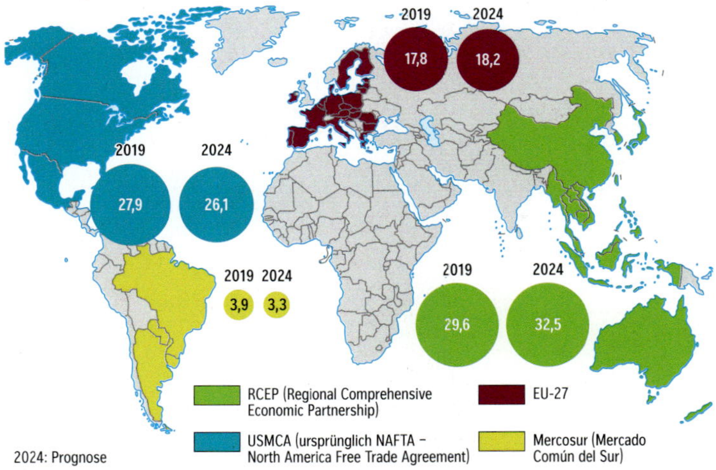

Quelle: IW Medien/iwd, Köln, 2020

48148EX © Westermann

Klaus-Peter Kruber/Anna Lena Mees/Christian Meyer, Institutionen und Instrumente der internationalen Handelspolitik, in: Informationen zur politischen Bildung, Bonn: Bundeszentrale für politische Bildung, 27.08.2008, https://www.bpb.de/shop/zeitschriften/izpb/internationale-wirtschaftsbeziehungen-299/8204/institutionen-und-instrumente-der-internationalen-handelspolitik/ (Zugriff: 25.11.2024)

1 Positionieren Sie sich spontan zur Aussage des Wahlplakates (M1).
2 Fassen Sie die Aussagen zu Zielen und Instrumenten der Freihandelspolitik (M2) zusammen.
3 Analysieren Sie M3 im Hinblick auf die Wirksamkeit von Freihandel. HILFE
4 Beurteilen Sie ausgehend von M2 und M3 Vor- und Nachteile von Freihandelspolitik.

M4 Ziele und Instrumente protektionistischer Handelspolitik

Staaten greifen in erheblichem Umfang in den internationalen Handel ein, um Importe zu beschränken und Exporte zu fördern (regulative Handelspolitik). Solche Eingriffe zur Beschränkung des Freihandels bedienen sich verschiedener Instrumente. Sie können in tarifäre und nichttarifäre Instrumente unterschieden werden.

Tarifäre Handelshemmnisse werden in öffentlichen Verzeichnissen (Tarifen), Gesetzen oder Verordnungen veröffentlicht; hierzu zählen in erster Linie Zölle. Dies sind Abgaben, die Staaten beim grenzüberschreitenden Handel auf die Einfuhr von Gütern erheben (Zölle auf die Ausfuhr sind seltener und werden hier nicht betrachtet).

Nach ihrer Bemessungsgrundlage unterscheidet man spezifische Zölle und Wertzölle. Bei Ersteren bezieht sich der Zoll auf eine Mengeneinheit des importierten Gutes (beispielsweise 2.000 Euro pro Tonne). Bei Wertzöllen wird ein bestimmter Prozentsatz auf den Preis des Gutes aufgeschlagen (beispielsweise 20 Prozent auf den Preis an der Grenze).

Zölle sollen Einfuhren hemmen (sie schützen in diesem Fall inländische Anbieter des gleichen Gutes) und/oder dem Staat Einnahmen verschaffen, dementsprechend wird zwischen Schutzzöllen und Finanzzöllen unterschieden. Diese haben gegensätzliche Effekte: Ein „perfekter“ Schutzzoll (Prohibitivzoll) reduziert die Einfuhr des Gutes auf Null und damit zugleich auch die Zolleinnahmen, ein ergiebiger Finanzzoll wird am besten auf Güter gelegt, deren Nachfrage auch nach der damit verbundenen Preiserhöhung nicht zurückgeht (Güter mit geringer Preiselastizität).

Zu den **nichttarifären Handelshemmnissen** gehören Kontingente, Ein- bzw. Ausfuhrverbote und regulatorische Vorschriften sowie Dumping:

Kontingente sind mengenmäßige Einfuhrbeschränkungen, durch die Begrenzung der Importmenge sollen die Absatzchancen der heimischen Produzenten gesichert werden. So dürfen zum Beispiel nur 13.000 Tonnen Knoblauch aus China zollfrei in die EU eingeführt werden, um in diesem Fall besonders die spanische Produktion zu schützen.

Ein- bzw. Ausfuhrverbote sollen den Handel mit bestimmten Gütern ganz unterbinden. Nach deutschen Gesetzen ist beispielsweise die Lieferung von Kriegswaffen in Spannungsgebiete verboten. Einfuhrverbote richten sich gegen im Inland „unerwünschte“ Produkte (beispielsweise Drogen). In Diktaturen wird nicht selten auch die Einfuhr von politischer Literatur oder von Zeitungen verboten.

Regulatorische Handelshemmnisse sind häufig auf den ersten Blick nicht als solche zu erkennen. So sind Grenzformalitäten, technische Standards und Normen, Gesundheits- oder Umweltschutzvorschriften oder ähnliche Regelungen meistens sachlich begründet und dienen der Abwicklung des Handels oder dem Nutzen von Konsumenten. Sie können aber auch willkürlich oder diskriminierend zu Lasten ausländischer Anbieter gehandhabt werden. Müssen deren Produkte beispielsweise spezielle, teure Zulassungsverfahren durchlaufen, von denen einheimische Hersteller befreit sind, werden Prüf- und Verfahrensvorschriften zu Instrumenten des Protektionismus. Regulatorische Handelshemmnisse sind ein besonders heikles Problemfeld der Außenhandelspolitik. Inwieweit von Staaten erlassene Vorschriften und bürokratische Verfahren tatsächlich den vorgegebenen Zielen Sicherheit, Gesundheit, Umweltschutz dienen oder ob sie die Einfuhr ausländischer Erzeugnisse behindern sollen, ist häufig schwer zu beurteilen und Gegenstand heftiger Diskussionen zwischen Staaten, in der Welthandelsorganisation (WTO) oder in der Europäischen Union. [...]

Ein Instrument aggressiver Exportförderung ist das Dumping. Es liegt vor, wenn ein Produkt auf Auslandsmärkten systematisch und nachhaltig zu Preisen verkauft wird, die nicht die Herstellungs- und Transportkosten decken oder deutlich unter dem Inlandspreis liegen. Die Produzenten decken die Verluste aus den Gewinnen bei anderen Produkten. Die ruinöse Konkurrenz zielt darauf, den Markt des Importlandes zu erobern. Gelingt dies, kann das Dumping-Unternehmen den Preis anheben und vorherige Verluste durch Monopolgewinne ausgleichen. Man spricht in diesem Falle auch von „räuberischem“ Dumping.

Klaus-Peter Kruber/Anna Lena Mees/Christian Meyer, Institutionen und Instrumente ... (siehe M2)

M5 Zunehmender Protektionismus?

Anteil der Unternehmen, die im vergangenen Jahr eine Zunahme von Handelshemmnissen bei ihren internationalen Geschäften wahrgenommen haben

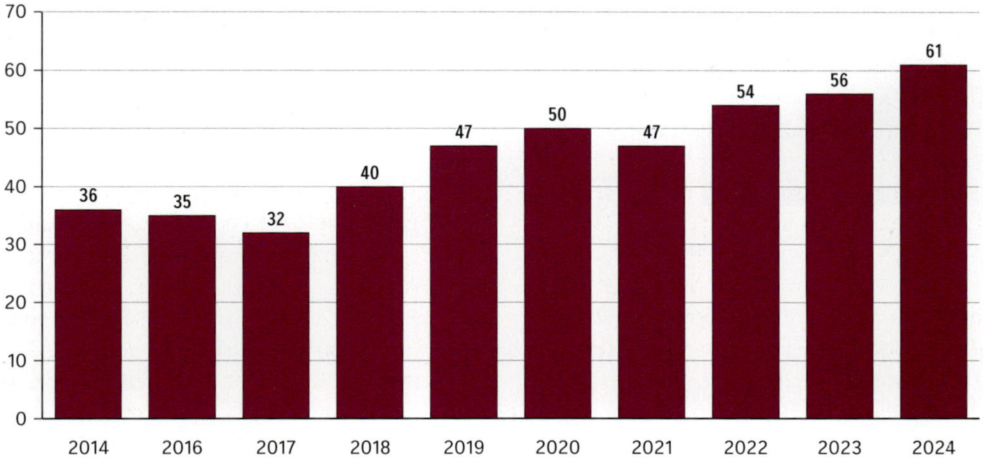

Quelle: DHIK-Handelsumfrage „Going International", 2024 48130EX © Westermann

M6 Gefangenendilemma in der Handelspolitik

Obwohl in den Wirtschaftswissenschaften die Ansicht vorherrscht, dass Freihandel für die allgemeine Wohlfahrt am förderlichsten ist, sind Protektionen doch häufig die dominanten Strategien. Jedes Land hat Anreize, sich durch Protektionsmaßnahmen einen Vorteil gegenüber anderen Handelspartnern zu verschaffen.

Eine Erklärung hierfür liefert das Modell des sogenannten handelspolitischen Gefangenendilemmas. Eine solche Situation liegt vor, wenn ein Land Absprachen, die die Wohlfahrt aller Partner fördern sollen (zum Beispiel die Einigung auf Freihandel), nicht einhält. Verletzt ein Kooperationspartner die Regeln, indem er protektionistische Maßnahmen ergreift, versucht er, sich zu Lasten seiner Partner einen Vorteil zu verschaffen. Sollten auch andere Handelspartner (eventuell als Gegenmaßnahme) gegen die Regeln verstoßen, dann glauben auch diese, dass sich ihre Situation verbessert.

Jedes Mal sind die Kooperationspartner, die sich an die Regeln halten, die Leidtragenden, und auch sie werden dann zur Protektion übergehen. Verfolgen alle nur ihr eigenes Interesse, ohne sich an die Vereinbarungen zu halten, stellen sich zum Schluss alle Handelspartner schlechter.

Klaus-Peter Kruber/Anna Lena Mees/Christian Meyer, Institutionen und Instrumente ... (siehe M2)

QUERVERWEIS

MODELL Analyse der internationalen Politik mithilfe der Spieltheorie
S. 70–71

1 Fassen Sie die Informationen zu Zielen und Instrumenten protektionistischer Außenhandelspolitik zusammen (M4).

2 Analysieren Sie M5 im Hinblick auf die Entwicklung von Freihandel und Protektionismus im internationalen Handel.

3 Erläutern Sie die EU-Entscheidung für Zölle auf chinesische E-Autos (Kapitel II.2.1) mit dem „Gefangenendilemma in der Handelspolitik" (M6).

4 Erörtern Sie ausgehend von Ihren Ergebnissen, an welchem Leitbild sich die deutsche und europäische Handelspolitik orientieren sollten.

2.3 Ist die EU-Handelspolitik von Freihandel geprägt?

BEGRIFF

Fachkonzepte
Interesse
Wettbewerb
Kooperation
internationale Regime

M1 EU-Handelspolitik

Für offenen und fairen Welthandel
Die Europäische Union ist eine der am stärksten nach außen orientierten Volkswirtschaften der Welt. Außerdem ist sie der weltweit größte Binnenmarkt. Der freie Handel zwischen ihren Mitgliedstaaten war eines der Grundprinzipien beim Aufbau der EU, und die Öffnung des Welthandels ist ebenfalls ein wichtiges Ziel der Union.

Europäische Union, Handel, https://european-union.europa.eu/priorities-and-actions/actions-topic/trade_de (Zugriff: 06.01.2025)

M2 Eine offene, nachhaltige und durchsetzungsfähige EU-Handelspolitik

Die Europäische Kommission hat heute ihre Handelsstrategie für die kommenden Jahre festgelegt. Die Strategie trägt dem Konzept der offenen strategischen Autonomie Rechnung und beruht auf der Bereitschaft der EU, durch die Förderung des ökologischen und digitalen Wandels zur wirtschaftlichen Erholung beizutragen. Zudem rücken die Stärkung des Multilateralismus und die Reformbemühungen, die für faire und nachhaltige globale Handelsregeln sorgen sollen, wieder in den Mittelpunkt. Sollte dies erforderlich sein, wird die EU bei der Verteidigung ihrer Interessen und Werte noch mehr Durchsetzungsfähigkeit an den Tag legen und dafür auch neue Instrumente einsetzen.

QUERVERWEIS

Grüner Deal = Green Deal
S. 206, Info

Die Kommission stellt die Nachhaltigkeit in den Mittelpunkt ihrer neuen Handelsstrategie und unterstützt den grundlegenden Wandel ihrer Wirtschaft hin zur Klimaneutralität, um eine der größten Herausforderungen unserer Zeit zu bewältigen und den Erwartungen ihrer Bürgerinnen und Bürger gerecht zu werden. Die Strategie sieht eine Reihe von Schlüsselmaßnahmen vor, die in erster Linie darauf abzielen, strengere globale Handelsregeln einzuführen und einen Beitrag zur wirtschaftlichen Erholung der EU zu leisten. [...]

Damit die Strategie den aktuellen Herausforderungen gerecht wird, wird einer umfassenden Reform der Welthandelsorganisation Priorität eingeräumt, mit der unter anderem globale Verpflichtungen in den Bereichen Handel und Klimaschutz, neue Regeln für den digitalen Handel, strengere Regeln zur Bekämpfung von Wettbewerbsverzerrungen und die Wiederherstellung eines verbindlichen Streitbeilegungssystems angestrebt werden.

Die neue Strategie macht es möglich, dass durch den Handel der digitale Wandel und die Klimawende stärker gefördert werden, indem sie erstens einen Beitrag zur Verwirklichung der mit dem europäischen Grünen Deal angestrebten Ziele leistet und zweitens ungerechtfertigte Handelshemmnisse in der digitalen Wirtschaft beseitigt, damit die Vorteile der digitalen Technologien im Handel zum Tragen kommen. Die EU wird ihre Bündnisse wie die transatlantische Partnerschaft ausbauen und sich vermehrt auf die Nachbarländer und auf Afrika konzentrieren. Auf diese Weise kann sie den globalen Wandel besser mitgestalten.

Gleichzeitig wird sich die EU rigoroser und mit mehr Durchschlagskraft für die Umsetzung und Durchsetzung ihrer Handelsabkommen einsetzen, unlauteren Handel bekämpfen und sich mit Problemen auf dem Gebiet der Nachhaltigkeit befassen. Die EU intensiviert ihre Anstrengungen, damit die Beschäftigten, die Landwirte und die Bevölkerung von den in den Abkommen ausgehandelten Vorteilen profitieren.

Kommission legt Kurs für eine offene, nachhaltige und durchsetzungsfähige EU-Handelspolitik fest, Europäische Kommission, 18.02.2021, https://ec.europa.eu/commission/presscorner/detail/de/ip_21_644 (Zugriff: 25.11.2024)

M3 Wirtschaftliche Sicherheit in gewandeltem Umfeld

Die Erosion der vom Westen geprägten, liberalen Weltordnung hat in der Europäischen Union nolens volens zu einem Umdenken geführt. Die EU musste erkennen, dass sich ihre weitgehende Integration in die Weltwirtschaft zur Hypothek entwickelt. Immer häufiger treten Unterbrechungen in den globalen Lieferketten auf, die zu Engpässen in der Versorgung der Bevölkerung mit dringend benötigten Gütern führen oder ganze Industriezweige in der EU durch das Fehlen von Vorprodukten lahmlegen. Ist der volkswirtschaftliche Schaden, den die EU hierdurch erfährt, schon beachtlich, könnte der politische Schaden in der Zukunft noch viel größer ausfallen.

Im Zeitalter der Geopolitik wird auch die Wirtschaft als Waffe zur Erreichung außenpolitischer Ziele eingesetzt. Die EU ist aufgrund ihrer Marktoffenheit und weitgehenden Integration in die Weltwirtschaft besonderen Risiken ausgesetzt. Allein schon durch ihre Abhängigkeit von Importen kritischer Rohstoffe aus China läuft sie Gefahr, politisch erpressbar zu werden.

Mit dem 2021 verabschiedeten Konzept der „offenen strategischen Autonomie" und der Strategie für wirtschaftliche Sicherheit von 2023 versucht die EU, auf die neuen geoökonomischen Herausforderungen durch eine Neukalibrierung ihrer Außenwirtschafts- und Industriepolitik zu antworten.

Für größere wirtschaftliche sowie in Folge politische Sicherheit hat die Europäische Kommission unter der Führung von Ursula von der Leyen eine Vielzahl neuer Instrumente und Reformmaßnahmen auf den Weg gebracht. In ihrem Verständnis als „geopolitische Kommission" verfolgt sie mit diesen Gesetzesinitiativen eine doppelte Stoßrichtung. Sie sollen die EU besser gegen unfairen Handel und schädliche Einflussnahme durch Drittstaaten schützen. Darüber hinaus soll die industrielle Basis der EU durch Investitionen in Zukunftstechnologien gestärkt und die Resilienz der EU gegen externe Schocks durch den Aufbau eigener Produktionskapazitäten erhöht werden.

Dieser Strategiewechsel fällt der EU jedoch schwer. Wie schon die Bezeichnung des Konzepts der „offenen strategischen Autonomie" erahnen lässt, versucht die EU, zur Erhöhung ihrer wirtschaftlichen Sicherheit zwei im Grunde unvereinbare Ziele miteinander zu verbinden: Sie will weiterhin offen sein und für den globalen Freihandel eintreten. Gleichzeitig will sie jedoch auch autonom sein. Letzteres bedeutet jedoch in Konsequenz nichts anderes, als den Binnenmarkt abzuschotten und den Freihandel einzuschränken.

Dass sich die EU in diesem Zwiespalt befindet, ist verständlich. Europa verdankt seinen Wohlstand in hohem Maße der Offenheit von Märkten, sowohl für den Export ihrer Waren wie für den Import von Rohstoffen.

Noch wichtiger jedoch ist, dass die EU selbst der Beweis dafür ist, dass eine immer engere wirtschaftliche Verflechtung zu Wohlstand und Frieden führt. Aus diesem Grund fällt es ihr schwer, zu akzeptieren, dass sich das Paradigma vom „Wandel durch Handel" in den internationalen Beziehungen trotz des durch die Globalisierung erreichten Grades der Verflechtung nicht durchsetzen konnte. Statt einer sich immer weiter entwickelnden regelbasierten Ordnung entscheidet oft wieder das Recht des Stärkeren.

Etienne Höra/Stefani Weiss, Die neuen geoökonomischen Werkzeuge der Europäischen Union, hrsg. v. d. Bertelsmann-Stiftung, Gütersloh, April 2024, S. 5

INFO

Wandel durch Handel
ist ein politisches Konzept, das ursprünglich im Kalten Krieg (siehe Glossar) in der Bundesrepublik Deutschland entwickelt wurde. Man versprach sich von Handelsbeziehungen mit dem Ostblock eine Öffnung der sozialistischen Staaten gegenüber demokratischen Werten.

1 Überprüfen Sie die Selbstdarstellung der handelspolitischen Ziele der EU vor dem Hintergrund der Zölle auf chinesische E-Autos (Kapitel II.2.1).

2 Fassen Sie die Elemente der EU-Handelsstrategie und deren Ziele (M2) zusammen.

3 Erläutern Sie ausgehend von M2 und M3 Herausforderungen für die europäische Außenhandelspolitik.

4 Beurteilen Sie ausgehend von M2 und M3 die europäische Handelspolitik im Hinblick auf Freihandel und Protektionismus.

2.4 WTO – funktionierender Ordnungsrahmen für den Welthandel?

BEGRIFF

Fachkonzepte
Interesse
Kooperation
Konflikt
internationale Regime

M1 Erfolgreiche Handelsregulierung?

NATUR UND UMWELT

Das große Tauziehen um die Fischerei

Silja Thoms
17.06.2022

Fischerei-Subventionen gelten als Ursache für überfischte Meere. Die WTO versucht seit Jahren, sich auf weniger staatliche Hilfe zu einigen. Was das WTO-Abkommen bringt und warum es uns alle etwas angeht.

Deutsche Welle, 17.06.2022

WTO-Übereinkommen zur Begrenzung von Fischereisubventionen

Nach 21 Jahren Verhandlung einigten sich die 164 WTO-Mitgliedstaaten auf ein gemeinsames, multilaterales Abkommen zu Fischereisubventionen, welches dem UN-Nachhaltigkeitsziel Nr. 14.6 entspricht. Um in Kraft treten zu können, müssen zwei Drittel der WTO-Mitglieder ihre Annahmeurkunde beim WTO-Sekretariat hinterlegen.

Germany Trade & Invest, Stand: 06.03.2024

WTO-Konferenz

Keine Einigung auf mehr Schutz der Fischbestände

Stand: 02.03.2024 11:07 Uhr

Ein geplantes weltweites Abkommen zum besseren Schutz der Fischbestände ist vorerst gescheitert. Die 164 Teilnehmerländer der WTO-Konferenz konnten sich nicht einigen.

Tagesschau.de, 02.03.2024

Ausführlicher Nachweis der Schlagzeilen auf S. 255

World Trade Organization

INFO

GATT
General Agreement on Tariffs and Trade; das Allgemeine Zoll- und Handelsabkommen trat 1948 in Kraft und war der Vorläufer der WTO.

GLOSSAR

Internationaler Währungsfonds (IWF)
Weltbank

QUERVERWEIS

Für sich entwickelnde Volkswirtschaften gibt es Ausnahmeregelungen von den Prinzipien der WTO, siehe S. 217, M3.

Erklärfilm: Kurzinfo GATT/WTO

M2 Ziele und Prinzipien der WTO

Abkürzung für World Trade Organization, deutsch Welthandelsorganisation, Sonderorganisation der UNO zur Gewährleistung eines freien Welthandels, gegründet am 15.04.1994 auf der Ministerkonferenz in Marrakesch (Marokko); Sitz: Genf. Die WTO trat am 01.01.1995 in Kraft und löste zum 01.01.1996 das GATT endgültig ab. Im Jahr 2025 sind 166 Länder und Zollgebiete, darunter sowohl die EU als auch ihre Einzelstaaten, Mitglieder der WTO.
Mit ihrer Gründung wurde eine völkerrechtlich selbstständige Organisation geschaffen, die als dritter Pfeiler der Weltwirtschaftsordnung neben Internationalem Währungsfonds und Weltbank tritt. Die WTO soll die internationalen Handelsbeziehungen innerhalb verbindlicher Regelungen organisieren und überwachen und bei Handelskonflikten für eine effektive Streitschlichtung sorgen. Wichtigste Prinzipien für die Gewährleistung eines freien Welthandels sind: Reziprozität (Prinzip der Gegenseitigkeit), Liberalisierung (Abbau von Zöllen und nichttarifären Handelshemmnissen), Nichtdiskriminierung (insbesondere Meistbegünstigung). Angestrebt wird, in den Mitgliedstaaten den Lebensstandard und die Realeinkommen zu erhöhen, Vollbeschäftigung zu erreichen und zu sichern und zu diesem Zweck den Handel auszuweiten und den Protektionismus zu bekämpfen.

Duden Wirtschaft von A bis Z: Grundlagenwissen für Schule und Studium, Beruf und Alltag, 6. Aufl., Mannheim: Bibliographisches Institut, 2016/Lizenzausgabe, Bonn: Bundeszentrale für politische Bildung, 2016, zitiert nach: https://www.bpb.de/kurz-knapp/lexika/lexikon-der-wirtschaft/21194/wto/ (Zugriff: 25.11.2024) (verändert)

1 Entwickeln Sie ausgehend von M1 Hypothesen zu Zielsetzung und Problemen der Welthandelsorganisation (WTO).

2 Erklären Sie Ziele und Prinzipien der WTO (M2).

M3 WTO – ein handlungsfähiger Akteur?

Die Handelsrunden der WTO sind ein wichtiger Pfeiler der Organisation. Allerdings sind bereits über 20 Jahre seit Beginn der Doha-Runde vergangen und die Verhandlungen über einen verbesserten Marktzugang sowie über eine Modernisierung der multilateralen Regeln sind wohl de facto gescheitert. [...]
Außerhalb der festgefahrenen Doha-Runde konnten sich die WTO-Mitglieder im Juni 2022 auf der zwölften WTO-Ministerkonferenz [...] auf ein multilaterales Abkommen über Fischereisubventionen einigen, das Subventionen verbietet, die zu Überproduktion und Überfischung beitragen. Dies ist ein großer Fortschritt, da es auch das erste WTO-Abkommen ist, das die UN-Nachhaltigkeitsziele [...] im Zentrum hat. [...]
Die WTO verfügt mit dem *Dispute Settlement Body* (DSB) als einzige internationale Organisation (theoretisch) über einen effizienten Durchsetzungsmechanismus ihrer Regeln. Im GATT gab es große Schwierigkeiten mit der Lösung von Handelskonflikten, da sämtliche Entscheidungen einstimmig getroffen werden mussten und der angeklagte Staat praktisch ein Vetorecht besaß. In der WTO wurden diese Schwachstellen durch den DSB beseitigt. Es gibt nun ein bindendes zweistufiges Verfahren durch ein Panel sowie ein Berufungsgremium. Die wichtigste Neuerung ist jedoch die automatische Annahme der Panelberichte. Sie können nur einstimmig abgelehnt werden. Daher mussten in der Vergangenheit auch große Mitgliedstaaten wie die USA (Antidumping-Methodik) und China (Exportrestriktionen bei seltenen Erden) durch negative Urteile ihre Handelspolitik ändern.
Derzeit ist das Berufungsgremium der WTO jedoch blockiert, da sich die USA weigern, neue Mitglieder nachzubesetzen. Die Trump-Regierung behauptete im Dezember 2019, das Gremium habe seine Kompetenzen überschritten und neues Recht gesetzt. Die Blockade wurde auch unter US-Präsident Joe Biden nicht aufgehoben. In der Folge blieb der DSB wirkungslos, weil die Mitgliedstaaten nach einem unliebsamen Panelentscheid in Berufung gehen können, die dann jedoch „ins Nichts" führt. [...]
Die WTO überprüft zudem regelmäßig die nationalen Handelspolitiken der Mitgliedstaaten. Dieser *Trade Policy Review Mechanism* dient einerseits dazu, die Handelspolitik der Mitgliedstaaten für alle transparent zu machen und somit den Handel zu erleichtern. Zum anderen soll hierdurch die Einhaltung der multilateralen Regeln überprüft werden. Die Häufigkeit der Überprüfungen richtet sich nach dem Anteil des WTO-Mitglieds am Welthandel. So werden die USA, die EU und Japan alle zwei Jahre überprüft, andere WTO-Mitglieder nur alle vier oder sechs Jahre. Diese Überprüfung hat nach wie vor Bestand und ist ein wichtiger Grundpfeiler für einen fairen Welthandel.

Claudia Schmucker, Die WTO in der Krise, Bonn: Bundeszentrale für politische Bildung, 01.02.2024, https://www.bpb.de/themen/wirtschaft/freihandel/geopolitik-und-welthandel/544540/die-wto-in-der-krise/ (Zugriff: 25.11.2024)

INFO

Doha-Runde
Bei Verhandlungen der Wirtschafts- und Handelsminister/-innen der WTO-Mitgliedstaaten in Doha, der Hauptstadt Katars, konnte keine Einigung erzielt werden.

Panel
Ein Panel ist die erste gerichtliche Instanz des Streitbeilegungsverfahrens (DSB) der WTO, das auf Antrag eines WTO-Mitgliedes bei Handelsstreitigkeiten eingerichtet wird. Ein Panel wird beauftragt, zu untersuchen, ob ein WTO-Mitglied gegen WTO-Verträge verstoßen hat.

M4 WTO – historisch überholt?

Das handelspolitische Umfeld hat sich seit der Gründung der WTO stark geändert. Mit der steigenden geoökonomischen Rivalität zwischen westlichen Demokratien und autokratischen Regimen wie Russland und China hat sich die Einstellung zu Handelsfragen deutlich geändert. Mittlerweile werden Handelsabhängigkeiten – wie die Deutschlands von China – als Schwäche gesehen, die missbraucht werden kann, um strategische Ziele zu erreichen. In der Folge kommt es zu einer Umstrukturierung von Lieferketten hin zu befreundeten Staaten (*friendshoring*). Dabei werden verstärkt Maßnahmen wie Exportkontrollen und Investitionsscreening (also eine Überwachung der Investitionstätigkeit ausländischer Mächte) eingesetzt, um die Verbreitung vor allem von Spitzentechnologien an autokratische Staaten zu verhindern.
Diese zunehmende Fragmentierung (lateinisch: Zersplitterung) in verschiedene Blöcke hat negative Folgen für die WTO: Es fehlt an

GLOSSAR

Autokratie
Demokratie

INFO

Inflation Reduction Act (IRA)
ist ein Bundesgesetz aus dem Jahr 2022 in den USA, mit dem unter anderem die inländische Produktion von Batterie- und Wasserstofftechnik subventioniert wird.

Green Deal
ist ein Subventionsprogramm der EU, mit dem die Entwicklung klimafreundlicher Technologien gefördert werden soll.

Vertrauen zwischen den WTO-Mitgliedstaaten, auch darüber, in welche Richtung sich die WTO weiterentwickeln sollte. Die Fragmentierung führt somit zum Stillstand, und dies hat gravierende Folgen für die Glaubwürdigkeit der WTO. Neben dem blockierten Streitschlichtungsmechanismus ist es daher zusätzlich unmöglich, einerseits die multilateralen Handelsregeln zu modernisieren und andererseits bestehenden protektionistischen Tendenzen entgegenzuwirken.

Das Regelwerk der WTO ist immer noch auf dem Stand von 1995. [...] Insgesamt haben die WTO-Regeln somit nicht mit den Entwicklungen im Welthandel Schritt gehalten. Es fehlen moderne Handelsregeln in den Bereichen Investitionen, Schutz geistigen Eigentums oder der Wettbewerbspolitik. [...] Auch der elektronische Handel und der Handel mit Energie und Rohstoffen gewinnt an Bedeutung. Immer häufiger werden auch Nachhaltigkeitsthemen wie Arbeits- und Umweltstandards als wesentlich für internationale Handelsbeziehungen gesehen. All dies decken die multilateralen WTO-Regeln in absehbarer Zukunft nicht ab.

Die veralteten und teilweise schwachen Regeln führen auch dazu, dass die WTO protektionistischen Tendenzen kaum entgegenwirken kann. Eines der wesentlichen Probleme für einen fairen Welthandel ist der rasante (und teilweise) intransparente Anstieg der globalen Subventionen. Dies betrifft nicht nur China. Auch die USA mit ihrem *Inflation Reduction Act* und die EU mit ihrem *Green Deal Industrial Plan* unterstützen Unternehmen jeweils mit Milliardenhilfen.

Transparenz und die Eindämmung von (unfairen) Subventionen sind zwei der zentralen Bereiche, bei denen Fortschritte dringend notwendig sind. Ein Weg nach vorne wären interne Diskussionen über eine Reform des WTO-Abkommens bei Subventionen und Ausgleichsmaßnahmen. Hier wäre eine Neudefinition von Subventionen in Bezug auf den Klimawandel sinnvoll. Allerdings erschwert das geoökonomische Umfeld einen Reformdiskurs über handelsverzerrende Maßnahmen.

Infolge der stockenden multilateralen Verhandlungen und der veralteten Welthandelsregeln ist die Zahl der Freihandelsabkommen geradezu explodiert. [...]

Zusätzlich führt das veraltete Regelwerk der WTO dazu, dass Staaten verstärkt nationale Handelsgesetze einsetzen, um unilateral gegen Handelsbarrieren vorzugehen und so die eigene wirtschaftliche Sicherheit zu erhöhen. Gleichzeitig bleibt der multilaterale Streitschlichtungsmechanismus der WTO weiter blockiert. Die WTO verliert somit weiter an Bedeutung.

Claudia Schmucker, Die WTO in der Krise (siehe M3)

M5 Die WTO – besser als ihr Ruf?

Erstens ist und bleibt die WTO die Hüterin des regelbasierten Welthandels. Sie bietet nicht nur ein Forum, um neue Regeln für den Welthandel zu setzen, sondern überwacht auch deren Einhaltung. Zudem fungiert die WTO als wichtiger Think Tank für die Handelspolitik, der mittels Datenanalysen populistischen „unsere Nation zuerst"-Rufen entgegenwirkt. Diese Funktionen der WTO sind in Zeiten geopolitischer Spannungen erst recht entscheidend.

Zweitens haben die Mitgliedstaaten der WTO mit Blick auf neue Regeln für die Weltwirtschaft in den letzten Jahren eine Reihe wichtiger Erfolge erzielt. Dies geschah oft unter dem Radar der breiteren Öffentlichkeit. Seit 2020 laufen beispielsweise in der WTO strukturierte Diskussionen, um Handelspolitik als Hebel für besseren Umweltschutz zu nutzen, u.a., indem Kreislaufwirtschaft gefördert oder Plastikmüll vermieden wird. Um das WTO-Regelwerk weiterzuentwickeln, setzen einige Mitglieder auf plurilaterale Abkommen. Im Juli 2023 erzielten über zwei Drittel der WTO-Mitglieder so eine bahnbrechende Einigung zu einem neuen Abkommen zur Investitionsförderung, das in Abu Dhabi angenommen werden soll. Aktuelle Forschung zeigt, dass insbesondere Entwicklungsländer von diesem Abkommen profitieren können.

Drittens gab es auch bei WTO-Ministerkonferenzen trotz aller Herausforderungen immer wieder bedeutende Schritte nach vorne. Auf der Ministerkonferenz in Bali im Jahr 2013 wurde beispielsweise das Abkommen zur Handelserleichterung beschlossen, das den internationalen Handel vereinfacht und harmonisiert. In Nairobi im Jahr 2015 beschlossen die WTO-Mitglieder das Aus für landwirtschaftliche Exportsubventionen, die jahrzehntelang Agrarmärkte auf Kosten vieler Entwicklungsländer verzerrt hatten. Im Jahr 2022 wurde der sogenannte „TRIPS-Waver" beschlossen, damit alle Entwicklungsländer auf den Schutz des geistigen Eigentums verzichten können, der für die Herstellung und den Vertrieb von Covid-19-Impfstoffen erforderlich ist.

Die Mitgliedstaaten dürfen die WTO daher nicht aufgeben. Eine weitere Marginalisierung des multilateralen Handelssystems schadet allen Gesellschaften. Sie schwächt vor allem kleinere und ärmere Staaten, die aufgrund des „*One-Country-One-Vote*"-Prinzips eine vergleichsweise starke Stimme in der WTO haben. Umso wichtiger ist es, die Reform der WTO voranzubringen.

Deutschland und die EU müssen ihren Beitrag dazu leisten, die WTO zu stärken. Dies sollte zum einen durch das Schmieden neuer Koalitionen mit Ländern aus dem Globalen Süden vorangetrieben werden. Zudem sollten sich Deutschland und die EU darauf fokussieren, die Umsetzung der WTO-Regeln in ärmeren Ländern substanziell zu unterstützen. Dies wird beispielsweise für Investitionsförderung sehr relevant sein, damit alle Länder möglichst stark von dem neuen Abkommen profitieren. Schließlich braucht es weiterhin innovative Ideen, um Fortschritte zu erzielen. Zum Beispiel könnten die bisherigen WTO-Einigungen zu Fischereisubventionen als Vorlage dienen, um umweltschädliche Subventionen in der Landwirtschaft zu senken.

Trotz aller Hindernisse und Kontroversen bleibt die WTO eine wichtige Institution für die regelbasierte Weltwirtschaft. Es liegt an den Mitgliedstaaten, ihre Differenzen zu überwinden und gemeinsam die Reformen voranzutreiben, die für eine gerechtere und nachhaltigere Weltwirtschaft dringend erforderlich sind. Die WTO ist tot, es lebe die WTO!

Clara Brandi/Zoryana Olekseyuk, Die WTO ist tot, es lebe die WTO!, in: Makronom – Online-Magazin für Wirtschaftspolitik, Berlin, 22.02.2024, https://makronom.de/die-wto-ist-tot-es-lebe-die-wto-45937 (Zugriff: 25.11.2024)

M6 Wachstumsförderung

Zeichnung: Oliver Schopf, 08.02.2023

1 Erläutern Sie ausgehend von M3 Handlungsmöglichkeiten der WTO zur Ordnung des Welthandels.

2 Arbeiten Sie aus M4 und M5 Aspekte positiver und negativer Kritik an der WTO heraus.

3 Ordnen Sie die Aussageabsicht der Karikatur (M6) in die Kritik an der WTO ein. HILFE

4 Erörtern Sie ausgehend von Ihren Ergebnissen Möglichkeiten und Grenzen der WTO zur Regulierung des Welthandels.

2.5 EU-Freihandelsabkommen – profitieren alle?

BEGRIFF

Fachkonzepte
Interesse
Kooperation
Konflikt
internationale Regime

INFO

Mercosur
(**Mer**cado **Co**mún del **Sur** = Gemeinsamer Südamerikanischer Markt); ist der Name des regionalen Zusammenschlusses der Staaten Argentinien, Brasilien, Paraguay, Uruguay, Venezuela (seit 2017 suspendiert) sowie Bolivien (seit Juli 2024). Assoziierte Mitglieder sind Chile, Ecuador, Guyana, Kolumbien, Panama, Peru und Suriname (Stand: Febr. 2025).

M1 Nachhaltiger Handel mit Südamerika?

©MapsCharts/ ©OroVerde - E. Bakker

M2 Effekte eines EU-Mercosur-Handelsabkommens

Ziel des Handelsabkommens zwischen der EU und dem Mercosur ist es, den bilateralen Handel und die Investitionen zu steigern, tarifäre und nichttarifäre Handelshemmnisse abzubauen und stabilere und berechenbarere Regeln für den Handel zu schaffen. Das Handelsabkommen zwischen der EU und dem Mercosur ist nach derzeitigem Stand Teil eines umfassenderen Assoziierungsabkommens. Das Assoziierungsabkommen enthält nicht nur Bestimmungen zum Handel, sondern auch zum politischen Dialog, zu Investitionen und zur Zusammenarbeit zwischen den genannten Blöcken.

Durch das Handelsabkommen würden die meisten Zölle auf EU-Exporte in den Mercosur entfallen. Für die Industrie in der EU bedeutet dies, dass das Abkommen dazu beitragen würde, die Exporte von EU-Produkten zu steigern, die bisher hohen Zöllen unterlagen. Dazu zählen Kraftfahrzeuge (Zollsatz 35 Prozent), Kraftfahrzeugteile (14–18 Prozent), Maschinen (14–20 Prozent), Chemikalien (bis zu 18 Prozent), Arzneimittel (bis zu 14 Prozent) [...]. Das Abkommen würde diese hohen Zölle und andere Handelshemmnisse wie unklare Regelungen und aufwendige Verfahren beseitigen. Insgesamt sollen die Zölle für 91 Prozent aller zwischen der EU und dem Mercosur gehandelten Waren nach und nach [...] abgeschafft werden. Darüber hinaus kann die geplante Senkung bzw. Abschaffung von Exportsteuern in den Mercosur-Ländern den europäischen Zugang zu Rohstoffen erheblich erleichtern. Dadurch könnte die EU ihre Abhängigkeit von anderen Ländern verringern.

Zudem bietet das Abkommen sichere Rahmenbedingungen für Handel und Investitionen, was besonders für den Export von kritischen Rohstoffen (CRM) in die EU von großer Bedeutung ist. Der *Critical Raw Materials Act* der EU identifiziert diese kritischen Rohstoffe sowie eine strategische Untergruppe (SRM – *strategic raw materials*), die für die ökologische und digitale Transformation sowie für Verteidigungs- und Raumfahrtanwendungen unerlässlich sind. Bisher wurde der EU-Bedarf an strategischen Rohstoffen nur von wenigen Ländern gedeckt. [...] Zu den größten Lieferanten zählten Russland, die USA, Südafrika, Chile, Brasilien, Norwegen und die Türkei. Brasilien war dabei einer der wichtigsten Zulieferer für die EU [...]. Es liefert den Großteil der SRM, die der Mercosur an die EU verkauft, und ist mengenmäßig der größte SRM-Lieferant der EU (Jahr 2022). Darüber hinaus hat Brasilien das Potenzial, erhebliche Mengen an

SRMs wie Silizium, Mangan, Kupfer, Nickel, Wolfram und Titan zu liefern, die derzeit aus China und Russland importiert werden. [...] Von den Erleichterungen für Exporte würden vor allem europäische Unternehmen profitieren, die in den Bereichen Agrar- und Ernährungswirtschaft, Maschinenbau, Pharmazie, Automobilindustrie sowie Textil- und Bekleidungsindustrie tätig sind. Das Abkommen öffnet den EU-Markt für Waren aus dem Mercosur, beschränkt aber mittels Exportkontingenten die Einfuhr bestimmter Agrarprodukte wie Rindfleisch, Ethanol, Schweinefleisch, Honig, Zucker und Geflügel.
Nach Angaben der EU hängen allein von den Exporten nach Brasilien mehr als 850.000 Arbeitsplätze in der EU ab und Unternehmen aus dem südamerikanischen Block beschäftigen mehr als 30.000 Menschen in der EU. Es ist außerdem zu erwarten, dass diese Zahlen durch das Abkommen steigen würden. Für die Verbraucher wäre ein vielfältigeres und erschwinglicheres Angebot an Produkten zu erwarten.

Mercosur*-Abkommen: EU würde profitieren
Ein Freihandelsabkommen zwischen der EU und den Mercosur-Staaten würde den Außenhandel der EU mit diesen Ländern bis 2024 wie folgt verändern:

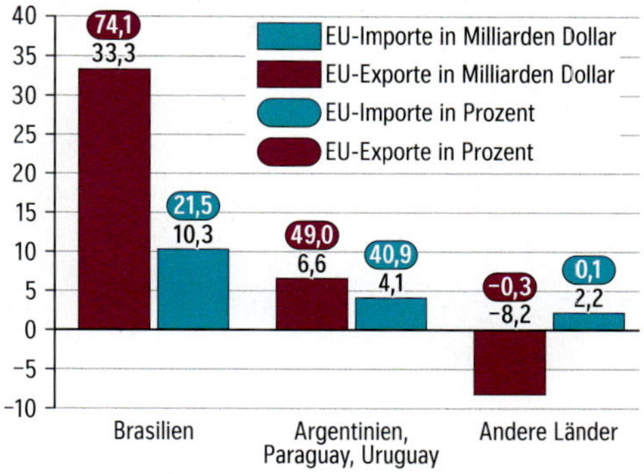

*Mercosur-Staaten: Argentinien, Brasilien, Paraguay, Uruguay
Daten: Instituto de Pesquisa Econômica Aplicada
Quelle: IW Medien / iwd, Köln, 2024 48193EX © Westermann

Simon Gerards Iglesias/Marie Krpata/Ana Helana Palermo Kuss, Zwischen „strategischer Autonomie" und „Zeitenwende": Die Bedeutung des Handels zwischen der EU und Mercosur, IW-Policy Paper, Nr. 8, Köln: Institut der deutschen Wirtschaft Köln e. V., 2024, https://www.iwkoeln.de/studien/simon-gerards-iglesias-die-bedeutung-des-handels-zwischen-der-eu-und-mercosur.html (Zugriff: 25.11.2024)

GLOSSAR
Außenhandel

M3 Frankreich wird Mercosur-Abkommen nicht unterzeichnen

Während seines Besuchs in Südamerika erklärte der französische Präsident Emmanuel Macron [...], dass Frankreich das „EU-Mercosur-Freihandelsabkommen in seiner jetzigen Form nicht unterzeichnen" werde. Eine Haltung, die von allen politischen Parteien Frankreichs unterstützt wird. „Wir können nicht von unseren Landwirten verlangen, [...] ihre Praktiken zu ändern und auf die Verwendung bestimmter Pflanzenschutzmittel zu verzichten", um eine „hochwertige" Produktion zu erreichen, „und gleichzeitig unseren Markt für massive Importe von Produkten öffnen, die nicht den gleichen Standards entsprechen", betonte Macron. Der französische Präsident erklärte, er habe seinem argentinischen Amtskollegen Javier Milei mitgeteilt, dass dieses Abkommen „für die Reindustrialisierung Argentiniens sehr schädlich und sehr schlecht für unsere Landwirtschaft wäre". [...]
Französische Landwirte hatten erneut landesweit demonstriert, um höhere Einkommen zu fordern, gegen das Freihandelsabkommen Stimmung zu machen und „Frankreichs Stimme Gehör zu verschaffen". Ein knappes Jahr zuvor hatten sie, im Januar 2024, das ganze Land lahmlegt, ähnlich wie auch im Rest von Europa.

Laurent Geslin, Frankreich wird Mercosur-Abkommen nicht unterzeichnen, in: EURACTIV.fr, übersetzt von Magdalena Kensy, Berlin: EURACTIV, 18.11.2024, https://www.euractiv.de/section/europa-kompakt/news/frankreich-wird-mercosur-abkommen-nicht-unterzeichnen/ (Zugriff: 25.11.2024)

INFO
Weitere Entwicklung
Am 06.12.2024 erreichten die Mercosur-Staaten und die EU eine Einigung über das Freihandelsabkommen. Damit es in Kraft tritt, muss es allerdings noch von den Mercosur- und den EU-Staaten ratifiziert werden.

1 Entwickeln Sie ausgehend von M1 Hypothesen zu möglichen Auswirkungen eines Freihandelsabkommens zwischen der EU und den Mercosur-Staaten.
2 Stellen Sie Ziele und mögliche Auswirkungen eines Freihandelsabkommens zwischen der EU und den Mercosur-Staaten dar (M2).
3 Arbeiten Sie die Kritik am EU-Mercosur-Handelsabkommen heraus (M3).
4 Erörtern Sie Möglichkeiten und Grenzen von Freihandelsabkommen zur Regulierung des Welthandels – auch im Vergleich zur WTO (Kapitel II.2.4).

QUERVERWEIS
Klausurtraining
S. 233–235

2.6 Zukunft des Welthandels – gefangen im Protektionismus?

BEGRIFF

Fachkonzepte
Interesse
Effizienz
Konflikt
Wettbewerb

M1 Rückkehr der Zölle?

MISTER BÜMERANG

Zeichnung: Jürgen Janson, 21.03.2018

M2 Szenario: Falls Trump die Zollkeule zückt

GLOSSAR

Inflation

QUERVERWEIS

Einbindung Deutschlands in internationalen Handel?
S. 178, M5

Trumps Drohung ist überaus ernst zu nehmen, Zölle in Höhe von 10 Prozent auf alle US-Importe und von 60 Prozent oder mehr auf Einfuhren aus China zu erheben. Denn er hat sich selbst des Öfteren als „*Tariff Man*“, also als Mann der Zölle bezeichnet. Die Handelspolitik sieht er vor allem als Hebel, um die US-Industrie zu schützen. Damit will er die Unterstützung der Industriearbeiter der *Swing States* gewinnen und sich diese entscheidende Wählerbasis auf Dauer sichern.

Leider hat diese Strategie dort verfangen, obwohl Zölle gerade weniger Wohlhabende besonders stark treffen, weil sie einen größeren Teil ihres Einkommens für Güter des täglichen Bedarfs ausgeben. Die Zölle werden zudem die Inflation in den USA wieder anheizen. Dabei hat Trump den Demokraten die hohen Preissteigerungen der letzten Jahre vorgeworfen – und damit den Finger in eine offene Wunde gelegt. Aber leider durchblickt nicht jeder Wähler diese Zusammenhänge. Zu viele lassen sich von dem Imponiergehabe des „*Tariff Man*“ blenden.

[...] Die deutsche Wirtschaft mit ihrer großen Exportorientierung würde unter den Trumpschen Zollerhöhungen besonders leiden. Da die USA der mit Abstand wichtigste Absatzmarkt für deutsche Exporteure ist, macht uns das besonders verletzlich. Hinzu kommt noch, dass US-Zollerhöhungen vermutlich Dominoeffekte haben würden. Wenn Trump die Zölle auf Importe auf China wie angekündigt in der Breite sehr stark erhöht, werden sich chinesische Exporteure andere Absatzmärkte suchen. Die Flut chinesischer Waren, die dann über die Welt schwemmt, wird die EU, aber auch viele andere Länder vermutlich dazu zwingen, sich davor zu schützen. Die Gefahr dabei ist, dass eine weltweite Welle neuen Protektionismus nicht nur chinesische Waren trifft, sondern auch deutsche.

Ein Handelskrieg droht auch, weil die EU zurecht mit Vergeltungsmaßnahmen droht. Die Giftliste liegt in Brüssel offenbar schon in der Schublade. Darauf finden sich viele sensible US-Waren vor allem von Produzenten in republikanischen Bundesstaaten, die die EU ihrerseits mit höheren Zöllen belegen würde.

Die Hoffnung ist, dass einflussreiche Interessengruppen Druck auf Trump auszuüben, sich mit der EU an den Verhandlungstisch zu setzen. Gemeinsamkeiten gerade mit Blick auf China gibt es genug und damit auch große Kooperationsmöglichkeiten. Doch die Gefahr besteht, dass das US-Defizit im Warenhandel mit der EU und Deutschland Trumps Denken so sehr prägt, dass er den Vergeltungsschlag der EU in Kauf nimmt. Möglicherweise antwortet er darauf sogar mit einer Erhöhung der US-Zölle auf 20 Prozent, wie er es schon in den Raum gestellt hat. Die EU würde darauf vermutlich wieder mit Gleichem vergelten.

Ein solches transatlantisches Handelskriegszenario käme der deutschen Wirtschaft teuer zu stehen. In einer kürzlich veröffentlichten IW-Studie haben wir geschätzt, welche Folgen gegenseitige Zölle von 20 Prozent haben würden.

Eingerechnet ist auch, dass Trump die Zölle auf chinesische Importe auf 60 Prozent erhöht. Dieses Horrorszenario würde die deutsche Wirtschaftsleistung am Ende der Amtszeit Trumps im Jahr 2028 um schätzungsweise knapp 1,5 Prozent geringer ausfallen lassen, als es sonst der Fall wäre. Über die gesamte vierjährige Präsidentschaft käme hier eine Schadenssumme von bis zu 180 Milliarden Euro zusammen (in Preisen von 2020). Die Modellrechnungen zeigen aber auch: Eine Vergeltung der EU fügt den USA einen größeren zusätzlichen Schaden zu als der EU. Brüssel kann also glaubwürdig mit den Gegenmaßnahmen drohen – und sollte dies auch tun.

Für das deutsche industriebasierte Exportmodell können die höheren US-Zölle noch weitere negative Konsequenzen haben. Denn sie steigern den Anreiz für Unternehmen, ihre Produktion in die USA zu verlagern, weil das Exportieren teurer wird. Produktionsverlagerungen würden die deutsche Wirtschaft zu einer Unzeit noch weiter schwächen. Und besonders bitter wäre es, wenn sich Trumps Strategie, ausländische Firmen stärker in die USA zu holen, auf diese Weise tatsächlich als erfolgreich erweisen würde. Die Unternehmen können sich hier anpassen und möglicherweise ihre Gewinne sichern, doch der Standort Deutschland bliebe beschädigt zurück.

Jürgen Matthes, Giftliste liegt in Brüssel in der Schublade: Das passiert, falls Trump die Zollkeule zückt, Köln: Institut der Deutschen Wirtschaft Köln e. V., 07.11.2024, https://www.iwkoeln.de/presse/in-den-medien/juergen-matthes-das-passiert-falls-trump-die-zollkeule-zueckt.html (Zugriff: 06.01.2025)

M3 Kosten des Protektionismus

So würden sich laut IMK die von Donald Trump angekündigten Zollerhöhungen* und chinesische Gegenreaktionen** auswirken auf das Bruttoinlandsprodukt der USA, Deutschlands, der Eurozone, der Welt ...

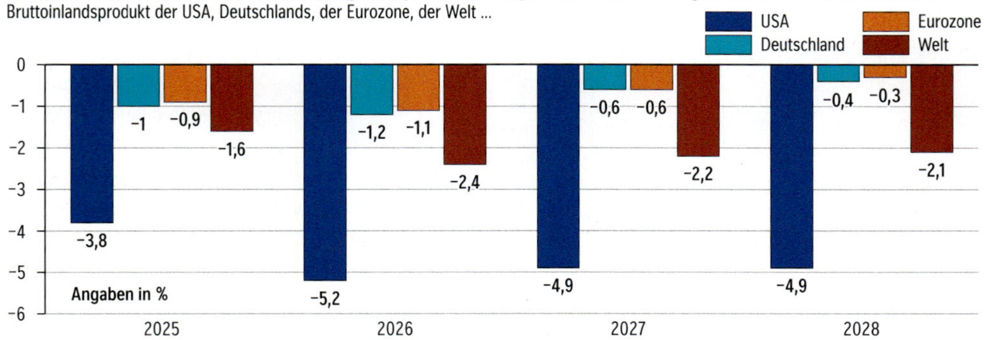

jeweils 4. Quartal, * 60 % auf Importe aus China, 15 % auf alle übrigen Importe, ** 60 % auf Importe aus den USA

Quelle: Institut für Makroökonomie und Konjunkturforschung (IMK), 2024 48192EX © Westermann

1 Erklären Sie die Aussageabsicht der Karikatur (M1).

2 Geben Sie die Informationen zu wirtschaftlichen Effekten von US-Zöllen wieder (M2, M3).

3 Erläutern Sie ausgehend von M2 und M3 „Dominoeffekte“ (M2, Z. 30 f.) protektionistischer Maßnahmen.

4 Überprüfen Sie das in M2 geschilderte Szenario vor dem Hintergrund aktueller Entwicklungen im Welthandel. HILFE

5 **Zusatzaufgabe:** Entwickeln Sie ein Konzept für eine zukünftige europäische Außenhandelspolitik angesichts protektionistischer Herausforderungen.

QUERVERWEIS
Operatorentraining „entwickeln“
S. 212–213

Operator „entwickeln“ (Anforderungsbereich III)

Definition:
zu einem Sachverhalt oder zu einer Problemstellung eine Einschätzung, ein Lösungsmodell, eine Gegenposition oder ein begründetes Lösungskonzept darlegen

QUERVERWEIS

MODELL
Politisches Urteilen
S. 69

Was heißt das genau?

Der Operator „entwickeln“ fordert im Anforderungsbereich III zu einer besonderen Form der Urteilsbildung auf: Im Fall eines Lösungsmodells oder -konzepts sollen Sie ein Gestaltungsurteil fällen, mit dem Sie darlegen, wie ein Sachverhalt oder eine Problemstellung Ihrer Meinung nach zu lösen ist. Bei einer Einschätzung sollen Sie Hypothesen (begründete Annahmen) zu einem Sachverhalt (z. B. hinsichtlich der Durchsetzbarkeit, Folgen/Auswirkungen oder Eintrittswahrscheinlichkeit) entwickeln. Schließlich kann es auch sein, dass Sie eine Gegenposition zu einer vorgegebenen Meinung entfalten sollen. In der Aufgabenstellung wird explizit formuliert, ob sie eine Einschätzung, ein Lösungsmodell, eine Gegenposition oder ein Lösungskonzept darlegen sollen.
In jedem Fall muss Ihre Darlegung begründet werden, und zwar mit Bezug auf Kriterien der Urteilsbildung wie Effizienz, Legitimität und/oder Grundwerte, um die Anforderungen des AFB III zu erfüllen.
Denken Sie bei der Verschriftlichung daran, eine aufgabenbezogene Einleitung zu formulieren und ein abschließendes Fazit zu ziehen.

TIPP

Nutzen Sie die Checkliste zur Planung und beim Schreiben als Orientierungshilfe. Sie können Ihren Text auch mithilfe der Checkliste von Mitschülerinnen und Mitschülern korrigieren lassen und ihn im Anschluss überarbeiten. Die Aspekte/Kriterien der Checkliste können Sie ggf. in Absprache mit Ihrer Lehrkraft anpassen. Eine bearbeitbare Vorlage findet sich unter:
WES-118496-222

Checkliste zum „Entwickeln“

	✓ bzw. ++ + o – -- und Verbesserungstipps
Einleitung:	
Wird ein Bezug auf die Aufgabenstellung und auf den Operator hergestellt?	
Wird die zu entwickelnde Einschätzung/Gegenposition bzw. das zu entwickelnde Lösungsmodell/Lösungskonzept einleitend in Grundzügen und in der Zielsetzung vorgestellt?	
Hauptteil:	
Werden Aspekte der Einschätzung/des Lösungsmodells/der Gegenposition/des Lösungskonzepts benannt und zur Strukturierung der Bearbeitung genutzt?	
Werden Begründungen für die einzelnen Aspekte der Einschätzung/des Lösungsmodells/der Gegenposition/des Lösungskonzepts angeführt?	
Werden direkte oder indirekte Materialbezüge hergestellt?	
Fazit:	
Wird ein klares Fazit zur inhaltlichen Ausrichtung bzw. Zielsetzung der Einschätzung/des Lösungsmodells/der Gegenposition/des Lösungskonzepts gezogen?	
Sprachlicher Ausdruck und sprachliche Richtigkeit:	
Wird Fachsprache sicher und korrekt verwendet?	
Ist der sprachliche Ausdruck stilistisch angemessen und sachlich formuliert?	
Werden die Regeln in den Bereichen Rechtschreibung, Zeichensetzung und Grammatik beachtet?	

Möglicher Lösungsansatz zu S. 211, Aufgabe 5 (in gekürzter Form)

Angesichts protektionistischer Herausforderungen in internationalen Wirtschaftsbeziehungen muss sich die europäische Außenhandelspolitik auf neue Rahmenbedingungen im internationalen Handel einstellen. Ein Konzept für eine mögliche Neuausrichtung bzw. Anpassung soll hier entwickelt werden.

aufgabenbezogene Einleitung

In diesem Konzept sollte meines Erachtens das Leitbild des Freihandels weiterhin im Mittelpunkt der EU-Außenhandelspolitik stehen, da protektionistische Maßnahmen sich insgesamt negativ auf das Bruttoinlandsprodukt und den gesellschaftlichen Wohlstand auswirken, wie z. B. M3 auf S. 211 zeigt.
Die Außenhandelspolitik sollte aber auch mit protektionistischen Mitteln auf Handelskonflikte reagieren können, wie das z. B. durch Importzölle auf E-Autos geschieht (vgl. Kap. II.2.1)

Vorstellung des Konzepts in Grundzügen

Hierzu muss die EU Vergeltungsmaßnahmen gegen unfaire Handelspraktiken ergreifen, wie sie z. B. in der „Giftliste" der EU für „sensible US-Waren" vorgeschlagen werden (S. 210, M2, Z. 42–45), weil so auch Signale an die amerikanischen Verbraucherinnen und Verbraucher gesendet werden können.

Materialbezüge/ Zeilenangaben

Die EU sollte Regelungen treffen, die vor einer Überflutung durch Produkte z. B. aus China schützen (S. 210, M2, Z. 35–38), z. B. mit Antidumping-Regeln und einheitlichen EU-Standards, um qualitativ minderwertige, umweltschädliche oder sozial schädliche Produkte aus Drittstaaten zu begrenzen.

Die Abhängigkeit der EU von wenigen großen Exportmärkten wie den USA sollte reduziert werden, weil so die schädliche Wirkung protektionistischer Maßnahmen einzelner Handelspartner reduziert werden kann. Freihandelsabkommen wie das EU-Mercosur-Abkommen (vgl. Kap. II.2.5) bieten Möglichkeiten dazu, …

Die EU sollte aber weiter danach streben, multilaterale Handelsregime zu stärken, indem sie eine Reform der WTO vorantreibt, weil allgemeingültige, verbindliche Handelsregime den Vorteil haben, dass … Besonders die Streitbeilegung der WTO sollte gestärkt werden, weil …

Vorstellung und fachliche Begründung einzelner Aspekte des Konzepts

Eine zukunftsfähige europäische Außenhandelspolitik muss strategisch ausgerichtet sein. Diversifizierung von Handelsabkommen und die Stärkung der WTO sind Ansätze dazu, protektionistische Schutzmaßnahmen sollten meines Erachtens die Ausnahme bleiben.

Fazit zur Ausrichtung des Konzepts

Formulierungshilfen

Passgenaue Aufgabenbezüge herstellen
Nach meiner Einschätzung …
Ein Lösungsmodell/Lösungskonzept ist es, …
Eine Gegenposition dazu lässt sich vor allem in Bezug auf den Aspekt … entwickeln.
Zielsetzungen verdeutlichen
Um auf die aktuellen Herausforderungen bei … zu reagieren, sollte …
Damit dieses Problem gelöst werden kann, ist es notwendig, dass …
Ein Ansatz ist es, … zu verändern.
Begründungen formulieren
…, weil nur so erreicht werden kann, dass …
…, um in Zukunft zu vermeiden, dass …
…, da nicht ausgeschlossen werden kann, dass …

Leitbilder der europäischen Außenhandelspolitik

Leitbilder der Außenhandelspolitik – Freihandel und Protektionismus

Freihandel und Protektionismus sind idealtypische **Leitbilder für die Außenhandelspolitik** von Staaten und Staatengruppen wie der Europäischen Union. Idealtypisch bedeutet, dass weder Freihandel noch Protektionismus in Reinform die gesamte Außenhandelspolitik bestimmen, da die Staaten im internationalen Handel in der Regel in Bezug auf unterschiedliche Wirtschaftsbereiche oder bestimmte Güter mehr oder weniger Freihandel bzw. Protektionismus anstreben.

Das **Leitbild des Freihandels** beruht auf den liberalen Handelstheorien in der Tradition von Adam Smith und David Ricardo (siehe Kapitel II.1.2, S. 180 ff.) und zielt darauf ab, Beschränkungen von grenzüberschreitenden Handelsströmen oder Kapitalflüssen abzubauen. Das Ziel ist es, Wohlstandssteigerung durch effizientere Verteilung von Ressourcen, globale Arbeitsteilung sowie eine Steigerung der Gesamtproduktivität durch absolute und komparative Kostenvorteile zu erreichen. Mit Freihandel wird Wettbewerb über die Grenzen eines Wirtschaftsraums hinweg angestrebt, der im Sinne liberaler Wirtschaftstheorien zu Innovationen anregt, ineffiziente Marktteilnehmer verdrängt und so ökonomische Effizienzzuwächse generiert.

Das **Leitbild des Protektionismus** (von lat.: *protectio* = Schutz) zielt auf den Schutz des eigenen Wirtschaftsraums vor ausländischen Waren, Dienstleistungen oder Kapitalflüssen. Eine solche Abschottung von grenzüberschreitenden Aktivitäten soll zu Wettbewerbsvorteilen nationaler Unternehmen auf dem heimischen Markt führen, vor allem, um die eigene Produktion vor internationalen Wettbewerbern zu schützen und inländische Arbeitsplätze zu sichern.

Instrumente von Freihandel und Protektionismus

Die zentralen **Instrumente protektionistischer Außenhandelspolitik** sind tarifäre und nichttarifäre Handelshemmnisse.

Tarifäre Handelshemmnisse sind in erster Linie von Staaten oder Wirtschaftsräumen erhobene **Zölle**, die auf die Einfuhr bestimmter Produkte aus dem Ausland erhoben werden. Produkte werden so auf dem inländischen Markt teurer, da die Importeure die Zollgebühren in der Regel zumindest in Teilen auf den Verkaufspreis aufschlagen. Zölle sollen so die Einfuhr von Gütern hemmen, da aufgrund von Preisnachteilen der Importe die Nachfrage danach zurückgeht oder ganz einbricht. Zudem können Zölle zu höheren Staatseinnahmen führen.

Nichttarifäre Handelshemmnisse sind sehr häufig **regulatorische Vorschriften**, wie z. B. technische Standards und Normen, Gesundheits- um Umweltschutzvorschriften oder auch Grenzformalitäten. Solche Vorschriften werden oft z. B. mit dem Verbraucherschutz oder ökologischen und sozialen Standards im eigenen Wirtschaftsraum begründet, sie stellen aber faktisch Handelshemmnisse dar, da sie den Marktzugang für ausländische Produkte erschweren.

Weitere nichttarifäre Handelshemmnisse stehen **Ein- und Ausfuhrverbote** dar, die z. B. aus Gründen nationaler oder internationaler Sicherheit verhängt werden, um z. B. bestimmte Staaten auf Basis internationaler Sanktionen vom internationalen Handel auszuschließen. Auch **Handelskontingente** – mengenmäßige Einfuhrbeschränkungen, die nur Importe einer festgelegten Anzahl von Gütern zulassen – gehören zu den nichttarifären Handelshemmnissen.

Zentrales **Instrument des Freihandels** ist der schrittweise Abbau von tarifären und nichttarifären Handelshemmnissen zwischen verschiedenen Wirtschaftsräumen, in der Regel durch **Handelsabkommen**, die zwischen zwei oder mehreren Ländern geschlossen werden (bilateral, plurilateral) oder auch multilateral möglichst alle Länder der Welt einschließen (wie die Regelungen der WTO, s. u.). Der Abbau von Handelshemmnissen zwischen kooperierenden Ländern führt zu unterschiedlich tiefer und umfassender wirtschaftlicher Integration: In **Präferenzzonen** vereinbaren beteiligte Staaten z. B. die Senkung von Zöllen und den Abbau von Handelskontingenten, in **Freihandelszonen** werden tarifäre und nichttarifäre Handelshemmnisse schrittweise abgebaut und in einer **Zollunion** werden gemeinsame Außenzölle festgelegt. In der Europäischen Union ist die wirtschaftliche Integration durch den **gemeinsamen Binnenmarkt** und die **Wirtschafts- und Währungsunion** maximal ausgebaut, sodass das Leitbild des Freihandels innerhalb der EU vollständig umgesetzt ist.

Nationale und europäische Handelspolitik – zwischen Freihandel und Protektionismus

Nicht nur innerhalb der EU ist die europäische – und damit auch die deutsche – Handelspolitik am Leitbild des Freihandels ausgerichtet, auch im Außenhandel orientieren sich die EU und Deutschland am Freihandel. Dennoch eröffnet eine Analyse nationaler und europäischer Handelspolitik den Blick auf Instrumente protektionistischer Außenhandelspolitik.
Die EU hat 2021 ihre handelspolitische **Strategie der „offenen strategischen Autonomie"** verabschiedet, in deren Titel sich schon eine Handelspolitik zwischen Freihandel und Protektionismus abbildet: Die EU will offen für globale Handelspartner sein und profitiert im Außenhandel stark vom Freihandel, weshalb globale (Frei-)Handelsregeln im Rahmen der WTO und plurilaterale Freihandelsabkommen angestrebt werden.
Das Beispiel der **Zölle auf chinesische E-Autos** zeigt aber auch, dass die EU sich mit tarifären Handelshemmnissen gegen Wettbewerbsnachteile gegenüber ausländischen Produkten wehren möchte. Außerdem strebt die EU mit ihrer Handelspolitik aber auch einen Beitrag zum globalen Klimaschutz an, indem sogenannte **CO_2-Zölle** für klimaschädlich produzierte Importprodukte erhoben werden sollen und hohe **Umwelt- und Sozialstandards** auch für importierte Waren Geltung erlangen sollen.
Weiterhin wird eine „strategische Autonomie" in Schlüsseltechnologien wie z. B. der Batterie- und Chipherstellung oder in sicherheitsrelevanten Bereichen wie der Pharmaindustrie angestrebt, um Abhängigkeiten vom Ausland und von funktionierenden Lieferketten zu reduzieren. Auch dies erfordert **tarifäre und nichttarifäre Handelshemmnisse** in nationaler und europäischer Handelspolitik, um eigene Produktionskapazitäten aufzubauen und vor ausländischer Konkurrenz zu schützen.

Möglichkeiten und Grenzen von Handelsregimen – WTO, internationale Handelsabkommen

Als Handelsregime bezeichnet man Regulierungen, die grenzüberschreitenden Handel ordnen und regulieren sollen. Einen Ordnungsrahmen mit internationalem Geltungsanspruch liefert das Regelwerk der **Welthandelsorganisation (World Trade Organization, WTO)**, internationale Handelsabkommen werden dagegen zwischen zwei oder mehreren Staaten oder Wirtschaftsräumen geschlossen, um bi- oder plurilaterale Handelsordnungen zu etablieren.
Die 1995 gegründete WTO, der die meisten Staaten der Welt angehören, ist dem Freihandel verpflichtet und verfolgt das Ziel, Handelshemmnisse global abzubauen und so fairen Welthandel zu garantieren, um den globalen Wohlstand zu vergrößern. Zur Gewährleistung des freien Welthandels gelten für alle Mitgliedsstaaten das Prinzip der Gegenseitigkeit, der Nichtdiskriminierung und der Liberalisierung des Welthandels. Damit stellt die WTO verbindliche Regeln für den freien Welthandel auf und bietet den Mitgliedern die **Möglichkeiten**, auf deren Geltung zu vertrauen und bei Handelsstreitigkeiten in Verfahren der Streitschlichtung vor dem „*Dispute Settlement Body*" einklagen zu können. Allerdings zeigen sich aktuell **Grenzen** der Handelsregulierung im Rahmen der WTO: Aus politischen Gründen ist der Streitmechanismus seit Jahren blockiert und zunehmende geostrategische Rivalitäten zwischen zentralen Akteuren im internationalen Handel behindern gemeinsame Beschlussfassungen im Rahmen der WTO.
Internationale Handelsabkommen wie das EU-Mercosur-Abkommen zielen auf die Liberalisierung des grenzüberschreitenden Handels zwischen den Vertragspartnern durch den – in der Regel schrittweisen – Abbau von tarifären und nichttarifären Handelshemmnissen. Sie eröffnen **Möglichkeiten** der Nutzung absoluter und komparativer Kostenvorteile, die unterschiedliche Wirtschaftsbereiche bei den Vertragspartnern stärken können, da neue Märkte für deren Produkte erschlossen werden. **Grenzen** solcher Liberalisierungseffekte sind zunächst darin zu sehen, dass Freihandel im Rahmen von Freihandelsabkommen auf die Vertragsregionen beschränkt ist. **Risiken** birgt zudem der Wettbewerb heimischer Akteure mit neuen Wettbewerbern aus dem Kreis der Vertragspartner, die z. B. aufgrund unterschiedlicher sozialer und ökologischer Standards günstiger produzieren, weshalb in modernen Handelsabkommen solche Standards oft mit festgelegt werden.

+ 3. Schwellen- und Entwicklungsländer in der ökonomischen Globalisierung

3.1 China – ein Entwicklungsland?

BEGRIFF

Fachkonzepte
Macht
Konflikt
Interesse

M1

Blick auf die chinesische Stadt Gangzhou

M2 Chinas Merkmale eines Entwicklungslandes

GLOSSAR

Organization for Economic Cooperation and Development (OECD)
Weltbank

[...] China weist weiterhin verschiedene Merkmale eines Entwicklungslandes auf, darunter eine Bevölkerung von mehr als 200 Millionen Menschen ohne Zugang zu sauberen Kochmöglichkeiten, weit verbreitete Umweltverschmutzung und eine Platzierung im Human Development Index [...] auf Rang 79 von 191 Ländern (und damit hinter Ländern wie Sri Lanka und Iran). Selbst Chinas anhaltende starke Abhängigkeit von Kohle, einem günstigen, aber umweltschädlichen Brennstoff, ist ein typisches Merkmal eines Entwicklungslandes. Dieses steht im Gegensatz zu den deutlich niedrigeren Abhängigkeiten in weiter entwickelten Volkswirtschaften [...].
Es wird erwartet, dass China in Kürze in die Kategorie „Hochlohnland" gemäß der Länderklassifikation der Weltbank aufsteigt, doch diese Änderung wird die Entwicklungslandmerkmale nicht sofort beseitigen. So schätzt die Internationale Energieagentur (IEA), dass es bis 2030 dauern wird, bis China der gesamten Bevölkerung einen grundlegenden Zugang zu sauberem Kochmöglichkeiten ermöglicht. Darüber hinaus liegt China in Bezug auf das Pro-Kopf-Einkommen in US-Dollar immer noch weit unter dem Niveau der weiter entwickelten Volkswirtschaften der [...] OECD.
Beachtenswert ist auch, dass Chinas Pro-Kopf-BIP derzeit nur halb so hoch ist wie das Portugals und in etwa dem weltweiten Durchschnittseinkommen aller entwickelten und sich entwickelnden Länder entspricht. [...] 2019 lebten zudem nur 2 Prozent der portugiesischen Bevölkerung unter der Armutsgrenze von 6,85 US-Dollar pro Tag, während dieser Anteil in China mehr als zehnmal so hoch war und bei 25 Prozent lag. Um das Niveau Portugals und anderer weiter entwickelter Volkswirtschaften zu erreichen, wird China nicht nur Zeit benötigen, sondern auch weiterhin anhaltendes Wirtschaftswachstum sicherstellen müssen.

Philippe Benoit, China Is Developing and Developed at the Same Time, in: Foreign Policy Magazine, Washington, DC: FP Group/Graham Holdings Company, 23.03.2023, https://foreignpolicy.com/2023/05/23/china-is-developing-and-developed-at-the-same-time/ (Zugriff: 06.02.2025) (aus dem Englischen übersetzt und verändert)

M3 Der Streit um den Status Chinas

Ist China ein Entwicklungsland oder nicht? Diese Frage sorgte zuletzt auf der Weltklimakonferenz COP27 in Ägypten für Zündstoff. Denn es geht um viel Geld. Entwicklungsländern stehen im Klimaschutz Privilegien zu, mit denen sie viel Geld sparen. Vor allem dürfen sie sich mehr Zeit lassen für ihre Klimaziele. [...]
Chinas Wirtschaft ist in den vergangenen Jahrzehnten rasant gewachsen; das Land ist auch aufgrund seiner Größe inzwischen der größte CO_2-Emittent der Welt. Und doch beharrt China stoisch auf seinem Status als Entwicklungsland – um möglichst wenig Verantwortung übernehmen zu müssen, wie Kritiker monieren. Viele internationale Organisationen stufen China bis heute als Entwicklungs- oder Schwellenland ein, darunter auch der Internationale Währungsfonds IWF. Doch die Debatte darüber läuft zum Beispiel auch in der Welthandelsorganisation WTO – die ebenfalls Entwicklungsländern Privilegien einräumt. [...]
Die Debatte in der Welthandelsorganisation WTO begann, als der damalige US-Präsident Donald Trump China vor ein paar Jahren vorwarf, es inszeniere sich in der Organisation bewusst als Entwicklungsland. Damit wolle das Land auf unfaire Weise Handelsvorteile erzielen. Zu den Vorteilen, die nach den WTO-Normen den Entwicklungsländern vorbehalten sind, gehören etwa längere Fristen für die Umsetzung von Abkommen, die typischerweise auf den Abbau staatlicher Unterstützung für bestimmte Wirtschaftszweige abzielen. Staatliche Förderung strategisch wichtiger Branchen aber ist in China an der Tagesordnung.
Das Problem: In der WTO gibt es keine Definitionen für diesen Status. Die Mitgliedsländer definieren selbst, ob sie „entwickelt" oder „Entwicklungsländer" sind. Dadurch beanspruchte selbst das mittlerweile ziemlich wohlhabende Südkorea bis 2020 erfolgreich den Entwicklungsland-Status. Die USA wollten dem ein Ende setzen und schlugen 2019 vor, die Selbstdeklarierung abzuschaffen und verbindliche Regeln einzuführen. Demnach sollten jene Staaten von der Sonderbehandlung ausgeschlossen werden, die wenigstens eines der folgenden Kriterien erfüllen:

- Einstufung als Staat mit hohem Einkommen durch die Weltbank,
- Mitgliedschaft bei OECD oder G20
- oder ein Anteil von über 0,5 Prozent am Welthandel.

China erfüllte damals schon zwei Kriterien: Es ist in der G20 und hat einen höheren Anteil am Welthandel. [...] Doch was ist China wirklich? Die Weltbank teilt die Volkswirtschaften der Welt in vier Einkommensgruppen ein – niedriges, unteres mittleres, oberes mittleres und hohes Einkommen. China ist demnach ein Land mit oberem mittlerem Einkommen, ebenso wie etwa die Türkei, Brasilien, Argentinien und Mexiko. Noch dazu liegt die Volksrepublik an der Schwelle zum „hohen Einkommen". Diese Grenze taxierte die Weltbank am Stichtag im Juli 2022 bei einem Pro-Kopf-Einkommen von 13.205 US-Dollar. Chinas Pro-Kopf-Einkommen lag laut Weltbank im Jahr 2021 mit 12.556 US-Dollar [2024: 12.720 US-Dollar] also knapp darunter. Zum Vergleich: Der Wert lag in Indien bei 2.277 US-Dollar [2024: 2.410] – und im reichen Deutschland bei 50.802 US-Dollar [2024: 48.717].

Christiane Kühl, Der Milliarden-Dollar-Streit: Ist China ein Entwicklungsland?, in: Frankfurter Rundschau online, 20.12.2022, https://www.fr.de/politik/china-entwicklungsland-milliarden-klimaschutz-cop27-wto-co2-ausstoss-zr-91985885.html (Zugriff: 19.08.2024)

GLOSSAR

G20

Internationaler Währungsfonds (IWF)

World Trade Organization (WTO)

INFO

Selbstdeklarierung
sich selbst einen Status geben

QUERVERWEIS

WTO
S. 204–207

1 Finden Sie eine passende Bildüberschrift für die Fotografie in M1. **HILFE**

2 Geben Sie die Gründe wieder, die laut M2 für die Einstufung Chinas als Entwicklungsland sprechen.

3 Erklären Sie die Kritik am Status Chinas als Entwicklungsland (M3). **HILFE**

QUERVERWEIS

Bruttonationaleinkommen
S. 162, Info

INTERNET

WES-118496-231
Link zu weiteren entwicklungspolitischen Kennzahlen der Volksrepublik China beim Bundesministerium für wirtschaftliche Zusammenarbeit und Entwicklung

M4 China und Deutschland im Vergleich

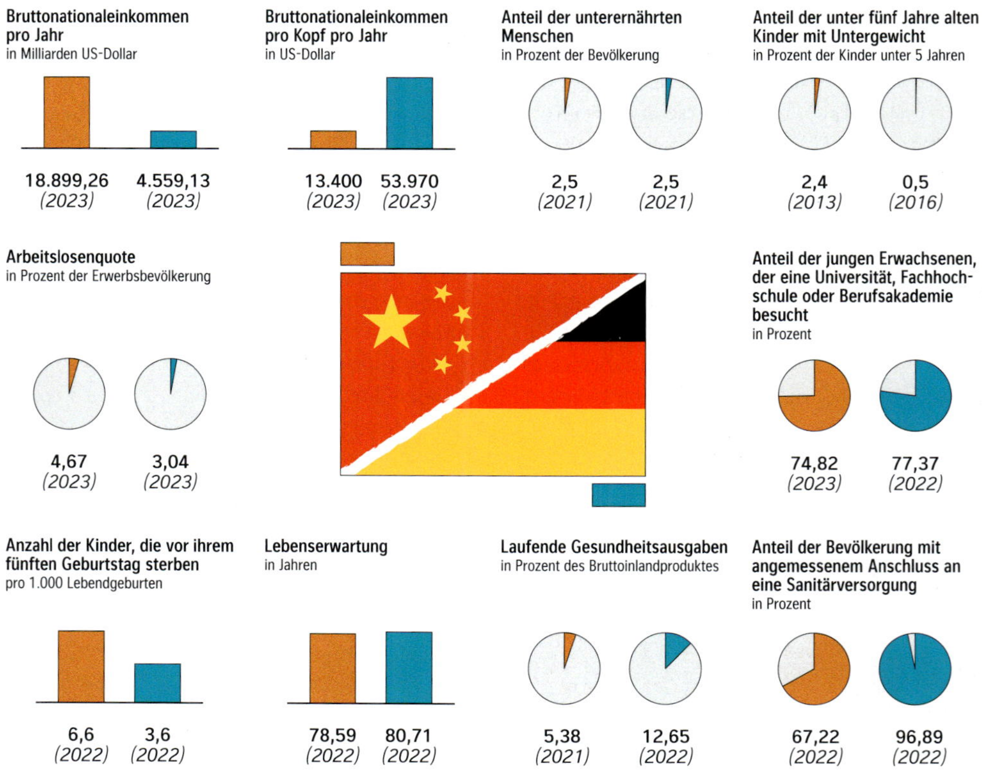

Quelle: Deutsche Zusammenarbeit mit China, Berlin: Bundesministerium für wirtschaftliche Zusammenarbeit und Entwicklung, https://www.bmz.de/de/laender/china (Zugriff: 19.08.2024)

M5 Merkmale von Entwicklungs- und Schwellenländern

a) Für den Begriff „Entwicklungsländer", der in Deutschland seit den 1950er-Jahren verwendet wird, gibt es keine einheitliche Definition. Die Mehrzahl dieser Staaten weist jedoch einige dieser gemeinsamen Merkmale auf:

1. eine schlechte Versorgung großer Gruppen der Bevölkerung mit Nahrungsmitteln, dadurch Unterernährung und Hunger
2. ein niedriges Pro-Kopf-Einkommen, Armut
3. keine oder nur eine mangelhafte Gesundheitsversorgung, eine hohe Kindersterblichkeitsrate und eine geringe durchschnittliche Lebenserwartung
4. mangelhafte Bildungsmöglichkeiten, eine hohe Analphabetenquote
5. hohe Arbeitslosigkeit, ein insgesamt niedriger Lebensstandard, eine oft extrem ungleiche Verteilung der vorhandenen Güter

Die Wirtschaft der meisten Entwicklungsländer ist von einer Struktur geprägt, bei der traditionelle Produktionsweisen – vorwiegend in der Landwirtschaft – einem modernen dynamischen Sektor – meistens im Industriebereich – gegenüberstehen. Da viele Entwicklungsländer hoch verschuldet sind, leidet ihre Wirtschaft oft unter Kapitalmangel und außenwirtschaftlichen Schwierigkeiten.

Entwicklungsland, Berlin: Bundesministerium für wirtschaftliche Zusammenarbeit und Entwicklung, https://www.bmz.de/de/service/lexikon/entwicklungsland-14308 (Zugriff: 19.08.2024)

b) Allgemein beschreibt der Begriff [Schwellenländer] sogenannte Entwicklungsländer, die im wirtschaftlichen Aufschwung begriffen sind. Schwellenländer sind also Entwicklungsländer, in denen sich umfassende ökonomische Wandlungsprozesse vollziehen: Es herrscht Prosperität. Das heißt, Wirtschaft, Pro-Kopf-Einkommen und Wohlstand wachsen. Die entsprechenden Länder befinden sich also an der Schwelle dazu, Industrienationen zu werden.
Andere Aspekte von Entwicklung wie Bildung, Gesundheitsversorgung, Energiewirtschaft, Verkehrsinfrastruktur und Versorgung mit Trinkwasser hinken dem wirtschaftlichen Aufschwung dabei oft hinterher. Darin unterscheiden sie sich von Industrienationen, die in allen Bereichen wirtschaftlichen und sozialen Lebens einen gewissen Entwicklungsstand aufweisen.
Der Begriff „Entwicklungsland“ und damit auch das Konzept „Schwellenland“ ist jedoch nicht unproblematisch. Denn die Begriffe suggerieren, dass das einzig erstrebenswerte Ziel von Ländern sein kann, sich in Richtung der reichen, kapitalistischen Industrienationen zu entwickeln.

Andreas Kalus, Schwellenland: Definition und Merkmale, in: Focus online, 27.12.2020, https://praxistipps.focus.de/schwellenland-definition-und-merkmale_127737 (Zugriff: 19.08.2024)

c) Beispiel einer Ländereinteilung

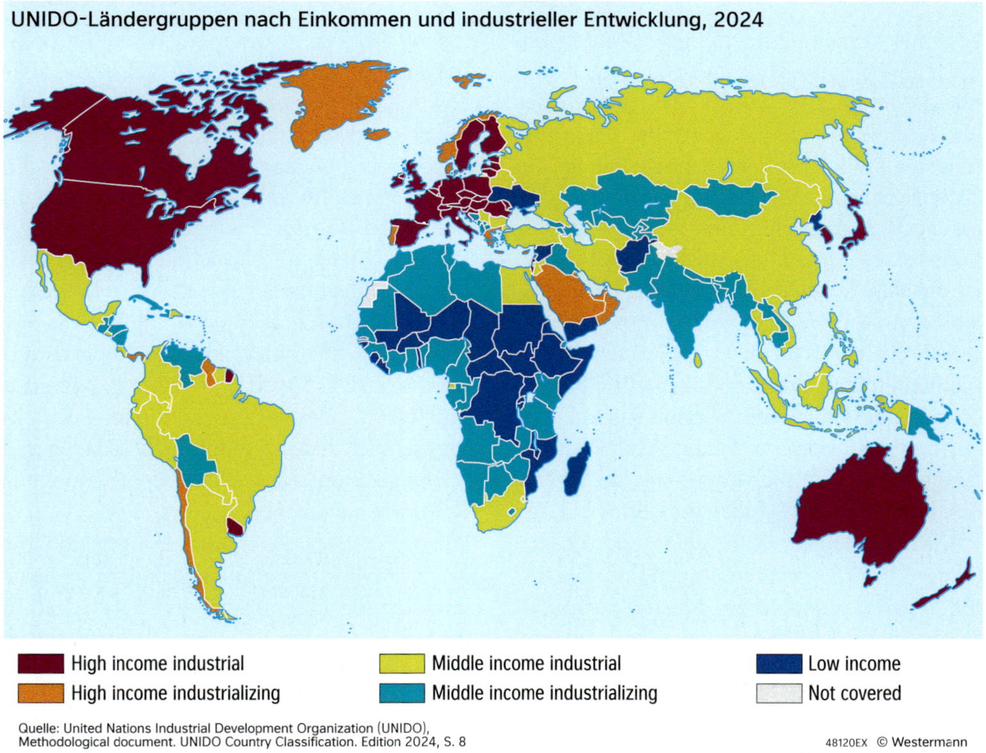

1 Überprüfen Sie anhand der Kriterien aus M5 und der Daten aus M4, ob die Forderungen aus M3 berechtigt sind.

2 Erörtern Sie vor dem Hintergrund von M2 bis M5, ob China in Ihren Augen als Entwicklungsland gelten kann/sollte. HILFE

3 Setzen Sie sich kritisch mit der Einteilung in „Schwellen- und Entwicklungsländer“ auseinander (siehe auch Querverweis).

4 **Zusatzaufgabe:** Recherchieren Sie ausgehend von der Karte M5 c), was die Begriffe „globaler Norden“ und „globaler Süden“ ausdrücken und wieso sie häufig ebenfalls genutzt werden (siehe auch Querverweis).

QUERVERWEIS

Hintergrundinformation zu Begriffskritik und -entwicklungen
S. 164, M2

3.2 Wirtschaftliche Stagnation von Entwicklungsländern als Folge globaler Handelsbeziehungen?

BEGRIFF

Fachkonzepte
Interesse
Markt
Verteilung

M 1 Das Geschäft mit dem Kakao

Kakao ist eine milliardenschwere Industrie. Jährlich produzieren afrikanische Bauern Dreiviertel der weltweit geernteten 4,70 Millionen Tonnen Kakao. Ghana und die Elfenbeinküste allein produzieren fast 60 Prozent davon. Doch das spiegelt sich nicht in den Geldbörsen der Bauern wider: Sie erhalten nur etwa fünf Prozent des Verkaufspreises einer Tafel Schokolade.

Isaac Kaledzi/Andreas Becker/Silja Fröhlich, Wie kann Ghana von teurem Kakao profitieren?, Bonn: Deutsche Welle, 12.05.2024, https://p.dw.com/p/4fdA5 (Zugriff: 19.11.2024)

M 2 Eine Ursache: die Verschlechterung der „Terms of Trade"

F

Erklärfilm: Terms of Trade

Bei einer Versammlung [...] in einem Dorf an der Elfenbeinküste machen 200 Frauen und Männer ihrem Ärger Luft, denn vom Kakaoanbau können sie nicht leben: „Die Regierung muss die Preise erhöhen", sagt ein Bauer. „Ein europäischer Autohersteller würde seine Autos doch auch nicht unter seinen Herstellungskosten verkaufen, so wie wir das hier häufig beim Kakao machen. Wir sind doch diejenigen, die den Kakao anpflanzen, und wir sollten deshalb auch die Preise festsetzen."
Die Elfenbeinküste ist eines von 101 Ländern, die besonders stark vom Verkauf von Rohstoffen und landwirtschaftlichen Produkten abhängen. Dazu zählt die Konferenz der Vereinten Nationen für Handel und Entwicklung, UNCTAD, Staaten, wenn sie mindestens 60 Prozent ihrer Exporteinnahmen mit Rohstoffen erzielen. Von den 101 Staaten verkaufen 38 vorwiegend landwirtschaftliche Produkte, 32 Staaten vor allem mineralische Rohstoffe und 31 Rohöl. Hauptimporteure sind China, Deutschland, Japan und die USA. Diese vier kaufen knapp 40 Prozent aller Rohstoffe auf. Manche Staaten nehmen viel Geld mit dem Rohstoffverkauf ein, vor allem die ölexportierenden Länder, für andere kann Rohstoffhandel jedoch ein besonders schlechtes Geschäft sein. [...]
Der Welthandel wuchs. Auch die Entwicklungsländer verkauften mehr Rohstoffe. Aber davon hatten sie wenig, weil die Preise für die Exportgüter der Industrieländer – Maschinen, Autos oder Medikamente – schneller stiegen als die Preise für landwirtschaftliche und mineralische Rohstoffe aus den Entwicklungsländern. Fachleute bezeichnen dies als eine Verschlechterung der Austauschverhältnisse, englisch „*Terms of Trade*". Außerdem erschwerten die Industrieländer Importe aus dem globalen Süden, etwa durch Zölle auf halbfertige oder fertige Produkte. Entwicklungsländer hätten somit nichts davon gehabt, eine industrielle Weiterverarbeitung für Rohstoffe aufzubauen. [...]
Einige Forscher sahen den Hauptgrund für diese Entwicklungsprobleme [auch] in einer anhaltenden Prägung der Volkswirtschaften im globalen Süden als Rohstofflieferanten für ihre ehemaligen Kolonialherren aus Europa. Sie hatten riesige Flächen mit Rohstoffen für ihren Bedarf anbauen lassen, das Vereinigte Königreich beispielsweise Tee und Baumwolle in Indien, Belgien Kautschuk im Kongo oder Frankreich Kakao in Westafrika. Dieses Austauschsystem habe trotz der Dekolonisierung weiterhin die wirtschaftlichen Beziehungen geprägt, sagten die Vertreter der Dependenztheorie.

Caspar Dohmen, Als der globale Süden eine Neue Weltwirtschaftsordnung forderte, in: Deutschlandfunk, Köln: Deutschlandradio, 12.04.2022, https://www.deutschlandfunk.de/weltwirtschaftsordnung-entwicklungslaender-industrielaender-100.html (Zugriff: 15.10.2024)

INFO

Dependenztheorie
Im Kern besagt die Dependenztheorie, dass die Probleme vieler Entwicklungsländer durch strukturelle, von den Industrienationen mit zu verantwortenden Faktoren verursacht werden (z. B. durch den Kolonialismus).

M3 Stagnierende Entwicklung in der Krise

a) Wachstum im Vergleich

Wachstumsdifferenz Entwicklungs- versus Industrieländer (in Prozentpunkten)

48082EX © Westermann
* Schätzung; Quelle: IWF

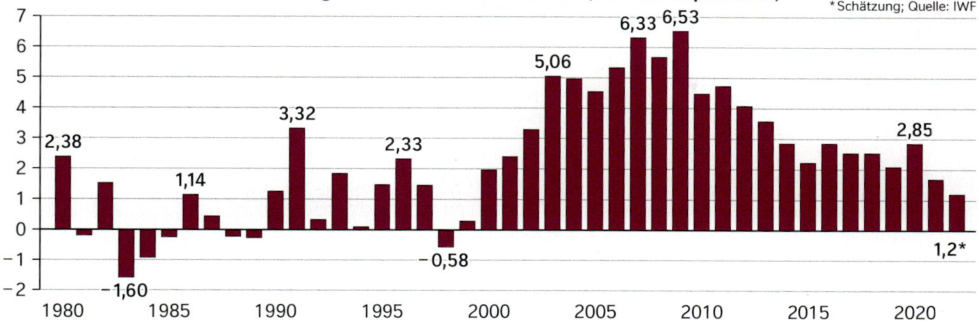

INFO

Lesehilfe
Die Grafik zeigt den Wachstumsunterschied zwischen Entwicklungsländern und Industrieländern. Beispiel: 1980 zeigten die Entwicklungsländer ein 2,38 % stärkeres Wirtschaftswachstum als die Industrieländer.

b) Das Wirtschaftswachstum der 45 Subsaharaländer liegt [2023] bei 3,5 Prozent. Das ist jämmerlich wenig für Entwicklungsländer generell, für Erholungsphasen speziell und für Länder, deren Bevölkerung jährlich um 2,5 Prozent wächst. Das heißt, dass für viele der Wohlstand schrumpft. Zwei Entwicklungen sind dabei besonders besorgniserregend.
Die beiden Faktoren, die in den letzten Jahrzehnten entscheidend dazu beigetragen haben, die globale Armut zurückzudrängen, schwächeln. Der globale Handel wächst dieses Jahr nur noch um zwei Prozent. Das ist noch nicht einmal halb so viel wie in den Blütejahren der Globalisierung vor 20 Jahren. In Afrika stagniert der Güterhandel sogar. Investitionen in Entwicklungsländer haben sich ebenfalls halbiert seitdem. Afrikanische Länder, die Investitionen am nötigsten brauchten, bekamen besonders wenig. Weltbank-Präsident Ajay Banga wies auf das Sonderproblem des innerafrikanischen Handels hin. Dieser steckt in den Kinderschuhen, weil Infrastruktur fehlt und manche Länder ihre Grenzen abschotten. Vieles läuft seit Jahren falsch: Die Entwicklungsländer, und viele andere Länder ebenso, haben die Phase niedriger Zinsen und günstiger Kredite nach [der globalen Finanzkrise] 2010 kaum für produktive Investitionen genutzt. Stattdessen haben sie für den Konsum Schulden aufgenommen, weil deren Bedienung günstig blieb. Die auf IWF-Tagungen leierhaft wiederholte Beschwörung, die guten Phasen zu nutzen, um Finanzpuffer aufzubauen, muss unbemerkt zwischen die Businessclass-Sitze gerutscht sein, als die Finanzminister wieder heimflogen in ihre Hauptstädte. Schon vor der Pandemie hatte sich die Schuldensituation vieler Länder verschlechtert. Jetzt macht sich bemerkbar, dass Chinas Wirtschaft kriselt und das Land als Käufer weniger Dynamik an den Tag legt.
Die große Frage lautet: Wie kann man jene Wachstumskräfte aufs Neue entfesseln, die vom Jahr 2000 an Hunderte Millionen Menschen aus dem Gefängnis der Armut freiließen?

*Winand von Petersdorff-Campen, Die Armen brauchen mehr Handel, in: Frankfurter Allgemeine Zeitung online, 14.10.2023, https://www.faz.net/aktuell/wirtschaft/globalisierung-fuer-viele-schrumpft-der-wohlstand-19241785.html (Zugriff: 19.08.2024) (*ausführlicher Nachweis S. 255)*

1 Formulieren Sie einen Eintrag einer Kakaobäuerin/eines Kakaobauern in einem sozialen Netzwerk, in dem sie/er auf seine Produzentensituation aufmerksam machen möchte (M1).

2 Erläutern Sie mögliche Gründe für die Probleme vieler Entwicklungsländer (M2). **HILFE**

3 Erklären Sie, wieso die Entwicklung bei vielen Entwicklungsländern in den letzten 15 Jahren ins Stocken geriet (M3).

4 Entwickeln Sie Ideen, wie die Situation der Entwicklungsländer verbessert werden könnte. **HILFE**

3.3 Expertengruppen: Vergleich von Schwellen- und Entwicklungsländern anhand von Wohlstandsindikatoren

BEGRIFF

Fachkonzepte
Macht
Werte
Interesse
Gerechtigkeit
Verteilung

Auf den folgenden Buchseiten werden verschiedene Wohlstandsindikatoren zum Vergleich von Ländern vorgestellt. Auf diesem Lernweg beschäftigen Sie sich in Expertengruppen mit einem Vergleichsinstrument intensiv und präsentieren dieses am Ende Ihren Mitschülerinnen und Mitschülern.
Suchen Sie sich zunächst einen Indikator aus und folgen Sie dann den Schritten dieses Lernwegs.

Schritt 1: Materialarbeit

- Erklären Sie mithilfe der Materialien auf der entsprechenden Buchseite, wie bzw. anhand welcher Kriterien Ihr Indikator Länder miteinander vergleicht.
- Erläutern Sie bestehende Kritik und/oder Alternativen zu Ihrem Vergleichsinstrument.

INTERNET

WES-118496-232
Hier finden Sie für jeden Indikator einen Link zu einem Erklärvideo.

Schritt 2: Recherche

- Recherchieren Sie Platzierungen bzw. Kennzahlen Ihres Indikators zu den Ländern
  - Angola
  - Bolivien
  - Brasilien
  - Deutschland
  - Indien
- Stellen Sie Ihre Ergebnisse übersichtlich dar.
  Tipp: Nutzen Sie zur Veranschaulichung auch Karten.

Schritt 3: Präsentation

- Nutzen Sie Ihre Ergebnisse und erarbeiten Sie eine Präsentation zu Ihrem Indikator.
- Erstellen Sie auch ein Handout für Ihre Mitschülerinnen und Mitschüler.

TIPP

Führen Sie **Schritt 4 in gemischten Gruppen** durch, sodass sich jede Gruppe aus Expertinnen und Experten der einzelnen Indizes zusammensetzt.

Schritt 4: Reflexion

- Erörtern Sie in Ihrem Kurs jeweils Vor- und Nachteile jedes Indikators und erstellen Sie ein Ranking der Indikatoren.
- Beurteilen Sie, wie geeignet die Indikatoren sind, um Schwellen- und Entwicklungsländer miteinander zu vergleichen.

Wohlstandsindikatoren im Überblick

Indikator	Seite im Buch
Gini-Koeffizient	S. 223
Bruttoinlandsprodukt (BIP)	S. 224
Genuine Progress Indicator (GPI)	S. 225
Human Development Index (HDI)	S. 226
Happy Planet Index (HPI)	S. 227

QUERVERWEIS

Operatorentraining „vergleichen“
S. 192–193

1 Vergleichen Sie verschiedene Länder mithilfe des Lernwegs und der folgenden Materialien. HILFE

A. Der Gini-Koeffizient

M1 Definition des Gini-Koeffizienten

Der Gini-Koeffizient ist ein statistisches Standardmaß zur Messung der Ungleichheit einer Verteilung. Am häufigsten eingesetzt wird der Koeffizient zur Bestimmung von Einkommens- und Vermögensungleichheit. Er kann Werte zwischen 0 und 1 annehmen. Je höher der Wert, desto stärker ausgeprägt ist die gemessene Ungleichheit. Beispielsweise bedeutet ein Gini-Koeffizient von 0, dass alle verglichenen Personen genau das gleiche Einkommen oder Vermögen haben. Ein Wert von 1 dagegen bedeutet, dass eine Person das gesamte Einkommen erhält oder Vermögen besitzt und alle anderen nichts. Benannt wurde der Koeffizient nach seinem Erfinder, dem italienischem Statistiker Corrado Gini.

Gini-Koeffizient, Berlin: Deutsches Institut für Wirtschaftsforschung e. V. (DIW Berlin), https://www.diw.de/de/diw_01.c.413334.de/gini-koeffizient.html (Zugriff: 16.10.2024)

M2 Kritik am Gini-Koeffizienten und eine Alternative

Wie in vielen politischen Fragen wird hier [beim Thema soziale Ungleichheit] mit sehr unterschiedlichen Zahlen jongliert. Die Ausmaße von sozialer Ungleichheit werden dabei teilweise sehr unterschiedlich eingeschätzt. Ein Grund dafür ist, dass es gar nicht so einfach ist, soziale Ungleichheit zu messen. Meist wird der Gini-Koeffizient zu Rate gezogen. Allerdings mehren sich die Stimmen der Gini-Kritiker. Der Gini-Koeffizient gibt nur einen ungefähren Mittelwert zur Gesamtsituation der Ungleichheit, beantwortet aber nicht die Frage, was mit dem Anteil der Reichsten und Ärmsten geschieht – schließlich bewegt eben diese Frage die meisten Menschen. Es geht nicht in erster Linie um kleine Veränderungen in der Einkommensverteilung, es geht um die Geringverdienenden, die in der Gesellschaft zurückbleiben, während sich der Reichtum der sehr begüterten Menschen zunehmend schneller vermehrt. Der Gini-Koeffizient jedoch gewichtet eine Veränderung in der Einkommensverteilung stets gleich, ob sie sie nun an der Spitze, am Boden oder irgendwo in der Mitte der Verteilung stattfindet. Es gibt allerdings wohl wenige Zweifel, dass „ein paar Euro mehr oder weniger" für manche gar nicht bemerkbar sind, für andere jedoch Einschnitte bedeuten. Dem Gini-Koeffizienten wird an dieser Stelle vorgeworfen, dass er zu sensibel Entwicklungen in der Mitte der Einkommensverteilung anzeigt, während Entwicklungen an beiden Extremen nur schlecht erfasst werden. Dennoch ist dieser Indikator unangefochten auf dem Thron der Messung von sozialer Ungleichheit. Wie kommt das? Der Gini-Koeffizient vermag es ‚ein komplexes Thema mit einer einzigen Zahl zwischen 0 (absolut gleichmäßige Verteilung) und 1 (eine Person besitzt alles) verständlich auszudrücken. Die Zahlen sind also leicht verständlich und kommunizierbar – es braucht kein Statistikstudium, um eine Weltkarte mit Gini-Werten zu interpretieren.

Doch die Einschränkungen in der Aussagekraft des Koeffizienten bleiben. Nun schlagen immer mehr Forscher vor, den Gini-Koeffizienten zurück in die Zauberlampe zu stecken und stattdessen die Palma-Ratio zu verwenden. Dieser neue Indikator [Palma-Ratio] fußt auf der Arbeit des chilenischen Ökonomen Gabriel Palma und beschreibt das Verhältnis der reichsten 10 % und der ärmsten 40 % einer Bevölkerung am Bruttonationaleinkommen. Das bedeutet, bei einer Palma-Ratio von zum Beispiel 4 erhalten die Top-10 % viermal mehr Einkommen als die untersten 40 %. So werden die besonders sensiblen Themen innerhalb der Debatte von Ungleichheit, wenn es um „Arm und Reich" geht, wesentlich besser abgedeckt als durch den Gini-Koeffizienten.

Marius Hasenheit, Ungleichheit falsch gemessen? Palma vs. Gini, in: Freitag-Community, 23.02.2015, https://www.freitag.de/autoren/marius-hasenheit/ungleichheit-falsch-gemessen-palma-vs-gini (Zugriff: 19.08.2024)

B. Das Bruttoinlandsprodukt (BIP)

M1 Definition des Bruttoinlandsprodukts

Es [...] ist weit mehr als der Gesamtwert aller Güter, Waren und Dienstleistungen, die in einem Jahr hergestellt werden: Das Bruttoinlandsprodukt, kurz BIP, ist der Wohlstandsindex schlechthin. Wächst es, geht es aufwärts im Land. Bricht es ein, so wie in diesem Frühjahr [2020], herrscht Krise. So verkürzt, würde da wohl kaum jemand widersprechen. Dennoch steht das Bruttoinlandsprodukt als Wohlstandsmesszahl seit Langem in der Kritik. Es sagt nämlich nichts darüber aus, wie ungleich die Einkommen verteilt sind, wie sauber die Luft ist und wie sehr sich die Menschen gegenseitig unterstützen, wenn sie im Alter Hilfe brauchen. Das Bruttoinlandsprodukt kann sogar wachsen, wenn etwas Schlimmes passiert: Nach einem Erdbeben müssen etwa häufig viele neue Häuser gebaut werden. [...] [Das BIP] misst zwar nicht direkt, wie es um die Gesundheit der Bürger, ihre Lebenserwartung und die Gefahr, arm zu werden, steht. Betrachtet man aber das Bruttoinlandsprodukt pro Kopf, fällt auf, dass die meisten dieser Dinge hoch positiv korreliert sind. Oder anders gesagt: Werden die Menschen im Durchschnitt materiell reicher, geht es ihnen auch in vielen anderen Lebensbereichen besser. Ifo-Präsident [Clemens] Fuest weist zudem darauf hin, wie relevant die BIP-Entwicklung für die Entwicklung von Steuereinnahmen und öffentliche Ausgaben ist. So riss ein einziger schlagartiger Einbruch des Wirtschaftswachstums ein enormes Loch in die Staatskasse. Es fehlt also Geld, das zum Beispiel für Bedürftige in Form von Sozialleistungen ausgegeben werden kann. Die Folgen können dann auch alternative Indikatoren zeigen – allerdings erst mit einiger Verzögerung.

INFO

Ifo
Ifo ist die Abkürzung für das Institut für Wirtschaftsforschung, das sich mit makroökonomischen Fragestellungen auseinandersetzt und u. a. den Ifo-Geschäftsklimaindex herausbringt.

*Johannes Pennekamp, Das Bruttoinlandsprodukt ist unkaputtbar, in: Frankfurter Allgemeine Zeitung online, 03.11.2020, https://www.faz.net/aktuell/wirtschaft/konjunktur/wohlstand-in-deutschland-das-bip-ist-das-mass-aller-dinge-17032763.html (Zugriff: 19.08.2024) (*ausführlicher Nachweis S. 255)*

M2 Kritik am BIP

Die Entstehungsgeschichte des BIP verdeutlicht, dass die Entscheidung darüber, was gemessen wird, immer auch eine Frage politischer Interessen ist. Der Einfluss von politischen Interessen gerät jedoch oft in Vergessenheit, weil in Zahlenwerten ausgedrückte Indikatoren als objektive „harte Fakten" wahrgenommen werden. [...]

Für die meisten Länder des globalen Südens markiert die Einführung des BIP den Moment, in dem ihre vielfältigen, durch informelle lokale und regionale Wirtschaftskreisläufe und komplexe traditionelle Wirtschaftsformen geprägten Volkswirtschaften als „arm" abgestempelt wurden. Zwar betonen die Ökonom/-innen, die die zugrundeliegenden Berechnungen durchführen, immer wieder, dass sich so unterschiedliche Volkswirtschaften wie die des afrikanischen und die des europäischen Kontinents nicht anhand einer einzigen Kennzahl vergleichen lassen. Dennoch dominiert das politische Interesse an eben dieser Zahl – und verengt entsprechend den politischen Diskurs und das Spektrum der politischen Handlungsmuster. [...]

Während die makroökonomischen Experten Bedenken äußerten über die Möglichkeit eines weltweit vergleichenden epistemischen Konzepts, und während die Wirtschaftsstatistiker fundamentale Probleme bei der Erfassung ökonomischer Kennzahlen für die armen Länder beklagten, gewann die umstrittene Wissensform in internationalen Organisationen rasch an Bedeutung.

INFO

epistemisch
wissenschaftlich

„Als Wohlstandsindikator ist das BIP zu eng. Naturkapital zu messen, erlaubt einen differenzierteren Blick auf den Zustand einer Volkswirtschaft.", in: Dossier: Neue Ökonomie der Natur, Berlin: Heinrich-Böll-Stiftung e. V., https://www.boell.de/de/2017/07/09/das-bruttoinlandsprodukt-ist-als-wohlstandsindikator-zu-eng-naturkapital-zu-messen-und (Zugriff: 19.08.2024)

C. Der Genuine Progress Indicator (GPI)

M1 Definition des Genuine Progress Indicators

Der Genuine Progresss Indicator (GPI) wurde 1995 von der NGO Redefining Progress auf Basis des ISEW – Index of Sustainable Economic Welfare adaptiert. Die beiden sind konzeptuell identisch, in der Praxis war der GPI im Vergleich zu seinem (mittlerweile) europäischen Zwilling bislang erfolgreicher. [...] Es handelt sich beim GPI um ein korrigiertes BIP: Ausgangspunkt sind die privaten Konsumausgaben, korrigiert um Verteilungsfragen, den Nutzen nichtmarktlicher Produktion und die externen Kosten ökonomischer Wertschöpfung bzw. die Abnutzung bzw. Zerstörung „natürlichen Kapitals". Die Komponenten im Einzelnen sind:

1. Schätzungen privater Konsumausgaben, gewichtet mit einem Index der ungleichen Einkommensverteilung. Damit rückt der private Endkonsum ins Zentrum, berücksichtigt werden auch soziale Kosten der Ungleichheit, darunter der abnehmende Grenznutzen für Reiche.
2. Schätzung des Nutzens von unbezahlter Arbeit durch Freiwillige, Hausleute, Eltern & durch Nutzung von Haushaltskapital und öffentlicher Infrastruktur. Damit wird die Verzerrung des BIP durch die Ignoranz gegenüber unbezahlter Arbeit korrigiert.
3. Abschreibungen von rein defensiven Ausgaben, z. B. in Verbindung mit Umweltverschmutzung, Verkehrsunfällen, Verlust an Freizeit, aber auch durch die Abnutzung bzw. Zerstörung von natürlichem Kapital.

GPI – Genuine Progress Indicator, Graz: ImZuWi – Impulszentrum Zukunftsfähiges Wirtschaften, https://www.imzuwi.org/index.php/homepage/79-ueber-uns/158-gpi-genuine-progress-indicator (Zugriff: 19.11.2024)

INFO

Grenznutzen
ist der zusätzliche Nutzen, der durch den Konsum weiterer Einheiten eines Gutes entsteht.

M2 Kritik am GPI

Doch auch der GPI ist nicht frei von Schwächen. Zu hinterfragen ist die Annahme, jegliche Faktoren, die den gesellschaftlichen Wohlstand abbilden, könnten in monetäre Werte umgewandelt werden. Der GPI stellt sich hiermit ebenso wie das BIP in einer zu steigernden Geldeinheit dar und verharrt damit in der Logik des unüberwindbaren Wirtschaftswachstums. Denkbar wäre schließlich auch, die Wirtschaft auf die Steigerung eines anderen, nicht monetären Index auszurichten und dabei die Annahme zu hinterfragen, gesteigerter Konsum sei das allgemeine gesellschaftliche Bedürfnis, welchem die Wirtschaft nachkommen müsse.

Die monetäre Bewertung des GPI suggeriert außerdem, dass einzelne Größen durch andere substituiert werden können. Die von Postwachstums-Theorien [...] geforderte Transformation der Gesellschaft weg von Konsum und materiellem Wachstum, bei gleichzeitigem Anstieg des gesellschaftlichen Wohlstands, kann daher durch den GPI unter Umständen nicht ideal dargestellt werden.

Maja Göpel, Generalsekretärin des Wissenschaftlichen Beirats der Bundesregierung für Globale Umweltveränderungen (WBGU), beschreibt die Kritik am Wachstum ganz allgemein sehr treffend mit dem „Ökonomischen Paradox", dass es den Menschen nach Ansicht der Ökonom*innen immer besser gehe, je mehr sie konsumieren (können). Wachsender Wohlstand kann nicht mit wachsendem Konsum gleichgesetzt werden. Wohlstand, Zufriedenheit und Glück lassen sich nicht allein mit materiellen Konsumeinheiten befriedigen. Sind Grundbedürfnisse wie Sicherheit, soziale Beziehungen, Wohnraum und Nahrung befriedigt, nimmt auch die Zufriedenheit einen suffizienten Status ein. Mehr Konsum bedeutet offenkundig nicht mehr Wohlstand.

Mira Leo/Pascal Kraft, „Die Verwandlung": Ringen um einen neuen Wohlstandsbegriff, in: Exploring Economics, Berlin: Netzwerk Plurale Ökonomik e. V., https://www.exploring-economics.org/de/entdecken/die-Verwandlung-neuer-Wohlstandsbe/ (Zugriff: 19.11.2024)

INFO

suffizient
ausreichend

D. Der Human Development Index (HDI)

M 1 Definition des Human Developement Index

INFO

Grenzwerte
Lebenserwartung: 20 Jahre vs. 85 Jahre
Schulbildung: 0 Jahre vs. 15 Jahre
BNE: 100 $ vs. 75.000 $
Je nachdem, wie nah ein Land am oberen Grenzwert liegt, erhält es einen Verhältniswert (z. B.: 0,1–0,9). Aus diesen Verhältniswerten ergibt sich der maximale HDI-Wert 1.

Der Human Development Index oder kurz HDI, wurde 1990 von den UN entwickelt, um Unterschiede in der wirtschaftlichen und sozialen Entwicklung einzelner Nationalstaaten zu erfassen und zu dokumentieren. Indexwerte sind dabei immer Kennziffern, die sich aus vorher festgelegten Vergleichsgrößen ableiten. Im Falle des HDI gibt es drei Indikatoren: langes und gesundes Leben (Jahre); Bildungsstand (Schuljahre); Lebensstandard (Bruttonationaleinkommen/Kopf).
Für diese drei Indikatoren haben die EntwicklerInnen des HDI Optimalwerte festgelegt. Einzelne Länder bekommen dann Verhältniswerte zu diesem Optimalwert zugeordnet, die dann demnach den Ist-Zustand der Staaten in Bezug auf ihre Ausprägung der Indikatoren als Zahl vereinfacht abbilden. Diese drei Verhältniswerte fließen zu gleichen Anteilen in den Gesamt-HDI ein – es entsteht also ein Mittelwert, der seinerseits ein[en] Verhältniswert zu einem Gesamtoptimum darstellt.
Der maximale Wert, den der HDI erreichen kann, ist 1,0. Ein HDI von 0,8 oder höher bedeutet dabei eine sehr hohe Entwicklung. Mit 0,967 führt die Schweiz die aktuelle HDI-Rangliste [2022] an. Deutschland befindet sich auf Platz 7 mit einem Wert von 0,950. Länder im Wertebereich von 0,7–0,799 haben einen hohen Entwicklungsstand, dazu gehören beispielsweise Mexiko, China oder auch Ägypten. Mittlere Werte im Bereich von 0,55–0,699 haben Länder wie Lesotho, Syrien oder Indien. Alle Werte unter 0,55 stehen für einen niedrigen Entwicklungsstand.

Nach: Clara Aevermann, Was heißt hier bitte „hoch entwickelt“? – Der HDI im Detail, in: SpacEconomics Theorie-Snippets, Jena: Friedrich-Schiller-Universität Jena, 27.10.2021, https://mehrblogs.uni-jena.de/spaceconomics/was-heisst-hoch-entwickelt-hdi/ (Zugriff: 19.08.2024) (verändert = Daten aktualisiert)

M 2 Kritik und Weiterentwicklung des HDI: Planetary-Pressures Adjusted HDI

Nötig sei [laut Human-Development-Report 2020] eine Neudefinition von Fortschritt. Sie müsse Treibhausgasemissionen und negative Konsumfolgen berücksichtigen. Entsprechend wurde für den neuen HDR der bekannte Human Development Index (HDI) weiterentwickelt. Der Planetary-Pressures Adjusted HDI (PHDI) erfasst nun auch den ökologischen Fußabdruck der bewerteten Länder. [...]
Wie der Bericht ausführt, hat noch kein Land auf der Welt eine hohe menschliche Entwicklung erreicht, ohne dabei den Planeten signifikant zu belasten. Nachhaltigkeit erfordere deshalb Umsteuerung – mit neuen Normen und Werten. Die Politik müsse neue Ziele setzen und für entsprechende Anreize sorgen. Es gelte, Entscheidungen zu treffen, die dem Wohl der Menschheit dienten, ohne planetarische Grenzen zu überschreiten.
Der Human Development Report beanstandet dementsprechend Fehlentwicklungen. Fossile Brennstoffe würden beispielsweise weiterhin in vielen Ländern subventioniert, obwohl sie das Klima schädigen. Die Autoren weisen darauf hin, dass die ärmsten Menschen den Folgen des ökologischen Wandels in besonderem Maße ausgesetzt seien – sie andererseits zu dieser destruktiven Entwicklung am wenigsten beigetragen hätten. Deshalb sei es wichtig, Ungleichheiten sowohl innerhalb als auch zwischen Ländern abzubauen, die oft auf die Kolonialzeit zurückgingen. Echte menschliche Entwicklung müsse arme und benachteiligte Menschen in Politik und Gesellschaft besserstellen und befähigen, die Zukunft aktiv mitzugestalten.

Michael Steffen, Ökologisch modifizierter Human Development Index, in: E+Z, Bonn: ENGAGEMENT GLOBAL gGmbH, 07.04.2021, https:// https://www.dandc.eu/de/article/der-human-development-index-wurde-um-oekologische-komponenten-erweitert-weil-die-menschheit (Zugriff: 19.08.2024)

E. Der Happy Planet Index (HPI)

M1 Definition des Happy Planet Index

Der Happy Planet Index (HPI) kombiniert drei Kennzahlen, um zu zeigen, wie effizient verschiedene Länder Umweltressourcen nutzen, um ihren Einwohnern ein langes, glückliches Leben zu ermöglichen.

- **Wohlbefinden:** Diese Kennzahl gibt an, wie zufrieden die Einwohner eines Landes insgesamt mit ihrem Leben sind. Anhand der Daten der *Gallup World Poll* werden Werte auf einer Skala von 0 bis 10 angegeben.
- **Lebenserwartung:** Diese Kennzahl gibt die durchschnittliche Anzahl an Jahren, die eine Person in jedem Land voraussichtlich leben wird, an. Die zugrunde gelegten Daten stammen vom Entwicklungsprogramm der Vereinten Nationen (UNDP).
- **CO_2-Fußabdruck:** Diese Kennzahl umfasst eine Schätzung der Pro-Kopf-Treibhausgasemissionen, die durch den Konsum und die wirtschaftliche Aktivität innerhalb eines Landes entstehen. Die Daten stammen vom *World Inequality Database*, die auf dem *Global Carbon Atlas* basieren. Sie werden ergänzt durch Daten aus der *EORA Global Supply Chain Database*. Die finalen Daten beinhalten zum einen Treibhausgase, die direkt in einem Land erzeugt werden, z. B. durch Heizen, Stromerzeugung oder Verkehr. Zum anderen enthalten sie auch Treibhausgase, die bei der Produktion der Waren und Dienstleistungen entstehen, die in diesem Land konsumiert werden, unabhängig davon, wo sie produziert wurden. Dazu zählen sowohl Emissionen im Zusammenhang mit individuellem Konsum als auch mit den Aktivitäten von Regierungen und Unternehmen.

Die Urheber des HPI nutzen ein Ampelsystem – rot, gelb und grün –, um zu zeigen, wie gut Länder in jedem Element abschneiden. Bevor die drei Kennzahlen kombiniert werden, werden noch Anpassungen vorgenommen, um sicherzustellen, dass keine einzelne Komponente die Gesamtkalkulation dominiert.

Everything you need to know about the Happy Planet Index. Frequently Asked Questions, Berlin: Hot or Cool Institute gGmbH, https://happyplanetindex.org/frequently-asked-questions/ (Zugriff: 20.01.2025) (aus dem Englischen übersetzt und verändert)

INFO

Veränderungen des HPI
Der HPI wurde 2006 von der *New Economics Foundation* entwickelt und bis einschließlich 2016 erhoben. Inzwischen wird der HPI vom *Hot or Cool Institute* herausgegeben. Damit gingen Änderungen in der Berechnung einher, M1 bezieht sich auf den aktuellen Stand (2025).

M2 Kritik am HPI

Im Gegensatz zum Human Development Index [...] vernachlässigt der Happy Planet Index Bildung und Einkommen. Laut *New Economics Foundation* sind nämlich, abgesehen vom ökologischen Fußabdruck, Gesundheit und Wohlbefinden die einzigen Werte, die um ihrer selbst willen angestrebt werden und nicht als Zwischenschritt zu etwas anderem hin stehen.
Auch sind Kriterien wie Menschenrechte und Meinungsfreiheit nicht mit in den Index einberechnet. Tatsächlich leiden viele Länder, die vom Index hoch gewertet wurden, unter vielen Problemen und nicht zuletzt unter Menschenrechtsproblematiken. Man kann dabei meinen, dass Länder mit einem hohen Grad an Wohlbefinden Menschenrechtseinschränkungen reflektieren und diese sich eigentlich im Wohlbefinden der Bevölkerung negativ äußern würden. Dennoch ist meistens nur ein kleiner Teil der Bevölkerung von einer problematischen Menschenrechtslage betroffen, die sich im allgemeinen Wohlbefinden nicht immer widerspiegelt. Die Erschaffer des Happy Planet Index sehen ihn deshalb auch nicht alleinstehend, sondern in Kombination mit anderen Maßstäben wirtschaftlichen und ökologischen Handelns.

Charlotte Meyer, Der Happy Planet Index – ein unvollständiger Maßstab, in: Uni.de, München: UNI.DE GmbH, 08.09.2015, https://uni.de/redaktion/happy-planet-index (Zugriff: 19.08.2024)

3.4 Wie können sich die Zukunftsperspektiven von Schwellen- und Entwicklungsländern verbessern?

BEGRIFF

Fachkonzepte
internationale Regime
Kooperation
Gerechtigkeit

INFO

Der **Fragile State Index** berücksichtigt die folgenden Indikatoren: sozialer Zusammenhalt, Wirtschaft, staatliches Handeln, soziale Größen wie Demografie und Migration sowie äußere Einflussnahme. Die jeweiligen Indikatoren werden in weitere Unterkategorien unterteilt.

QUERVERWEIS

Fragile Staaten in der Abgrenzung der Weltbank
S. 49, M7, Grafik
Während der Fragile State Index vor allem sozioökonomische Faktoren einbezieht, fokussiert der Index der Weltbank mehr die politische Dimension (Konflikte, institutionelle und soziale Fragilität).

QUERVERWEIS

Agenda 2030/ Sustainable Development Goals (SDG)
S. 156–157

INFO

holistisch
ganzheitlich

UNDP
United Nations Development Programme = Entwicklungsprogramm der Vereinten Nationen

M1 Fragile Staaten 2024

Fragile und stabile Staaten

Der „Fragile States Index 2024" bewertet, wie stark 179 Länder gefährdet sind, zu scheitern – basierend auf 12 Faktoren wie wirtschaftlicher Entwicklung, Menschenrechten und Abwanderung von Fachkräften.

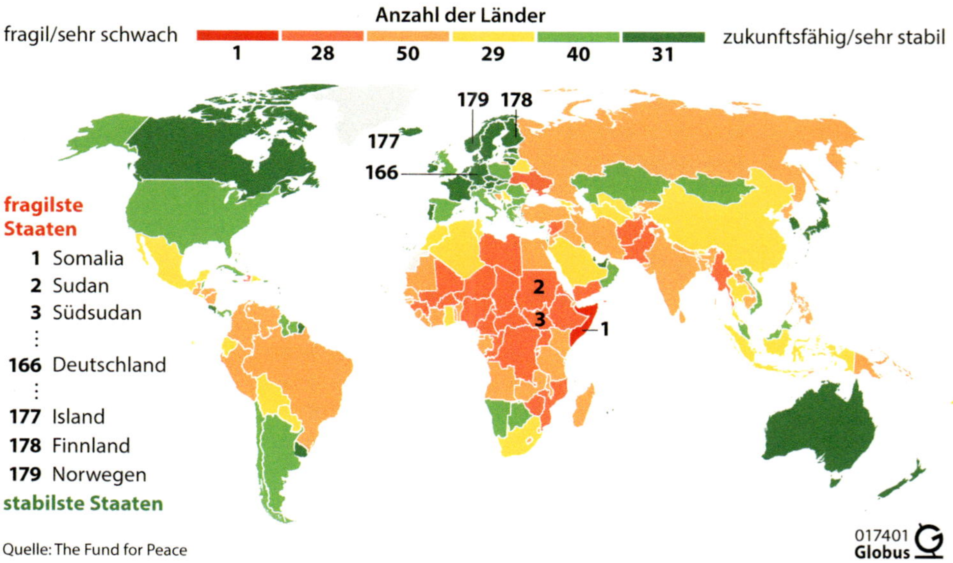

Quelle: The Fund for Peace

M2 Fragilität als Hemmnis für nachhaltige Entwicklung

Mit der Agenda 2030 für nachhaltige Entwicklung hat sich die internationale Gemeinschaft verpflichtet, „niemanden zurückzulassen". Doch vor allem fragile und von Konflikt betroffene Kontexte, in denen die Auswirkungen gegenwärtiger Krisen am stärksten spürbar sind, geraten bei der Verfolgung der Entwicklungsziele (SDGs) ins Hintertreffen. Nachfolgend wird aufgezeigt, welche Zusammenhänge zwischen Fragilität und der Erreichung der SDGs bestehen. Derzeit lebt etwa ein Viertel der Weltbevölkerung in Ländern, die von Fragilität, Konflikt und Gewalt geprägt sind (gemäß OECD-Definition). Im weltweiten Vergleich liegen sie bei der Erreichung der SDGs weit zurück: Es gibt keinen einzigen fragilen Kontext, in dem die Ziele in Bezug auf Armut, Hunger, Gesundheit und Geschlechtergerechtigkeit bis 2030 erfüllt werden könnten. Stattdessen verzeichnen mehr als die Hälfte der 60 von der OECD als fragil eingestuften Staaten Stagnation oder gar Rückschritte in fast allen der 17 SDG- Zieldimensionen.

A: Schwache Staatlichkeit:
In fragilen Kontexten sind staatliche Kapazitäten und Institutionen oft schwach. Auch die politische Legitimität und Autorität sind meist defizitär. Entsprechende Schwierigkeiten herrschen in diesen Kontexten bei der Konzeption und Umsetzung von Entwicklungsstrategien, die eine holistische SDG-Erreichung zum Ziel haben.

B: Mangelnde Finanzmittel:
Laut UNDP ist der Mangel an finanziellen Ressourcen das zentrale Hindernis zur Erreichung der SDGs. Viele fragile Kontexte sind durch schwache Wirtschaftsleistung (geringe Steuerbasis), Korruption und Kapitalflucht gekenn-

zeichnet. Hinzu kommen oft eine hohe Abhängigkeit von Rohstoffexporten, schwankende Weltmarktpreise, sinkende *Terms of Trade* und mangelnde Kreditwürdigkeit. Dadurch sind sowohl die Möglichkeiten zur Mobilisierung lokaler Mittel als auch der Zugang zu internationalen Finanzmärkten stark eingeschränkt, was die Umsetzung von Programmen zur SDG-Erreichung erschwert. Angesichts der ungleich höheren Finanzierungsbedarfe kommt der internationalen Entwicklungszusammenarbeit hier vor allem eine strategische Rolle zu.

C: Hohe Klimavulnerabilität:
Viele fragile Kontexte sind aufgrund ihrer geografischen Lage zudem überdurchschnittlich stark von den negativen Auswirkungen des globalen Klimawandels betroffen (Dürren, Überschwemmungen, Süßwassermangel, Versteppung/Wüstenbildung etc.). Dies birgt besondere Herausforderungen für die Erreichung zahlreicher SDGs.

D: Niedriges Ausgangsniveau:
Schwache staatliche Leistungsfähigkeit, mangelnder Zugang zu finanziellen Mitteln und hohe Klimavulnerabilität auf der einen Seite stoßen in fragilen Kontexten auf besonders hohe Bedarfe auf der anderen Seite: von geringen Pro-Kopf-Einkommen über schwache Infrastruktur (Energie- und Wasserversorgung, Transportwesen) bis hin zu defizitären Basisdienstleistungen (Bildung, Gesundheit, soziale Sicherung), mangelnder interner und externer Sicherheit und gravierenden Governancedefiziten. Der Weg zur SDG-Zielerreichung ist hier deutlich länger (und aufgrund vorstehender Faktoren auch deutlich komplexer) als in anderen Kontexten.

E: Geringe SDG-Erreichung als Treiber von Fragilität
Zugleich kann die geringe SDG-Erreichung die Faktoren für multidimensionale Fragilität verstärken: Eine anhaltend defizitäre Basisversorgung (SDG 3, 4, 6, 7) fördert die Unzufriedenheit der Bevölkerung sowie Vertrauensverluste in staatliche Institutionen. Armut, Ernährungsunsicherheit und Hunger (SDG 1, 2) begünstigen gesellschaftliche und politische Instabilität. Die meisten Ernährungskrisen sind in fragilen Kontexten verortet. Soziale Ungleichheit (SDG 5, 10) gibt es in jeder Gesellschaft. Übersteigt sie das gesellschaftlich tolerable Ausmaß, beeinträchtigt sie die soziale Kohäsion und kann zu einem starken Treiber von Fragilität, Konflikt und Gewalt werden. Mangel an inklusivem Wirtschaftswachstum und finanzieller Stabilität (SDG 8, 9, 12) verhindert ökonomische Teilhabe, erhält Einkommensarmut und erschwert den Institutionenaufbau. Integrative und legitime Institutionen sind jedoch entscheidend, um Fragilität zu reduzieren.

F: Fazit
Die Kurzanalyse zeigt den Zusammenhang zwischen Fragilität und SDG-Defiziten auf. Obwohl die Frage der Kausalität hier nicht eindeutig zu beantworten ist, kann im Umkehrschluss festgehalten werden, dass Fortschritte bei der SDG-Erreichung durchaus von Erfolgen bei der Überwindung von Fragilität abhängen. Dies unterstreicht die Bedeutung von Maßnahmen zur Stabilisierung und Reduzierung von Fragilität als Teil entwicklungspolitischer Bestrebungen

Aline-Victoria Grassl/Vera Hartmann/Manuel Hoff, Wie hängen Fragilität und SDG-Erreichung zusammen?, in: KfW Development Research. Entwicklungspolitik Kompakt, Ausgabe 2, 21.02.2024, https://www.kfw-entwicklungsbank.de/PDF/Download-Center/PDF-Dokumente-Development-Research/2024_02_21_EK_Fragilitaet-und-SDGs_DE.pdf (Zugriff: 15.10.2024)

INFO

Governancedefizite
Gemeint sind hier Defizite in der Regierungsführung, der Verwaltung des Landes, aber auch im Bereich Rechtstaatlichkeit.

1 Überprüfen Sie anhand des Fragile State Index, welche Ihrer Staaten aus dem Lernweg (S. 222) besonders fragil sind.

2 Fassen Sie die Herausforderungen zusammen, die eine fragile Staatlichkeit bei der Erreichung der SDG-Ziele mit sich bringt. HILFE

3 **Zusatzaufgabe:** Erläutern Sie ausgehend von M2 das folgende Zitat der ehemaligen Bundeskanzlerin Angela Merkel: „Auf Dauer kann es aber keine Entwicklung ohne Sicherheit und keine Sicherheit ohne Entwicklung geben.“ (Zitatnachweis siehe S. 255)

M3 Schulden sind nicht gleich Schulden

Die weltweite Verschuldung bleibt auf einem kritischen Niveau – und belastet Wirtschaft und Gesellschaft vor allem im globalen Süden zunehmend. Laut dem Schuldenreport 2023 [...] ist die Verschuldungssituation in 136 von 152 untersuchten Ländern kritisch, in 40 davon sogar sehr kritisch – das ist eine Verdreifachung im Vergleich zur Zeit vor Ausbruch der Coronapandemie. [...] Der [Ukraine-]Krieg hat auch globale Auswirkungen: Durch den russischen Angriff auf die Ukraine sind Preise für Lebensmittel und Energie weltweit gestiegen – und befeuern vielerorts die Inflation. Die von den Zentralbanken weltweit deshalb erhöhten Zinsen haben die Verschuldung zahlreicher Entwicklungsländer weiter verschärft.

GLOSSAR
Währung

Einerseits verlieren ihre Währungen und Staatsanleihen im Verhältnis zum US-Dollar an Wert: Die Länder bekommen deshalb schwerer neues Kapital, um Kredite zurückzuzahlen. Gleichzeitig müssen sie hohe Zinsen zahlen – was die Verschuldung verschärft. „Kritisch verschuldete Länder wenden mehr als 20 Prozent ihrer Einnahmen für Zinszahlungen auf", sagt Kristina Rehbein, Politische Koordinatorin des deutschen Entschuldungsbündnisses erlassjahr.de. In Pakistan seien es sogar knapp 40 Prozent.

Laut dem Report liegt der geschätzte Schuldendienst von Ländern mit niedrigem und mittlerem Einkommen auf dem höchsten Niveau seit Ende der 1990er-Jahre. „Die Frage nach dem Ausweg aus der Verschuldungsspirale stellt sich 2023 daher dringender denn je", so Rehbein.

Leila van Rinsum, Schuldenreport 2023: Höhere Schulden im globalen Süden, in: taz online, 30.03.2023,https://taz.de/Schuldenreport-2023/!5925149/ (Zugriff: 09.12.2024)

M4 Kritische Verschuldung als Hemmnis für Entwicklung

António Guterres, der Generalsekretär der Vereinten Nationen, kritisierte die immer schlechtere Ausgangslage der ärmeren Länder: „Die internationale Finanzarchitektur ist überholt und ungerecht. Sie hat es nicht geschafft, den Entwicklungsländern in einem Meer von Schulden ein Sicherheitsnetz zu bieten."

[Rebeca] Grynspan sekundierte: „Afrika zahlt das Achtfache des Preises für Kapital, den Amerika oder Deutschland für Kapital zahlen", sagte die Generalsekretärin [der UN-Konferenz für Handel und Entwicklung, UNCTAD]. „Es hat sich nicht bewährt für diese Länder, auf dem privaten Kapitalmarkt zu agieren. Wir müssen darauf achten, dass nicht allein die Preise für frisches Geld diese Volkswirtschaften schon in den Abgrund ziehen."

Die Welt befinde sich in einer tiefen Überschuldungskrise, von der die Menschen in den Industrieländern noch nicht viel bemerkt hätten, hieß es. Claver Gatete von der Wirtschaftskommission für Afrika der UN warnte: „Die Schuldensumme Afrikas hat sich von 2010 bis 2022 um 183 Prozent erhöht." Dieser Zuwachs liegt etwa beim Vierfachen der Wachstumsrate ihrer Wirtschaftsleistung, berechnet in Dollar.

Hinter den Geldgebern stehen aus Sicht der UNCTAD Fragezeichen. Denn heute liegen die Schulden der Entwicklungsländer zu 62 Prozent in Händen privater Finanziers wie Banken – 2010 waren es nur 47 Prozent gewesen. Damit aber werde die Zinslast immer stärker vom Markt reguliert und steige: Das Risiko der afrikanischen Länder bepreist der Markt inzwischen mit einem durchschnittlichen Zins von 11,6 Prozent. Auch sei eine Koordination privater Gläubiger schwieriger. „Addiert man Klimakosten und Schuldendienste, wird es zu weiteren Zusammenbrüchen von Ländern in Afrika kommen – allein die Kosten sind einfach nicht mehr zu finanzieren", rechnete Gatate vor. Das werde dann zu wachsender Armut, zu Hunger und Migration führen.

Ein Ausweg könnte für die meist exportorientierten Entwicklungsländer eine stärkere Einbindung in Handelsketten sein. Doch auch das wird schwieriger: „Neue Handelsbeschränkungen haben sich seit 2019 verdreifacht, vielfach getrieben von der geopolitischen Rivalität und ohne jede Berücksichtigung der Lage der Entwicklungsländer", monierte Grynspan. Zwar ist die Zolllast für eine Gütereinheit von

13 Prozent im Jahr 1999 auf 7 Prozent in 2022 gefallen. Der Anteil der nichttarifären Handelshemmnisse aber ist von 54 auf 72 Prozent ihres Wertes gestiegen. Guterres ging deshalb noch einen Schritt weiter: „Handel ist zu einem zweiseitigen Schwert geworden: Er schafft Wohlstand und Ungleichheit, Verbindung und Abhängigkeit, wirtschaftliche Erneuerung und die Umweltzerstörung" [...].

Die deutsche Ökonomin Isabella Weber [...] fürchtet weitere Schocks. „Es ist keine Frage, ob, sondern nur wann und wo sie auftreten werden", sagte sie. „Betreffen sie Sektoren wie etwa Gesundheit oder die Lieferketten für Computerchips, wird es erneut zur ‚Shock-Flation' kommen, zu einer sprunghaften Inflation", warnte Weber.

QUERVERWEIS
nichttarifäre Handelshemmnisse
S. 200, M4

*Christoph Hein, Erdrückende Schuldenlast, in: Frankfurter Allgemeine Zeitung online, 16.06.2024, https://www.faz.net/aktuell/wirtschaft/immer-mehr-entwicklungslaender-stoehnen-unter-der-schuldenlast-19792892.html (Zugriff: 19.08.2024) (*ausführlicher Nachweis S. 255)*

M5 Entschuldung notwendig

Eine ehrgeizige Entschuldungsinitiative ist unumgänglich, um den Ländern, die sich in einer ausgewachsenen Staatsschuldenkrise befinden, einen sinnvollen Schuldenerlass zu gewähren [...]. Damit eine solche Initiative effektiv umgesetzt werden kann, ist die aktive Beteiligung aller Gläubiger erforderlich. Dazu gehören auch die multilateralen Finanzinstitutionen wie die Weltbank, denn mindestens die Hälfte der gesamten Auslandsschulden von 27 schuldengeplagten Ländern – viele davon Niedrigeinkommensländer oder kleine Inselstaaten – werden multilateralen Gläubigern geschuldet. Selbst wenn alle bilateralen und privaten Schulden gestrichen würden, blieben einige der schwächsten Länder der Welt weiterhin mit zu hohen Schulden belastet. [...]

Ein erster Schritt in die richtige Richtung wäre eine Reform des von der G20 verabschiedeten Rahmenwerks für eine effektive und nachhaltige Schuldenbehandlung (*Common Framework for Debt Treatment*). Dieses Rahmenwerk hat sich bisher als zu langsam und ineffizient erwiesen, insbesondere, weil es keine ausreichenden Anreize zur Beteiligung privater Gläubiger bietet und nur für einkommensschwache Länder gilt, jedoch nicht für hochverschuldete Staaten mit mittlerem Einkommen.

Auch müssen die Kapitalkosten für Länder mit geringem finanziellen Spielraum für bestimmte Investitionen gesenkt werden, zum Beispiel für solche in Klimaschutz und Klimaanpassung. Zu diesem Zweck wurden bereits zahlreiche Vorschläge unterbreitet. Verbesserungen der Kreditwürdigkeit durch Garantien auf Anleihen wären denkbar, wie auch zusätzliche Finanzspritzen durch die Ausschüttung von Sonderziehungsrechten, eine Art Reserveguthaben für IWF-Mitgliedsländer. Damit sollen zusätzliche Finanzmittel für in Not geratene Staaten bereitgestellt werden, wie dies bei der Covid-19-Pandemie im Jahr 2021 der Fall war.

Auch könnte der Schuldendienst ausgesetzt werden – beispielsweise durch eine wiederbelebte und erweiterte Initiative zur Aussetzung des Schuldendienstes, die während der Covid-19-Pandemie wertvolle Unterstützung für überschuldete Länder geleistet hat. Letzteres sollte mit neuen Finanzierungen gekoppelt werden, bei denen die gewichteten Kapitalkosten niedriger sind als die prognostizierte Wachstumsrate der teilnehmenden Länder.

Sarah Ribbert, Wie eine nachhaltige Finanzierung für Entwicklungsländer aussehen könnte, Berlin: Heinrich-Böll-Stiftung e. V., 22.05.2024, https://www.boell.de/de/2024/05/22/wie-eine-nachhaltige-finanzierung-fuer-entwicklungslaender-aussehen-koennte (Zugriff: 19.08.2024)

1 Geben Sie grob die in M3 dargestellte Entwicklung der Verschuldung wieder.
2 Erläutern Sie die kritische Situation von Entwicklungsländern (M4).
3 Geben Sie die Entschuldungsmaßnahmen aus M5 wieder.
4 Erörtern Sie die ökonomischen, politischen und ökologischen Perspektiven von Entwicklungsländern. Nutzen Sie dafür auch Ihre Ergebnisse aus dem Lernweg. HILFE

Schwellen- und Entwicklungsländer in der ökonomischen Globalisierung

Einteilung in Schwellen- und Entwicklungsländer

Die Einteilung von Ländern in „Schwellen- und Entwicklungsländer" folgt **keiner allgemeingültigen Definition**. Gleichzeitig sind mit der Einstufung als Entwicklungsland international mitunter Vergünstigungen verbunden. Dieser Umstand führt in Einzelfällen (z. B. China) zu Diskussionen, welcher Status einzelnen Staaten zuerkannt werden sollte.
In der Praxis gibt es allerdings verschiedene **Merkmale**, anhand derer Entwicklungsländer erkannt werden können: schlechte Versorgung mit Nahrungsmitteln, Armut (niedriges Pro-Kopf-Einkommen), mangelhafte Gesundheitsversorgung mit hoher Kindersterblichkeit und einer geringen durchschnittlichen Lebenserwartung, mangelhafte Bildungsmöglichkeiten sowie hohe Arbeitslosigkeit.

Stagnation der Entwicklungsländer

Die Entwicklung vieler Entwicklungsländer stagniert nach einer Boomphase bis 2010 seit einigen Jahren. Grund dafür ist unter anderem eine **Verschlechterung der „Terms of Trade"**. Damit wird der Umstand beschrieben, dass die Preise der traditionellen Exportwaren vieler Entwicklungsländer (Rohstoffe, Mineralien und landwirtschaftliche Produkte) nicht in gleichem Maße stiegen wie die Exportgüter der Industrieländer (z. B. Maschinen, Autos, Medikamente). Gleichzeitig bauten viele Entwicklungsländer in Phasen günstiger Zinsen **hohe Schulden** auf, die sie nun, nachdem die Zinsen gestiegen sind, nicht mehr bedienen können. Eine Folge davon ist ein massiver Investitionsstau.

Vergleich von Schwellen- und Entwicklungsländern

Um verschiedene Länder miteinander vergleichen zu können, existieren verschiedene **Indizes und Messinstrumente**, die unterschiedliche Akzente setzen:

- Der **Gini-Koeffizient** misst die ungleiche Einkommens- und Vermögensverteilung einer Gesellschaft.
- Das **Bruttoinlandsprodukt** ist eine rein ökonomische Messgröße, die die in einer Volkswirtschaft produzierten Güter, Waren und Dienstleistungen innerhalb eines Jahres betrachtet.
- Der **Genuine Progress Indicator** hingegen geht von den privaten Konsumausgaben aus, berücksichtigt aber auch Kosten sozialer Ungleichheit, den Wert unbezahlter Arbeit sowie rein defensive Ausgaben, z. B. nach Umweltverschmutzungen.
- Der **Human Developement Index** versucht, den Entwicklungsstand von Gesellschaften abzubilden, indem das Bruttonationaleinkommen pro Kopf, die Lebenserwartung und der Bildungsstand einer Gesellschaft ermittelt werden.
- Der **Happy Planet Index** möchte die Lebenszufriedenheit mit dem ökologischen Verhalten von Gesellschaften in Relation setzen. Dazu kombiniert er die Faktoren „Wohlbefinden", „Lebenserwartung" und „CO_2-Fußabdruck".

Zukunftsaussichten von Schwellen- und Entwicklungsländern

Schwellen- und Entwicklungsländer müssen sich vielen Herausforderungen stellen: **„Fragile Staatlichkeit"** ist ein Merkmal vieler dieser Länder. Diese zieht entweder **Folgeprobleme** nach sich oder sie schafft es nicht, bestehende Probleme zu lösen, z. B. mangelnde Finanzmittel, Klimavulnerabilität durch die geografische Lage, eine schwierige ökonomische Lage mit schlechter Infrastruktur und geringen Basisdienstleistungen. Nicht zuletzt weisen diese Herausforderungen Wechselbeziehungen auf: Erhöhte soziale Ungleichheit durch mangelnde Basisdienstleistungen kann z. B. fragile Staatlichkeit begünstigen.
Dazu kommt die enorme **Verschuldung** vieler Entwicklungsländer. Diese Verschuldung resultiert aus der schon bestehenden Zinslast und den zusätzlich immer weiter steigenden Zinsen bei der Aufnahme neuer Schulden (s. o.). Als Ausweg aus diesem „Teufelskreis" werden Schuldenerlasse diskutiert.

Bilaterale Handelsabkommen – Zukunft der EU-Handelspolitik?

Das folgende Klausurtraining bietet Ihnen die Möglichkeit, Aufgabenstellungen unter Klausurbedingungen zu erproben. Idealerweise formulieren Sie die Lösung der Klausur in vollständigen Sätzen mithilfe der Formulierungshilfen in Einzelarbeit aus.
Sie sollten sich für die Lösung dieser Übungsaufgaben ca. 90 Minuten Zeit nehmen.
Die Lösung (siehe Webcode/QR-Code) können Sie im Anschluss zur Einordnung Ihres Ergebnisses nutzen. Leiten Sie abschließend (für sich) drei konkrete Verbesserungsmöglichkeiten aus der Klausurübung ab.

QUERVERWEIS

Operatorentraining
Zusammenfassen, S. 44–45
Vergleichen, S. 192–193
Entwickeln, S. 212–213

1 Fassen Sie die Aussagen der Autoren zum EU-Mercosur-Handelsabkommen zusammen. (30 %)

2 Vergleichen Sie ausgehend vom Text Regelungen des EU-Mercosur-Handelsabkommens mit denen der WTO. (40 %)

3 Entwickeln Sie ausgehend vom Text eine Gegenposition zu der Haltung der Autoren. (30 %)

INTERNET

WES-118496-241
Klausurtext (PDF) und Erwartungshorizont zu dieser Klausur

Die Autorin und die Autoren sind Mitarbeitende der Konrad Adenauer Stiftung (KAS), einer der CDU nahestehenden politischen Stiftung mit Hauptsitz in Berlin. Der Text wurde im Dezember 2024 im KAS-Newsletter „Länderbericht. Regionalprogramm Parteiendialog und Demokratie in Lateinamerika“ veröffentlicht.

M 1 Sebastian Grundberger, Jonathan Neu, Dr. Patricia Enssle: Politischer Durchbruch beim EU-Mercosur-Handelsabkommen

Nach einem Vierteljahrhundert Verhandlungen gelang es auf dem Mercosur-Gipfel in Montevideo am 6. Dezember [2024] überraschend, eine politische Einigung über das EU-Mercosur-Abkommen zu erzielen. In einer Zeit wachsender Abschottungspolitik und steigender Multipolarität ist dieser Durchbruch von zentraler Bedeutung. Durch die Gründung einer der größten Handelsblöcke der Welt schafft die EU, nach 25-Jahren Verhandlungen, Tatsachen und beweist ihre Handlungsfähigkeit. Angesichts der chinesischen Investitionsoffensive in der Region ist dies ein wichtiges geopolitisches Signal. [...]
Die Europäische Union und die vier Mercosur-Staaten Argentinien, Brasilien, Uruguay und Paraguay (Bolivien wurde erst im Juli Vollmitglied des Mercosur – für dieses Land zählt das Abkommen nicht) würden bei Inkrafttreten des Handelsabkommens einen der größten Wirtschaftsräume der Welt schaffen. [...] Mit dem Inkrafttreten werden die beiden Wirtschaftszonen schrittweise ca. 90 Prozent der wechselseitigen Zölle abbauen und EU-Unternehmen würden mit dem Abkommen [...] bis zu 4 Milliarden Euro jährlich an Zöllen sparen. So galten in den Mercosur-Staaten bisher beispielsweise Zölle von bis zu 35 Prozent auf Autos, bis zu 20 Prozent auf Maschinen oder von 20 Prozent auf Schokolade. Experten sehen deshalb gerade die Branchen des Maschinenbaus, der Autoindustrie, grüner Energie und Chemie als besondere Profiteure des Abkommens.

Neben Zöllen sollen auch nichttarifäre Handelshemmnisse [...] abgebaut und der Schutz des geistigen Eigentums verbessert werden. [...] Als Konsequenz werden wechselseitig europäische Produkte und Dienstleistungen deutlich wettbewerbsfähiger auf dem riesigen Mercosur-Markt und Produkte der Mercosur-Staaten in der Europäischen Union. Konkret heißt das, in Deutschland wird z. B. mehr qualitativ hochwertiges Rindfleisch zu kaufen sein können, während etwa Autos aus Europa im Hochpreisland Uruguay deutlich preiswerter angeboten werden könnten. [...]
Dass sich die Einigung auf das EU-Mercosur-Abkommen dermaßen in die Länge zog, lag wesentlich an dem Widerstand starker Interessensgruppen innerhalb der EU. Vor allem der Agrarsektor und Klima- und Umweltgruppen hatten immer wieder gegen das Mercosur-Abkommen mobilisiert. So fürchten etwa Landwirte in Frankreich oder Irland, dass besonders Brasilien und Argentinien, welche mit ihren großen und kompetitiven Agrarsektoren als wichtige Fleischexporteure gelten, europäische Erzeuger verdrängen könnten. Da sich diese lukrativen Agrarflächen häufig auf ehemaligen Regenwaldgebieten befinden, während in der EU strenge Umwelt-, Sozial- und Tierschutzstandards gelten, wird von EU-Landwirten als unfairer Wettbewerbsnachteil empfunden. Dabei sieht das Abkommen nicht vor, beliebige Mengen landwirtschaftlicher Produkte nach Europa einzuführen, sondern hat den Bedenken des europäischen Agrarsektors durch zollfreie Kontingente bereits Rechnung getragen. [...]
Die Ausweitung des Handels mit Agrarprodukten und Rohstoffen würde – so das Argument seitens der Gegner des Abkommens – die Rodung der Regenwälder beschleunigen. Mittlerweile ist es gelungen, ein Zusatzprotokoll zu verhandeln, welches den Schutz vor Entwaldung und von Indigenen-Rechten Rechnung trägt. [...] Gerade deshalb ist das Argument, der EU-Mercosur-Deal sei schlecht für die Umwelt, fehlgeleitet. Wenn die EU den Mercosur-Staaten nicht als Handelspartner zur Verfügung steht, werden letztere nicht aufhören, den Regenwald abzuholzen, sondern ihre Agrarprodukte eben vor allem nach China verkaufen, welches im Gegensatz zur EU keinerlei Interessen an Zusatzabkommen zum Umweltschutz hat. [...]
Neben den großen wirtschaftlichen Vorteilen setzt das Mercosur-Abkommen in einer zunehmend multipolaren Ordnung ein Zeichen für multilaterale Handelsabkommen, Freihandel und internationale Zusammenarbeit unter Wertepartnern. [...]

Sebastian Grundberger/Jonathan Neu/Patricia Enssle, Politischer Durchbruch beim EU-Mercosur-Handelsabkommen, Gründung eines der größten Wirtschaftsräume der Welt nach 25-Verhandlungsjahren, Berlin: Konrad Adenauer Stiftung, 10.12.2024, https://www.kas.de/de/laenderberichte/detail/-/content/politischer-durchbruch-beim-eu-mercosur-handelsabkommen (Zugriff: 06.01.2025)

Formulierungshilfen

zu Aufgabe 1 (Zusammenfassung):
Einleitungssatz: M1 stellt einen Auszug aus einem fachwissenschaftlichen Artikel dar, verfasst von ... Anlass des Artikels ist ..., die Autorin und die Autoren verdeutlichen und begründen ihre ... Haltung zum EU-Mercosur-Abkommen.
Hauptteil (hier: mögliche Verben, um sprachliche Distanz herzustellen): Die Autorin und die Autoren stellen zur politischen Einigung über das EU-Mercosur-Abkommen die These auf ..., sie behaupten, ... sie begründen ..., sie kritisieren, ..., sie stellen die Gegenposition, dass ..., dar, sie erläutern ..., sie gelangen zu der Schlussfolgerung ...

Zu Aufgabe 2 (Vergleich ausgehend vom Material):
Einleitungssatz: Im Folgenden sollen die Regelungen des EU-Mercosur-Handelsabkommen mit Zielen und Prinzipien der WTO verglichen werden.
Hauptteil: Die Autorin und die Autoren erklären zwei wesentliche Zielsetzungen des EU-Mercosur-Abkommens: ... Im Einzelnen verdeutlichen Sie, dass ...
Wesentliche Prinzipien der WTO sind ... Die Welthandelsorganisation verfolgt mit ihren Prinzipien das allgemeine Ziel, ... Konkrete Ziele sind ...
Zentrale Gemeinsamkeit mit dem EU-Mercosur-Handelsabkommen ist die Zielsetzung, ... und damit zu erreichen, dass ...
Wesentlicher Unterschied zwischen dem bilateralen Handelsabkommen zwischen den Freihandelszonen EU und Mercosur und dem globalen Anspruch der WTO ist, ...
Schlussteil: Das bilaterale Handelsabkommen zwischen der EU und den Mercosur-Staaten weist also in seiner Zielsetzung ... grundsätzliche Gemeinsamkeiten mit den Zielen der WTO auf. Als zentraler Unterschied aber muss herausgestellt werden, dass ...

Zu Aufgabe 3 (Entwickeln einer Gegenposition ausgehend vom Material):
Einleitungssatz: Die Autorin und die Autoren vertreten in ihrem Text deutlich die Position, dass das EU-Mercosur-Handelsabkommen zu begrüßen sei. Sie halten es wegen der zu erwartenden positiven wirtschaftlichen Auswirkungen sowohl in der EU als auch in den Mercosur-Staaten für effizient und gewinnbringend und sehen in solchen Abkommen insgesamt die Chance, ein Zeichen zu setzen für ...
Hauptteil: Dem kann man erstens entgegenhalten, dass das bilaterale Handelsabkommen im Gegensatz zum Handelsregime der WTO lediglich ...
Weiterhin muss man neben effizienten wirtschaftlichen Einsparpotenzialen durch ... auch ökologische und soziale Implikationen berücksichtigen. Die Autorin und die Autoren gehen selbst auf unterschiedliche Aspekte der Kritik am Abkommen ein, indem sie auf ... hinweisen. Diese Kritik ist mit Bezug auf das Kriterium ökologischer und sozialer Nachhaltigkeit gerechtfertigt, da entgegen der Darstellung der Autorin und der Autoren ...
Konkret ist vor allem das Argument hinsichtlich des Schutzes der Regenwälder nicht schlüssig, da ... Und auch in Bezug auf qualitativ hochwertige Agrarprodukte für die EU, wie zum Beispiel Rindfleisch, ist festzustellen, dass ...
Schlussteil: Aus diesen Gründen ist nicht haltbar, dass die Autorin und die Autoren in ihrem Text das EU-Mercosur-Handelsabkommen bedingungslos begrüßen. Da es ..., muss es hinsichtlich seiner Bedeutung für den Welthandel differenzierter betrachtet werden, da ... / vor allem im Hinblick auf ökologische und soziale Nachhaltigkeit kritisiert werden, da ...

Allgemeiner Hinweis: Achten Sie darauf, Ihre Aussagen durch konkrete **Zeilenangaben** zu belegen.

I. Friedenssicherung als nationale und internationale Herausforderung

I.1 Erscheinungsformen und Lösungsmöglichkeiten internationaler Konflikte

Seite 8, Aufgabe 1 a) und b)
Denken Sie daran, dass es allen Staaten – und damit auch Staaten mit kleinem Machtpotenzial – wichtig ist, über politischen Handlungsspielraum zu verfügen und im Verhältnis zu anderen Staaten Eigenständigkeit zu besitzen.

Seite 11, Aufgabe 1
Recherchieren Sie gegebenenfalls im Internet.

Seite 11, Aufgabe 5
Berücksichtigen Sie, dass militärische Macht als Machtfaktor davon abhängig ist, über welches militärische Potenzial andere Staaten verfügen.

Seite 15, Aufgabe 1
Schauen Sie sich die Legende genau an und beginnen Sie Ihre Rekonstruktion mit der ältesten Jahresangabe.

Seite 15, Aufgabe 2
Achten Sie auf die Jahresangaben im Text.

Seite 15, Aufgabe 4
Entwickeln Sie Ihre Einschätzung anhand dreier Gesichtspunkte:
1. Rolle der Erinnerung an die Geschehnisse seit 1988,
2. Aserbeidschans und Armeniens Machtposition seit 2023,
3. Verhalten Aserbeidschans gegenüber Armenien nach 2023.

Seite 17, Aufgabe 2
Lesen Sie M 2 genau durch. Notieren Sie sich die im Text enthaltenen Jahresangaben.

Seite 19, Aufgabe 4
Berücksichtigen Sie für Ihre Beurteilung die folgenden Gesichtspunkte:
1. Möglichkeiten des Interessenausgleichs zwischen Israel und den Palästinensern,
2. Machtpotenziale Israels, der Palästinenser sowie des Iran und seiner verbündeten Milizen,
3. Denkweisen (mentale Verfasstheit) der Israelis und der Palästinenser.

Seite 25, Aufgabe 1
Hinweis zur Karikatur links: Hammer, Sichel und Stern waren die Symbole der 1991 zerfallenen Sowjetunion.

Seite 27, Aufgabe 1
Hinweis: Die rote Flagge mit Z-Zeichen ist ein Symbol des russischen Sieges.
Achten Sie unter anderem auf die Haltung der Menschen, die sich auf den Mauern Europas aufhalten.

Seite 27, Aufgabe 3
Unterscheiden Sie die Kriegsziele wie folgt:
- Kriegsziele sind ideologisch gefärbt, wenn sie auf die Bekämpfung von Denkweisen und Überzeugungen der Gegenseite gerichtet sind.
- Kriegsziele sind machtpolitisch motiviert, wenn sie auf die Erweiterung der eigenen Macht und die Schwächung gegnerischer Macht gerichtet sind.

Seite 27, Aufgabe 4
Arbeiten Sie zunächst die (wenigen) Textstellen heraus, die die Rechtfertigung des Krieges gegen die Ukraine zum Gegenstand haben.
Prüfen Sie diese Stellen dann anhand der Wirklichkeit, also ob die enthaltenen Behauptungen zutreffen. Nutzen sie gegebenenfalls einschlägige Suchbegriffe im Internet (z. B. Deutschland – Ukrainekrieg).

Seite 28, Aufgabe 3
Konzentrieren Sie sich auf folgende Länder: Belarus, Iran, Nordkorea.
Berücksichtigen Sie zusätzlich das Handeln Chinas.

Seite 28, Aufgabe 4
Unterscheiden Sie zwei Aspekte von Wirksamkeit:
1. Eine Handlung ist wirksam, wenn sie die Wirklichkeit verändert.
2. Eine Handlung ist aber auch wirksam, wenn sie (nur) Denkweisen, Einschätzungen und Urteile verändert.

Seite 35, Aufgabe 1
Schauen Sie sich genau an, wer am Verhandlungstisch sitzt und was durch die Köpfe der Verhandlungspartner geht.

Seite 35, Aufgabe 3
Beschreiben Sie als Erstes die Szene. Achten Sie dabei besonders auf die Gesichter der Tiere, die Namen der Länder, die sie symbolisch darstellen, und den Satz in der Gedankenblase des Fuchses.
Vergegenwärtigen Sie sich dann, wen der Fuchs symbolisiert und welche politische Situation die Karikatur wohl anspricht.
Formulieren Sie abschließend einen Satz, der die Aussageabsicht der Karikatur treffend wiedergibt.

Seite 37, Aufgabe 1
Bei der Bearbeitung der Aufgabe könnte eine Erinnerung an die Vorgeschichte des Zweiten Weltkrieges (1938/39), konkret: Deutschlands Annexionen Österreichs, des Sudentenlandes und Tschechiens, sinnvoll sein.

Seite 37, Aufgabe 2
Versuchen Sie zuerst, Merkmale zu finden, die einen gerechten Frieden ausmachen. Denken Sie an Kriterien wie etwa Fairness, Ausgewogenheit, aber auch Wiederherstellung des Zustandes vor Ausbruch des Krieges.

Seite 39, Aufgabe 3
Gehen Sie in zwei Schritten vor:
1. Prüfen Sie die Schlüssigkeit des Konzepts: Sind die Bedingungen klar und eindeutig formuliert? Erfordert das Konzept die Erfüllung aller Bedingungen?
2. Überlegen Sie, was das Konzept von den Staaten/den verantwortlichen Politikern/den Militärs verlangt.

Seite 43, Aufgabe 1
Recherchieren Sie gegebenenfalls im Internet, wenn Sie die Angaben in der Grafik für zu allgemein halten.

Seite 51, Aufgabe 3
Achten Sie darauf, dass es in der Aufgabe nicht um ein Verbot als solches geht, sondern um die Wirksamkeit eines entsprechenden Verbots.

Seite 54, Aufgabe 2 a) und b)
Denken Sie bei Legitimität an Anerkennung, Unumstrittenheit, Ausgewogenheit, Fairness und – darüber hinaus – an Respektierung der Souveränität der Staaten. Denken Sie bei Effizienz an Verbindlichkeit und Durchsetzbarkeit.

Seite 54, Aufgabe 4
Schauen Sie sich den Text genau an. Versetzen Sie sich dann in die Position des Siegers und des Verlierers einer kriegerischen Auseinandersetzung.
Fragen Sie sich im Anschluss:
- Welche Auswirkungen auf die Atmosphäre der Verhandlungen könnte es haben, dass sich Sieger und Verlierer gegenübersitzen?
- Welche Streitpunkte könnten die Verhandlungen belasten?
- Welche Regelungen könnten dazu führen, dass der Frieden auf Dauer gewährleistet bleibt?
- Welche Regelungen könnten das Gegenteil bedeuten?

Seite 57, Aufgabe 5
Führen Sie sich anhand der Textlektüre genau vor Augen, welche Bedingungen erfüllt sein müssen, damit von einem positiven Frieden gesprochen werden kann.

Seite 59, Aufgabe 3

Beachten Sie, dass Kants Ausführungen über 200 Jahre alt sind. Seine Sprache und einige seiner Begriffswörter wirken daher altertümlich. Ebenso nennt er Sachverhalte, die gegenwärtigen Menschen ungewöhnlich vorkommen. Dazu finden Sie hier ergänzend zu den beiden Worterklärungen in der Randspalte noch einige weitere Erläuterungen:

- **Erbung, Tausch:** Kant lebte in monarchischen Zeiten. Es war damals nicht unüblich, dass Herrscherdynastien Länder vererbten oder tauschten.
- **Stehende Heere:** sind vom Herrscher bezahlte und ihm zur Loyalität verpflichtete Truppen. Die Soldaten wurden damals in den Häusern der Bürger einquartiert, die für die Kosten der Unterbringung aufzukommen hatten.
- **Äußere Staatshändel**: sind kriegerisch ausgetragene Streitigkeiten mit Nachbarstaaten.
- **Brechung der Kapitulation:** ist der Bruch eines Friedensvertrages.
- **Weltbürgerrecht:** meint das dem Einzelnen nicht als Bürger eines Staates, sondern als Weltbürger, d. h. als Mensch, zustehende Recht.
- **Hospitalität:** Besuchsrecht; gemeint ist das Recht der Menschen, sich überall auf der Welt aufzuhalten. Solange sich Fremde in ihrem Gastland friedlich verhalten, dürfen sie nicht feindlich behandelt werden.

Seite 63, Aufgabe 4

Lesen Sie den schwierigen Text Satz für Satz. Konzentrieren Sie sich dann auf S. 61, Z. 14 ff., wo Senghaas die Stadien skizziert, die zu einer Weltzivilgesellschaft sowie einer Weltgemeinschaft (S. 62, Z. 33, 36 f.) führen können.

Seite 68, Aufgabe 4

Arbeiten Sie zunächst die Merkmale des Transnationalismus heraus, bevor Sie sein Verhältnis zum Realismus und Institutionalismus bestimmen.

Seite 68, Aufgabe 5

Stellen Sie zunächst die Merkmale des Konstruktivismus heraus. Bestimmen Sie dann sein Verhältnis zum Realismus und Institutionalismus.

I.2 Machtlos gegenüber Terrorismus?

Seite 77, Aufgabe 2

Sie können folgende Satzanfänge nutzen:
Terrorismus hat unterschiedliche Erscheinungsformen, z. B. …
Unterschiedliche terroristische Gruppierungen können verschiedene Absichten verfolgen, z. B. …
Gemeinsam haben sie …

Überlegen Sie auch, was terroristische Gewalt von anderen Formen der Gewalt unterscheidet.

Seite 82, Aufgabe 4 b)

Notieren Sie vor der Arbeit mit der Positionslinie inhaltliche Aspekte, die Ihren Vorschlag stützen oder dagegensprechen, stichwortartig in einer Tabelle.

These zur Bekämpfung des Terrorismus: ______________________

Kriterium	Dafür spricht:	Dagegen spricht:
Wirksamkeit	…	…
Schnelligkeit	…	…
Dauerhaftigkeit/Nachhaltigkeit	…	…
…	…	…

Seite 87, Aufgabe 4 a)

Unterscheiden Sie zwischen
a) präventiven Maßnahmen, die sich an die Allgemeinheit richten,
b) Maßnahmen, die sich an Menschen richten, die mögliche Anzeichen einer Radikalisierung aufweisen und
c) Maßnahmen, die sich an Menschen richten, die sich radikalisieren/radikalisiert haben.

Seite 91, Aufgabe 3

Nutzen Sie die einzelnen Aspekte der europäischen Strategie (Prävention und Bekämpfung der Ursachen, Schutz der Bevölkerung etc.), um die Stellungnahme möglichst differenziert zu gestalten.
In Bezug auf den Aspekt der Prävention/…
Sicherheitsbehördliche Maßnahmen sind in Bezug auf den Aspekt … meiner Ansicht nach (weniger) von Bedeutung …

Achten Sie im Rahmen der Urteilsbildung auch darauf, zu begründen, welche Kriterien für Ihr persönliches Urteil ausschlaggebend sind.
Das Kriterium der …/Der Wert …/Der Aspekt der … ist für mich besonders wichtig, da …
Ausschlaggebend für mein individuelles Urteil ist …
Die Werte … halte ich für besonders entscheidend, da …

Seite 93, Aufgabe 2

Notieren Sie Argumente kriterienorientiert in einer Tabelle:

Aspekte, die für Verhandlungen mit terroristischen Gruppierungen sprechen	Urteilskriterium	Aspekte, die gegen Verhandlungen mit terroristischen Gruppierungen sprechen
…	…	…
…	…	…
…	…	…
…	…	…

Seite 95, Aufgabe 3

Achten Sie darauf, zu begründen, welche Urteilskriterien, insbesondere Werte, für Ihr individuelles Urteil entscheidend sind (Begründung der Priorisierung von Aspekten).
Für Formulierungstipps siehe die Hilfe zu Seite 91, Aufgabe 3.

Seite 99, Aufgabe 2

Notieren Sie Ihre Ergebnisse in Form einer Mindmap.

I.3 Die UNO in der internationalen Friedenssicherung

Seite 105, Aufgabe 2 Gehen Sie bei der Bearbeitung auch auf mögliche Spannungsfelder zwischen Art. 1 Abs. 1 (Wahrung des Weltfriedens und der internationalen Sicherheit), Art. 2 Abs. 1 (Grundsatz der souveränen Gleichheit aller Mitglieder), Art. 2 Abs. 4 (Gewaltverbot) sowie Art. 2 Abs. 7 (Nicht-Einmischungsgebot) ein.

Seite 107, Aufgabe 1 a) Denken Sie an Ihnen bekannte Parlamente, wie z. B. das EU-Parlament oder den Bundestag: Was passiert dort im Plenum? Wie wird dort gearbeitet? Wofür ist das Parlament zuständig?

Seite 111, Aufgabe 1 a) Fertigen Sie eine Concept Map mit den zentralen Akteuren, deren Interessen und Merkmalen sowie den Beziehungen zwischen den Akteuren (Pfeile, Blitze u. Ä.) an.

Seite 111, Aufgabe 5 a) Beziehen Sie sich zunächst auf M1 und diskutieren Sie im zweiten Schritt ein konkretes/aktuelles Beispiel oder auf generalisierender Ebene.

Seite 113, Aufgabe 5 Tauschen Sie sich während der Vorbereitung der Simulation auch darüber aus, wie Sie auf Kritik oder Gegenargumente der anderen an der Sitzung teilnehmenden Staaten reagieren wollen und zu welchen Zugeständnissen Sie bereit sind.

Seite 115, Aufgabe 4 Nutzen Sie Kriterien wie Relevanz, Durchsetzbarkeit und Wirksamkeit sowie Werte wie Sicherheit, Demokratie/Partizipation, Gleichheit und Gerechtigkeit, um Ihre Argumentation auszudifferenzieren.

Seite 117, Aufgabe 2 Nutzen Sie Kategorien bzw. Oberbegriffe (z. B. rechtlich, organisatorisch, lokal), um die Herausforderungen inhaltlich zu strukturieren.

Seite 119, Aufgabe 3 Strukturieren Sie die Hürden in
a) vor einer Anwendung von R2P und
b) während einer Anwendung von R2P und
unterscheiden sie zwischen der völkerrechtlichen (konkrete Vorgaben aus der UN-Charta) und der humanitären (allgemeine Menschenrechte) Ebene.

Seite 121, Aufgabe 1 Bei dieser Karikatur müssen Sie genau hinschauen, da viele Details Deutungshypothesen zulassen. Eine genaue Beschreibung der Karikatur ist daher besonders wichtig.

I.4 Deutsche Außen- und Sicherheitspolitik

Seite 127, Aufgabe 3
Arbeiten Sie zunächst heraus, inwiefern Grundgesetzartikel, in denen der Friedensbegriff nicht explizit auftaucht, für das Friedensgebot des Grundgesetzes von Bedeutung sind.
Darüber hinaus können Sie weitere Artikel des Grundgesetzes recherchieren, die ein Friedensgebot enthalten.

Seite 129, Aufgabe 2
Legen Sie eine Tabelle an und konkretisieren Sie die in M2 angesprochenen Ereignisse und Entwicklungen inklusive der damit verbundenen Folgen:
- Rückzug der NATO-Truppen aus Afghanistan,
- Einmarsch russischer Truppen auf der Krim,
- Zwei-Prozent-Ziel der NATO,
- nukleare Teilhabe Deutschlands im Rahmen der NATO,
- deutsche Abhängigkeit von Gasimporten.

Seite 131, Aufgabe 2
Berücksichtigen Sie in Ihren Erläuterungen
- die Biografien der beiden Diskutierenden,
- die Bedeutung von Waffenlieferungen an die Ukraine für die Sicherheit Deutschlands,
- die globalen Interessen von Staaten wie China, Brasilien und Südafrika,
- die Bedeutung eines Kriegsendes für alle Beteiligten.

Seite 133, Aufgabe 1
Nehmen Sie vor allem das Verhältnis von Legislative (Bundestag) und Exekutive (Bundesregierung) bezogen auf die Bundeswehr in den Blick. Welche Institution hat in welchen Bereichen mehr Einfluss?

Seite 133, Aufgabe 2
Berücksichtigen Sie bei Ihrer Erarbeitung das Spannungsverhältnis zwischen der Bedeutung einer demokratischen Legitimierung von Auslandseinsätzen der Bundeswehr und der Notwendigkeit, schnell auf Konflikte zu reagieren.

Seite 135, Aufgabe 3
Berücksichtigen Sie bei Ihren Erläuterungen
- den hergestellten Bezug zum Grundgesetz,
- das Verhältnis von Demokratie und Rechtsstaatlichkeit,
- die Akzeptanz von Verteidigungsbereitschaft bzw. Kriegstüchtigkeit in der Bevölkerung.

Seite 137, Aufgabe 3
Voraussetzung für eine Debatte ist die Gegenüberstellung dieser Modelle:
- Allgemeine Wehrpflicht für alle jungen Menschen,
- Erfassung aller Wehrfähigen (Bereitschaft und Fähigkeit zum Wehrdienst) und freiwilliger Wehrdienst,
- Freiwilligenarmee, wie sie heute existiert (Berufsarmee).

Seite 139, Aufgabe 3
Benennen Sie für Ihre Erklärungen Beispiele für hybride Kriegsführung aus diesen Bereichen:
- politischer Bereich,
- militärischer Bereich,
- wirtschaftlicher Bereich,
- medialer Bereich und
- cybertechnischer Bereich.

Seite 141, Aufgabe 4
Folgende im Material angeführte Aspekte können Anknüpfungspunkte für Ihre Erörterung sein:
- die europäische Sicherheitslage habe sich grundlegend verschlechtert (Z. 3 ff.),
- Gespräche mit Russland seien obsolet (Z. 14–17),
- die nukleare Drohkulisse gebe Anlass zur Sorge (Z. 26 ff.),
- Moskau verfolge neo-imperialistische und revisionistische Ziele (Z. 21 ff.).

Seite 143, Aufgabe 4
Recherchieren Sie aktuelle Entwicklungen des militärischen Engagements der USA in Europa. Gewichten Sie anschließend die Problematiken der Uneinigkeit unter den EU-Mitgliedern und der Mehrheitsentscheidungen.

Seite 145, Aufgabe 3

Der Artikel 5 beginnt mit einem sehr langen Satz. Vor der Erörterung ist es notwendig, diesen Satz genau zu verstehen. Richten Sie Ihr Augenmerk dabei besonders auf den letzten Teil des Satzes und erklären Sie Möglichkeiten, die einzelne Staaten bezüglich einer Relativierung ihrer Beistandsverpflichtung ableiten können.

Seite 147, Aufgabe 2

Beziehen Sie in Ihrer Analyse die Ausgangssituation Anfang der 1990er-Jahre und die historischen Erfahrungen einiger Beitrittsländer sowie die Interessen der USA und Russlands in dieser Zeit mit ein.

Seite 147, Aufgabe 3

Für vertiefende Informationen können Sie auf die ausführlichen FAQs in dem Correctiv-Artikel zurückgreifen, insbesondere auf die Fragen, die konkret auf die Osterweiterung der NATO eingehen:
WES-118496-300

Seite 149, Aufgabe 2

Im Mittelpunkt der Analyse steht das Schaubild auf S. 148. Untersuchen Sie die drei Kernbereiche hinsichtlich aktueller politischer Entwicklungen und gewichten Sie diese begründet. Berücksichtigen Sie dabei besonders die Aussagen zum „Strategischen Umfeld".

Seite 153, Aufgabe 4

Ordnen Sie die drei genannten Herausforderungsbereiche den genannten grundlegenden Werten „Freiheit, Sicherheit und Wohlstand" zu. Berücksichtigen Sie in Ihrer Erörterung, ob und inwiefern alle drei Werte gleichzeitig und gleichrangig gesichert werden können.

I.5 Die Entwicklungspolitik Deutschlands im Wandel

Seite 157, Aufgabe 4 Ihre Maßnahmen können konkrete, kurzfristige und oder lokal wirkende Maßnahmen sein. Sie können aber auch struktureller Natur sein, sodass Ihnen bekannte bestehende systemische Missstände behoben werden.
Dabei können Sie internationale Organisationen, einzelne Staaten, Unternehmen oder Bürgerinnen und Bürger in Ihre Überlegungen einbeziehen.

Seite 159, Aufgabe 2 Erstellen Sie eine Tabelle mit den fünf Leitbildern und ordnen Sie die 17 Ziele einem Leitbild oder mehreren Leitbildern zu.

Seite 159, Aufgabe 3 Bevor Sie den sprechenden Personen antworten, sollten Sie sich klar darüber werden, was deren Ansatzpunkt ist. Danach können Sie als Vertretung des Bundesministerium für wirtschaftliche Zusammenarbeit und Entwicklung (BMZ) der Person die Ziele und Strategien erklären, die dazu passen.

Seite 159, Aufgabe 5 Greifen Sie für die Überprüfung auf Ihre Ergebnisse von Seite 157, Aufgabe 2 und 3 zurück.

Seite 161, Aufgabe 2 Sie können zum Beispiel diese Linksammlung als Ausgangspunkt Ihrer Recherche nutzen:
WES-118496-301

Seite 161, Aufgabe 3 und 4 Aufgabe 3 kann (zusätzlich) in tabellarischer Form angelegt werden, um diese übersichtliche Darstellung in Aufgabe 4 weiter zu nutzen.

Seite 163, Aufgabe 2 a) Die Verteilung der Gelder kann Ihnen Auskunft darüber geben, welche Akteure (hier z. B. Ministerien) in welchem Umfang Entwicklungspolitik betreiben.

Seite 165, Aufgabe 3 Die Begünstigungen im Rahmen des APS und APS+ beziehen sich auf verarbeitete Waren bzw. verarbeitete landwirtschaftliche Erzeugnisse.

Seite 166, Aufgabe 4 Beachten Sie auch die Hilfe zu Seite 165, Aufgabe 3.
Unter dem folgenden Link, Unterpunkt „Freihandel als Entwicklungsstrategie versus Manifestation bestehender Abhängigkeiten“ finden Sie weitere Erklärungen:
WES-118496-302

Seite 167, Aufgabe 3 a) Sie können zum Beispiel diese Linksammlung als Ausgangspunkt Ihrer Recherche nutzen:
WES-118496-303

Seite 169, Aufgabe 1 Nutzen Sie z. B. Kategorien wie Handel, Funktionen eines Staates, Umwelt, Sicherheitspolitik.

Seite 169, Aufgabe 2 Nutzen Sie hier wieder Ihr Vorwissen zum zivilisatorischen Hexagon (S. 60 f.).

Seite 169, Aufgabe 4 Beziehen Sie auch die Ziele und Strategien der deutschen Entwicklungszusammenarbeit (S. 158–159) ein: Aspekte wie Friedenssicherung, wirtschaftliche Kooperation etc. können gute Ausgangspunkte für Ihre Argumentation sein.

II. Chancen und Risiken weltwirtschaftlicher Verflechtungen

II.1 Merkmale der ökonomischen Globalisierung

Seite 177, Aufgabe 2 Gehen Sie bei Ihrer Beschreibung von M2 auch auf Auffälligkeiten der unterschiedlichen Entwicklung von Warenproduktion und Warenexport in Prozent (blaue Zahlen) ein. Die fehlenden Zahlen zu Afrika in M3 können mithilfe der interaktiven Grafik (Webcode/ QR-Code) ergänzt werden.

Seite 179, Aufgabe 3 Nutzen Sie den Glossareintrag zum Begriff „Protektionismus".

Seite 182, Aufgabe 1 Unter Handelsbilanz versteht man die Gegenüberstellung des Geldwerts von Ausfuhr und Einfuhr – hier bestimmter Warengruppen nach Deutschland. In der Handelsbilanz werden Importe in Euro von Exporten in Euro abgezogen. Ist das Ergebnis positiv, spricht man von Handelsbilanzüberschüssen, ist es negativ, liegt ein Handelsbilanzdefizit vor.

Seite 182, Aufgabe 2 a) Gehen Sie in arbeitsteiliger Partnerarbeit vor und verdeutlichen Sie Gemeinsamkeiten und Unterschiede der theoretischen Konzepte in einer grafischen Umsetzung, z. B. in Fließdiagrammen.

Seite 184, Aufgabe 2 Gehen Sie in arbeitsteiliger Gruppenarbeit vor.

Seite 184, Aufgabe 3 Hinweis: Die theoretischen Erklärungsansätze können die Handelssituationen jeweils nur in Teilen erklären.

Seite 189, Aufgabe 3 Eine eigene Spinnennetzgrafik nach dem Muster vom M4 kann mit einfachen Mitteln mit einem Tabellenkalkulationsprogramm wie Microsoft Excel erstellt werden.

Seite 191, Aufgabe 3 Arbeiten Sie in Gruppen, berücksichtigen Sie harte und weiche Standortfaktoren, gehen Sie auch auf Ihre Überlegungen zu Kapitel II.1.5, M1, ein. Erstellen Sie mithilfe von Excel ein Ranking (Werte 1–10) und erstellen Sie damit eine Netzgrafik.

II.2 Leitbilder europäischer Außenhandelspolitik

Seite 197, Aufgabe 1 Godzilla ist ein in japanischen und amerikanischen Filmserien auftretendes Monster. Die abgebildete Person stellt Chinas Staatspräsident Xi Jinping dar. Hinter ihm ist der chinesische Drache angedeutet, ein Fabeltier, das in der chinesischen Mythologie Erfolg, Macht und Glück verspricht.

Seite 197, Aufgabe 4 Gehen Sie bei der Überprüfung auf den Unterschied von Zöllen, die prozentual auf den Verkaufspreis erhoben werden, und festgelegten Mindestpreisen ein.

Seite 199, Aufgabe 3 Gehen Sie in der Analyse vor allem auf die Frage ein, inwieweit sich anhand der Daten ein Wohlstandswachstum in den Freihandelszonen belegen lässt und welche Daten für eine valide Aussage fehlen.

Seite 207, Aufgabe 3 Die Karikatur zeigt den von 2021 bis 2025 amtierenden US-Präsidenten Joe Biden und EU-Kommissionspräsidentin Ursula von der Leyen. Anlass der Karikatur ist der *Inflation Reduction Act* sowie der *EU-Green-Deal*.

Seite 211, Aufgabe 4 Aktuelle Daten zu Einzelheiten der Entwicklung von Zöllen und des Welthandels finden sich z. B. bei den Vereinten Nationen im regelmäßig erscheinenden *„Global trade update“*, bei der Weltbank unter *„World trade statistics“* oder bei der WTO unter *„Trade and tariff data“*.
WES-118496-304

II.3 Schwellen- und Entwicklungsländer in der ökonomischen Globalisierung

Seite 217, Aufgabe 1 Achten Sie besonders auf gegensätzliche Bildelemente und richten Sie Ihre Überschrift daran aus.

Seite 217, Aufgabe 3 Überprüfen Sie bei Ihrer Antwort auch, welche Auswirkungen die jeweilige Einstufung Chinas hätte und welche Motive demnach für die jeweilige Einstufung zugrunde liegen.

Seite 219, Aufgabe 2 Nutzen Sie sowohl die Daten der Seite 218 als auch die Kriterien der vorherigen Seiten, um die Einstufung Chinas von verschiedenen Seiten zu beleuchten.

Seite 221, Aufgabe 2 Gehen Sie bei Ihrer Bearbeitung von einer Definition des Begriffes *„Terms of Trade“* aus und erklären dann darauf aufbauend die Situation vieler Entwicklungsländer.

Seite 221, Aufgabe 4 Versuchen Sie, verschiedene Akteure in Ihre Überlegungen einzubeziehen. So könnten zur Lösung einiger Probleme sowohl die Staaten selbst als auch internationale Partner und/oder Organisationen beitragen.

Seite 222, Aufgabe 1 Schritt 4: Überlegen Sie bei Ihrer Beurteilung zunächst, welche Schwerpunkte jeder Indikator setzt. Für das weitere Vorgehen können Sie sich sowohl auf inhaltliche Kriterien stützen (Nachhaltigkeit, Gerechtigkeit …) als auch auf die Nutzbarkeit (Messgenauigkeit, Messgrößen etc.) eingehen. Bei der Präsentation sollten Sie auf die Erklärung neuer (Fach-)Begriffe achten und eine übersichtliche Visualisierung mit Beispielen wählen.

Seite 229, Aufgabe 2 Nutzen Sie die Buchseiten 156/157, um Ihr Wissen über die SDGs aufzufrischen.

Seite 231, Aufgabe 4 Sammeln Sie zunächst in einer Tabelle Herausforderungen und Chancen von Entwicklungsländern und unterteilen Sie diese jeweils in ökonomische, ökologische und politische Aspekte. Sie finden dazu viele Informationen auf den Seiten 228–233. Die Indizes des Lernwegs auf den Seiten 223–227 können gut aufzeigen, in welchen Bereichen einige Entwicklungsländer Defizite aufweisen.

Absolute Kostenvorteile
sind zentrales Element der von Adam Smith 1776 entwickelten → Außenhandelstheorie, nach der sich jeder → Staat auf die Produktion und den Export jener Produkte → spezialisieren sollte, die er im Vergleich mit allen anderen Ländern am günstigsten anbieten kann, in denen er also einen absoluten Kostenvorteil besitzt. Mit seiner Theorie absoluter Kostenvorteile verweist Smith auf die Vorteile internationaler → Arbeitsteilung. Weiterentwickelt wurde dieses Konzept von David Ricardo und seiner Theorie der → komparativen Kostenvorteile.

Arbeitsteilung
bedeutet, dass eine Arbeitsaufgabe in neben- und nacheinander ablaufende Teilprozesse zerlegt wird. Unterscheiden lassen sich insbesondere die berufliche bzw. personale, die innerbetriebliche bzw. → gesellschaftlich-technische (zwischen verschiedenen Abteilungen), die zwischenbetriebliche bzw. → volkswirtschaftliche (zwischen verschiedenen Unternehmen/ Branchen in einem Land) und die internationale (zwischen verschiedenen Ländern) sowie ggf. die regionale Arbeitsteilung. Im Zuge zunehmender Arbeitsteilung kommt es zur → Spezialisierung und damit zur Steigerung der → Produktivität. Zugleich wachsen allerdings auch die wechselseitigen Abhängigkeiten.

Armut
bezeichnet generell die mangelnde Befriedigung von Grundbedürfnissen wie Kleidung, Nahrung, Wohnung, Gesundheit. Unterschieden wird zwischen absoluter Armut und relativer Armut.
Als absolut arm gelten nach Definition der → Weltbank derzeit Menschen, die weniger als 2,15 USD pro Tag für die Befriedigung der existenziellen Lebensbedürfnisse zur Verfügung haben (Stand: Jan. 2025).
Demgegenüber basiert der Begriff der relativen Armut auf der Vorstellung sozialer Ungleichheit. Nach den Kriterien der → Europäischen Union gilt als relativ arm, wer weniger als 60 % des Medianeinkommens (mittleren Einkommens = 50 % verdienen mehr, 50 % verdienen weniger) der Gesamtbevölkerung zur Verfügung hat. Diese Schwelle wird auch als Armutsgefährdungsquote bezeichnet. Von strenger Armut wird bei einem Einkommen von weniger 50 % (teils auch 40%) des Medianeinkommens gesprochen.

Außenhandel
Der Austausch von Waren, → Dienstleistungen und Kapital über nationale Grenzen hinweg. In vielen → Staaten macht der Außenhandel einen erheblichen Anteil des → Bruttoinlandsprodukts (BIP) aus. Durch die verbesserten Transportmöglichkeiten, die gut ausgebauten Kommunikationsmittel und durch multinationale Unternehmen hat sich der internationale Handel in den letzten Jahrzehnten intensiviert. Ohne Außenhandel wären die Staaten allein auf die innerhalb ihrer eigenen Grenzen produzierten Waren und Dienstleistungen beschränkt.

Außenwirtschaftliches Gleichgewicht
ist eines der Ziele des Stabilitäts- und Wachstumsgesetzes. Außenwirtschaftliches Gleichgewicht meint den Ausgleich der → Leistungsbilanz, d. h., die durch das ursprüngliche Leistungsbilanzungleichgewicht entstandene Akkumulation von Verbindlichkeiten gegenüber dem Ausland muss durch Handelsbilanzüberschüsse bedient werden.

Autokratie
ist eine nicht demokratische Herrschaftsform. Der Oberbegriff Autokratie umfasst dabei sowohl autoritäre als auch → totalitäre → Regime. Die Abgrenzung zwischen → Demokratie und Autokratie ist allerdings nicht immer ganz eindeutig zu ziehen. In einer Autokratie sind alle wesentlichen Entscheidungsbefugnisse bei einem einzigen Machtträger (einer Person oder einer Gruppe) konzentriert. Dessen Machtbefugnisse unterliegen in der Regel weder personellen noch institutionellen Einschränkungen. Der politische Wettbewerb z. B. durch um die → Macht konkurrierende Parteien ist eingeschränkt oder ganz ausgeschaltet.

Blauhelmsoldaten
(auch „Blauhelme") ist die Bezeichnung für Angehörige der Friedenstruppen der → Vereinten Nationen; ihre friedenserhaltenden Maßnahmen (*Peacekeeping*) sind zumindest teilweise sehr erfolgreich verlaufen. Für die Entsendung der Blauhelmsoldaten ist die Zustimmung des UN-Sicherheitsrates und aller am Konflikt beteiligten Parteien notwendig. Von den beteiligten Truppen wird strikte Neutralität erwartet. Sie dürfen, außer zur Selbstverteidigung, keine Gewalt anwenden – es sei denn, sie verfügen über ein sogenanntes robustes Mandat. 1988 erhielten die UN-Friedenstruppen den Friedensnobelpreis.

Brexit
(Kurzform von „*British exit*") Der ehemalige britische Premierminister David Cameron hatte im Jahr 2013 angekündigt, nach seinen Verhandlungen mit der → Europäischen Union über Reformen spätestens 2017 ein Referendum zum Verbleib Großbritanniens in der EU abzuhalten. Am 23.06.2016 fand das „Referendum über den Verbleib des Vereinigten Königreichs in der Europäischen Union" statt, in dem 51,9 % der Briten für einen Austritt und 48,1 % für einen Verbleib in der EU votierten. Cameron trat daraufhin als Premierminister zurück. Das Referendum war zwar nicht bindend, die (neue) britische Regierung unter Theresa May sagte jedoch zu, den Wunsch nach einem EU-Austritt umzusetzen. Unter Premier Boris Johnson wurde ein Austrittsabkommen mit der EU ausgehandelt. Seit dem 01.01.2021 ist Großbritannien nicht mehr Teil der EU und hat auch den EU-Binnenmarkt und die Zollunion verlassen.

Bruttoinlandsprodukt (BIP)
misst den Wert aller Waren und → Dienstleistungen, die in einem Jahr innerhalb der Landesgrenzen einer → Volkswirtschaft produziert werden. Das BIP enthält also auch die Leistungen von Ausländern, die innerhalb eines Landes arbeiten, während die Leistungen von Inländern, die im Ausland arbeiten, nicht berücksichtigt werden. Unterschieden wird üblicherweise zwischen nominalem und realem BIP. Bei der Berechnung des nominalen BIP werden alle produzierten Waren und Dienstleistungen zu laufenden Preisen, d. h. den Preisen des Erstellungsjahres, einbezogen. Eine Erhöhung des nominalen BIP kann daher nicht nur auf größere produzierte Mengen, sondern auch auf Preissteigerungen zurückgehen. Deshalb werden im realen BIP konstante Preise, d. h. die Preise eines bestimmten Basisjahres, zugrunde gelegt; die Inflationsrate (→ Inflation) wird also herausgerechnet.

Bruttonationaleinkommen (BNE)
wurde früher als Bruttosozialprodukt (BSP) bezeichnet. Es misst die Summe aller Waren und → Dienstleistungen, die von den Inländern einer → Volkswirtschaft innerhalb eines Jahres produziert werden. Ausgehend vom → Bruttoinlandsprodukt werden dabei also die Erwerbs- und Vermögenseinkommen der Ausländer im Inland abgezogen und die Einkommen von Inländern im Ausland hinzugezählt.

Deflation
(Ggs.: → Inflation) bezeichnet ein sinkendes Preisniveau in einer Volkswirtschaft.

Demokratie
ist eine Herrschaftsform, in der die → Macht vom Volk (dem Souverän) ausgeht und die Ausübung von Herrschaft durch Wahlen legitimiert wird. Vorherrschende Form ist die repräsentative Demokratie, in der vom Volk gewählte Vertreter/ -innen, die im Namen des Volkes handeln, die politischen Entscheidungen treffen, dabei aber nicht an dessen Auftrag oder Weisung gebunden sind.

In einer direkten Demokratie (auch: plebiszitären Demokratie) werden hingegen die politischen Entscheidungen unmittelbar vom Volk z. B. durch Volksabstimmung getroffen. Lediglich die Art der Umsetzung wird der Entscheidung einer Behörde überlassen. Rein auf direkter Demokratie basierende Gesellschaftsmodelle gibt es bisher nur in der Theorie (v. a. sozialistischer Rätesysteme). Das Modell der Schweiz ist dadurch gekennzeichnet, dass neben den direktdemokratischen (Volksinitiative, Referendum) auch repräsentative Elemente (z. B. Parlamente) existieren. Auch in Ländern mit repräsentativer Demokratie sind in verschiedenen Verfassungen und Gesetzen (z. B. der deutscher Bundesländer und Gemeindeordnungen; US-amerikanischer Bundesstaaten) direktdemokratische Elemente wie Volksbegehren und Volksentscheid vorgesehen.

Dienstleistungen
sind in Abgrenzung zur Warenproduktion (materielle Güter) sogenannte immaterielle Güter. Diese zeichnen sich dadurch aus, dass sie unmittelbar verbraucht werden (z. B. Haarschnitt). In der Volkswirtschaftlichen Gesamtrechnung werden Dienstleistungen als tertiärer Sektor erfasst. Der Drei-Sektoren-Theorie zufolge dehnt sich der Dienstleistungsbereich in entwickelten Industriegesellschaften immer stärker aus.

Diktatur
ist eine Staatsform, in der sich eine Person, Gruppe, Partei oder Regierung anmaßt, „von oben" bestimmen zu können, was dem allgemeinen Wohl der Bürgerinnen und Bürger diene. Es werden zumeist autoritäre und → totalitäre Diktatur unterschieden. Letztere, zu denen vor allem der Nationalsozialismus und der Stalinismus gerechnet werden, stehen im schärfsten möglichen Gegensatz zum demokratischen Verfassungsstaat. Kennzeichen totalitärer Diktaturen sind eine geschlossene → Ideologie, staatlicher Terror gegen Andersdenkende, die Kontrolle der Massenmedien und des wirtschaftlichen Lebens sowie die Konzentration der → Macht bei einer hierarchisch strukturierten Massenpartei.

Dschihad
(arab.: sich bemühen) bezeichnet die Verteidigung und Verbreitung des islamischen Glaubens mit geistigen und bisweilen auch militärischen Mitteln. Meist einseitig als „Heiliger Krieg" übersetzt, bezeichnet Dschihad das „Sichbemühen auf dem Wege Gottes", d. h. vor allem die persönliche Anstrengung, ein Gott wohlgefälliges Leben zu führen.

Entwicklungsländer
ist eine Bezeichnung für → Staaten, die im Vergleich zu Industrieländern u. a. ein deutlich geringeres Pro-Kopf-Einkommen, geringe Arbeitsproduktivität, eine hohe Analphabetenquote und einen hohen Anteil landwirtschaftlicher Erwerbstätigkeit aufweisen. Eine allgemeingültige Definition gibt es jedoch nicht. Zudem gibt es an der Bezeichnung seit Längerem Kritik. Sie wird heute zunehmend durch andere Bezeichnung, wie u. a. „Globaler Süden" ersetzt. Die → Vereinten Nationen definieren den Status *Least Developed Countries* (LDC), derzeit sind dies 44 Länder (Stand: 2025). Auch dieser Begriff wird teilweise im Deutschen verwendet.

Europäische Union (EU)
ist eine 1993 von den 12 EG-Mitgliedern (Belgien, Dänemark, Deutschland, Frankreich, Griechenland, Großbritannien, Irland, Italien, Luxemburg, Niederlande, Portugal, Spanien) gegründete → supranationale Organisation. Der Staatenverbund baut auf der Europäischen Gemeinschaft (EG) auf, deren Anfänge bis 1951 zurückreichen. Seit dem Austritt Großbritanniens mit dem → Brexit 2020 hat die EU 27 Mitgliedstaaten. Seit 2023 gilt in 20 Ländern als Zahlungsmittel der Euro. Die EU bildet mit dem → Vertrag von Lissabon (2009) den rechtsverbindlichen Rahmen für eine → Gemeinsame Außen- und Sicherheitspolitik (GASP) und die Zusammenarbeit in der Justiz und Innenpolitik (ZIJP) .
Die zentralen Organe der EU sind:
1. das Europäische Parlament,
2. der Europäische Rat (Gremium aus den Staats- bzw. Regierungschefinnen bzw. -chefs aller EU-Mitgliedstaaten, der Kommissionspräsidentin bzw. dem Kommissionspräsidenten, Der Hohen Vertreterin bzw. dem Hohen Vertreter für Außen- und Sicherheitspolitik sowie der Präsidentin bzw. dem Präsidenten des Europäischen Rates),
2. der Rat der Europäischen Union, auch Ministerrat genannt (Gremium der Fachministerinnen und -minister der → Staaten),
4. die Europäische Kommission (Exekutivorgan),
5. der Gerichtshof der Europäischen Union,
6. die Europäische Zentralbank,
7. der Europäische Rechnungshof.

Extremismus
bezeichnet politische Einstellungen, die die → freiheitliche demokratische Grundordnung (FDGO) beseitigen wollen. Extremisten vertreten fanatische oder → fundamentalistische Haltungen, → Ideologien oder Ziele, oftmals auch mit Gewalt. Die Formen des Extremismus lassen sich in die Kategorien „rechts", „links" und „religiös" untergliedern.

Freiheitliche Demokratische Grundordnung (FDGO)
meint die zentralen Wertprinzipien als Kernbestand der → Demokratie in der Bundesrepublik Deutschland, die nach der Definition des Bundesverfassungsgerichts im SRP-Urteil von 1952 (Verbot der rechtsextremen Sozialistischen Reichspartei) „unter Ausschluss jeglicher Gewalt- und Willkürherrschaft eine → rechtsstaatliche Herrschaftsordnung auf der Grundlage der Selbstbestimmung des Volkes nach dem Willen der jeweiligen Mehrheit und der Freiheit und Gleichheit darstellt". Die FDGO ist gekennzeichnet durch „die Achtung vor den im → Grundgesetz konkretisierten → Menschenrechten, [...] die Volkssouveränität, die Gewaltenteilung, die Verantwortlichkeit der Regierung, die Gesetzmäßigkeit der Verwaltung, die Unabhängigkeit der Gerichte, das Mehrparteiensystem und die Chancengleichheit für alle politischen Parteien mit dem Recht auf verfassungsmäßige Bildung und Ausübung einer Opposition."

Fundamentalismus
bezeichnet das kompromisslose Festhalten an politischen oder religiösen Grundsätzen. Fundamentalismus umfasst unterschiedliche, meist religiös motivierte → Ideologien und → extremistische Strömungen, die den Gedanken des → Pluralismus ablehnen und den Dialog verweigern.

G7 (Gruppe der Sieben)
ist die Gruppe der sieben Industriestaaten Deutschland, Kanada, Frankreich, Italien, Japan, Großbritannien und USA sowie der → Europäischen Union. Die G7 besteht seit 1975 und ist (wie die → G20) ein informelles Forum, in dem insbesondere ein Austausch über Fragen der Weltwirtschaft erfolgt. Sie versteht sich auch als politische bzw. demokratische Wertegemeinschaft.

G20 (Gruppe der Zwanzig)
ist die Gruppe der zwanzig wichtigsten Industrie- und → Schwellenländer – ein seit 1999 bestehender, informeller Zusammenschluss aus 19 Staaten (USA, Japan, Deutschland, China, Vereinigtes Königreich, Frankreich, Italien, Kanada, Brasilien, Russland, Indien, Südkorea, Australien, Mexiko, Türkei, Indonesien, Saudi-Arabien, Südafrika, Argentinien) sowie der → Europäischen Union und der Afrikanischen Union. Die Gruppe soll als Forum für wirtschaftliche Zusammenarbeit dienen.

General Agreement on Tariffs and Trade (GATT)
Das Allgemeine Zoll- und Handelsabkommen trat 1948 in Kraft. Es gilt als wichtiger Schritt auf dem Weg zur → World Trade Organization WTO. Es ist heute in die WTO eingegliedert.

Gemeinsame Außen- und Sicherheitspolitik (GASP)
Die GASP wurde 1993 durch den → Vertrag von Maastricht als Nachfolgerin der Europäischen Politischen Zusammenarbeit (EPZ) geschaffen, um gemäß den Leitlinien des Europäischen Rates eine gemeinsame Außen- und Sicherheitspolitik zu „erarbeiten“ und zu „verwirklichen“. Es gilt das Prinzip, dass Entscheidungen bis auf wenige Ausnahmen einstimmig von den Mitgliedstaaten getroffen werden. Durch den → Vertrag von Lissabon von 2009 wurde die GASP weiter gestärkt.

Gemeinsame Sicherheits- und Verteidigungspolitik (GSVP)
ist der militärische Arm der → Gemeinsamen Außen- und Sicherheitspolitik der → Europäischen Union. Ursprünglich unter dem Namen Europäische Sicherheits- und Verteidigungspolitik (ESVP) billigte der Europäische Rat im Dezember 1999 die Übertragung der Fähigkeiten zur zivilmilitärischen Konfliktprävention und Krisenbewältigung von der (ehemaligen) Westeuropäischen Union (WEU) auf die EU. Diese soll damit in die Lage versetzt werden, autonom Beschlüsse zu fassen und in Fällen, in denen die → NATO als Ganzes nicht involviert ist, eigene Militäreinsätze in Reaktion auf internationale Krisen einzuleiten und durchzuführen. Die EU handelt dabei im Spektrum der sogenannten Petersberg-Aufgaben. Mit dem → Vertrag von Lissabon wurde die ESVP in GSVP umbenannt.

Gesellschaft
Unter Gesellschaft wird eine dauerhafte und strukturierte Vereinigung von Menschen in einem sozialen Raum zum Zweck der Befriedigung und Gewährleistung der Bedürfnisse ihrer Mitglieder verstanden. Die Gesellschaft umfasst nicht nur die Bürgerinnen und Bürger eines → Staates, sondern alle dort Lebenden. Dabei sind die wechselseitigen Beziehungen dieser Menschen von entscheidender Bedeutung. Im Unterschied zu zufälligen Zusammentreffen oder Gemeinschaften sind Menschen einer Gesellschaft dauerhaft aufeinander angewiesen, etwa bezogen auf die → Arbeitsteilung in der → Wirtschaft.

Gini-Koeffizient
ist ein statistisches Maß der Wohlfahrtsökonomie und dient zur Quantifizierung der relativen Konzentration einer Vermögens- bzw. einer Einkommensverteilung. Im Falle der maximalen Gleichverteilung der Vermögen bzw. der Einkommen nimmt er den Wert null an, während er im anderen Extremfall einer maximal ungleichen Vermögens- bzw. Einkommensverteilung den Wert eins hat. Er gibt also Aufschluss über das Ausmaß sozialer Ungleichheit in einer → Gesellschaft.

Globalisierung
meint die Zunahme der Staatsgrenzen überschreitenden wirtschaftlichen, politischen, kulturellen und sozialen Beziehungen v. a. ab den 1990er-Jahren. Insbesondere werden zu den Merkmalen der Globalisierung eine starke Zunahme internationaler Wirtschafts- und Finanztransaktionen, die Ausdehnung der Kommunikationstechnologien (Internet usw.) sowie eine weltweite Ausdehnung (westlicher) Kultur gezählt. Ursachen sind neben der technischen Entwicklung vor allem der Abbau von wirtschaftlichen Schranken durch die wichtigsten Industriestaaten.

Grundgesetz (GG)
Das Grundgesetz der Bundesrepublik Deutschland vom 23. Mai 1949 ist die deutsche Verfassung. Das GG hat Vorrang vor allen anderen deutschen Gesetzen, die mit ihm in Übereinstimmung stehen müssen. Es gliedert sich in 14 Abschnitte, denen eine Präambel (Vorwort) vorausgeht. Aufgrund ihrer Bedeutung stehen die → Grundrechte in Abschnitt I des GG (Art. 1–19). Das seit 1949 vielfach veränderte GG kann nur mit einer Zweidrittelmehrheit in → Bundestag und → Bundesrat geändert werden (Art. 79 Abs. 2). Art. 1 (Menschenwürde) und 20 (Staatsstrukturprinzipien) sowie der Grundsatz, dass die Länder bei der Gesetzgebung mitwirken, dürfen nicht geändert werden (Art. 79 Abs. 1 und 3); die Grundrechte dürfen in ihrem Wesensgehalt nicht angetastet werden (Art. 19 Abs. 2). Die Bezeichnung Grundgesetz wählte der Parlamentarische Rat, um den provisorischen Charakter der (west-)deutschen Republik im geteilten Deutschland zu betonen. Im Zuge der Wiedervereinigung 1990 nach Art. 23 GG („Beitrittsartikel“) und der Integration in die → Europäische Union wurden verschiedene Änderungen vorgenommen. Es kam aber nicht zur Ausarbeitung einer neuen gesamtdeutschen Verfassung nach Art. 146 GG.

Grundrechte
sind verfassungsmäßige, vom jeweiligen → Staat garantierte Rechte, die die Bürgerinnen und Bürger vor staatlichen Übergriffen schützen (Abwehr- bzw. Freiheitsrechte) und ihnen die Teilnahme an der politischen Willensbildung garantieren (Teilhaberechte).

Hegemonie
ist der Fachbegriff für die Vormachtstellung eines → Staates gegenüber anderen; Hegemonie ergibt sich durch ein tatsächliches militärisches, kulturelles oder wirtschaftliches Übergewicht und ist häufig durch Verträge abgesichert.

Ideologie
meint im neutralen Sinne die Lehre von den Ideen, d. h. den wissenschaftlichen Versuch, die unterschiedlichen Vorstellungen über Sinn und Zweck des Lebens, die Bedingungen und Ziele des Zusammenlebens etc. zu ordnen; im politischen Sinne dienen Ideologien der Rechtfertigung politischen Handelns, wobei eine bestimmte Weltanschauung und bestimmte Interessen kombiniert werden.

Inflation
ist ein Prozess anhaltender Preisniveausteigerungen und damit einhergehenden Geldwertverlusts: Mit einer Geldeinheit kann man weniger einkaufen; sie verliert also an Kaufkraft. Zur Ermittlung der Inflation dient der sogenannte repräsentative Warenkorb. Hierzu werden Haushalte befragt, die ihr Kaufverhalten ein halbes Jahr lang dokumentieren. Aus den Ergebnissen erstellt das Statistische Bundesamt eine Liste mit ca. 700 Produkten des täglichen Lebens. Die Preisveränderungen werden monatlich erfasst und mit dem Vorjahr verglichen. Der sich daraus ergebende Wert gibt den Grad der Inflation im Vergleich zum Vorjahr an (Inflationsrate). In → Volkswirtschaften gilt eine allzu starke Inflation gemeinhin als unerwünscht, so formuliert das Stabilitäts- und Wachstumsgesetz (1967) das wirtschaftspolitische Ziel der Preisniveaustabilität. Schwerwiegende Folgen für die Bevölkerung der Weimarer Republik hatte die Hyperinflation zu Beginn der 1920er-Jahre mit einer Vervierfachung der Preise pro Woche. Den gegenteiligen Prozess des Preisniveaurückgangs bezeichnen Ökonomen als → Deflation.

Interessengruppen
sind Zusammenschlüsse von Personen mit gleicher Interessenlage, um auf Parteien, Abgeordnete und Regierung Einfluss zu nehmen, ohne sich – wie Parteien – an Wahlen zu beteiligen oder selbst Regierungsgewalt anzustreben. Interessengruppen sind ein wesentliches Merkmal einer → pluralistischen Gesellschaftsordnung.

Intergouvernemental
ist der Fachbegriff für die Zusammenarbeit zwischen Regierungen. Im Unterschied zur → supranationalen Integration behalten die → Staaten hierbei ihre volle → Souveränität und geben ihre Zuständigkeiten nicht an eine übergeordnete Ebene ab.

Internationaler Währungsfonds (IWF)
wurde 1944 als Sonderorganisation der → Vereinten Nationen gegründet, um das

Weltwirtschaftssystem nach dem Zweiten Weltkrieg neu aufzubauen. Im Jahr 2025 sind 191 → Staaten Mitglied des IWF; ihr Stimmrecht orientiert sich an ihrem Kapitalanteil. Da die Beschlüsse im IWF mit einer Mehrheit von 85 Prozent getroffen werden, verfügen die USA und die 27 EU-Staaten de facto jeweils über eine Sperrminorität. 2011 trat eine Reform des IWF in Kraft, nach der → Schwellenländer wie China, Indien oder Brasilien mehr Einfluss erhielten. Der IWF verfolgt die Ziele, den Welthandel auszuweiten, die internationale Zusammenarbeit in der Währungspolitik zu fördern, die internationalen Finanzmärkte zu stabilisieren und kurzfristige Kredite zum Ausgleich von Zahlungsbilanzdefiziten zu vergeben. Für die Regulierung der Weltwirtschaft hat er damit eine zentrale Bedeutung. Eine globale Finanzmarktkrise, wie sie im Herbst 2008 ihren Ausgang nahm, konnte aber auch er nicht vermeiden.

Islamischer Staat
ist eine aus dem zweiten Irakkrieg (2003) hervorgegangene, 2004 gegründete → fundamentalistische → Terrororganisation, die als Ziel die Errichtung eines islamischen Gottesstaats und Weltreichs (Kalifat) im Nahen Osten mit extremer Gewaltbereitschaft (z. B. Hinrichtungen, brutaler Verfolgung Andersdenkender, Geiselnahme, Raub von Kunstschätzen, Brandschatzungen) und mittels sozialer Netzwerke (Youtube, Instagram, Twitter) zur Verbreitung von Botschaften und Anwerbung neuer Mitglieder verfolgt.

Kalter Krieg
bezeichnet die feindselige Auseinandersetzung zwischen → Staaten unterhalb der Schwelle offener kriegerischer Handlungen; als Kalter Krieg wurde v. a. die besondere Form der Beziehungen zwischen den USA und der Sowjetunion (UdSSR) und ihren Verbündeten während des Ost-West-Konflikts von 1946 bis 1989 bezeichnet. Kennzeichen dieses bipolaren Systems waren neben der Rüstungsspirale die „psychologische Kriegsführung“ sowie wirtschaftlicher und militärischer Druck und eine entsprechende Bündnispolitik.

Klimawandel
In den vergangenen Jahrzehnten hat sich die Durchschnittstemperatur der Erdatmosphäre und der Meere erhöht, eine weitere Erwärmung wird erwartet. Die meisten Naturwissenschaftler/-innen führen dies auf den vom Menschen verstärkten Treibhauseffekt zurück, besonders seit dem Beginn der Industrialisierung. Das Verbrennen fossiler Energieträger und die großflächige Rodung von Sauerstoff produzierenden Wäldern reichern den Anteil von Kohlendioxid (CO_2) in der Luft an. Hinzu kommt der erhöhte Ausstoß von Methangas durch eine intensive Viehwirtschaft. Der Treibhauseffekt wird auf Wasserdampf, Kohlenstoffdioxid, Methan, Stickstoffoxid und fluorierte Verbindungen, z. B. FCKW, zurückgeführt. Verdoppelt sich der CO_2-Anteil in der Erdatmosphäre, rechnet die Klimaforschung mit einer Erhöhung der Erdmitteltemperatur um einen Wert von 1,5 bis 4,5 Grad Celsius. Folgen der globalen Erderwärmung sind schon heute erkennbar: verringerte Schneebedeckung, Inlandeis- und Gletscherschmelze, steigender Meeresspiegel, Überschwemmungen und Wetterveränderungen. Der Klimawandel war 1992 erstmals Gegenstand einer UN-Konferenz. Im Jahr 1997 wurde mit dem Kyoto-Protokoll das erste völkerrechtlich verbindliche Abkommen mit konkreten Gegenmaßnahmen beschlossen. 2015 wurde das Pariser Klimaschutzabkommen verabschiedet.

Komparative Kostenvorteile
sind ein theoretisches Konzept von David Ricardo, der damit Adam Smiths Theorie der → absoluten Kostenvorteile weiterentwickelte. Ein → Staat sollte demnach auch mit jenen Gütern Handel treiben, die von einem anderen Staat vielleicht günstiger angeboten werden, aber dem eigenen Land – relativ gesehen – den größten Kostenvorteil gegenüber dem Ausland bringen. Dies ist nach Ricardo der Grund dafür, warum auch Länder, die in allen Bereichen Kostennachteile haben, erfolgreich am internationalen Handel und damit der internationalen → Arbeitsteilung teilnehmen können.

Konjunktur
bezeichnet die zyklischen Schwankungen der wirtschaftlichen Aktivität. Ein Konjunkturzyklus kann unterteilt werden in Tief (Depression, Stagnation), Aufschwung (Wiederbelebung, Expansion), Hoch (Boom) und Abschwung (Krise, Rezession).

Lebensstandard
bezeichnet den wirtschaftlichen Wohlstand, d. h. den Grad der Versorgung von Personen oder privaten Haushalten in einer → Volkswirtschaft mit Gütern und → Dienstleistungen; nach Art. 25 der Allgemeinen Erklärung der → Menschenrechte hat jeder Mensch ein Recht auf „einen Lebensstandard, der seine und seiner Familie Gesundheit und Wohl gewährleistet“. Inbegriffen sind hierin Nahrung, Kleidung, Wohnung, ärztliche Versorgung und notwendige soziale Leistungen. Gemessen wird der Lebensstandard u. a. durch das durchschnittliche → Bruttoinlandsprodukt pro Kopf, das → Bruttonationaleinkommen oder das Pro-Kopf-Einkommen.

Legitimität
ist die Anerkennung einer politischen Ordnung und ihrer Repräsentantinnen und Repräsentanten durch die Bürgerinnen und Bürger. Voraussetzung dafür ist die Übereinstimmung der politischen Ordnung mit den in der → Gesellschaft allgemein anerkannten Vorstellungen über die Begründung von politischer Herrschaft. In einer repräsentativen → Demokratie wird die Legitimität der Herrschaftsausübung auf Zeit vor allem durch demokratische Wahlen geschaffen.

Leistungsbilanz
Darin werden alle Waren und → Dienstleistungen erfasst, die in das Ausland geliefert bzw. von dort bezogen werden. Außerdem erfasst die Leistungsbilanz Erwerbs- und Vermögenseinkommen (z. B. Arbeitsentgelte) und laufende Übertragungen. Die Leistungsbilanz ist Teil der Zahlungsbilanz.

Liberalismus
heißt eine philosophische Weltanschauung, die aus der Aufklärung hervorgegangen ist. Im Vordergrund steht die Freiheit des Einzelnen. Jegliche Form des geistigen, sozialen, politischen oder staatlichen Zwangs wird abgelehnt. Unterschieden wird dabei zwischen dem politischen Liberalismus, der die Freiheitsrechte des Individuums und die Beschränkung der politischen Herrschaft in der Form eines → Rechts- und Verfassungsstaats anstrebt, und dem Wirtschaftsliberalismus, der eine Wirtschaftsordnung des Privateigentums und der Vertragsfreiheit durchsetzen will. In der liberalen Wirtschaftsordnung kann jedes Individuum seinen eigenen Lebensentwurf konzipieren und realisieren, die individuellen Handlungen werden vom → Staat lediglich koordiniert.

Macht
ist ein Verhältnis der Über- und Unterordnung zwischen Personen, Gruppen, Organisationen oder → Staaten, das – im Unterschied zu Herrschaft und Autorität – nicht der Anerkennung der von ihr Betroffenen bedarf. Der Soziologe und Ökonom Max Weber (1864–1920) definierte Macht als „die Chance, innerhalb einer sozialen Beziehung den eigenen Willen auch gegen Widerstreben durchzusetzen, gleichviel, worauf diese Chance beruht“.

Menschenrechte
sind Rechte, die jedem Menschen unabhängig von Herkunft, Geschlecht, Religion und Vermögen zustehen. Ihr Inhalt liegt darin, jedem Menschen eine gesicherte Existenz und Entfaltung zu ermöglichen. Im Gegensatz zu anderen Rechten kommen die Menschenrechte jedem Menschen von Natur aus zu, also nicht erst durch die

Garantie eines → Staates. Deshalb „gelten" sie nicht wie andere Rechte, sondern bezeichnen den Anspruch auf ein menschenwürdiges Leben.

Migration
(lat.: migratio = Wanderung) fasst verschiedene Formen der Ein- und Auswanderung zusammen (Asylsuche, Arbeitswanderung, Flucht vor Krieg usw.). Das trägt der Tatsache Rechnung, dass alle diese Formen Gemeinsamkeiten aufweisen: einen Migrationsgrund, der in fast allen Fällen irgendeine Art von Zwang beinhaltet, und soziale Probleme, die aus der Situation im Aufnahmeland folgen.

Multilateralismus
ist ein Prozess oder Zustand in der internationalen → Politik, bei dem mehrere oder viele → Staaten kooperativ und prinzipiell gleichberechtigt Diplomatie betreiben und gemeinsam handeln. Dabei werden die Interessen aller Partner berücksichtigt. Oft existieren schriftliche, in Form von Verträgen vereinbarte Regelungen oder (internationale) → Regime, die alle Beteiligten binden. Im Gegensatz dazu werden Vereinbarungen zwischen zwei Staaten als bilateral bezeichnet. In Bezug auf die Regelung von von Handelsbeziehungen, etwa im Rahmen in der → WTO werden außerdem multilaterale (alle Staaten nehmen teil) und plurilaterale (nur eine Gruppe von Staaten nimmt teil) unterschieden.

Multipolarität
bedeutet Mehr- oder Vielpoligkeit. Sie geht davon aus, dass das internationale System nicht wie in der Bipolarität durch zwei, sondern durch mehrere oder viele → Staaten bestimmt wird, die in etwa gleich mächtig eingeschätzt werden.

Nachhaltigkeit
ist ein Prinzip (wirtschaftlichen) Handelns, nach dem nur so viele der knappen Ressourcen unseres Planeten verbraucht werden sollen, dass sich das ökologische System wieder erholen kann und auch zukünftige Generationen gut darin leben können.

Nichtregierungsorganisation
(engl.: Non-Governmental Organization, NGO) ist eine nicht staatliche und nicht gewinnorientierte Organisation von Bürgerinnen und Bürgern auf lokaler, nationaler oder internationaler Ebene, die sich für bestimmte Belange des Gemeinwohls einsetzt. NGOs verfolgen unterschiedliche Ziele, z. B. Schutz der → Menschenrechte, Umweltschutz oder → Armutsbekämpfung. Dabei erfüllen NGOs viele Aufgaben, u. a. indem sie die Umsetzung internationaler Abkommen beobachten oder eigene Analysen durchführen.

North Atlantic Treaty Organization (NATO)
Während des → Kalten Krieges war die Allianz unter Führung der USA in Europa das Gegengewicht zur militärischen Präsenz der Sowjetunion und des Warschauer Paktes. Das Militärbündnis wurde 1949 in Washington geschlossen; 1955 trat die Bundesrepublik bei. Sitz der NATO ist Brüssel. Im Jahr 2025 zählt die NATO 32 Mitgliedstaaten, darunter viele ehemalige Mitglieder des Warschauer Paktes. Nach dem Ende des Kalten Krieges wandelte sich die Allianz von einem defensiven Verteidigungsbündnis zu einer auch global agierenden Sicherheitsorganisation. Zuletzt traten infolge des russischen Angriffskriegs gegen die Ukraine seit Februar 2022 Finnland (2023) und Schweden (2024) der NATO bei.

Organization for Economic Cooperation and Development (OECD)
Die Organisation für wirtschaftliche Zusammenarbeit und Entwicklung wurde 1961 als Nachfolgeorganisation der Organisation für europäische wirtschaftliche Zusammenarbeit (OEEC) gegründet. Ihr Sitz ist Paris. Zu ihren Hauptaufgaben gehören die Sicherung der Währungsstabilität, die Förderung des Welthandels, die Planung und Förderung des wirtschaftlichen Wachstums in Europa und die Koordination der Wirtschaftshilfe für → Entwicklungsländer.

Partizipation
heißt die Beteiligung der Bürgerinnen und Bürger an der politischen Willens- und Entscheidungsbildung, u. a. durch Wahlen, Mitgliedschaft in Parteien, Verbänden, Bürgerinitiativen und Vereinen bzw. durch Wahrnehmung der in der Verfassung verankerten Artikulations- und Mitwirkungsrechte.

Pluralismus
bezeichnet die Auffassung, dass es viele verschiedene politische und gesellschaftliche Vorstellungen gibt, die gleichzeitig → legitim nebeneinander vorhanden sind, wobei allen das gleiche Recht auf Entfaltung ihrer Interessen zukommt.

Politik
meint im weiten Sinne jegliche Art der Einflussnahme und Gestaltung sowie die Durchsetzung von Forderungen und Zielen, sei es in privaten oder öffentlichen Bereichen. Im engeren bzw. klassischen Sinne ist Politik „Staatskunst", das Öffentliche bzw. das, was alle Bürgerinnen und Bürger betrifft und verpflichtet, also das Handeln des → Staates und das Handeln in staatlichen Angelegenheiten (von griech.: *polis* = Stadtstaat). Im modernen Sinne ist Politik das auf die Durchsetzung bestimmter Ziele besonders im staatlichen Bereich und auf die Gestaltung des öffentlichen Lebens gerichtete Handeln von Regierungen, Parlamenten, Parteien, Organisationen etc.

Produktionsfaktoren
sind Mittel, mit denen Menschen Güter und → Dienstleistungen herstellen: Arbeit, Boden (Natur bzw. Umwelt) und Kapital. Inzwischen wird als vierter Faktor z. T. Wissen bzw. der technische Fortschritt hinzugenommen.

Produktivität
ist die wirtschaftswissenschaftliche Kennziffer für das Verhältnis zwischen dem Produktionsergebnis und der Menge der eingesetzten → Produktionsfaktoren.

Protektionismus
sind alle Maßnahmen, mit denen versucht wird, inländische Produzenten vor ausländischer Konkurrenz zu schützen. Ausländische Produzenten sollen mithilfe von Verboten, mengenmäßigen Beschränkungen, Zöllen oder sonstigen Handelshemmnissen benachteiligt werden. Unterschieden werden tarifäre (in öffentlichen Verzeichnissen wie Listen oder Zolltarifen festgehaltene) und nichttarifäre (alle anderen) Handelshemmnisse. Der Gegensatz von Protektionismus ist Freihandel.

Rechtsstaat
bezeichnet einen → Staat, in dem das Handeln der staatlichen Organe gesetztem Recht (i. d. R. Verfassungen, in Deutschland dem → Grundgesetz) untergeordnet ist. Den einzelnen Bürgerinnen und Bürgern stehen damit bestimmte unverbrüchliche → Grundrechte zu, während dem staatlichen Handeln bestimmte Grenzen gesetzt sind. Im Rechtsstaat soll alles staatliche Handeln dem (Verfassungs-)Recht und der Verwirklichung von Gerechtigkeit dienen.

Regime
ist im allgemeinen Sprachgebrauch eine abwertende Bezeichnung für eine Herrschaftsform, die nicht → demokratisch → legitimiert ist und in der eine einzelne Person oder eine Gruppe von Menschen → Macht über alle anderen ausüben; dieses Verständnis von Regimen ist von → Regimen auf internationaler Ebene zu unterscheiden

Regime, internationales
bezeichnet in der internationalen → Politik ein von internationalen Akteuren (z. B. → Staaten) akzeptiertes Regel- und Normensystem (einschließlich notwendiger Entscheidungsverfahren), um bestimmte Problemfelder und Spannungssituationen dauerhaft zu steuern.

Scharia
wird als Bezeichnung des islamischen Rechts verwendet und basiert hauptsächlich auf dem Koran und der Sunna, einer umfassenden Sammlung überlieferter Äußerungen und Handlungen des Propheten Mohammed (570—632) unterschiedlicher Herkunft. Ferner umfasst die Scharia sämtliche Vorschriften und Empfehlungen für das private und öffentliche Leben, von den religiösen Pflichten über das Familien- und Handelsrecht bis hin zur Kriegsführung.

Schwellenländer
ist eine Bezeichnung für Länder, die aufgrund ihrer fortgeschrittenen Wirtschaftskraft, ihres (mittleren) Volkseinkommens und ihrer infrastrukturellen Entwicklung aus dem Status von → Entwicklungsländern herausgewachsen sind und damit von der wirtschaftlichen Entwicklung her an der Schwelle zu den Industrieländern stehen. Hierzu werden vor allem die NIC-Länder oder NIE-Länder (*„newly industrialized countries“* bzw. *„economies“*) gezählt, z. B. Brasilien, China, Indien, Mexiko. Eine allgemeingültige Definition gibt es jedoch, wie bei den Entwicklungsländern, nicht.

Souveränität
ist ein Produkt des modernen → Staates und bezeichnet die höchste, nicht abgeleitete, umfassende und nach innen wie nach außen unbeschränkte Hoheitsgewalt – im Staatsinneren als staatliches Gewalt- und Rechtsetzungsmonopol, nach außen als „Völkerrechtsunmittelbarkeit“, d. h. Hoheit über ein bestimmtes Staatsgebiet (Prinzip der Selbstregierung) und rechtliche Unabhängigkeit nach außen.

Spezialisierung
bedeutet die Beschränkung auf den Teil eines Ganzen. Sie entsteht in der → Wirtschaft durch → Arbeitsteilung. Die einzelne Stelle oder Abteilung ist dabei auf eine Teilaufgabe innerhalb der gesamten Unternehmensaufgaben spezialisiert. Vorteile der Spezialisierung liegen in einer erhöhten → Produktivität durch die Beschränkung der Ausführenden auf Tätigkeiten, die von ihnen am besten erfüllt werden. Auch auf internationaler Ebene kann es im Rahmen internationaler Arbeitsteilung zu einer Spezialisierung kommen.

Staat
ist die politische Organisation, unter der die Menschen einer → Gesellschaft leben. Nach der gängigen Definition sind drei Aspekte für einen Staat notwendig: ein eindeutiges eigenes Territorium (Staatsgebiet), in dem Menschen wohnen, die zu diesem Staat gehören (Staatsvolk, Bürgerinnen und Bürger), und eine Regierung, die vom Staatsvolk anerkannt ist (Staatsgewalt). Ein Staat hat Außenbeziehungen zu anderen Staaten, die im Allgemeinen durch das Völkerrecht geregelt werden. Nach innen ist der Staat → souverän, d. h., es steht keine Gewalt über ihm. Im → Rechtsstaat verpflichtet sich der Staat, seine Gewalt nur gemäß den geltenden Gesetzen auszuüben.

Standortfaktoren
sind bei der Entscheidung eines Unternehmens für einen Unternehmensstandort ausschlaggebend. Es wird zwischen harten und weichen Standortfaktoren unterschieden:
Zu den harten Standortfaktoren werden z. B. Steuern, Abgaben, → Subventionen, Absatzmarkt, Infrastruktur, Arbeitskräftepotenzial und Ressourcenverfügbarkeit gezählt. Sie können zur Ermittlung der wirtschaftlichen Tragfähigkeit von Standorten genutzt werden, da sie zahlreiche Messgrößen enthalten, die in die Kosten- und Umsatzplanung einfließen.
Weiche Standortfaktoren sind z. B. Kulturangebot, Einkaufsmöglichkeiten, Mietpreise, Freizeitmöglichkeiten und Bildungsangebot. Diese Faktoren fließen nicht in die Kostenrechnung eines Unternehmens ein, sind aber für die Anwerbung qualifizierter Mitarbeiterinnen und Mitarbeiter von hoher Bedeutung.

Subventionen
sind Finanzhilfen bzw. Steuervergünstigungen eines → Staates zur Unterstützung privater Unternehmen zur Verbesserung ihrer Marktposition.

Supranational
bedeutet übernational, überstaatlich. Als supranational werden Organisationen, Zusammenschlüsse oder Vereinbarungen bezeichnet, die durch völkerrechtliche Verträge begründet und deren Entscheidungen und Regelungen für die einzelnen Mitglieder (→ Staaten) übergeordnet und verbindlich sind. So steht etwa das Recht der → Europäischen Union als supranationales Recht über dem der einzelnen Mitgliedstaaten; bestimmte Entscheidungen supranationaler Institutionen der EU sind für alle EU-Staaten und die gesamte EU-Bevölkerung bindend. Im Gegensatz dazu haben z. B. Entscheidungen internationaler Organisationen nur dann bindende Wirkung, wenn sie von den Mitgliedern ausdrücklich anerkannt werden.

Terrorismus
Der Begriff leitet sich von lat.: terror = Schrecken ab und ist eine gewalttätige Form des politischen → Extremismus. Der Terror dient als Druckmittel und soll vor allem Angst, Unsicherheit und Schrecken verbreiten und zugleich Unterstützungsbereitschaft erzeugen. Es gibt keine allgemein akzeptierte wissenschaftliche Definition von Terrorismus.

Totalitarismus
ist eine Form der → Diktatur, die die gesamten gesellschaftlichen Verhältnisse im Sinne ihrer → Ideologie zu verändern versucht. Dabei hat sie den Anspruch, einen „neuen Menschen“ zu erschaffen. Der Einzelne muss sich einem Kollektiv unterordnen. Personen, die sich in Gegnerschaft zur Ideologie der totalitären Diktatur befinden, werden von den Machthabern unterdrückt bis hin zu Folter und Mord. Als totalitär werden vor allem der Nationalsozialismus und der Stalinismus angesehen.

Vereinte Nationen
(United Nations, UN bzw.United Nations Organization, UNO) wurden1945 gegründet, ihr Hauptsitz ist New York (daneben: Genf und Wien), zurzeit gehören den UN 193 → Staaten an.
Laut der UN-Charta bestehen ihre Hauptaufgaben in der Sicherung des Friedens und in der Beseitigung von Friedensbedrohungen, der Verständigung der Völker untereinander, der internationalen Zusammenarbeit zur Lösung wirtschaftlicher, kultureller, sozialer und humanitärer Probleme u. a. m. auf Grundlage der Gleichberechtigung der Staaten und der Selbstbestimmung der Völker (Art. 1).
Die wichtigsten Organe der UN sind:
1. die jährlich stattfindende Vollversammlung (jeder Mitgliedstaat hat eine Stimme) und deren Ausschüsse;
2. der Sicherheitsrat der UN mit fünf ständigen Mitgliedern (China, Frankreich, Großbritannien, Russland, USA), die über ein Vetorecht verfügen, und zehn jeweils für zwei Jahre gewählten (nicht ständigen) Mitgliedern;
3. das Generalsekretariat mit einem Generalsekretär an der Spitze (für fünf Jahre von der Vollversammlung gewählt);
4. der Wirtschafts- und Sozialrat mit 54 Mitgliedern (jährlich werden 18 Mitglieder für drei Jahre gewählt) und den fünf regionalen Kommissionen;
5. der Internationale Gerichtshof (15 Richterinnen und Richter, die von der Vollversammlung und dem Sicherheitsrat für neun Jahre gewählt werden).
Zahlreiche Sonderorganisationen (z. B. UNICEF, UNESCO) erfüllen weitere Aufgaben der Vereinten Nationen. Wenn die beteiligten Konfliktparteien zustimmen, kann der Sicherheitsrat entscheiden, ob im Auftrag der UN Friedenstruppen (→ Blauhelmsoldaten) in ein Krisengebiet geschickt werden, um für Sicherheit und Frieden zu sorgen.

Vertrag von Lissabon
ist ein völkerrechtlicher Vertrag zwischen den Mitgliedstaaten der → Europäischen Union, der am 13. Dezember 2007 unter portugiesischer Ratspräsidentschaft in Lissabon unterzeichnet wurde und am 1. Dezember 2009 in Kraft trat. Der Vertrag übernimmt wesentliche Inhalte der in den Niederlanden und in Frankreich (2005) abgelehnten Europäischen Verfassung und gilt als wichtigster Reformschritt seit dem Vertrag von Nizza (2001). Neu geregelt wurden u. a. Abstimmungsregeln, die Rechte des Europäischen Parlaments wurden gestärkt sowie das Amt einer Hohen Vertreterin/eines Hohen Vertreters für Außen- und Sicherheitspolitik sowie einer Ratspräsidentin/eines Ratspräsidenten eingeführt.

Vertrag von Maastricht
Mit diesem am 7. Februar 1992 im niederländischen Maastricht von den Finanz- und Außenministern der damals zwölf EU-Mitgliedstaaten unterzeichneten Vertragswerk wurde die → Europäische Union gegründet. Ferner wurde die Einführung einer gemeinsamen → Währung (Euro) beschlossen. Um Haushalts-, Preisniveau-, Zinssatz- und Wechselkursstabilität der gemeinsamen Währung gewährleisten zu können, wurden wirtschaftliche Kriterien für die EU-Staaten formuliert (Konvergenz- oder auch Maastrichtkriterien).

Volkswirtschaft
wird von allen privaten Haushalten, Unternehmen und Einrichtungen eines → Staates gebildet. Alle, die Güter erzeugen, verteilen und verbrauchen, gehören dazu. Zwei wichtige Merkmale sind eine gemeinsame → Währung und ein gemeinsames Wirtschaftssystem.

Währung
bezeichnet das gesetzliche Zahlungsmittel eines → Staates, der ihre Gültigkeit garantiert und sie in der Regel auf seinem Territorium vorschreibt; bis weit in das 20. Jahrhundert hinein sollte die Verknüpfung einer Währungseinheit mit einer bestimmten Menge Edelmetall den Wert der Währung garantieren. Demgegenüber wird heute die Bewertung der Währung als frei handelbare Devise durch freie Geldmärkte (Devisenmarkt, Devisenbörse) vorgenommen.

Weltbank
wurde 1944 als eine Sonderorganisation der → Vereinten Nationen gegründet; Ziel der Weltbank ist es, meist durch Kreditvergabe → Armut in → Entwicklungsländern zu bekämpfen.

Wirtschaft (Ökonomie)
umfasst die Gesamtheit aller menschlichen Tätigkeiten, die sich auf die Produktion und den Verbrauch von Waren und → Dienstleistungen beziehen. Da unsere → Gesellschaft arbeitsteilig organisiert ist, können darunter auch Tätigkeiten fallen, die scheinbar mit der Güterproduktion gar nichts zu tun haben, z. B. Planungs- oder Kontrolltätigkeiten. Häufig werden unter „Wirtschaft“ dabei nur die Teilbereiche von Arbeit verstanden, in denen Menschen gegen Bezahlung tätig sind (Erwerbsarbeit). Tatsächlich aber sind z. B. Arbeiten im Haushalt für eine Gesellschaft von großer Wichtigkeit. Die Art und Weise, in der die Wirtschaft auf gesellschaftlicher Ebene organisiert ist, nennt man Wirtschaftsordnung.

World Trade Organization (WTO)
Die Welthandelsorganisaton wurde 1995 gegründet, ihr Sitz ist in Genf. Als Sonderorganisation der → Vereinten Nationen mit derzeit 164 Mitgliedern (2025) bildet sie neben dem → Internationalen Währungsfonds und der → Weltbank die wichtigste Institution zur Behandlung internationaler Wirtschaftsprobleme. Zu den wichtigsten Aufgaben der nach dem Einstimmigkeitsprinzip arbeitenden WTO zählen die Liberalisierung des Welthandels, die Senkung von Zöllen und die Überwachung internationaler Handels- und Dienstleistungsregelungen.

Hier werden lediglich die Angaben zu den Texten aufgeführt, die nicht bereits an Ort und Stelle ausführlich nachgewiesen sind.

I.1.5, S. 47, M4: Schlagzeilen
a) Offenbar Dutzende Wagner-Söldner getötet, 28.07.2024, https://www.tagesschau.de/ausland/afrika/soldaten-in-mali-getoetet-tuareg-100.html
b) ++ Russische Truppen rücken in Torezk vor ++, 11.10.2024, https://www.tagesschau.de/newsticker/liveblog-ukraine-freitag-444.html
c) Was steckt hinter den Angriffen der Huthi?, 05.12.2023, https://www.tagesschau.de/ausland/asien/huthi-rotes-meer-100.html
d) „Militärregime vor größter Prüfung seit Jahrzehnten", 17.11.2023, https://www.tagesschau.de/ausland/asien/myanmar-rebellen-erfolge-100.html
Alle aus: Tagesschau.de, Hamburg: Norddeutscher Rundfunk (Zugriffe: 17.01.2025)

I.2.1, S. 76, M1: Schlagzeilen
Oben: Eva Johanna Onkels, Polizei verhindert Anschlag in Wien: Terroristen wollten TAUSENDE Taylor-Swift-Fans in die Luft sprengen, in: RTL News, Köln: RTL interactive GmbH, 09.08.2024, https://www.rtl.de/cms/taylor-swift-konzerte-in-wien-abgesagt-terror-taeter-wollte-mit-selbstmordanschlag-tausende-fans-vor-stadion-toeten-polizei-nimmt-weiteren-teenager-fest-5093006.html (Zugriff: 02.01.2025)
Unten links: bpb-Online-Redaktion, 9. Oktober 2019: Anschlag auf Synagoge in Halle. Deine tägliche Dosis Politik, Bonn: Bundeszentrale für politische Bildung, 09.10.2023, https://www.bpb.de/kurz-knapp/taegliche-dosis-politik/541396/9-oktober-2019-anschlag-auf-synagoge-in-halle/ (Zugriff: 02.01.2025)

I.2.2, S. 79, Aufgabe 4 a): Zitat
Rudolf Augstein, Wie man Terroristen fördert, in: DER SPIEGEL 45/2001, 04.11.2001, https://www.spiegel.de/politik/wie-man-terroristen-foerdert-a-1c1bfa53-0002-0001-0000-000020521348?context=issue (Zugriff: 02.01.2025)

I.2.5, S. 88, M1: Zitat
Nancy Faeser, zitiert nach: Frühjahrs-IMK fasst Beschlüsse zu Asyl und Abschiebung, Schutz vor häuslicher Gewalt und Zivilschutz, in: Innenministerkonferenz. Brandenburg 2024, Potsdam: Land Brandenburg. Ministerium des Innern und für Kommunales, 21.06.2024, https://imk2024.brandenburg.de/imk2024/de/presse/pressemitteilungen/detail/~21-06-2024-fruehjahrs-imk-fasst-beschluesse# (Zugriff 17.11.2024)

I.2.10, S. 101, M3: Schlagzeilen
Linksextremismus: Mutmaßlicher Linksextremist und Komplize von Lina E. festgenommen, in: MDR Panorama, Leipzig: Mitteldeutscher Rundfunk, 22.10.2024, https://www.mdr.de/nachrichten/deutschland/panorama/festnahme-linksextremist-mutmasslicher-unterstuetzer-lina-e-berlin-100.html (Zugriff: 02.01.2025)
Klimaschutz-Bewegung: „Ende Gelände" extremistischer Verdachtsfall, in: ZDF heute, Mainz: Zweites Deutsches Fernsehen, 18.06.2024, https://www.zdf.de/nachrichten/politik/deutschland/ende-gelaende-verfassungsschutzbericht-100.html (Zugriff: 02.01.2025)
Stromversorgung in Brandenburg: Bundesanwaltschaft ermittelt zu Tesla-Anschlag, in: Tagesschau.de, Hamburg: Norddeutscher Rundfunk, 08.03.2024, https://www.tagesschau.de/inland/tesla-anschlag-ermittlungen-100.html (Zugriff: 02.01.2025)

I.5.2, S. 158, M1: Sprechblasen
a) Charles-Edward Amory Winslow, zitiert nach: Klaus M. Leisinger, Medizinische Versorgung in den Entwicklungsländern. Welche Verantwortung trägt die Pharmaindustrie?, in: BioFokus, Nr. 81, 20 Jg., 2009, hrsg. v. Verein „Forschung für Leben", Zürich, S. 3, https://www.forschung-leben.ch/publikationen/biofokus/medizinische-versorgung-in-entwicklungslaendern/ (Zugriff: 12.12.2024)
c) Markus Wissen, zitiert nach: Caspar Dohmen, Als der globale Süden eine Neue Weltwirtschaftsordnung forderte, in: Deutschlandfunk, Köln: Deutschlandradio, 12.04.2022, https://www.deutschlandfunk.de/weltwirtschaftsordnung-entwicklungslaender-industrielaender-100.html (Zugriff: 12.12.2024)

II.2.4, S. 204, M1: Schlagzeilen
Silja Thoms, Natur und Umwelt: Das große Tauziehen um die Fischerei, Bonn: Deutsche Welle, 17.06.2022, https://p.dw.com/p/4CfY2 (Zugriff: 06.01.2025)
Melanie Hoffmann, Verhandlungen in der WTO über Fischereisubventionen, Berlin: Germany Trade & Invest, Stand: 06.03.2024, https://www.gtai.de/de/trade/wto/zoll/verhandlungen-in-der-wto-ueber-fischereisubventionen-660220 (Zugriff: 06.01.2025)
WTO-Konferenz: Keine Einigung auf mehr Schutz der Fischbestände, in: Tagesschau.de, Hamburg: Norddeutscher Rundfunk, 02.03.2024, https://www.tagesschau.de/wirtschaft/wto-fischerei-abkommen-100.html (Zugriff: 06.01.2025)

II.3.4, S. 229, Aufgabe 3: Zitat
Angela Merkel, Vorwort, in: Die Bundesregierung (Hrsg.), Krisen verhindern, Konflikte bewältigen, Frieden fördern – Leitlinien der Bundesregierung, Berlin, 2017, S. 3, https://www.auswaertiges-amt.de/resource/blob/1213498/d98437ca3ba49c0ec6a461570f56211f/krisen-verhindern-data.pdf (Zugriff: 06.01.2025)

BILDQUELLENVERZEICHNIS

AFP Agence France-Presse GmbH, Berlin: 13.1. | Agentur Focus - Die Fotograf*innen, Hamburg: ©Philippe Halsman/Magnum Photos/Agentur Focus 64.2. | akg-images GmbH, Berlin: 181.1; Album 56.1. | Alamy Stock Photo, Abingdon/Oxfordshire: imageBROKER 176.2; Imaginechina Limited 185.2; nsf 176.1; ZUMA Press, Inc. 152.1, 152.2. | Alamy Stock Photo (RMB), Abingdon/Oxfordshire: Clarence Holmes Photography 94.1; Pictorial Press Ltd 180.1; Probst, Peter 100.2. | Attac Deutschland/Attac Trägerverein e. V., Frankfurt/M.: www.attac.de 164.1. | Baaske Cartoons, Müllheim: Bengen, Harm 12.1, 34.1, 82.1; Mester, Gerhard 140.1; Plaßmann, Thomas 128.1. | bpk-Bildagentur, Berlin: Deutsches Historisches Museum/Psille, Arne 38.1. | Cartoon Movement, Amsterdam: Kustovsky, Oleksiy 26.1. | CartoonStock.com, Bath: Sack, Steve 35.1. | Columbia University Archives, New York: University Archives, Rare Book & Manuscript Library, Columbia University Libraries/Barosso, Eileen 10.1. | DER SPIEGEL (online), Hamburg: 138.1. | fotolia.com, New York: 12ee12 202.1. | Getty Images, München: Fassbender, Ina 77.3. | Getty Images (RF), München: Schnur, Steffen 216.1; zodebala 86.1. | Gilbert-Lodge, Gregory, Zürich: 100.1. | Globe Cartoon, Geneva: © Chappatte in NZZ am Sonntag, Zurich 27.1. | Haitzinger, Horst, München: 64.1, 66.1. | Imago Editorial, Berlin: Eibner-Pressefoto/Feiner, Franz 198.1; imagebroker/Reuterswärd, Carl Fredrik, „Non-Violence", UN-Hauptquartier New York © VG Bild-Kunst 2025, Bonn 6.3; Kern, Frederic 134.2; Leber, Gerhard 57.1; Lindekamp, Thorsten 76.4; Schellhorn, Steffen 96.2. | iStockphoto.com, Calgary: golubovy 173.1, 235.1; IP Galanternik D.U. Titel; Maica Titel; mauro_grigollo Titel; Pospisil, Zbynek 87.1; Povozniuk 96.1; stevezmina1 110.1. | Janson, Jürgen, Landau: 210.1. | Karto-Grafik Heidolph, Dachau: 50.1, 51.1, 53.1, 61.1, 130.1, 132.1, 148.1, 149.1. | Mandzel, Waldemar, Bochum-Watt.: 143.1. | nelcartoons.de, Erfurt: 52.1, 114.1, 120.1. | Picture-Alliance GmbH, Frankfurt a.M.: 26.2, 112.1, 116.1, 144.1; AP/Stuart Ramson 77.1; APA/picturedesk.com/Manhart, Eva 76.1; dieKLEINERT.de/Erl, Martin 16.1, 196.1; dieKLEINERT.de/Koufogiorgos, Kostas 99.1, 187.1; dieKLEINERT/ Erl, Martin 68.1; dpa-infografik 136.1, 137.1, 228.1; dpa-infografik GmbH 31.2; dpa-Zentralbild/Willnow, Sebastian 76.3; dpa/Deck, Uli 77.2; dpa/Gentsch, Friso/Volkswagen 185.1; dpa/Gollnow, Sebastian 174.2; dpa/Kappeler, Michael 88.1; dpa/von Jutrczenka, Bernd 115.1; dpa/Xhemaj 46.1; Ghirda, Vadim 23.3; Gokturk-1 Observation Satellite/AA 174.1; Hoppe, Sven 134.1; Ibama/AP Photo/Werneck, Felipe 175.1; Kizil, Ozge Elif / Anadolu 6.1; Masoud, Yousef 6.2; Peljak, Florian 131.1, 131.2; Planet Pix via ZUMA Wire 46.2; Reuters/ABDEL HADI RAMAHI 174.5; Reuters/Gray, David 175.2; SCHLAGMANN, KLAUS 9.1; Scott A Garfitt/Invision/AP 76.2; von Jutrczenka, Bernd 106.1; ZUMAPRESS/Yufangping 174.4. | Sakurai, Heiko, Köln: 121.1. | Schopf, Oliver, Wien: 123.1, 207.1. | Schwarwel, Leipzig: 90.1. | Shutterstock.com, New York: DG-Studio 124.1; Eskridge, Daniel 80.1; SuslO 124.2. | Shutterstock.com (RM), New York: hxdbzxy 104.1. | stock.adobe.com, Dublin: Kneschke, Robert 173.2, 235.2; nmann77 174.3; PANORAMO 126.1; strichfiguren.de 173.3, 235.3; Wagner, Achim 188.1. | Stuttmann, Klaus, Berlin: 23.1, 23.2, 30.1, 105.1. | SWP Stiftung Wissenschaft und Politik, Berlin: Klein, Margarete/Grafik „Stärkung der NATO-Ostflanke" aus Claudia Major und Göran Swistek: Die Nato nach dem Gipfel von Madrid. Norderweiterung, neues Strategisches Konzept und militärische Neuaufstellung. SWP-Aktuell 2022/A 49, 28.07.2022, doi:10.18449/2022A49, S. 5 (© Stiftung Wissenschaft und Politik, Berlin, 2022) 147.1. | United Nations, New York, NY: https://www.un.org/sustainabledevelopment/ „The content of this publication has not been approved by the United Nations and does not reflect the views of the United Nations or its officials or Member States". 156.1. | WirtschaftsWoche, Düsseldorf: 181.2. | World Trade Organization, Genf: 204.1. | x.com: Bundeswehr 138.2. | Zahlenbilder, Bergmoser + Höller Verlag AG, Aachen: 28.1, 31.1, 49.1. | © Bundeszentrale für politische Bildung/www.bpb.de, Bonn: cc by-sa/3.0/de/Seite24 24.1. | © dtv Verlagsgesellschaft mbH & Co. KG, München: Andreas Vierecke/Bernd Mayerhofer/Franz Kohout: dtv-Atlas Politik. Mit Abbildungen von Werner Wildermuth © 2009 dtv Verlagsgesellschaft mbH & Co. KG, München. Titel der Abbildung: Kriegsursachen, Seite 174 B, © Werner Wildermuth 48.1. | ©OroVerde - Die Tropenwaldstiftung / www.regenwald-schuetzen.org, Bonn: ©MapsCharts/©Oroverde - Evke Bakker; Logo OroVerde 208.1.